Buch

»Aus Ihnen wird mal was«, prophezeite ihr ein bereits berühmter Schauspieler, als sie bei einem ihrer ersten Auftritte als Komparsin über den Saum ihres geliehenen Abendkleides stolperte. Und er sollte recht behalten. Was Barbara Rütting in mittlerweile neun Jahrzehnten erlebt und durchlebt hat, würde bei anderen Menschen locker für mehrere Biografien reichen. Mal heiter, mal melancholisch, aber immer ehrlich – die außergewöhnliche Autobiografie einer Frau, die nicht im Gestern, sondern im Heute lebt und von sich sagt: »Noch nie habe ich so gern gelebt, so dankbar.«

Autor

Barbara Rütting, Jahrgang 1927, hat auf der Bühne und im Film national und international eine Vielzahl von Hauptrollen verkörpert. Sie ist Bestsellerautorin, Gesundheitsberaterin und war von 2003 bis 2009 als Mitglied der Partei Bündnis 90/Die Grünen Abgeordnete des Bayerischen Landtags sowie Alterspräsidentin. Seit Jahrzehnten engagiert sie sich vor allem für Menschenrechte und Fragen des Umwelt- und Tierschutzes. Mit Ihrer Hündin Lola lebt sie in einem Dorf im Spessart und feiert im November 2017 ihren 90. Geburtstag.

Außerdem von Barbara Rütting im Programm:

Vegan & Vollwertig
Was mir immer wieder auf die Beine hilft

Barbara Rütting

Durchs Leben getobt

Autobiografie

GOLDMANN

Sollte diese Publikation Links auf Webseiten Dritter enthalten,
so übernehmen wir für deren Inhalte keine Haftung,
da wir uns diese nicht zu eigen machen, sondern lediglich auf
deren Stand zum Zeitpunkt der Erstveröffentlichung verweisen.

Verlagsgruppe Random House FSC® N001967

1. Auflage
Vollständige Taschenbuchausgabe November 2017
Copyright © 2017 Wilhelm Goldmann Verlag, München,
in der Verlagsgruppe Random House GmbH,
Neumarkter Str. 28, 81673 München
© 2015 der Originalausgabe: F. A. Herbig Verlagsbuchhandlung GmbH, München
Umschlag: Uno Werbeagentur, München,
nach einem Entwurf von Wolfgang Heinzel
Coverfoto: Manuela Liebler
Satz: Uhl + Massopust, Aalen
Druck und Bindung: GGP Media GmbH, Pößneck
Printed in Germany
MZ · Herstellung: IH
ISBN 978-3-442-17637-3
www.goldmann-verlag.de

Besuchen Sie den Goldmann Verlag im Netz:

Inhalt

Vorwort 7

Wie alles begann ... 9

Neuanfang in Berlin 29

Immer unterwegs – irgendwohin 57

Zurück aufs Land 95

Träumen allein genügt nicht 173

Aber die Maulwürfin buddelt weiter 259

Als Abgeordnete im Bayerischen Landtag 301

Ich bin angekommen! 345

Register 391

Vorwort

Weil ich schon so lange lebe, also eine sogenannte Zeitzeugin bin, höre ich oft, gerade von jungen Menschen: »Wie war denn das damals? Schreib das doch mal auf!« Ich habe mich lange davor gedrückt, denn es war klar, dass ich damit sehr viel von mir preisgeben müsste. Eine solche Bestandsaufnahme hat ehrlich zu sein – wenn schon, denn schon. Hier ist sie also. Wenn Sie mögen, nehmen Sie teil an diesem turbulenten Leben einer ewig Suchenden – einem Leben mit all seinen Höhen und Tiefen, seinen Schmerzen und seinem Glück. Manche Episoden werden Sie aus meinen früheren Büchern kennen, sie gehören nun mal dazu.

Da will ich hin!

Auch dieses Buch soll Mut machen, trotz aller Stolpersteine nicht aufzugeben, sondern als kleines, doch wichtiges Glied eines großen Ganzen unverdrossen daran mitzuarbeiten, dass diese Welt ein bisschen glücklicher wird. Eine bessere Welt ist möglich! Trotz Pleiten, Pech und Pannen kann ich heute sagen: Was bin ich doch für ein Glückspilz!

Wie alles begann ...

Wietstock an der Nuthe

Klein-Waltraut träumt im Apfelbaum. In Wietstock an der Nuthe. Wietstock an der Nuthe – das bedeutet für mich eine unbeschwerte, glückliche Kindheit mit vier jüngeren Geschwistern, drei Brüdern und einer Schwester. Vater Richard und Mutter Johanna waren Lehrer an der Zwergschule des kleinen Dorfes mit knapp dreihundert Einwohnern, alle Kinder von sechs bis vierzehn Jahren saßen in einem Raum. Aufregend und absolut angstfrei der Unterricht. Kein Kind, das sich nicht auf die Schule freute. Gelernt wurde, ohne dass man es merkte. Vater war ein großartiger Lehrer, damals schon eine Mischung aus Waldorf- und Montessori-Pädagoge. Beglückend die Arbeit im Kräutergarten der Schule, die Wanderungen auf Fontanes Spuren durch die brandenburgische Landschaft, der Duft von sonnentrockenen Kiefernnadeln in der Nase, Indianerspiele am Rötepfuhl, die abendliche Hausmusik – Vater spielte Geige, Mutter Klavier, am liebsten Schubert, wir Kinder Flöte.
Unser Leben war einfach und gesund. Das Gemüse wuchs im eigenen Garten, Vater schleuderte den Honig unserer Bienen. Da war der Duft von Bienenwachs und Jelängerjelieber, meiner Lieblingspflanze auch heute noch, die sich an der Geißblattlaube emporrankte, der Geruch von Teltower Rübchen. Und natürlich Mutters ansteckendes Lachen. Sie konnte lachen, bis ihr die Tränen kamen, das habe ich von ihr geerbt. Was wir alles *nicht* hatten – und gar nicht vermissten! Von einem WC – water closet – konnte nicht die Rede sein, es gab nur ein Plumpsklo auf dem Hof. Keine Waschmaschine – die Wäsche wurde in der Waschküche in einem großen, mit Holz beheizten Kessel gewaschen, in dem auch der Zuckerrübensirup gekocht wurde. Es gab keine Spülmaschine, kein Telefon, keinen Fernsehapparat, kein Auto, meilen-

weit kein Kino, zu dritt besaßen wir größeren Kinder ein Fahrrad. Wenn ich aus meinen Kleidchen herausgewachsen war, nähte Mutter aus zwei alten ein neues.

Waltraut mit Puppe Ida

Alle vierzehn Tage kam ein Friseur ins Dorf, um den Leuten die Haare zu schneiden. Da gab es die Leinölfrau und den Plundermann mit Schimmel und Planwagen, der allen möglichen Nähkram verkaufte; eine Frau, die mit einer riesigen Kiepe auf dem Rücken daherwandelte, und Bettler, die ihr Hab und Gut im Kinderwagen mit sich führten, aber sehr zufrieden schienen.

Werde ich gefragt, wo ich geboren wurde, betone ich jedes Mal: Nicht in Wietstock an der Dosse, nein, in Wietstock am Nuthegraben, bitte! Wietstock, das bedeutete auch Paddelbootfahrten auf dieser Nuthe, quakende Frösche und Störche – ja, damals gab es noch Störche! Und den ersten Applaus als Schauspielerin erntete ich sogar bei einer Schulaufführung in der Rolle einer Störchin. Im Stechschritt, mit schwarzweißem Leibchen, die dünnen Beinchen in roten Strümpfen, stolzierte ich über die Bühne und sang dazu:

Auf unsrer Wiese gehet was,
watet durch die Sümpfe.
Es hat ein schwarzweiß Röcklein an
und trägt rote Strümpfe.
Fängt die Frösche, schnapp, schnapp, schnapp.
Klappert lustig, klapperdiklapp.
Wer kann das erraten?

Aber auch der Friedhof gleich neben unserem Schulhaus sollte mein Leben prägen und mir für immer das Wissen um die Vergänglichkeit alles Lebendigen in die Seele brennen, die Allgegenwart des Todes. Schon das kleine Mädchen erlebte die vielen Beerdigungen mit. Und da das kleine Mädchen im Zeichen Skorpion geboren wurde, fiel sein Geburtstag häufig auf den Totensonntag oder den Buß- und Bettag, ein Tag, an dem es immer ungemütlich nasskalt ist, schwermütiger November eben.

Vielleicht saß ich deshalb so gern auf meinem Lieblingsplatz in unserem großen Apfelbaum und träumte mich in die große weite Welt. Die lernte ich dann ja auch gründlich kennen, die große weite Welt. Und habe mich oft zurückgesehnt nach der kleinen Welt, nach Wietstock an der Nuthe.

Die Dreijährige

Vater war ein so wunderbarer Lehrer, ist aber Nationalsozialist geworden. Aus Blauäugigkeit vermutlich. Unsere sanfte Mutter hat das offenbar nicht verhindern können. Ich habe nicht mehr mit ihm über diesen seinen katastrophalen und verhängnisvollen Irrtum sprechen können, der ihn schließlich das Leben gekostet hat. Die Trauer darüber wird mich nie verlassen.
Elf Jahre alt war ich, als der Krieg ausbrach. Drei Jahre lang hatte ich voller Stolz die Uniform meiner Jungmädel-Zugehörigkeit getragen, als Klassensprecherin gegen die Fortsetzung des Englischunterrichts protestiert: Wir wollten doch nicht die Sprache unserer Feinde lernen! Aus der Kinderbeilage einer Hausfrauen-Fleischer-Zeitung hatte ich ein Gedicht abgeschrieben. Das betete ich jeden Abend vor dem Einschlafen. Die zweite Strophe lautete:

> *Doch das schönste Engelein*
> *Mit dem lichten Gottesschein*
> *Und dem silbernen Gefieder*
> *Sende unserm Hitler nieder.*
> *Es behüte seinen Schlummer*
> *Und verscheuch ihm allen Kummer,*
> *Dass er morgens froh erwache*
> *Und sein Deutschland glücklich mache.*
> *Lieber Gott, mit starker Hand*
> *Schütze unser deutsches Land.*
> *Amen.*

Es folgte eine Gewissensfrage, die ich mir selbst auferlegt hatte. Nacheinander stellte ich mir meine gesamte Familie vor, die ich sehr liebte: Vater, Mutter und vier kleinere Geschwister: Wäre ich bereit, sie alle für »Führer und Vaterland« zu opfern, wenn es sein müsste? Ich war bereit, entschied ich jeden Abend aufs Neue.
Der Vater meines Vaters, ein armer Berliner Schuhmacher, war an Schwindsucht gestorben. Auf dem Totenbett soll er seinen Kindern gesagt haben: »Lasst euch nie mit Juden ein.« Vater hatte sich autodidaktisch zum Volksschullehrer emporgearbeitet, war aus der Kirche

aus- und in die Partei der Nationalsozialisten eingetreten. Die Misere zu Hause hatte in ihm Sehnsucht nach dem Lande, nach einem gesunden »Blut-und-Boden-Leben« erweckt. Die Partei versprach, ihm das zu bieten. Vater rauchte und trank nicht. Er schrieb ein Buch, das er im Selbstverlag herausbrachte: *Pädagogik als angewandte Biologie*. Er widmete das Buch »Dem Führer« – doch die Partei verbot es: wegen kommunistischen Gedankenguts. Er vertrat darin die Ansicht, erworbene Eigenschaften seien vererbbar und die Umwelt bestimme den Charakter des Menschen. Das passte den Rassenfanatikern nicht.

Meine Mutter: aus großbürgerlicher Familie, wahrscheinlich schon deshalb gegen die Partei, aber auch aus religiösen Gründen. Sie ging zur Kirche, spielte sonntags in der Dorfkirche die Orgel. Wenn es zu Hause Differenzen gab, dann nur wegen der Partei. Ich liebte meinen Vater abgöttisch und übernahm blindlings jede seiner Ansichten. Immer. Als Mutter eines Nachts wieder einmal alle ihre fünf Kinder in den Luftschutzraum gebracht hatte und die Bomben niederhagelten, sagte sie verzweifelt: »Wenn bloß der Krieg zu Ende wäre, ganz egal wie!«

Ich weiß nicht mehr, habe ich es nur gedacht oder habe ich ihr geantwortet: »Für das, was du da eben gesagt hast, müsste man dich anzeigen.« Ich habe sie nicht angezeigt. Aber gedacht habe ich es ...

Dass die Juden unerwünscht waren, wusste ich. Ich hatte noch nie einen Juden gesehen. Bei uns im Dorf gab es keine, doch ein benachbartes Gut gehörte einer jüdischen Familie. Deren Tochter war ungefähr so alt wie ich, ging aber nicht mit uns zur Schule, sondern wurde von einer Erzieherin unterrichtet. Ich kannte das Mädchen nicht. Eines Tages marschierten wir in unseren Uniformen am Gut vorbei, die anderen Kinder wollten ein Lied singen, in dem die Stelle vorkam: »die Juden heraus«, was Vater aber nicht erlaubte. Ich war froh darüber, aber gleichzeitig verstört bei der Vorstellung, wir hätten das Lied gesungen, und das kleine jüdische Mädchen hätte uns gehört. Es tat mir leid. Später war die Familie nicht mehr da. Nach England gefahren, hieß es ...

Das Kind ist nicht vorzuzeigen

Ein heißer Sommertag, der Duft von sonnentrockenen Kiefernnadeln und Schokoladensuppe ...: Vater und wir Kinder sitzen in der Geißblattlaube. Mutter schöpft aus der großen Suppenterrine. Sie lacht, sie hat eine rosa Bluse an, die weißen, duftigen Schneeklößchen wippen auf der dunkelbraunen Schokoladensuppe. Mutter rutschte schon mal die Hand aus, zum Beispiel, als mein Bruder Reinhard alle Tierfotos aus Vaters *Brehms Tierleben* riss oder mit anderen Kindern unter der Autobahnbrücke beim Rauchen ertappt wurde. Vater dagegen erzog uns bereits antiautoritär, wie man heute sagen würde.

Familie Goltz: hintere Reihe (von links): Mutter Johanna mit Volkmar, Oma Minna, Onkel Achim, Vater Richard; vorne: Waltraut, Hartmut, Reinhard

Aber einmal bekam auch ich, die Artige, sein Liebling, von ihm eine Ohrfeige. Schuld war der Schulrat. Der hieß Radtke, war rund, rotgesichtig, glatzköpfig und eigentlich nett. Er kam einmal im Jahr, um sich von den Fortschritten der Schüler zu überzeugen. Jedes Mal war das ganze Dorf in heller Aufregung. An jenem Tag hatte sich Vater vor lauter Nervosität beim Rasieren geschnitten und versuchte nun, sich die Krawatte zu binden. Auch das gelang wohl nicht so recht. Mutter

Mein Vater Richard

sauste umher und deckte in eben dieser Geißblattlaube für den Schulrat den Kaffeetisch, mit ihrer eingemachten Leberwurst, selbst gebackenem Brot, unserem Lindenhonig, von Vater geschleudert. Mir hatte man ein rot kariertes Kleidchen angezogen, aber der Schlüpfer war zu lang und schaute unter dem Kleidersaum hervor, einer dieser üppigen Barchentschlüpfer mit einem Gummiband oben und einem unten an jedem Bein. Wir hatten noch nicht so hübsche Sachen wie die Kinder heute, keine Strumpfhosen – unsere Strümpfe waren aus brauner, kratzender Wolle, die Strumpfhalter aus einem schwarzen Stück Gummi mit mehreren Löchern drin. In eins der Löcher wurde der am Strumpf angenähte Knopf gehakt. Oft waren die Strümpfe an den Knien gestopft, im schlimmsten Fall mit andersfarbiger Stopfwolle. Ich maulte wegen des unter dem Kleidchen hervorlugenden Schlüpfers, maulte und maulte, bis Vater, sonst sehr geduldig, die Hand ausrutschte. Diese berühmte Ohrfeige fiel so unglücklich aus, dass mir die Lippe aufsprang, das Blut hervorschoss, Mund und Backe fürchterlich anschwollen. Eine schlechte Reklame für einen Pädagogen! Vater entschied: »Das Kind ist nicht vorzuzeigen.«
Ich musste vor dem Schulrat versteckt werden. Unser Dienstmädchen führte mich in den Wald. Da gingen wir erst einmal spazieren und setzten uns dann auf zwei Baumstümpfe. Wir durften erst zurückkommen, wenn Vater, auf dem Dach des Schulhauses stehend, eine

kleine Glocke bimmeln lassen würde, die er sich extra beim Nachbarn ausborgen musste. Damit pflegte Frau Lehmann ihre Knechte und Mägde vom Feld nach Hause zu rufen, wenn das Essen fertig war. Es dauerte, bis der Schulrat endlich wieder weg war. Nach der Inspektion von Schülern und Schülerinnen, die verhältnismäßig schnell über die Bühne gegangen war, hatte sich der Schulrat endlos in der Geißblattlaube unseres Gartens erholen müssen.

Mein schöner zärtlicher Vater. Der später weinend aus dem Zimmer ging, als ich meinen ersten Liebesbrief bekam.

Edwin und geschmorte Gurken

Er war in der Schule eine Klasse über mir. Er war blond und gab mir den ersten Kuss. Auf einer Jägerkanzel in der Nähe der Schule, am Waldrand.

Ich verpasste den Zug, mit dem mein Bruder Hartmut und ich jeden Tag nach Hause fuhren. Um 17:30 Uhr kam ich heim und hatte trotzdem keinen Hunger. Wegen Edwin – und weil ich aufgewärmte

Edwin Oloff – meine Jugendliebe

Schmorgurken vom Mittag bekam; das einzige Gericht, außer Kartoffelpuffern, das ich nicht leiden konnte.

Edwin wurde kurz danach als Flakhelfer eingezogen. Er schickte mir ein Foto von sich in Marineuniform ... und noch ein paar Briefe. Dann habe ich nichts mehr von ihm gehört.

Lehrers Kinder klauen Hafer

Mit dem Hafer konnte ich mich später als Erwachsene nur langsam anfreunden, denn ich hatte ihn in grausliger Erinnerung. Meine jüngeren Geschwister und ich mussten während der Kriegsjahre auf den Getreidefeldern der Bauern »stoppeln«, das heißt, liegen gebliebene Ähren auflesen. Vater schlug dann die Haferkörner heraus, Mutter mahlte sie in der Kaffeemühle, und aus dem so entstandenen Mehl wurde – Milch, Honig oder Zucker gab's schon längst nicht mehr – mit Wasser und Salz eine ziemlich scheußliche Suppe gekocht, die wir Kinder hassten, weil die ganzen Getreidespelzen mit drin waren.

Eine Panne werde ich nie vergessen: Wir entdeckten ein Feld mit so vielen liegen gebliebenen Haferhalmen, dass wir schnell nach Hause liefen, Säcke holten und Vater freudestrahlend unsere Ausbeute präsentierten. Der, stutzig geworden, hörte sich bei dem Eigentümer des Haferfelds um – der Bauer hatte noch gar nicht geerntet!

Vater, Lehrer in einem kleinen Dorf von dreihundert Einwohnern, Wietstock an der Nuthe eben, konnte und wollte – Krieg hin, Krieg her – nicht riskieren, dass es im Dorf hieß, Lehrers Kinder klauen Hafer. Als es dunkel wurde, schleppten wir beschämt unsere Säcke zurück auf das Feld und verteilten dort sorgfältig die Haferhalme.

Bratäpfel und Lieblingsoma Minna

Wenn ich Bratäpfel mache, muss ich an meine Lieblingsoma Minna denken. Dieser Oma mütterlicherseits gehörte in Ludwigsfelde eine wunderschöne Villa, die ihr mein Urgroßvater Loth, ein damals bekannter Architekt, gebaut hatte. Das ganze Haus war im Jugendstil eingerichtet und strahlte eine Eleganz und Wohnkultur aus, wie ich sie nie wieder irgendwo angetroffen habe. Heute wundere ich mich, wie meine Mutter den zweifellos gewaltigen gesellschaftlichen Absturz ins primitive Lehrerhaus in Wietstock verkraftet hat. Es wurde nie darüber geredet. Sie hat ihn eben geliebt, diesen spinnerten Dorfschullehrer, der im flatternden Lodenmantel per Fahrrad daherkam.

Oma Minna besaß noch so einen grünen bullernden Kachelofen, in dem die Bratäpfel brutzelten und das ganze Haus mit dem Duft von Nelken und Zimt durchzogen.

Sie trug ihr seit ich denken kann schneeweißes und immer duftiges Haar zu einem Krönchen oben auf dem Kopf gewunden, war immer wie aus dem Ei gepellt, in schwarze Seide gekleidet, ihren Hals zierte ein schwarzes Samtband. Sie lachte viel; obwohl von der Gicht krumm gebeugt, lachte sie oft Tränen. Sie liebte es, auf dem Klavier Strauß-Walzer zu spielen. Als ich ihre feinste porzellanene Waschschüssel zerschlug und furchtbar weinte, tröstete sie mich mit Schokolade.

Die Oma väterlicherseits, Eugenie, war klein, drall, hatte die grauen Haare straff nach hinten zu einem winzigen Dutt gezwirbelt, stammte aus dem Spreewald und sprach den Dialekt der dort lebenden Sorben. Eine böse Oma, fand ich, seit sie meine arme Mutter einmal mit einer Suppenkelle durch das ganze Haus gejagt hatte.

An die Großväter oder gar Urgroßväter kann ich mich nicht erinnern, sie sind alle früh gestorben. Es muss der Urgroßvater Loth gewesen sein, der dem erlag, was wir heute einen Herzinfarkt nennen. Er soll über den Untergang der Titanic, von dem er durch ein vorsintflutliches Radiogerät erfuhr, dermaßen geschockt gewesen sein, dass er mit dem Schrei »Minna!« das Zeitliche gesegnet hat.

1938 wurde Vater von Wietstock nach Ludwigsfelde versetzt und Rektor an der Hermann-Löns-Schule. Unsere Familie, inklusive Oma Eugenie, bezog eine Dienstwohnung in der Nähe des Schulhauses – in der Adolf-Hitler-Straße. Die beiden kleineren Brüder gingen in diese Schule, Hartmut und ich fuhren täglich mit der Dampfbahn nach Berlin in die Oberschule. Um sieben Uhr zehn ging der Zug ab Ludwigsfelde, da wir aber immer zu spät aufstanden, wartete der Lokomotivführer, der uns über die Wiese rennen sah – das Frühstücksbrot noch in der Hand –, bis wir eingestiegen waren. Erst dann dampfte er los. Das waren noch Zeiten!

Waltraut als Säuglingsschwester

Mitten im Krieg gab es in unserer Familie noch einmal Nachwuchs – Mutter bekam Zwillinge, Reimute und Siegmar. Ich, die Älteste, bislang einziges Mädchen unter lauter Brüdern, musste notgedrungen mit meinen fünfzehn Jahren Hausfrau und Säuglingsschwes-

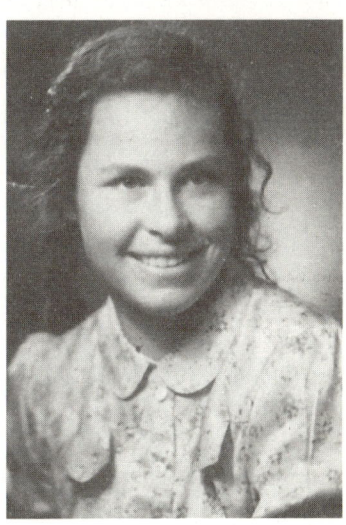

Die artige Waltraut

ter spielen. Um Mutter und die Zwillinge zu feiern, wollte ich einen Kuchen backen. Das war gar nicht so einfach, denn damals kochten wir Suppen aus Kartoffelschalen, Marmelade aus Ebereschen, Sirup aus Zuckerrüben. An Mehl oder gar Fett für den Kuchen war nicht zu denken. Ich kratzte ein paar Kartoffeln und Möhren zusammen, tat Sirup dran, und es kam eine Art Sandkuchen zustande, der uns damals ungeheuer delikat vorkam.

Seit meinem ersten Möhrenkuchen sind Jahrzehnte vergangen. Viele Kuchen habe ich inzwischen selbst gebacken oder in aller Welt gekostet; und ich muss sagen, auf dem Kuchensektor unterscheiden sich die Nationen weniger voneinander als im übrigen kulinarischen Bereich. Ein Obstkuchen ist ein Obstkuchen, und eine Quarktorte ist eine Quarktorte (frei nach Gertrude Stein).

An der Gulaschkanone bei Meseritz

Herbst 1944. Meseritz, heute Polen. Meine Schulklasse war zum Osteinsatz abkommandiert, die Jungen zum Panzergräben-Ausheben, wir Mädchen zum Küchendienst. Alle fünfzehn oder sechzehn Jahre alt. Novemberwetter, Regen, die Welt in Schlamm versunken, die Front nahe, Geschützdonner Tag und Nacht.

Wir Mädchen schälten in einer zugigen Scheune mit klammen Fingern Zentner von Kartoffeln, während die Jungen schwere nasse Erde aufrissen, um das Vaterland vor den herannahenden russischen Panzern zu schützen.

Später stand ich bis über die Knöchel im Matsch an der Gulaschkanone, die ihrem Namen keine Ehre machte, und teilte unsere trübe Kartoffelsuppe aus. Die Jungen warteten wie aufgereihte Vogelscheuchen stumm in ihren viel zu großen Soldatenmänteln, ihr Kochgeschirr in der Hand, auf ihren Schlag Suppe. Keiner sprach. Alle waren so müde. Nur in der Ferne das Grollen der Geschütze. Und dieser Regen! Meine Wolljacke hing an mir wie ein nasser Sack.

Da kam einer von den Jungen, zog seinen Mantel aus und legte ihn mir um die Schultern.

Der Krieg ist aus

Als der Krieg zu Ende ging, war ich siebzehn. Ende April tauchte ein Mann bei uns auf, mit dem mein Vater früher befreundet gewesen war. Dieser Journalist war als Anti-Nazi nach Dänemark emigriert, dort von der Gestapo verhaftet worden und hatte drei Jahre lang im Berliner Gefängnis Plötzensee gesessen, zum Tode verurteilt. Aus dem Gefängnis heraus wurde er für den Volkssturm rekrutiert. Er flüchtete, erschien bei uns und bat meinen Vater, ihn bis »zur Befreiung«, wie er sich zu meinem Entsetzen ausdrückte, zu verstecken. Vater, obwohl Parteimitglied, versteckte den Mann tatsächlich, riskierte Kopf und Kragen. Ich wusste nicht ein noch aus, fand es richtig, dass wir einen zum Tode Verurteilten nicht fortschickten – aber er war für mich ein Verräter. Noch eine Woche vor der Kapitulation war ich fest davon überzeugt, »unser Führer« würde ein Wunder vollbringen. Dass wir den Krieg verlieren könnten, erschien mir unmöglich; denn natürlich glaubte ich, dass es ein gerechter Krieg sei und dass man gerechte Kriege gewinne. Eines Tages jedoch musste ich, als der Geschützdonner immer näher kam, in unseren Garten gehen und die Zeichen meiner Jungmädel-Zugehörigkeit, Schlips und Knoten und Literatur über »unsere Kolonien« und die »uns Deutschen zustehenden Gebiete« in Polen, vergraben, überzeugt, dass nicht nur ich das alles eines Tages wieder ausgraben, sondern dass auch »unser Führer« alles wieder zurückerobern würde, »was uns zustand«.

Der alte Vater unseres Emigranten, den wir inzwischen auch bei uns aufgenommen hatten, sah mir bei meiner »Grablegung« zu und spuckte hinter mir aus.

In endlosen Gesprächen nachts im Luftschutzkeller erzählte unser Flüchtling namens Hans Rütting, bleich und noch in der Erinnerung vor Aufregung zitternd, von seinen Erlebnissen in Dänemark und im Gefängnis, von Judenverfolgung und Konzentrationslagern. Mein Vater war stumm. Ich voller Abwehr und Hass. Ich weigerte mich, das alles zu glauben. Die Welt, in der ich bisher gelebt hatte, war die einzig mögliche Welt. Die ließ ich mir nicht so einfach zerstören. Eine Welt, in der es keinen »Führer« gab und nicht meinen Glauben an ihn, konnte ich mir nicht vorstellen. Darum durfte sie nicht sein.

Dann war es so weit. Ein wunderbarer Frühlingstag. Wir saßen wie schon so oft im Keller zwischen Bergen von Kartoffeln und Rüben, hörten die ersten russischen Panzer über die Straßen rattern, die ersten russischen Laute vor dem Haus – dann betrat der erste russische Soldat den Keller, in dem wir uns alle mit erhobenen Händen aufgestellt hatten. Er suchte uns nach Waffen ab und zielte zum Spaß mit seiner Maschinenpistole auf meine Großmutter, lachte dröhnend über unsere Angst und küsste meine kleine Schwester Reimute. »Die Russen sind also gar nicht so schlimm, wie wir gefürchtet haben!«, stellten wir erleichtert fest, umso mehr, als wir durch das Kellerfenster hindurch einen anderen Soldaten und eine Soldatin mit semmelblonden Zöpfen über unser Tulpenbeet springen sahen; ganz offensichtlich, um die Blumen nicht zu zertreten.

Wir wagten uns also nach oben in die Wohnung. Die Soldaten, die nun kamen, waren betrunken und verlangten Alkohol. Wir hatten keinen. So ging mein Vater in seiner Not in die Schulstube, nahm eine in Spiritus eingelegte Schlange, die seit Jahrzehnten als Anschauungsmaterial für den Naturkundeunterricht gedient hatte, aus ihrem Glasbehälter heraus und gab den Soldaten diesen Schlangenschnaps zu trinken. Glücklicherweise blieben sie am Leben. Die nächsten kamen nachts. Sie wollten Frauen. Wir hatten das Haus voller Flüchtlinge. Überall lagen sie schlafend auf dem Fußboden. Als sich einer der Soldaten auf mein Bett setzte, stürzte mein Vater auf die Straße und schrie nach dem Kommandanten. Die Kommandantur befand sich in der Nähe, Vergewaltigungen waren den Soldaten streng verboten. Der Soldat stand fluchend auf, schoss durch das Zimmer und traf meinen auf einer Matratze auf dem Boden schlafenden Bruder Hartmut ins Bein. Um ähnliche Vorfälle in Zukunft zu vermeiden, hatten wir folgende Idee: Hinter der Wand des Schlafzimmers befand sich ein winziger Verschlag. Wir schlugen ein Loch in die Wand, meine Mutter und ich krochen hinein, Vater schob von außen einen Schrank davor. In diesem Versteck verbrachten wir zehn Nächte und blieben unentdeckt, wenn die Soldaten das Haus durchsuchten.

Gewaltmarsch von Berlin nach Flensburg

Als sich das Leben im Dorf einigermaßen normalisiert hatte, beschloss unser Emigrant, sich auf den Weg nach Dänemark zu machen. Zu Fuß. Denn Transportmittel gab es nicht mehr. Er erbot sich, zwei von uns Kindern in die »Westzone« mitzunehmen. Die übrige Familie sollte später versuchen nachzukommen.

Mein verwundeter Bruder Hartmut war unfähig zu gehen, die anderen Geschwister waren für die zu erwartenden langen Fußmärsche zu klein. So blieb allein ich übrig. Ich machte mich als alte Frau zurecht – das taten viele Frauen, um nicht vergewaltigt zu werden –, und dann zogen wir los, der Emigrant und ich. Am 17. Mai 1945. Vater begleitete uns bis zum Dorfausgang. Er weinte. Ich habe ihn nie wiedergesehen.

Mein Begleiter und ich marschierten am ersten Tag unserer Wanderung sechzig Kilometer, bis in die Nähe von Potsdam. Dort erhielt er einen Ausweis als »Displaced Person«, in den ich der Einfachheit halber als seine Frau mit eingetragen wurde.

Noch wochenlang versuchte ich, »der Idee« die Treue zu halten. Ich konnte es nicht fassen, wie leicht viele derjenigen, die noch vor einigen Tagen »Heil Hitler« geschrien hatten, zu einer neuen Fahne überlaufen konnten. Die Tatsache, dass der Krieg verloren war, schien mir kein Grund. Ich wollte Beweise, dass »die Idee« falsch war. Ich erhielt sie.

Eines Tages, nach einem langen Fußmarsch vorbei an von Panzern zermalmten Soldaten, russischen wie deutschen, und toten aufgeblähten Pferden, schliefen wir in Lüneburg in einem Flüchtlingslager. In den Baracken lagen auf Strohschütten nebeneinander Männer, Frauen und Kinder, ehemalige KZ-Häftlinge und ehemalige Soldaten. Neben mir eine belgische Jüdin. Sie hatte im KZ mit ansehen müssen, wie ihre kleinen Kinder von SS-Männern in die Luft geworfen und abgeschossen wurden. Nacht für Nacht wurde die Frau von diesem Bild verfolgt. Sie schrie im Traum, ich hielt sie im Arm, versuchte, sie zu trösten, und fand die Worte nicht. Und wusste nicht, wie ich weiterleben sollte.

Ich hätte gern Medizin studiert, wäre gern Ärztin geworden – aber diesen Traum musste ich begraben. Jetzt ging es einfach um das nackte Überleben. Wenn auch auf Umwegen, habe ich mein Lebensziel dann später im Grunde doch erreicht: mitzuwirken beim Heilmachen von allem, was Haut hat, Haar, Federn, Borsten oder Schuppen und glücklich sein will.

Mein Bunker und ich

Wir näherten uns schließlich der dänischen Grenze. Hans Rütting setzte mich auf dem Marktplatz von Flensburg ab und marschierte weiter nach Dänemark.
Da stand ich nun mit meinem Rucksack und sonst nichts, das bisher so behütete siebzehnjährige Mädchen. Die Sonne schien, ich entdeckte einen verlassenen, nur halb zerbombten Betonbunker am Fjord, der für die nächste Zeit mein Zuhause werden sollte. Der Bunker, den man nur von oben über das Dach betreten konnte, war voller undefinierbarem Gerümpel, darunter Gewehre und sonstige Schusswaffen, auch Munition, wie ich glücklicherweise erst später erfuhr. In einer Ecke räumte ich das Gerümpel beiseite und polsterte den Boden mit Stroh aus, das ich mir bei einem Bauern erbettelte. So hatte ich erst einmal einen Schlafplatz. Dann meldete ich mich beim Roten Kreuz und erhielt etwas zu essen – für eine Blutspende von einem halben Liter gab es dreißig Mark und ein warmes Mittagessen.
Um auf mein Strohlager zu gelangen, musste ich über eine eiserne Leiter auf das Dach des Bunkers klettern. Der Bunker lag oberhalb des Fjords, der Wind riss mir fast die Haare vom Kopf. Ich wusste nie, ob vielleicht noch jemand außer mir in den Bunker eingezogen war oder noch einziehen würde oder ob das ganze Ding vielleicht in die Luft fliegen würde. Zitternd vor Angst schrie ich auf dem Dach gegen den Sturm an, machte mir selbst Mut: Ich habe keine Angst – und ich werde in meinem ganzen Leben nie wieder Angst haben – ich bin stark – ich bin mutig – ich lasse mich nicht unterkriegen …
Das Bunkererlebnis hat mich sehr geprägt und wohl dazu beigetragen, dass mein gesamtes späteres Leben so kühn und nahezu angstfrei verlaufen konnte.
Allerdings bin ich wohl auch mit einer gehörigen Portion Abenteuerlust ausgestattet, einem unbändigen Appetit auf Unbekanntes, auf Risiko, auf Bis-an-die-Grenzen-Gehen oder, noch besser, über die Grenzen hinaus. Eingefahrene Gleise sind mir ein Gräuel. Sitze ich im falschen Zug, steige ich aus oder springe notfalls ab – selbst auf die Gefahr hin, mir Knochen- oder sonstige Brüche zuzuziehen. Sind es

Schicksalsschläge, bemühe ich mich, diese als Lernprozess zu verstehen und das Beste daraus zu machen, sei es, aus ein paar Resten im Kühlschrank eine leckere Suppe zu kreieren oder sonst eine Herausforderung zu meistern.

Vor Kurzem bestand ich bravourös die Nagelprobe. Ich wohne heute allein in einem kleinen Haus am Waldrand. Da ich spät schlafen gehe, saß ich wie üblich noch um halb zwölf Uhr nachts am Computer, als plötzlich ein Mann hinter mir stand. Sie werden es nicht für möglich halten, und ich kann es fast selbst nicht glauben: Zwar verblüfft, aber total ruhig und eher neugierig fragte ich ihn: »Ja, wer sind Siiiiee denn? Wie kommen Sie denn hier rein?«

Des Rätsels Lösung: Ich hatte versehentlich auf einen Knopf am Telefon gedrückt, der mich im Notfall mit der Organisation »Helfende Hände« verbindet, und ein Mitarbeiter, der über einen Schlüssel zu meinem Haus verfügt, war mitten in der Nacht losgerast, um mir zu Hilfe zu kommen!

*Mein Hut, der hat drei Ecken,
drei Ecken hat mein Hut …*

… *und hätt' er nicht drei Ecken, so wär' es nicht mein Hut …*, sangen wir als Kinder.

Irgendjemand hatte mir nicht nur ein ausrangiertes schäbiges Mäntelchen geschenkt mit einem ebenso schäbigen räudigen Pelzkrägelchen dran, sondern merkwürdigerweise auch einen Hut. Der hatte zwar nicht drei Ecken, war aber dennoch ein absolutes Unikat: Hauptbestandteil eine Art Diadem aus schwarzem Samt, unter dem Kinn mit einem Gummiband gehalten. Vom Samtdiadem herab fiel ein schwarzer Schleier über das Gesicht, oben auf dem Diadem prangte eine Feder. In diesem Outfit setzte ich mich, dem Sturm trotzend, auf das Dach meines Bunkers, rauchte meine erste Zigarette und kam mir ungeheuer verrucht vor.

»Fröken Waltraut graeder«

Das Rote Kreuz vermittelte mich nach einiger Zeit als Dienstmädchen an eine dänische Familie mit Kindern in meinem Alter. Ich wurde sehr liebevoll aufgenommen, bekam als »Fröken Waltraut« – Fräulein Waltraut – sogar ein eigenes Zimmer.

Der Auszug aus »meinem« Bunker verlief nicht ohne Wehmut. Ein so überwältigendes Gefühl von Freiheit habe ich später nie mehr erfahren.

Weihnachten 1945 erhielt ich die erste Nachricht von zu Hause. Mutter schrieb, dass Vater bereits Ende Mai mit anderen Lehrern zu einem »Umschulungskurs« abgeholt wurde und nicht zurückgekommen sei. Heiligabend saß ich schluchzend in der Flensburger Kirche.

»Fröken Waltraut graeder«, sagte der Sohn der dänischen Familie, als er sah, wie mir beim Abwaschen die Tränen über die Backen kullerten. »Fräulein Waltraut weint.«

Ich lernte schnell Dänisch und wurde bald »befördert« – vom Dienstmädchen zur Bibliothekshelferin in der dänischen Bibliothek. Und da verschlang ich nun die Bücher all der Schriftsteller, von denen mir der Emigrant Rütting während unseres Fußmarsches berichtet hatte: von Thomas Mann, Sartre, André Gide, Dostojewski – sie alle waren im »Dritten Reich« verboten – als entartet.

Eine neue Welt tat sich auf.

Illegal über die grüne Grenze

Hans Rütting meldete sich wieder aus Dänemark. Da er Verbindung zu den neuen Machthabern in Ostberlin hatte und einige von ihnen aus dem Gefängnis kannte, schlug er mir eine Scheinehe vor. »Mit dem neuen Außenminister der Ostzone habe ich gesessen. Wenn wir verheiratet wären, könnte ich mich für deinen Vater einsetzen!« – »Dein Vater lebt!«, behauptete er sogar, um meinen Hoffnungen neue Nahrung zu geben – zu einem Zeitpunkt, als, wie ich später erfuhr, Vater bereits tot war.

Schweren Herzens willigte ich ein. Unsere Scheinehe wurde in Dänemark geschlossen. Er holte mich nachts illegal über die grüne Grenze, denn ich hatte keinerlei Papiere. Die Wachhabenden hatte er bestochen, damit sie »wegsahen«. Eigentlich war er Bibliothekar, hielt sich jetzt aber über Wasser, indem er an Volkshochschulen Kasperletheater spielte. Wir lebten zunächst in seinem klapprigen VW. Während seiner abendlichen Auftritte hockte ich im Wald auf einem Baumstumpf, auf seine Rückkehr wartend. Er war mit einem Pfarrer befreundet, der bereit war, uns zu trauen, obwohl ich keine Papiere besaß.
Es war auf der Insel Fünen. Hans Rüttings Freunde glaubten an eine Liebesheirat. Sie hatten ein Hummergericht zubereitet. Ich weinte den ganzen Tag. Dem Pfarrer zitterten die Hände, als er sie auf meinen Kopf legte.
Hans übernahm meine weltanschauliche und literarische Ausbildung. Ich hatte so einen unbändigen Durst nach Wissen! Nach Erkenntnis! Nach Wahrheit! Nach Wahrheit vor allem. Kam mir so ungeheuerlich betrogen vor.
Hans machte sich lustig über unsere Familie, diese »Schrebergartenidylle« mit Hausmusik und Gedichtelesen. Ich kam mir provinziell und hinterwäldlerisch vor und warf von einem Tag zum anderen meine romantische Vorstellung von der heilen Welt über Bord. Wollte sein wie die Helden von André Gides *Falschmünzern*, wie der Julien aus Stendhals *Le Rouge et le Noir*. Verleibte mir die Anschauungen der Bücherhelden mit Haut und Haar ein, wollte so sein wie sie.
Hans war verblüfft, das hatte er nicht erwartet. Wie beim Zauberlehrling entglitt der Schüler dem Lehrer. Als er alles rückgängig machen wollte, war es zu spät. Ich hatte genug von Gefühlen, vom Glauben vor allem, mir konnte man mit keiner Ideologie mehr kommen. Ich kam mir zynisch und toll vor.
Bald hatte ich perfekt Dänisch gelernt, auch ein Examen in dänischer Schreibmaschine und Stenografie absolviert und einen gut bezahlten Job als Fremdsprachenkorrespondentin in Kopenhagen, Vendersgade 26, bei Frode Hansen, einer Firma, die mit Därmen (!) handelte. Von Dänemark aus konnte ich Päckchen an meine hungernde Familie schicken. Jedes Päckchen durfte nicht mehr als ein halbes Pfund wiegen.

Dank dieser Hilfe konnten meine Lieben überleben.

Es dauerte noch Jahre, bis ich es schaffte, diese Scheinehe zu beenden. Hans hatte sich in mich verliebt und wollte mich nicht gehen lassen, versuchte schließlich sogar mit Gewalt, mich festzuhalten, ich musste regelrecht flüchten. 1951 endlich gelang es mir, ich flog zurück nach Berlin und sah nach sechs Jahren endlich meine Familie wieder.

In *Undine* lässt Ingeborg Bachmann ihre Titelheldin sagen: »Ihr Menschen! Ihr Ungeheuer! Ihr Ungeheuer mit dem Namen Hans! Mit diesem Namen, den ich nie vergessen kann!«

Gibt es im Leben jeder Frau ein Ungeheuer namens Hans? Mein Hans hieß Rütting.

Nein, er hat mir nicht gutgetan, mein Hans.

Neuanfang in Berlin

Bei Tante Frida auf dem Dachboden

Nach Kriegsende musste jeder die Arbeit annehmen, die es gab, um sich über Wasser zu halten. So auch in meiner Familie. Hartmut arbeitete in einer Dorfschmiede, er wurde später Ingenieur in Westberlin; Reinhard in einer Bäckerei, er wurde später Lehrer in einem kleinen Ort an der neuen deutsch-polnischen Grenze. Die Dienstwohnung für Lehrer mussten sie von einem Tag auf den anderen räumen, Mutter und meine Geschwister fanden zunächst Unterschlupf in Wietstock, denn Oma Minnas Haus war überfüllt mit Flüchtlingen. Weil sie in Westberlin lebte und das als sicherer galt, kam ich in die Obhut von Vaters Schwester Tante Frida.
Die Familie war auseinandergerissen – und ist nie wieder heil geworden, wozu dann natürlich noch die am 13. August 1961 gebaute Mauer beitrug.
Diese Tante Frida war Mieterin einer winzigen Dachwohnung – für siebzehn Mark im Monat. Ich schlief auf einer Gummimatratze auf dem Fußboden. Mit einer monatlichen Blutspende verdiente ich dreißig Mark, dazu gab es jedes Mal gratis ein warmes Essen. Als ich hörte, dass man in den Filmstudios als Komparsin pro Drehtag ebenfalls dreißig Mark verdienen konnte, machte ich mich, ohne lange nachzudenken, auf den Weg ins Filmstudio Tempelhof und hatte Glück: In einem Film mit Ilse Werner durfte ich – in einem geborgten Abendkleid – über das Tanzparkett schreiten, wobei ich vor Aufregung ausrutschte und hinfiel. »Aus Ihnen wird mal etwas«, meinte einer der Schauspieler – es war Georg Thomalla!
Mit heutigen Augen betrachtet entsprang der Wunsch, Schauspielerin zu werden, der Flucht aus einer schwer zu ertragenden Wirklichkeit in eine schönere Traumwelt. Als heilige Johanna wollte ich auf den Bret-

tern der Bühne die Menschheit retten. Tante Frida hörte mich geduldig ab, wenn ich, auf dem Dachboden hin- und herspazierend, die Minna von Barnhelm deklamierte – meinte jedoch vorsichtig, ob es nicht gescheiter wäre, in ein Bettengeschäft einzusteigen, ein befreundetes Ehepaar hätte keine Kinder und suche eine Nachfolgerin …
Es lief ganz gut mit der Komparserie. In der Kantine des Filmstudios sprach mich eines Tages ein Mann an, der Typ, der mich unwiderstehlich anzieht: groß, schlaksig, intellektuell und sensibel. Wie ich hatte er gerade den Lebens-Sinn verloren. Heio, wie er sich vorstellte, war – im Alter von zwanzig Jahren! – 1942 als Jagdflieger über Stalingrad abgeschossen worden, nachdem er selbst bereits fünfunddreißig »feindliche« Flugzeuge vom Himmel geholt hatte, und in russische Gefangenschaft geraten. Im gleichen Jahr wurde er in der Sowjetunion Mitbegründer und Aktivist des »Nationalkomitees Freies Deutschland«. Das machte sich zur Aufgabe, die deutschen Offiziere, Generäle und Soldaten von der Sinnlosigkeit einer Fortsetzung des Krieges zu überzeugen, und forderte sie durch Flugblätter und über Lautsprecher an der Front zum Überlaufen auf. Der »rote Graf«, auch »rote Socke« geschimpft, wurde deshalb noch jahrzehntelang in Deutschland als Verräter gebrandmarkt.
Er war enttäuscht und verbittert, nachdem er erkannt hatte, dass er – als Heinrich Graf von Einsiedel und Urenkel Bismarcks – in der Gefangenschaft von den Sowjets vor allem wegen seines Namens hofiert und politisch benutzt worden war. Zudem hatte er, nachdem er, zurück aus der Gefangenschaft, wie selbstverständlich in den Osten Deutschlands gegangen und dort als Journalist tätig geworden war, einsehen müssen, dass sich in der DDR kein demokratischer Sozialismus etablieren würde.
Heute wird Heinrich Graf von Einsiedel bescheinigt, er sei einer der wenigen gewesen, die von sich behaupten können, so früh sehr scharfsinnig eine Analyse der politischen Entwicklung der DDR abgegeben und die Konsequenzen daraus gezogen zu haben.
Über seine Erfahrungen hatte er ein Buch geschrieben, *Tagebuch der Versuchung*. Nun versuchte er sich, offenbar mit wenig Glück, als Drehbuchautor.

Die Kantine wollte längst schließen, wir saßen immer noch da, redeten und redeten. Er bot an, mich in seinem »Mäxchen« nach Hause zu fahren. Dieses Mäxchen war ein uralter klappriger Dixie, aber immerhin ein Cabriolet, rot lackiert mit einem flatternden Dach aus grünem Stoff.

Als wir bei Tante Frida eintrafen, blieben wir stundenlang im Mäxchen sitzen – konnten nicht aufhören zu reden, wollten uns nicht trennen. Zwei auf der Suche nach einem neuen Lebens-Sinn hatten sich ineinander verliebt.

Ich werde Schauspielerin!

Eines Tages traf in Tante Fridas Dachwohnung ein Telegramm ein – ich wurde zu Probeaufnahmen eingeladen. Ein Filmproduzent namens Buchholz suche eine Schauspielerin für die Rolle eines Flüchtlingsmädchens in einem Film über die Liebe zwischen einem ostdeutschen Mädchen und einem westdeutschen Jungen. Man schickte mir

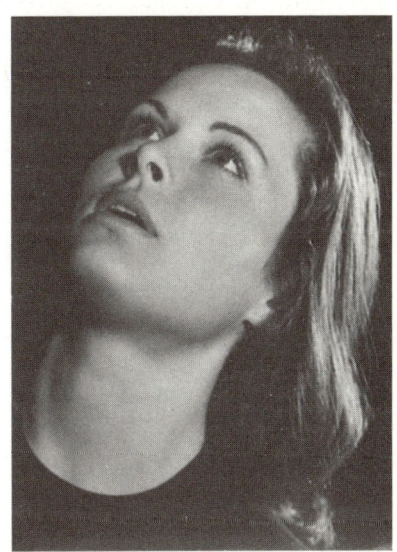

Auf dem Weg zum Film

Nachwuchs stellt sich vor

ein Taxi – ein Taxi! Ich fuhr ins Studio, machte die Probeaufnahmen, erhielt die Rolle, las das Drehbuch und – sagte ab.
Inzwischen verwöhnt durch Literaten wie Sartre, Stendhal, André Gide etc. fand ich das Drehbuch zu einfältig. Das war es auch. Tante Frida schlug die Hände über dem Kopf zusammen: Da sagt diese Waltraut ab, bei einem Honorar von 2400 Mark!
Mein Heio formulierte das etwas drastischer: »Du spinnst doch!« – packte mich tags darauf ins Mäxchen und fuhr mich ins Filmstudio, wo ich erklärte, ich hätte es mir anders überlegt, würde die Rolle annehmen. Heio hegte offenbar Zweifel an meiner Begabung für die

Schauspielerei, denn er meinte gleich nach unserem Kennenlernen recht skeptisch: »Glauben Sie wirklich, dass Sie Talent haben?«
Der Filmproduzent zog gleich 1000 DM von den 2400 des Honorars ab – man habe ja die ganze Nacht über telefonieren und nach einem Ersatz für mich suchen müssen!
Ich wurde in einem Hotel einquartiert, für mich Luxus pur – und spielte meine erste Rolle, gleich eine Hauptrolle, obwohl ich nie eine Schauspielschule besucht hatte. Ich spielte das, was ich war, ein Flüchtlingsmädchen, das lachen und weinen konnte. Der Film hieß *Postlagernd Turteltaube*, Horst Niendorf war mein Partner. Der Film erregte kein besonders großes Aufsehen – aber ich. So schrieb *Die Filmwoche* am 22. November 1952 nach der Premiere:

Die Spur führt nach Berlin

»Barbara Rütting – neuer Typ: Sie ist keine Schönheit, aber sie fällt auf. Im Gesicht dieser Fünfundzwanzigjährigen paaren sich auf seltsame Weise Neugier und Wissen. Ihre Augen verraten, dass in dieser jungen Frau Wunsch und Ehrgeiz leben. Ein beunruhigender Typ, Zigeuner, Vamp, Naturbursche. In Barbara Rütting, dem Mädchen

mit der dunklen, etwas geheimnisvollen, fast rauhen Stimme, verkörpert sich der Typ der illusionslosen, dennoch heimlich fragenden, burschikosen, dennoch anmutigen, leicht verwilderten, dennoch maßhaltenden Frau.«
Sogar *Der Spiegel* äußerte sich: »Die Lehrerin in ›Postlagernd Turteltaube‹, Barbara Rütting, Berliner Jahrgang 1927, hatte als erotisch-exotische Bombe schon in die westsektorale Berliner Society eingeschlagen, aber als Schauspiel-Schülerin noch nicht viel studiert, als Buchholz sie entdeckte. ›Sie kann noch nicht viel, unter uns gesagt: Sie kann gar nichts‹, gesteht ihr Regisseur, ›aber die Gewalt des Photogenen erschlägt alles.‹«

Keine Schönheit – aber eine erotisch-exotische Bombe. Von einem Einschlag von mir als Bombe in die westsektorale Berliner Society hatte ich selbst gar nichts bemerkt – die Meldung war wohl als Anspielung auf meine Beziehung zu dem roten Grafen Heinrich von Einsiedel zu verstehen.
Der Kameramann Helmuth Ashley muss den Film gesehen haben – denn er schlug mich danach für eine kleine Rolle in dem Film *Die Spur führt nach Berlin* vor. Ich spielte eine russische Dolmetscherin, die sich in ihren amerikanischen Gefangenen verliebt, gespielt von Gordon Howard – und ihn entkommen lässt. Regisseur war der Tscheche Franz Cap, der mich dann später für die *Geierwally* engagierte.
Die verschiedenen Nationalitäten der Beteiligten führten zu witzigen Sprachproblemen. So hatte der Amerikaner Gordon Howard zu sagen: »Ich bin müde« – das hörte sich dann so an: »Ich bin mude«. Darauf der Regisseur Cap: »Das heißt nicht mude, das heißt mide!«
Wir drehten im zerstörten Reichstagsgebäude. Die Kritiker überschlugen sich geradezu:
»Wäre das Wort nicht so abgegriffen, müsste man sagen, dass dieser Film sensationell ist (...) wir glauben nicht, dass nach dem Krieg in Deutschland ein besserer und spannenderer Kriminalfilm gedreht wurde. Blendend fotografiert, hervorragend besetzt mit einem Aufgebot internationaler Künstler, jagt eine Handlung über die Leinwand, die unsere gegenwärtige unglückliche Lage zwischen Ost und West

mit aller Deutlichkeit enthüllt ... Allen voran Barbara Rütting, eigenwilliger Nachwuchs mit einem Gesicht voller Inhalt ... ein glücklicher Gewinn für den Film, natürlich im Spiel und erfüllt von einem erotischen Fluidum ...«

Bundesfilmpreis:
Gary Cooper gratuliert

Für meine kleine Rolle erhielt ich den Bundesfilmpreis als beste Nachwuchsschauspielerin.

Es gibt ein Foto, auf dem mir Gary Cooper gratuliert – ich aber völlig uninteressiert und geradezu blasiert irgendwo in die Ferne blicke. Das ist mir geblieben – noch heute bin ich total unbeeindruckt von angehimmelten Persönlichkeiten ... seien es Schauspieler oder Politiker.

Ich war nun Schauspielerin – ohne jemals eine Ausbildung gemacht zu haben, hätte vermutlich später auch gar nicht auf einer Bühne stehen dürfen. Strich den Namen Waltraut und nannte mich fortan Barbara. Barbara bedeutet »die Fremde« – und passt hervorragend zu mir, denn fremd war ich auch in Zukunft immer wieder und überall, und das wird wohl auch so bleiben.

Die letzte Brücke

Danach ging es Schlag auf Schlag. Es folgte der Film *Die letzte Brücke*, damals *der* Antikriegsfilm. Ich denke, alle Beteiligten glaubten, dass nach diesem »Mahnmal der Menschlichkeit« Kriege bald der Vergangenheit angehören würden.

Poslednij Most – so der serbische Titel – wurde im Jahre 1953 in Jugoslawien gedreht, in Mostar mit der wunderschönen Brücke, die 1993 während des Bosnienkrieges zerstört, aber seitdem wieder aufgebaut wurde. Helmut Käutner führte Regie, Maria Schell spielte eine deutsche Ärztin, der noch unbekannte Bernhard Wicki einen Partisanen namens Boro. Ich als Partisanin Miliza hatte die deutsche Ärztin Maria Schell zu kidnappen, die nun in den Konflikt gerät: Als Ärztin ist es ihre Pflicht, Menschen zu helfen – aber auch dann, wenn es gilt, verwundete Feinde wieder zusammenzuflicken?

Wer ist Feind, wer Freund? Am Schluss des Films sind alle tot. Besser kann man den Wahnsinn des Krieges kaum darstellen.

Bei einer dieser Szenen hatte ich ein trauriges Aha-Erlebnis. Das Thermometer war auf fast vierzig Grad geklettert. Ich stand in meiner Män-

Die letzte Brücke:
Als Partisanin Miliza,
mit Maria Schell

neruniform, Käppi auf dem Kopf, eine Maschinenpistole umgeschnallt, schweißüberströmt in der Sonne auf einem glühenden Felsen. Ich sollte laut Drehbuch rauchen, hatte aber noch nie geraucht. Wie bei einem Schlachtross auf einem alten Stich entwich mir der Rauch durch beide Nasenlöcher. Alles lachte. Meine Hände zitterten so sehr, dass ich mich an meiner MP festhalten musste. Hilfesuchend schaute ich nach einem arrivierten Kollegen. Der aber machte sich nur lustig und sagte: »Mir hat früher keiner geholfen – jetzt helfe ich auch keinem.«

Die letzte Brücke:
Getarnt als Einheimische

Damals nahm ich mir vor: Sollte ich jemals zu den »Arrivierten« gehören und jemand braucht meine Hilfe – ich werde ihn nicht im Stich lassen.
Die letzte Brücke ist nach wie vor mein Lieblingsfilm, gerade wegen seiner Friedensbotschaft, dass sich Begriffe wie Freund und Feind, Vaterland und Feindesland auflösen lassen, wenn nicht länger in nationalistischen Bahnen gedacht wird.
Nach Drehschluss saßen wir meistens alle zusammen am Lagerfeuer, Freund und Feind. Die »echten« Jugoslawen tanzten Kolo, diesen wilden, schwermütigen Tanz. Nie vergesse ich den Text des Liedes, das der Partisan Bernhard Wicki der Ärztin Schell ins Deutsche übersetzte: »Bin gegangen mit mein Lämmchen nach Bembashu.«

Aus Anlass der 500. Klappe gab es eine deutsch-jugoslawische Feier im Dorfkrug Buna. Wir feierten, wie wir waren, in unseren nach einem anstrengenden Drehtag in glühender Hitze verschwitzten Partisanenuniformen, mit Käse und Knoblauch, viel Rotwein und Sliwowitz. Es ging bald so hoch her, dass mit den Tellern Ball gespielt wurde und schließlich die Hälfte des Geschirrs in das an der Schenke vorbeifließende Flüsschen geflogen war. Nie wieder in meinem Leben habe ich derartige Ovationen bekommen wie an diesem Abend von den Jugoslawen: »Miliza, Miliza, urra für die große Kamerad Miliza …«

Es war schon dunkel, als wir zu unserer Unterkunft aufbrachen. Ich wollte in das für die Schauspieler bereitstehende Auto steigen, da tobte der Jubel erst recht los. Auf einem offenen Lastwagen saßen das jugoslawische Team und die Statisten. Alle schrien aus vollem Hals: »Urra – urra – urra – za Barbaru«, – ich rannte mit ausgestreckten Armen auf den Lastwagen zu, wurde hinaufgezogen, und dann ratterten wir durch die Nacht und durch den Staub und die Haare flogen und Sliwowitz wurde aus der Flasche getrunken, die reihum ging, immer wieder »Urra Barbaru« – ein gurgelndes »Urra, Urra, Urra«, wir sangen und tranken, und als wir vor dem Hotel ankamen, noch einmal: drei »Urra« für »die große Kamerad Barbaru« – ich wurde vom Auto gehoben, erschöpft und glücklich, und hatte einen Kopf wie ein Ballon, vom Sliwowitz, vom Singen, vom Wind und vor Glück.

Selten in meinem Leben war ich so glücklich wie in diesen verrückten Minuten auf dem Lastwagen.

Oft waren die Dreharbeiten total chaotisch. Einmal schossen wir versehentlich mit scharfer Munition aufeinander, dann kippten wir aus den in der Strömung trudelnden Schlauchbooten in die reißende Neretva. Dann hatte der Regisseur Helmut Käutner sich ausgedacht, dass wir eine Brücke aus Menschen bilden sollten. Dicht an dicht standen wir nebeneinander im Wasser, jeder hielt ein Brett über dem Kopf, sodass eine Holzbrücke entstand, über die die Verwundeten von der einen auf die andere Seite des Flusses humpeln sollten. Aber die starke Strömung riss uns die Beine weg, ein Wunder, dass wir nicht alle ertranken.

Zwischendurch glaubte kaum noch jemand daran, dass dieser Film irgendwann fertig werden würde. »Lasst mich hier zurück«, hörte ich Helmut Käutner einmal jammern. »Seht zu, wie ihr nach Hause kommt, lasst mich hier zurück« ...

Der Film wurde ein Welterfolg und erhielt 1954 bei den Filmfestspielen in Cannes den Prix International und bei der Internationalen Funkausstellung in Berlin den David-O.-Selznick-Preis.

Ich wurde nicht zur Premiere eingeladen – was nicht nur mich, sondern auch die Presse wunderte. Maria Schell soll es verhindert haben.

Die Geierwally

Danach kam *Die Geierwally*, heute ein Kultfilm, der immer wieder im Fernsehen gezeigt wird – die Wally, mit einem Dickschädel wie ich, ist nach wie vor eine meiner Lieblingsrollen, eine frühe Feministin, die sich nicht verbiegen lässt. Der Vater will sie mit einem reichen Bauern verheiraten, sie aber liebt – und kriegt ihn schließlich auch –

Die Geierwally, der Bärenjosef (Carl Möhner) und Geier Hansl (1956)

den Bärenjosef. Dafür nimmt sie sogar die Verbannung in eine trostlose Almhütte auf sich. Ihr einziger Freund ist der zahme Geier Hansl. Die Geschichte beruht auf einer wahren Begebenheit, die von der Schriftstellerin und Schauspielerin Wilhelmine von Hillern 1875 in dem Roman *Die Geierwally* geschildert wurde. Für die damalige Zeit – Ende des 19. Jahrhunderts – war diese Frauenfigur geradezu revolutionär.

Zu meinem 87. Geburtstag schickte mir ein befreundeter Journalist Grüße mit einem Satz der Geierwally, den ich bereits vergessen hatte. Wally hat ein Lämmchen gerettet, das sich in den Bergen verirrt hat, legt es sich über die Schultern und sagt zu ihm: »Ihr müsst auch immer dahin, wo es nicht weitergeht! Genau wie ich ...«

»Liebe Barbara«, schreibt der Journalist, »das kommt mir vor wie dein Lebensmotto. Mögen dir Kraft und Kreativität erhalten bleiben, um diesen Weg fortzusetzen, damit es weitergeht – auch dort, wo es nicht weitergeht!«

Ja, die Geierwally und ich haben schon viel gemeinsam.

Ich hatte keine Stunt-Frau, sondern spielte alle Szenen selbst. Eine Woche verbrachte ich bei dem wunderschönen Geier Hansl im Käfig, der sich ja an mich gewöhnen musste, denn er sollte mir in meine Verbannung folgen, zu mir fliegen und mir sogar den Kopf »kraulen«, wenn ich als Wally vor Liebeskummer zu weinen hatte. Das mit dem »Kraulen« gelang schließlich, nachdem ich auf die Idee gekommen war, mir kleine Fleischbrocken in meinen Haarkranz zu stecken. Neben den Fleischbrocken riss Hansl mir immer wieder Haarbüschel aus, aber ich spielte und weinte und spielte und weinte, obwohl mir bereits das Blut über das Gesicht lief, bis der Regisseur Franz Cap rief: »Halt, halt, Kamera aus – die Barbara verblutet uns ja!«

Franz Cap war ein wunderbarer Regisseur und äußerst sensibel. In einer Szene hatte ich den durch meine Schuld in eine Schlucht abgestürzten Bärenjosef zu retten. Den schweren Mann mit einem Strick um den Bauch festgebunden, wurde ich Hunderte von Metern an einer steilen Felswand emporgezogen und prallte dabei immer wieder gegen die Felswand. Der Strick schnürte mir fast die Luft zum Atmen ab. Franz Cap konnte das nicht mit ansehen, hörte ich später –

Mit Harald Krassnitzer vor der »Geierwally-Hütte«

er schloss die Augen, drehte sich um und murmelte nur: »Sagt mir, wenn sie oben ist …«
Im Juni 2013 lud mich der Schauspieler Harald Krassnitzer ein, zusammen mit ihm für einen Dokumentarfilm die Hütte zu besuchen, in der 1956 die *Geierwally* gedreht wurde. Es war geplant, dass ich für die Presse vor der Geierwally-Hütte im grünen Gras liegen sollte. Die Hafelekarspitze bei Innsbruck ist 2334 Meter hoch. Es hatte einen Kälteeinbruch gegeben, und so mussten Harald und ich bei eisiger Kälte und dichtem Nebel durch tiefen Schnee stapfen, von einer erfahrenen Bergführerin begleitet, die uns vor dem Absturz in die Tiefe bewahren sollte. Als die Hütte endlich aus dem Nebel auftauchte, schlug mein Herz schneller. Alles war unverändert – als sei es gestern gewesen, die Zeit stehen geblieben – nur der Geier war ein ausgestopfter aus dem Museum. Den echten, zahmen (!) Hansl hat ein Jäger bei einem seiner Freiflüge, von denen Hansl immer freiwillig nach Hause kam, abgeschossen.

Theaterdebüt in Krefeld

Doch Filmen war nicht das, was ich als Schauspielerin wirklich wollte. Mich zog es zum Theater. Das erfuhr der Krefelder Theaterintendant und bot mir die weibliche Hauptrolle in dem Stück *Die Tochter des Brunnenmachers* von Marcel Pagnol an. 1956 stand ich also zum ersten Mal auf einer Bühne und spielte meine Rolle als Mutter eines unehelichen Kindes offensichtlich so ergreifend, dass mir eine Krefelderin, die der Premiere beigewohnt hatte, vor Kurzem sagte, sie sei überzeugt gewesen, ich hätte das Schicksal dieser verzweifelten Kindsmutter selbst erlebt. Clou der Inszenierung war ein echtes Baby. Für eine Wiege war ich als alleinerziehende Mutter zu arm. So lag das Baby in einer an einem Baum hängenden Kiste und streckte, je nach Laune, ab und an ein Füßchen in die Höhe, was den Zuschauern jedes Mal entzückte Ausrufe entlockte. Vor der Premiere war ich so aufgeregt, dass ich abwechselnd Sekt trank und Baldriantropfen einnahm.

Während einer Probenpause zu *Macbeth*

Ein lustiges Erlebnis hatte ich viele Jahre später in Krefeld bei einer Buchpräsentation. Ein wunderschöner großer, schwarzhaariger junger Mann strahlte mich an. »Wir kennen uns«, stutzte ich, »... aber woher?« – Darauf er: »Ich bin das Baby aus der Kiste!«

Lady Macbeth

In den folgenden über dreißig Jahren meiner Schauspielkarriere spielte ich dann so gut wie alle Neurotikerinnen der Weltliteratur an den deutschsprachigen Bühnen, Ibsen, Strindberg, die Lady Macbeth, die Fürstin Eboli, die Mutter Courage von Bert Brecht und die Martha in *Wer hat Angst vor Virginia Woolf?* und daneben in insgesamt fünfundvierzig nationalen und internationalen Filmen.
Die Welt will ich zwar immer noch retten – aber weder als heilige Johanna noch als Bettenverkäuferin.

Verheiratet mit dem roten Grafen

Heio wollte unbedingt heiraten – aber eine offene Ehe führen, die Affären mit anderen Partnern zuließ ... für uns beide. Das galt damals als chic. Ich schwärmte für den Existenzialismus. So schwebte mir eine Beziehung vor wie die berühmte zwischen Simone de Beauvoir und Sartre – die aber, wie wir heute wissen, alles andere war als glücklich. Ich hielt weder Heio noch mich für ehetauglich, womit ich recht behalten sollte. Zudem hatte ich, geprägt durch meine Kindheitserlebnisse, verlernt, an irgendetwas zu glauben, geschweige denn an die Dauer von Beziehungen.

Hochzeit mit Heinrich Graf von Einsiedel

Warum auch immer – ich gab nach, fühlte mich sicherlich auch geschmeichelt, so umworben zu werden.
Die Trauung fand 1952 statt. Trauzeugen waren unser Freund Horst Buchholz, der später berühmte Schauspieler, und mein Bruder Hartmut. Meine Karriere ging steil nach oben. Ich war fast ständig unterwegs, mit Filmen im In- und Ausland, mit Theatertourneen.

Da nakajet Bog was

In dem amerikanischen Film *Zeit zu leben und Zeit zu sterben* (1958) nach dem Roman von Erich Maria Remarque spielte ich eine russische Gefangene, die, sich ihr eigenes Grab schaufelnd, in gellende Schreie ausbricht und sofort erschossen wird.

Alles sollte so lebensecht sein wie möglich, ich hatte meine Rolle wochenlang mit einem russischen Dolmetscher eingeübt. Ein wesentlicher Bestandteil des Parts war eine Fluchkaskade, die ich dem deutschen Erschießungskommando entgegenzuschleudern hatte. Auf Deutsch etwa so: »Gott verfluche euch und alle Deutschen, die ihr unser Land überfallen habt – Gott wird euch strafen bis in alle Ewigkeit – eure Kinder sollen verrecken, eure Frauen unfruchtbar werden« und so weiter und so fort.
In meiner Münchner Wohnung traute ich mich nicht, in voller Lautstärke zu üben. So ging ich in den Wald, meistens bei Regen, weil dann kaum Spaziergänger zu erwarten waren. Doch als ich einmal laut russisch brüllend durch den regennassen Forst stiefelte, sah ich ein altes Pärchen, das sich, offensichtlich beim Pilzesammeln, unter einer Tanne schutzsuchend aneinandergeklammert hatte und bei meinem Anblick bekreuzigte.
Vor Verlegenheit rettete ich mich in fröhliches Pfeifen.
Den Text meiner Fluchkaskade kann ich heute noch auswendig, nach über fünfzig Jahren. Wenn ich Russen treffe, überrasche ich sie damit – und ernte jedes Mal entsetzte Aufschreie.
1961 bot mir der Regisseur Gottfried Reinhardt eine Rolle in dem amerikanischen Film *Stadt ohne Mitleid* an, der nach einer wahren Begebenheit in einer süddeutschen Kleinstadt gedreht wurde. Vier amerikanische Soldaten hatten ein deutsches Mädchen, gespielt von Christine Kaufmann, vergewaltigt, ihnen drohte die Todesstrafe, die der Verteidiger, verkörpert von Kirk Douglas, zu verhindern suchte, indem er das Mädchen so fertigmachte, dass es sich schließlich umbrachte. Ich war eine deutsche Journalistin, die den Verteidiger zu interviewen hatte.
Wie war Kirk Douglas?, werde ich oft gefragt. Tja, was soll ich sagen – ich be- geschweige denn verurteile ungern andere Menschen. Man muss wohl so egomanisch sein, um ein wirklich großer Star zu werden – und zu bleiben. Sein nach meinem Empfinden ziemlich rücksichtsloses Verhalten, auch den Arbeitern am Set gegenüber, hat jedenfalls entscheidend dazu beigetragen, dass ich erkannte: Wenn man so sein muss, um in Hollywood Karriere zu machen, dann ist das nichts für mich. Da würde ich meine Seele verlieren.

»Sie sind ja überhaupt nicht ehrgeizig!«, meinte Gottfried Reinhardt dann auch am Schluss der Dreharbeiten erstaunt. »Wollen Sie denn nicht nach Hollywood? Jede andere Schauspielerin würde doch alles dafür tun!«

Christine Kaufmann hat da so ihre Erfahrungen gemacht ... Jahre später war ich privat in Hollywood, habe für die Schweizer *Weltwoche* den Bericht »In Hollywood am Swimmingpool« geschrieben. Christine schickte mir mit einem kurzen Gruß ein Usambaraveilchen ins Hotel. Es war kurz vor dem Ende ihrer Ehe mit Tony Curtis.

Dreimal Suppe ist zu viel

Können Sie sich vorstellen, innerhalb von drei Stunden dreimal Suppe zu essen? Und das noch morgens zwischen neun und zwölf Uhr. Ein Schauspieler muss das manchmal und verdient sich damit sogar noch sein Brot. Denn bei Filmaufnahmen werden jeweils alle Szenen hintereinander gedreht, die in der gleichen Dekoration spielen, ganz egal, wie weit sie im Film zeitlich auseinanderliegen. Und so kann es geschehen, dass man an einem Tag nichts weiter tut als essen. Mir passiert das im Film *Mein Onkel Theodor* (1975) mit Gert Fröbe als Ehemann.

Ort:
Esszimmer der gerade reich gewordenen Familie Wurster
Personen:
Vater Wurster: Gert Fröbe
Mutter Wurster: ich – und die sechs Wurster-Kinder zwischen 1¾ und 17 Jahren. Fünf rothaarig wie der Vater, eines dunkel wie ich.

8.30 Uhr
1. Szene (wir hatten alle kurz vorher im Hotel gefrühstückt)
Frühstück: Kaffee, Eier, Brote mit Marmelade. Ich bin schlau und knabbere nur an einem trockenen Knäckebrot – Mutter Wurster achtet auf die Linie! Einer meiner Söhne, dem es anfangs noch Spaß macht, verspeist vier Toastbrote.

9.00 Uhr
2. Szene: Dampfende Nudelsuppe wird serviert. Da eine Szene immer mehrmals geprobt und gedreht wird, bringen wir es jeder auf mehrere Teller.

10.00 Uhr
3. Szene: Jetzt gibt's Tomatensuppe. Einige meiner Söhne meutern bereits. Die Szene wird ebenfalls mehrmals geprobt und gedreht. Jeder kommt wieder auf einige Teller.

10.30 Uhr
4. Szene: Nun Gemüsesuppe. Alle Kinder protestieren, sie können nicht mehr. Das Baby Stefan brüllt und haut mit dem Löffel in seinen Teller. Der Regisseur mitleidlos: »Achtung, Aufnahme!« Wir löffeln verbissen. Bis die Szene »im Kasten« ist, haben wir wieder mehrere Teller verputzt.

Das Vormittagspensum ist geschafft. Wir atmen auf. Zu früh! Denn jetzt geht's zum Mittagessen, das die Produktion dem gesamten Team täglich spendiert. Als der Ober die Leberknödelsuppe vor uns hinstellt, kriegen wir nur aus Höflichkeit keinen Schreikrampf.

Nie wieder eingeladen nach Wermelskirchen

Ganz besonders wohlschmeckende Kartoffeln wachsen in Wermelskirchen. Abgesehen von diesem erfreulichen Umstand habe ich das nette Städtchen im Bergischen eher in unliebsamer Erinnerung.
Bei Theatertourneen wird oft an Orten gespielt, die über kein eigenes Theater verfügen, in Allzwecksälen, Turnhallen oder Kinos. Das hat sogar einen gewissen Reiz, man glaubt sich in die Zeit der »Neuberin« zurückversetzt, der legendären fahrenden Komödiantin aus dem 18. Jahrhundert, der Tourneebus wird zum romantischen Thespiskarren. Die Qualität der Aufführungen allerdings lässt gelegentlich zu wünschen übrig, und das ist nicht immer die Schuld der Schauspieler.

Eine dieser Tourneen führte auch nach Wermelskirchen, es war in den sechziger Jahren. Diesmal spielten wir in einem Kino *Die ehrbare Dirne* von Jean-Paul Sartre, ein brisant politisches Stück. Ich spazierte vorher zufällig in der Nähe der Kasse vorbei und hörte zu meiner Verblüffung folgende Worte: »Farrkarrrte, bitte!« Aha, also auch einige Gastarbeiter, dachte ich erfreut – Gastarbeiter hießen die Zuwanderer in jener Zeit. Der Verkauf war ausgesprochen rege, und auf der Bühne vernahmen wir schon durch den geschlossenen Vorhang jenes Bienengesumme, das immer ein angeregtes Publikum verrät. So war es dann auch. Aber vielleicht durch das Wort »Dirne« im Titel animiert, wähnten sich die Leute wohl in einer Sexklamotte. Als mein Partner und ich in Dirne Lizzies armseliges Eisenbett fielen, das ausgerechnet an diesem Abend auch noch quietschte, war der Jubel grenzenlos. Er steigerte sich noch beim Auftritt des verfolgten »Negers« – so nannte man damals tatsächlich dunkelhäutige Menschen –, der irren Blicks die Dirne Lizzie um Hilfe vor seinen Verfolgern zu bitten hatte. Unser verzweifelter Kampf oben auf der Bühne, dem Publikum einen Hauch von Tragik zu vermitteln, kam den Bemühungen des Sisyphos gleich. Besonders angesichts des von den Weißen gejagten »Negers« schlugen sie sich unten auf die Schenkel vor Vergnügen. Mir wurde heiß vor ohnmächtiger Wut – und als ich dann in einer Szene eine Pistole in der Hand hatte, mit der ich den »Neger« vor den Weißen beschützen sollte, geschah es: Ich riss die Pistole herum, richtete sie auf das johlende Publikum und schrie: »Da gibt's nichts zu lachen, verdammt noch mal! Wer's nicht kapiert, geht nach Hause! Also?« – Totenstille. Ich hielt krampfhaft die Pistole auf das Publikum gerichtet (sie war natürlich nicht geladen). Da sagte unten im Parkett ein dünnes Stimmchen furchtsam: »Bravo!« – und der Mutige klatschte zweimal kurz in die Hände. Dann wieder Totenstille. Wir spielten weiter, als sei nichts geschehen. Das Publikum gab den ganzen Abend vor Angst keinen Mucks mehr von sich.

Später saß ich im Restaurant, genoss die wunderbaren mehligen Wermelskirchner Kartoffeln und konnte es nicht fassen, dass ich mich derart hatte hinreißen lassen. Nach Wermelskirchen bin ich nie wieder eingeladen worden.

Na warte, Maximilian (Schell)!

1958 spielten Maximilian Schell und ich in dem Film *Ein wunderbarer Sommer* ein armes Häuslerehepaar. Der Mann kauft auf dem Viehmarkt eine kleine mickrige Kuh, weil sie so schöne Augen hat – die dann, oh Wunder, so viel Milch gibt, dass sie Milchleistungssiegerin wird, jedoch am Ende vor Erschöpfung stirbt. Ein zauberhafter, auch trauriger Film nach einem Roman von Paul Gallico. Georg Tressler führte Regie. Gedreht wurde in Liechtenstein.

Mit Maximilian Schell in
Ein wunderbarer Sommer

Alles sollte so echt wie möglich sein, das war bei Maximilian wie auch beim Regisseur geradezu eine fixe Idee. So fanden unsere Bettszenen in einem echten alten Bauernhaus statt, in echten Bauernbetten, in denen das Bauernehepaar vorher geschlafen hatte. In dem engen Zimmer bei der enormen Hitze durch die vielen Lampen strömte die – natürlich ungewaschene – Bettwäsche einen derart penetranten ranzigen Geruch aus, dass ich mich mit meiner empfindlichen Nase ständig einer Ohnmacht nahe fühlte.

Maximilian sollte laut Drehbuch auf dem Viehmarkt nach einer Kuh für uns schauen. Ich hatte drehfrei und überlegte, wie ich ihn reinlegen könnte. Der Maskenbildner verpasste mir eine tolle Maske als alter schnurrbärtiger Bauer mit dicken Augenbrauen, die Garderobiere lieferte einen abgetragenen Männeranzug plus Hut und Pfeife. So ausstaffiert, mischte ich mich unter die kauflustigen Bauern, direkt neben Maximilian. Ich zierliches Bäuerlein fiel natürlich auf unter den stämmigen echten Bauern. Zuerst wurde der Kameramann aufmerksam auf den kauzigen Alten, dann der Regisseur. Auf mich deutend, redeten sie miteinander. »Seien Sie ganz normal«, sagte Georg Tressler dann zu mir, »seien Sie einfach so, wie Sie immer sind, und bitte nicht in die Kamera schauen!«

Schon musste ich lachen, was ich mit Pfeifepaffen und Husten und unverständlichem Gebrabbel zu übertönen suchte. Die Kamera lief – das kuriose Bäuerlein war ihnen sogar eine Großaufnahme wert! Maximilian wurde schon ganz eifersüchtig. Er war es auch, der mich dann schließlich erkannte – an einem winzigen Muttermal auf der Nase! Natürlich großes Hallo und Gelächter. Die Rache war gelungen!

Anschließend fuhr ich im gleichen Outfit in meinem offenen weißen Mercedes-Cabriolet durch Liechtensteins Straßen und ging in eine Bank, um Geld abzuheben. Die tuschelnden Bankangestellten wollten gerade die Polizei rufen – bevor es dazu kam, gab ich mich zu erkennen.

Lysistrata unter der Regie von Fritz Kortner

1960 bot mir Fritz Kortner die Titelrolle der »Lysistrata« in der gleichnamigen Komödie von Aristophanes an, Sie wissen schon, das Stück, in dem die Frauen sich den Männern so lange verweigern, bis diese aufhören, Kriege zu führen, und ich sagte Ja! Das war tollkühn. Denn Kortner war unter Schauspielern geliebt und gefürchtet zugleich, galt als genial, aber streng und stark von Stimmungen abhängig. Er trug stets Anzug und Krawatte, auch bei den Proben, und – tatsächlich: War der Anzug grau, war äußerste Vorsicht geboten, das bekamen wir alle zu spüren. Dann konnte er sehr ungnädig sein.

Verkleidet als altes Bäuerlein

Unter Bauern

Auf den Arm genommen von Graf Heio

Ich spielte, wie gesagt, die Lysistrata, Romy Schneider die Myrrhine und Ruth Maria Kubitschek die Lampito. Kortner machte vor, wie wir unsere Rollen spielen sollten, was bei uns auf heftigen Widerstand stieß – wir fanden diese Diktion unnatürlich und gestelzt. Es flossen viele Tränen. Ein Satz, den Ruth Kubitschek bei den Proben nur unter heftigem Schluchzen herausbrachte, ist mir heute noch unvergesslich, nämlich: »Und kehren endlich heim in ihre Betten!«
Ebenso schmerzhaft hatte ich mit einem meiner Sätze zu kämpfen. Er lautete: »Durch und durch verbuhlt ist dies Geschlecht (nämlich das weibliche), dem Mann nur hingegeben und zu nichts Großem fähig!« Besonders die letzten drei Worte bereiteten mir Schwierigkeiten, weil

Bei den Proben zu *Lysistrata* – mit Romy Schneider und Fritz Kortner

Kortner jedes Wort überstark betont haben wollte. Angesichts der heute unter SchauspielerInnen so beliebten Nuschelei finde ich: Er hatte so recht! Und ich bin ihm sehr dankbar, dass er mein Gefühl für die Sprache und für die Wichtigkeit jedes einzelnen Wortes, jeder einzelnen Silbe, ja, jedes Buchstabens so ungemein geschärft hat.

Die Inszenierung mit dem Titel *Die Sendung der Lysistrata* war eigentlich für das Bayerische Fernsehen gedacht, aber als man dort das fertige Spektakel zu sehen bekam, hieß es: »Nein, Aufführung verboten« – unter Verweis auf pazifistische Tendenzen! In der deutschen Politik wurde gerade über die Wiederbewaffnung Deutschlands und speziell

Aus der Glamour-Zeit

die atomare Bewaffnung Westdeutschlands gestritten. Man munkelte allerdings, der wirkliche Grund wäre, dass ein winziges Stückchen von Romys nackter Brust zu sehen war – damals ein Skandal! Nach heftigen Auseinandersetzungen wurde der Film 1961 in fast allen deutschen Landesrundfunkanstalten ausgestrahlt – nur der Bayerische Rundfunk weigerte sich. Kortner schaffte es aber, ihn in ein Münchner Kino zu bringen. Und dort wurde er ein Bombenerfolg, Münchens Straßen waren wie leer gefegt – vermutlich hauptsächlich, weil alle scharf darauf waren, das Stückchen nackten Busen von Romy zu Gesicht zu bekommen!

Kortner hatte die *Lysistrata* in eine moderne Rahmenhandlung eingebunden. Wolfgang Kieling spielte darin meinen Mann, einen Physiker, der an der Atombombe arbeitete. Dadurch erhielt das Werk einen Bezug zur Gegenwart und fand internationale Anerkennung als Beitrag zum Frieden. Ich bekam sogar von einer kommunistischen Frauengruppe aus Peking ein Glückwunschschreiben für meinen Friedenseinsatz – auf Chinesisch!

Während der Proben probierte Wolfgang Kieling einen Gag aus, über den der im Zuschauerraum sitzende Regisseur Kortner laut lachen musste. Der hocherfreute Kieling ging selbstverständlich davon aus, dass dieser gelungene Gag nun in die Inszenierung eingebaut werden würde. Mitnichten!

»Aber Herr Kortner, Sie haben doch darüber gelacht!«, meinte er enttäuscht. Darauf Kortner in seinem unnachahmlich näselnden Tonfall: »Jaaaa, aber unter meinem Niveau!«

Fritz Kortner, der ja selbst auch Schauspieler war, erzählte mir während der Dreharbeiten, dass seine panische Angst vor einem Blackout auf der Bühne ihn einmal dazu verleitet habe, irgendwelche Glückspillen zu schlucken. Gefragt, ob sie geholfen hätten, antwortete er: »Stecken geblieben bin ich trotzdem – aber man schweigt glücklich!«

Kortner hat mich ganz gut charakterisiert. »Sie toben durch das Leben«, meinte er, »mit Ihnen mache ich die *Lulu*!«

Dazu kam es allerdings nicht mehr. Und Romy, der ich zum ersten Mal begegnet war, als sie sich in unseren Freund Horst Buchholz verguckt hatte, traf ich nur noch einmal wieder – bei der Eröffnung des Europa-Centers in Berlin im Jahr 1965. Ihr Stiefvater Hans Herbert Blatzheim weihte in diesem Center sein Restaurant »Haus der Nationen« ein, assistiert von Romy und ihrer Mutter Magda Schneider. Romy, Rio-de-Janeiro-sonnengebräunt und sehr vergnügt ganz in Schwarz von Chanel, Magda in Weinrot ebenfalls von Chanel. Mit am Tisch Harry Meyen. Romy und er hatten sich gerade ineinander verliebt und zerbrachen aus Übermut während des Essens ihre Weingläser mit den bloßen Händen, bis das Blut floss.

In den vierzehn Ehejahren mit Heio war ich eigentlich ständig unterwegs. Für Dreharbeiten im In- und Ausland, auf Theatertourneen. Manchmal begleitete er mich, ansonsten vergnügte sich mein char-

manter Luftikus von Ehemann mit Bridgespielen, Fliegen, Partys und Frauen – wir führten ja das, was man eine offene Ehe nennt. Ohne dass es mir damals bewusst wurde, waren wir allmählich in die Schickimicki-Gesellschaft hineingerutscht. Ein einziges Mal haben wir uns politisch betätigt – 1958 nahmen wir beide in München an einer Demonstration gegen die Wiederaufrüstung Deutschlands teil, von den Passanten als Kommunistenschweine beschimpft, die doch nach Moskau abhauen sollten. Dann wurde unser Leben zusehends oberflächlicher. Ich hatte Affären wie er, trug Pelzmäntel, aß Austern und Schildkrötensuppe. Er machte schließlich gemeinsam mit einem ziemlich windigen Freund eine Bar auf, bezeichnenderweise unter dem Namen »Dolce vita«, die prompt pleiteging. Leider hatte ich dafür gebürgt, mit 300 000 DM. Wollte ich während einer Tournee meine Gage abholen, hieß es: Gepfändet!
Ich hatte alles verloren, was ich verdient hatte.
Die Ehe wurde in beiderseitigem Einverständnis geschieden.
Damit ging wieder eine Epoche meines unsteten Lebens zu Ende.

Immer unterwegs – irgendwohin

Auftritt Denis Cameron

Nach dem Ende meiner Ehe in einer Krise wollte ich eigentlich die Schauspielkarriere beenden, endlich etwas Sinnvolles tun und in Israel in einem Kibbuz arbeiten. Aber es kam anders. Obwohl wir einander gar nicht kannten, schlug Lilli Palmer mich für die Rolle der Hanna Reitsch in dem englischen Film *Operation Crossbow* (1965) vor. Während der Dreharbeiten verliebte ich mich in den amerikanischen Fotografen Denis Cameron, der in Paris für das *Life Magazine* arbeitete. Ehe ich mich's versah, waren wir beide in Afrika unterwegs. Es folgte eine Odyssee quer durch den Kontinent.

Zurück in der Schweiz, wo ich damals lebte, erzählte ich beim Mittagessen in dem berühmten Züricher Restaurant Kronenhalle der ebenso berühmten alten Kellnerin Fräulein Klara von meinen Abenteuern in Afrika. Ein Mann am Nebentisch entpuppte sich als Chefredakteur der *Schweizer Weltwoche*. »Wenn Sie so schreiben, wie Sie erzählen, lade ich Sie ein, eine wöchentliche Kolumne für die *Weltwoche* zu schreiben!« Damit startete meine schriftstellerische Laufbahn. 1970 erschien dann mein Roman *Diese maßlose Zärtlichkeit*, nach dessen Erscheinen ein Kritiker schrieb: »Man sollte sie vom Schreiben entmutigen.« Nun, man hat mich nicht entmutigt beziehungsweise ich habe mich, wie Sie sehen, nicht entmutigen lassen.

Als Hanna Reitsch in dem Film Operation Crossbow

»Haben Sie Zeit und Lust, im großen Carlo-Ponti-Goldwyn-Mayer-Film die Rolle der Fliegerin Hanna Reitsch zu spielen? Stop – Drehbeginn sofort«, kabelte mir – so hieß das damals – mein Londoner

Agent. Ich war gerade als Mitglied der deutschen Delegation in Cork beim Filmfestival in Irland.

Hanna Reitsch, die sieht doch eher aus wie Maria Schell oder Luise Ullrich, erinnerte ich mich, also bin ich fehlbesetzt. Ich werde absagen.

Operation Crossbow – Sprung vom Bomber

Das dachte ich übrigens bei fast jedem Rollenangebot. Dann aber dieses merkwürdige Gefühl in der Magengegend, das sich bis heute immer einstellt, wenn ich versuche, mich vor etwas zu drücken. Damals wollte ich mich vor der unbequemen Auseinandersetzung mit der Person Hanna Reitsch drücken. Also fuhr ich nach London, um den Regisseur des Films davon zu überzeugen, dass ich für die Rolle ungeeignet sei – erstens sähe ich Hanna Reitsch überhaupt nicht ähnlich, zweitens wolle ich keine Naziheroine verkörpern.

Er wolle keine Naziheroine verherrlichen, sondern so objektiv wie möglich eine ungewöhnliche Frau schildern, widersprach Regisseur Michael Anderson und drückte mir das Drehbuch und Hanna Reitschs Autobiografie *Fliegen – mein Leben* in die Hand. Das Vorwort hatte eine französische Widerstandskämpferin geschrieben, aus dem KZ Ravensbrück geflüchtet und – wie ich zu meiner Verblüffung las – mit Hanna Reitsch eng befreundet! Das Buch bewegte mich, fast wider Willen. Ich entdeckte Ähnlichkeiten zwischen uns beiden – so etwas wie einen Jeanne-d'Arc-Komplex, das – fatale – Bedürfnis, sich für Ideale aufzuopfern. Hanna Reitsch wollte ursprünglich Ärztin werden und als Missionarin nach Afrika gehen. Es könne nicht schaden, wenn eine Missionarin fliegen kann, hatte sie gedacht und angefangen, Segelflugunterricht zu nehmen. Nach einer der ersten Unterrichtsstunden wäre sie fast aus der Flugschule geworfen worden, weil sie, statt wie vorgeschrieben in einem Meter Höhe sanft über das Rollfeld zu gleiten, zum Entsetzen des Lehrers steil in die Höhe stieg. Dass sie dann eines Tages Weltmeisterin im Segelflug wurde, geschah fast wie nebenbei, hat man beim Lesen den Eindruck.

Ihre Biografie begann, mich zu fesseln. Was für ein Leben! Sie stieg wie selbstverständlich vom Segel- in das Motorflugzeug um. General Udet holte sie zur Erprobungsstelle für Militärmaschinen. Sie testete für das Großdeutsche Reich Stukas, Bomber, Jagdmaschinen und empfand, abgesehen vom Erlebnis des Fliegens, »Gewicht und Verantwortung dieser vaterländischen Aufgabe als Auszeichnung«. Zweifellos reizte es sie aber auch, sich als – körperlich noch dazu so kleine – Frau in diesem männlichen Beruf zu behaupten. Ernst Udet ernannte sie zum Flugkapitän. Der Hubschrauber wurde entwickelt. Hanna Reitsch wagte in der Deutschlandhalle in Berlin vor einer vieltausendköpfigen Menschenmenge den ersten Hallenflug. Ihr missfiel zwar die Art der Veranstaltung, aber sie war glücklich, »dem deutschen Ansehen in der Welt dienen zu können«.

Deutschlands Aufrüstung legte sie keine kriegerische Absicht zugrunde, sondern das Motto: »Wenn du den Frieden willst, sei für den Krieg vorbereitet.« Als der Krieg dann doch ausbrach, hielt sie es für ihre Pflicht, alles für den Sieg zu tun. Immer wieder betonte sie ihre Vaterlandsliebe, zu der die Eltern sie erzogen hatten.

Eine ihrer schwierigsten Aufgaben waren die Ballonkappversuche. Die Engländer hatten, vor allem über London, Ballonsperren angebracht, in deren Stahlseilen sich die deutschen Flugzeuge verfangen und so zum Absturz gebracht werden sollten. Bei einem der Versuche, mit einem Bomber zum Test aufgespannte Stahlseile zu durchschneiden, stürzte Hanna Reitsch ab. Als sie nach dem Aufschlag wieder zu sich kam, tastete sie ihren Körper nach Brüchen ab, griff statt an die Nase in ein Loch, nahm aber erst Papier und Bleistift, um ihre Beobachtungen zu notieren, bevor sie erneut ohnmächtig wurde.

Als einzige Frau erhielt sie das Eiserne Kreuz erster Klasse, von Hitler persönlich überreicht. Sie trug dem Oberbefehlshaber der Wehrmacht die Idee vor, die »Wunderwaffe« V1 als Selbstopferkommando zu bemannen, sammelte sogar Unterschriften für diesen Plan. Davon wollte Hitler allerdings nichts wissen.

Eines Tages zeigte ihr ein Freund eine Notiz aus einer schwedischen Zeitung, in der stand, dass die Deutschen Juden in Gaskammern umbrachten. Sie ließ sich beim Reichsführer-SS Heinrich Himmler melden, legte ihm den Zeitungsausschnitt vor. »Und das glauben Sie?«, bluffte Himmler. Natürlich wollte Hanna Reitsch das nicht glauben. Einige Tage später wurde die Nachricht öffentlich dementiert. Erst 1945, schreibt Hanna Reitsch in ihrem Buch, erfuhr sie, dass sie von Himmler getäuscht worden war. Das hielt sie aber nicht davon ab, dem Naziregime bis zum bitteren Ende die Treue zu halten. Wenige Tage vor der Kapitulation landete die Fliegerin mit Feldmarschall Greim vor der Reichskanzlei, die bereits von den Russen umzingelt war. Hitler, der sich von Göring verraten fühlte, ernannte Greim zu dessen Nachfolger. Buchstäblich im letzten Augenblick flog Hanna Reitsch den schwer verwundeten Greim unter Beschuss nach Zell am See. Bei der Landung wurde ihnen Deutschlands Kapitulation mitgeteilt.

Die Amerikaner waren zunächst der Meinung, Hanna Reitsch hätte Hitler aus Berlin herausgeflogen und hielte ihn irgendwo versteckt. Sie wurde verhaftet und verbrachte fünfzehn Monate im Gefängnis. Ihre Eltern und ihre Schwester nahmen sich das Leben.

Von alldem stand nichts im Drehbuch zu *Operation Crossbow*. In der Hanna-Reitsch-Episode des fertigen Films wird die Fliegerin vielmehr auf dem Höhepunkt ihrer Karriere gezeigt.

Der Film, in dem auch Sophia Loren mitwirkt, verdankt seinen Titel dem angeblich von Churchill so getauften Spionageunternehmen, dessen Aufgabe es war, herauszufinden, wo in Deutschland die V-Bomben hergestellt wurden. Er endet mit der Zerstörung von Peenemünde.

Zwei Monate Proben- und Drehzeit waren für meine Hanna-Reitsch-Episode vorgesehen, auf der Leinwand nimmt sie ganze zehn Minuten ein.

Vor meiner Vertragsunterzeichnung hatte die Filmproduktion auf mein Drängen hin immer wieder versucht, einen Kontakt zwischen mir und dem noch lebenden Original meiner Rolle herzustellen. Hanna Reitsch lebte mittlerweile in Ghana, leitete dort in der Nähe der Hauptstadt Accra eine Segelfliegerschule, die sie selbst aufgebaut hatte. Doch es kam keine telefonische Verbindung zustande. Es hieß, sie befände sich zurzeit in Kairo. Ohne mit ihr gesprochen zu haben, musste ich mich für oder gegen meine Mitwirkung bei diesem Film entscheiden. Ich sagte zu.

Eine bittersüße Affäre

Die Außenaufnahmen zu *Operation Crossbow* fanden 1964 in der Umgebung von Brighton statt, dem Seebad in England am Ärmelkanal.
Wir hatten die Szene gedreht, in der Hanna Reitsch nach dem geglückten Flug mit der V-Bombe von dem Bomber herunterspringt – in die Arme der wartenden deutschen Offiziere. Denis machte die Standfotos. Nach Ende des Drehtags besuchte er mich in meinem Wohnwagen: Typ Roger Vadim – der vorübergehend Lebens-Regisseur und Ehemann von Brigitte Bardot war: groß, schlank, schwarzhaarig, mit zarten sanften Händen, samtenen melancholischen Brombeeraugen.
Wir machten einen Abendspaziergang am von Nebel umwaberten Strand. Das Meer war bewegt, der Herbststurm riss ihm die Worte von den Lippen, während er erzählte. Immer wieder mit den Tränen kämpfend, erzählte er von seiner Mutter; sie habe die Familie verlassen, als er drei Jahre alt war, ihn alleingelassen mit dem wort- und gefühlskargen schottischen Vater; er hasse alle Frauen, wolle sich an ihnen rächen für diese treulose Mutter; habe Grace geheiratet, eine rothaarige Schottin, »ein starkes Mädchen – sie konnte glatt einen riesigen Teppich zusammenrollen, ihn über die Schulter werfen und auf den Hof zum Klopfen tragen«. Grace sei geradezu fanatisch in ihrer Hingabe gewesen, aber er habe sie ständig betrogen. »Selbst als ihr Vater im Sterben lag und sie mich so dringend gebraucht hätte, war

ich mit einer anderen im Bett. Nach vierzehn Jahren ließ sie sich von mir scheiden. Vor Kurzem sah ich sie wieder – und habe geweint.«
Wie ein Schiffbrüchiger wolle er nun leben, der alles verloren hat, der nichts und niemanden auf der Welt braucht – ein Spruch von Graham Greene.
Ich war gerührt von so viel Selbsterkenntnis, Trauer und offensichtlich auch Reue … Wie wohl jede Frau wollte ich nicht gerade die Erste sein, aber gern die Letzte …
Längst hätten bei mir sämtliche Alarmglocken schrillen müssen: Achtung, Lebensgefahr! Taten sie aber nicht.
Stattdessen schlug eine Kirchturmuhr – zwölfmal. »It's my birthday«, sagte Denis. Ich gab ihm einen Kuss auf die Stirn: »Happy Birthday!« Seine Stirn schmeckte salzig. Er sah mich an mit diesen traurigen Augen – und nichts war mehr aufzuhalten. Zwei Schiffbrüchige hatten einander gefunden.

Zu Besuch bei Hanna Reitsch in Ghana

Wir werden gemeinsam ein neues Leben beginnen, das stand bald fest. Ein Leben in gegenseitiger Treue – wie ich es mir immer ersehnt hatte. Denis war in die amerikanische Botschaft in Ghana eingeladen, um Fotos für die Illustrierte *Paris Match* zu machen, ich begleitete ihn.
Der Wunsch, das Vorbild meiner Rolle kennenzulernen, hatte sich während der Dreharbeiten verstärkt. Bisher waren alle Anrufe in Hanna Reitschs Büro in Ghana ergebnislos verlaufen, eines Morgens jedoch klappte es mit der Verbindung und eine überraschend helle Stimme meldete sich mit »Hier Hanna Reitsch«. Sie war verärgert, dass ich die Rolle angenommen hatte, ohne vorher mit ihr zu sprechen, und keineswegs erbaut darüber, dass ich sie nun in Afrika besuchen wollte.
Ich gab den Plan auf, wurde aber, in der ghanaischen Hauptstadt Accra angekommen, ständig von den Einheimischen auf meine Landsmännin angesprochen, zumal ich mehrere Male an ihrem Haus vorbeigefahren war und mir jedes Mal gesagt wurde: »Da wohnen Flugkapi-

tän.« Endlich fasste ich mir ein Herz und rief sie erneut an. Zunächst verschlug es ihr die Sprache, dann kamen wir ins Reden, und nach zehn Minuten meinte sie: »Da Sie schon einmal hier sind: Haben Sie Lust, zum Abendessen zu mir zu kommen? Ich schicke Ihnen meinen Wagen – in zehn Minuten. Aber bitte keinen Fotografen mitbringen!« Dann stand sie mir nun in ihrem Haus gegenüber, nur 1,55 Meter groß – fast einen Kopf kleiner als ich –, sehr mädchenhaft, zerbrechlich fast, unerwartet weiblich angezogen, in grünem Glockenrock und bunter ausgeschnittener Bluse, ergriff meine Hand, hielt sie fest und strahlte mich mit ihren hellen durchdringenden Augen an.

»Das ist also Barbara«, sagte sie. Ich sah ihr überhaupt nicht ähnlich. Mit ihren blonden, kurz geschnittenen Haaren erinnerte sie mich tatsächlich stark an Maria Schell. Vor allem, wenn sie lachte, was sie an jenem Abend ausgiebig tat. Im Salon stellte sie mir dann einen echten Häuptling samt gewaltiger Häuptlingsfrau vor. In kostbaren Brokat gehüllt, thronten die beiden auf dem Sofa, ein Geschenk für Hanna Reitsch in Händen – eine goldene Halskette und dazu passende Ohrringe, alles mit goldenen Flugzeugen garniert. Beide hatten bereits einen Ausflug in Hanna Reitschs Segelflugzeug gewagt. Er würde selbst gern fliegen lernen, erklärte der Häuptling begeistert, aber er bekäme nicht die Erlaubnis der Regierung – und dann, unter dröhnendem Gelächter: »Die haben vielleicht Angst, ich fliege ihnen davon!« Die zwei fühlten sich so wohl, dass Hanna Reitsch sie schließlich mit einem Blick auf die Uhr förmlich hinauskomplimentieren musste.

Wir beide aßen dann gemeinsam zu Abend. Es gab Eierkuchen und Hanna Reitschs Spezialgetränk, das mir später bei der großen Hitze immer wieder half, nicht schlappzumachen: ein Gemisch aus Wasser, Zitronensaft und – Salz. Das Salz bringt den infolge des ewigen Schwitzens gestörten Salzhaushalt des Körpers wieder in Ordnung. Sie hatte das Rezept von Nehru bekommen, als sie sich in Indien um den Segelflugsport kümmerte.

»Ich war mit dem Drehbuch nicht einverstanden, weil es in manchen Punkten nicht den Tatsachen entspricht!«, erklärte sie mir. »Es sind nicht vier Testpiloten ums Leben gekommen, sondern nur zwei, und das, weil sie nicht aufgepasst haben. Dass ich die V1 geflogen habe, acht- oder zehnmal, stimmt. Aber dann leistet sich der Film noch einen ganz groben Schnitzer: Sie werden doch mit der Bombe von einer Rampe abgeschossen. In Wirklichkeit wurde ich in meiner Bombe unter dem Flügel einer He 111 emporgetragen und abkatapultiert! Ich habe auch nie wie Sie am Grabe eines toten Testpiloten gekniet, noch kann ich mich erinnern, dass wir je mit Sekt gefeiert hätten!«

Ich erzählte ihr, wie sehr mich ihr Buch beschäftigt hatte. »Ich bin keine Schriftstellerin«, wehrte sie ab, »meine Stärke liegt mehr im Erzählen.«

Tatsächlich war sie eine derartig blendende Erzählerin, dass ich sie fragte, ob sie nie daran gedacht habe, Schauspielerin zu werden.

»Nie!« Sie lachte hellauf. »Im Gefängnis habe ich gemeinsam mit den anderen Theater gespielt. Man sagte mir auch, ich hätte Talent, aber einen Beruf daraus zu machen – nein, daran habe ich nie gedacht. Ich bin zu emotional, ich könnte nicht jeden Abend genau gleich sein. Ich kontrolliere mich nicht, ich lebe ganz unbewusst. Und ich würde mich wohl derartig in eine Rolle hineinsteigern, dass ich daran verbrennen würde.«

Dieser Satz hätte auch von mir stammen können.

Ein berühmter Schauspieler hat einmal auf die Frage, wie man ein guter Schauspieler wird, geantwortet: »Ganz einfach! Du sprichst mal laut, mal leise, mal schnell, mal langsam, mal hoch, mal tief.«

Diese Lehre, klüger, als sie scheint, fiel mir ein, als ich Hanna Reitsch zuhörte. Sie lachte, sprudelte ihre Sätze nur so hervor, im nächsten Moment wurde ihre Stimme leise, unhörbar fast, sie schloss die Augen, minutenlang kam es mir vor, gebannt starrte ich gleich danach auf ihre kleinen, energischen Hände, die ihre Worte suggestiv unterstrichen.

Wir kamen auf Ghana zu sprechen. Vieles dort erinnerte mich an das frühere Deutschland. Nkrumah war ein Diktator. »Die Reitsch liebt Diktatoren«, hatte mir jemand in London gesagt. »Stimmt es«, fragte ich sie, »dass Nkrumah seit dem letzten Attentatsversuch von dreihundert Sicherheitsbeamten bewacht wird und kaum noch seinen Palast verlässt? Dass er sich eine Sommervilla für dreißig Millionen

Dollar gebaut hat, obwohl er doch Ghanas Bürger auch zu Neujahr wieder aufforderte, die gegenwärtige Finanzkrise durchzustehen und ›den Gürtel enger zu schnallen‹? Dass im Gefängnis von Accra zweitausend politische Gefangene unter menschenunwürdigen Bedingungen inhaftiert sind?« Sie verneinte temperamentvoll, verwies auf die ungeheuren Fortschritte, die Ghana zweifellos in sozialer und kultureller Hinsicht gemacht hatte. Diese Meldungen wären Gerüchte. Auch damals in Deutschland hatte es geheißen: Alles nur Gerüchte …
Über ein Thema waren wir nun ganz verschiedener Meinung. Wenn ich – gebranntes Kind – das Wort »Nationalismus« nur höre, auch ohne »sozial« in der Mitte, kriege ich heute eine Gänsehaut. Nkrumah redet in seiner Biografie sehr viel von Nationalismus. In Gesprächen mit ghanaischen Studenten und Journalisten hörte ich ebenfalls oft die Meinung, man müsse mit dem Nationalismus beginnen, der Internationalismus käme dann schon von selbst. Ein einheimischer Reporter meinte: »Das gilt doch auch für Sie als Schauspielerin! Jeder Künstler muss seine Wurzeln im Nationalgefühl haben, ohne diese Wurzeln hat er keine Kraft, ist er dekadent!«
Blut und Boden, wie gehabt. Deutschland, Deutschland über alles – Ghana, Ghana über alles, klingt auch nicht besser.
Ghana war übrigens zu der Zeit der einzige afrikanische Staat, der eine Segelfliegerschule besaß. Und das war nun ihr eigentliches Element, die Fliegerei. Mit Wärme sprach Hanna Reitsch von ihren Schülern. »Wir machen zwar morgen die Schule zu – Weihnachtsferien –, aber wenn Sie vormittags kommen, können Sie noch ein paar Starts mit ansehen!«
Die Schule lag siebenundzwanzig Meilen von Accra entfernt. Ein von Hanna Reitsch entworfenes Schild, in dessen Blau unter dem schwarzen Stern Ghanas eine stilisierte Möwe schwebte, verkündete: »National gliding school«. Stolz führte sie mich über das Gelände und erklärte: »Vor eineinhalb Jahren war hier noch nichts als struppige unebene Wiese mit einer Unmenge von Schlangen. Heute gibt es bereits zwei Hangars mit neun Flugzeugen, sieben Segel- und zwei Motorflugzeugen. Haben Sie Lust zu einem Flug?«
Und ob ich Lust hatte!

Fast senkrecht sausten wir, von der Winde gezogen, in die Höhe, bis sich das Seil ausklinkte und wir lautlos schwebten. »Probieren Sie mal«, sagte sie, »es geht ganz einfach!«
Ich nahm den Steuerknüppel – und flog ...
»Ist das nicht wundervoll!«, rief sie mir zu und lachte. Wie ein glückliches Kind. *Fliegen – mein Leben*, wie ja auch der Titel ihrer Autobiografie.
Hanna Reitsch hat nie geheiratet. Es heißt, General Udet sei ihre große Liebe gewesen. Mit ihren ghanaischen Hausgeistern lebte sie in diesem Prachthaus, in dem sie selbst jedoch nur ein bescheiden eingerichtetes Zimmer bewohnte, mit Aircondition, Moskitonetz und einem Foto Nkrumahs ausgestattet. Sie stand um vier Uhr morgens auf und arbeitete bis zehn Uhr nachts. Ihre Energie schien unerschöpflich.
Beim Abschied winkte sie mir nach, klein und zerbrechlich, fast hilflos anzusehen stand sie da zwischen ihren Hangars und winkte.

... *my all and only one?*

Von Ghana flogen wir nach Kapstadt, mit dem Leihauto ging es dann monatelang kreuz und quer durch Südafrika.
Mein *darling* entpuppte sich bald als ausgesprochener Macho und unverbesserlicher hemmungsloser Womanizer. Ich bekam etwa zu hören: »Spritz nicht wieder Parfum an deinen Hals! Du weißt doch, dass das Flecken gibt!« Oder: »Nimm deine hässlichen Füße weg, verdammt noch mal!« – ich war mit den Füßen gegen den Schalthebel des gemieteten Porsche geraten, weil ich nicht mehr wusste, wie ich sitzen sollte, eingeklemmt zwischen all seinen Fotoapparaten. Immerhin lenkte er diesmal ein: »Ich habe das nicht so gemeint, deine Füße sind auch nicht hässlicher als andere. Füße eben«. Er sprach außer seinem Amerikanisch kein Wort in irgendeiner Sprache, ich hingegen außer Dänisch ganz gut Englisch und Französisch und besonders gern ein bisschen Italienisch, es machte mir Freude, mich in diesen Sprachen zu unterhalten. Diese Freude musste er mir verderben. »Warum sprichst du dein schlechtes Italienisch?«, fuhr er mich an. »Der Ober

kann doch viel besser Englisch als du Italienisch.« Oder: »Ich hasse deinen Akzent, wenn du Französisch sprichst – schrecklich, so hart.« Selbstverständlich sprach ich von nun an weder Italienisch noch Französisch, sondern verstummte zusehends.

Obwohl er versicherte, er wolle nicht weiterleben wie bisher, eine Frau als Vorspeise, eine als Hauptgericht, eine zum Dessert, und ich sei nun und für alle Zeiten die »Aller-Allereinzigste«, baggerte er, ohne ein bestimmtes Beuteschema, jede Frau an, die uns begegnete, ignorierte mich beim Essen im Restaurant, als sei ich nicht vorhanden; einmal starrte er eine Frau am Nebentisch so lange dermaßen unverblümt lüstern an, bis sie laut ihren Begleiter aufforderte: »Sag dem Kerl bitte, er soll damit aufhören – the poor girl beside him ...«

The poor girl, ich, kochte innerlich vor Wut, schwieg aber, tapfer lächelnd – statt ihm die Suppe ins Gesicht und über sein elegantes Outfit zu kippen, wie es uns in Filmen doch immer vorgemacht wird. Im Flugzeug nach Entebbe am Victoriasee machte er hemmungslos die hübsche Stewardess an, die uns das Essen servierte. Als sei ich Luft. Ich wünschte mir, ein Fenster würde sich öffnen und ihn auf Nimmerwiedersehen ins Sonstwohin katapultieren.

Während wir auf unser Gepäck warteten, ließ er sich von der Stewardess ihre Telefonnummer geben. Ich stand stumm daneben. »Sie können ja auch zum Tee kommen«, stotterte die Stewardess – und wurde immerhin rot.

»Du kannst ja schon mal ins Hotel fahren«, meinte Denis, »ich komme dann nach!«

Ich stieg in ein Taxi und fuhr statt in das gebuchte Hotel mit Sack und Pack zum Hafen. Dort stand ein Frachtschiff, die USOGO – sie sollte noch am selben Tag ablegen. Ohne nachzudenken, ging ich an Bord.

Der wird sich wundern! Ich bin einfach weg – nicht mehr da – in Afrika verschollen! Der sieht mich nie wieder!

Die USOGO, beladen mit Mehl, Bananen und Matratzen, klapperte alle Häfen des Victoriasees ab, um Güter aus- und einzuladen, eine Woche lang. Die Mannschaft sah wild aus, abends traute ich mich nicht aus meiner Kabine. Außer mir gab es fünf Passagiere: zwei katholische Schwestern, gerade einem Massaker im Kongo entkommen, ein

englisches Ehepaar und einen alten Iren, Typ Bernhard Shaw, der an einem Buch schrieb. Sie wunderten sich alle, warum ich so allein an Bord der USOGO auf dem Victoriasee herumfuhr.
»Frisch verheiratet«, log ich. »Mein Mann stand mit einer Stewardess auf der Straße in Entebbe und ließ sich ihre Telefonnummer geben.«
»Da fahren Sie weg?« Die englische Ehefrau schüttelte den Kopf. »Da hätten Sie doch erst recht dableiben und um ihn kämpfen müssen!«
Ich lernte Suaheli. Nachmittags tranken wir sechs auf Deck Tee. Als wir den Äquator überquerten, spendierte der Kapitän Sekt. Er zeigte mir das Steuerhaus. Ich durfte am Steuerrad drehen, ging aber nicht mit ihm ins Bett, womit er gerechnet hatte – nach dem Motto: Was will eine Frau denn sonst auf so einem Frachter, allein???
In irgendeinem kleinen Hafen luden wir Mehl aus. Und was machte die verliebte Barbara? Schickte über seine Agentur ein Telegramm an ihren *darling*: »Bin an Bord der USOGO!«
Im nächsten Hafen kam prompt ein Telegramm von ihm: »Warte auf Dich bei der Ankunft der USOGO in Entebbe. Vermisse Dich! Liebe Dich, my baby – my all and only one!«
Und da stand er dann auch tatsächlich, um sein *baby* reumütig zu empfangen.
»Wir sollten in Paris leben, findest du nicht? Ich weiß ein Atelier, das wir mieten können – ein leeres Atelier mit einem großen Bett drin und ein paar Blumen. Was brauchen wir mehr?«
Im Leihwagen ging die Reise weiter nach Tansania. Im Arusha Nationalpark ereignete sich etwas, was er mir wohl nie verziehen hat – dass ich sehen musste, was für ein Feigling er war. Wir hatten eine Hütte gemietet und sahen plötzlich eine Schlange direkt neben unserem Bett, eine schwarze Schlange, er wäre fast auf sie getreten mit seinen bloßen Füßen. Es war fünf Minuten vor 22 Uhr, Punkt 22 Uhr würde das von einem Akkumulator gespeiste Licht ausgehen. Mit einem Schrei sprang er ins Bett, riss dabei das Moskitonetz mitsamt dem Mörtel von der Decke, saß im Bett und zitterte. Ich habe noch nie einen Menschen so zittern sehen, Espenlaub, Pappeln, was zittert denn so? Ich nahm ihn in die Arme. »Es ist ja gut, *darling*, es ist ja gut, nichts ist passiert« – dabei behielt ich die Schlange im Auge. Sie rin-

gelte sich um einen Holzpfosten, eine kleine dünne Schlange nur, aber trotzdem eine indische Kobra und sehr giftig – wie mir der Massai zu verstehen gab, den ich draußen aufgabelte –, denn ich rannte hinaus, um Hilfe zu holen, im Nachthemd, barfuß, was blöd war oder zumindest gedankenlos, da es draußen von anderem Getier – Schlangen, Löwen, Rhinozerossen – wimmelte. »Hatari«, beschwor ich den Massai, der über und über mit roter Farbe angestrichen war, Körper und Haare, »Hatari!« und zog ihn in die Hütte. Was »Schlange« auf Suaheli hieß, hatte ich in der Aufregung vergessen. »Hatari!«, sagte ich also zu dem Massai; es gab einen Film mit dem Titel *Hatari*, was »Gefahr« bedeutet, und »Hatari!« bestätigte auch der Massai kopfnickend.

Wir übernachteten im Auto, denn der Massai konnte die Schlange nicht einfangen. Schlotternd vor Kälte, im Angesicht des Kilimandscharo, verbrachten wir die ganze Nacht im Auto.

Er sprach kein Wort mehr mit mir. Das hat mir mein Weiberheld wohl nie verziehen – es muss an seinem Selbstbild gekratzt haben, dass er in dem Gewirr von Bettlaken, Moskitonetz und Mörtel im Bett gesessen und gezittert hat und ich es war, die in den Dschungel hinauslief und Hilfe holte.

Seltsamerweise ist dieser Mann später in die schlimmsten Krisengebiete gegangen und ein anerkannter Kriegsfotograf geworden!

Bei einem Stopp auf der Insel Sansibar erreichte mich zu meinem Schrecken über die deutsche Botschaft ein Einschreiben – adressiert an: Waltraut Irmgard Cameron, geschiedene Gräfin von Einsiedel, genannt Barbara Rütting, geborene Goltz. Hörte sich an wie eine Fahndung – »gesucht wird« –, war aber glücklicherweise nur ein Steuerbescheid! Ein deutsches Boulevardblatt hatte die Meldung in die Welt gesetzt, Denis und ich hätten geheiratet – auf Sansibar!

Wie der Seemann angeblich in jedem Hafen, so hatte offensichtlich auch mein Denis überall auf der Welt eine Liebste, die nur darauf wartete, von ihm getröstet und geliebt zu werden. Doch selbst als er mich stundenlang in glühender Hitze im Auto sitzen ließ, um eine von ihnen zu besuchen – »Es macht dir doch nichts aus? Sie ist so unglücklich …« –, gab ich keinen Mucks von mir. »Did you have a nice rest, baby?«, fragte er beim Zurückkommen schulterklopfend. Wäre ich ein

Hund, hätte ich gewedelt. Wau! Wauwau! Wauwauwau! Herrchen ist wieder da!

Wieder mal allein im Hotel tat ich, nachdem ich stundenlang auf ihn gewartet hatte, etwas, was ich nie für möglich gehalten hätte: Sah in seine Unterlagen. Ich schämte mich – aber es musste sein. In einem Brief jammerte eine Jacqueline, dass sie doch seinetwegen ihren Mann verlassen hätte und nach Paris gekommen sei, nun säße sie in dem Atelier, in dem er doch mit ihr leben wollte. Sie könne kein Französisch und kaum Englisch, nur Schwyzerdütsch. »Ich lebe nur noch von Joghurt, ich lebe ganz billig, habe aber kein Geld mehr, ich muss zum Zahnarzt – und ich bin schwanger ... wann kommst Du denn, mein Liebster?«

Diesmal stellte ich ihn zur Rede. Es hätte nichts zu bedeuten, wäre halt passiert – er würde die Abtreibung bezahlen, für zwei Abtreibungen pro Jahr aufzukommen, sei für einen Amerikaner ganz normal.

Da hatte *baby* nun doch die Nase voll, nahm das nächstbeste Flugzeug, irgendwohin – wieder einmal fest entschlossen, ihn nie wiederzusehen.

Wieder in Berlin

Wieder in Berlin schrieb ich als Kolumnistin für die Schweizer *Weltwoche* über alles, was so los war in dieser interessanten Stadt. Es gelang mir, ein Interview mit Hedda Hopper, genannt die Hut-Hopper, zu bekommen, damals neben Elsa Maxwell Amerikas Klatschtante Nummer zwei.

Die amerikanische Starjournalistin war zu den Filmfestspielen nach Berlin gereist. Auf ihre Hüte wollte ich, wenn überhaupt, erst ganz zum Schluss zu sprechen kommen. Aber als sie mir dann die Tür ihrer Suite im Berliner Hilton öffnete, um zwölf Uhr mittags bereits im »kleinen Schwarzen«, an den Füßen noch rote Samthausschuhe, in den Ohren schon Perlen und Muscheln, perfektes Make-up im schmalen Vogelgesicht, das Ganze gekrönt von einem enormen schwarzen Kuli-Strohhut, fing sie selbst davon an: »My hair is a mess.«

Sie war nicht zum Friseur gekommen. Aber davon abgesehen: Sie trug immer Hüte.

»In Amerika nennt man mich die Hut-Hopper. Dieses Faible für Hüte begann, als ich vierzehn Jahre alt und arm war. Für fünf Dollar kaufte ich mir damals meinen ersten Hut: Aus grünem Samt, mit roten Geranien bestückt. Beim Sonntagsspaziergang drehten sich die Leute nach mir um. Das war mir noch nie passiert. Zuerst dachte ich, der Unterrock schaut vor, dann merkte ich, es war der Grünsamtene mit den Geranien, den sie bewunderten. Und seither weiß ich, ›what a hat does for a girl‹.« Das »girl« war nun fast Mitte siebzig.

Sie lachte. Nur einmal hatte sie geheiratet, entgegen der allgemein verbreiteten Ansicht, sie hätte sechs Ehen hinter sich. »Einmal, mit einem Mann, der älter war als mein Vater. Ich liebte ihn sehr. Einen herrlichen Sohn habe ich. Warum ich nicht noch einmal …? Ich bin zu selbstständig! Bevor mir einer Feuer geben kann, habe ich mir die Zigarette schon selbst angezündet; bis mein Kavalier die Wagentür aufmacht, bin ich schon ausgestiegen. Ein guter Freund, mit dem eine Ehe geplant war, sagte zu mir: ›Wenn du noch einmal die Wagentür selbst öffnest, ist es aus mit uns, ich gehe!‹ I did – and so did he!«

Gefühle waren klar bei ihr. Da gab es nichts Halbes: Verliebt ist verliebt, und geschieden ist geschieden.

War es für sie schwer, Privatleben und Karriere miteinander zu vereinen? Hatte sie jemals vor dem Problem gestanden, das eine für das andere zu opfern?

»Nein, nie«, sagte sie, »ich konnte und kann stets beides miteinander vereinen.« Sie war Schauspielerin, Journalistin und Mensch und fand, dass das Leben für eine Frau ab dreißig gemütlicher wird. Mit ihrer Aufrichtigkeit hatte sie sich Feinde gemacht. Aber mehr doch Freunde.

»Ich sage meine Meinung, auch wenn ich nicht gefragt werde. Viele hören auf mich. Manche nicht. Lana Turner zum Beispiel hat nicht auf mich gehört. Eben lese ich in der Zeitung, dass sie doch wieder geheiratet hat. Nur einmal hat ein Produzent versucht, mich zu bestechen. Ich fand seinen Film schlecht und sagte es ihm. ›Wenn Sie gut über den Film schreiben‹, antwortete er, ›drucke ich Ihren Namen in Riesenlettern quer über das Theater.‹ Das war das erste Mal, dass ich

im Filmgeschäft wirklich beleidigt worden bin. Nein, ich bin nie zu kaufen gewesen; was ich bin, bin ich durch mich selbst geworden. Und durch work, hard hard work.«
Arbeit, harte, harte Arbeit.

Damenkränzchen bei Rut Brandt

Beim Damenkränzchen mit Tee, Kaffee, Kuchen und Sandwiches bei Rut Brandt, Gattin des Berliner Bürgermeisters, traf ich Hedda wieder. Sie dirigierte, einen enormen weißen Hut steil auf einem Ohr balancierend, alle vierzig oder fünfzig Damen auf die Treppe, für die Fotografen. »Come on, girls!«
Ich hätte Rut Brandt gern näher kennengelernt, aber wie das so ist bei derlei Damenkränzchen, blieb es beim Small Talk. Witzigerweise gratulierte sie mir zu einer Rolle, die gar nicht ich, sondern Ruth Leuwerik gespielt hatte.
Ihr kleiner Sohn, in Cowboyanzug und Hut – es muss Matthias gewesen sein, der heute zu Recht beliebte Schauspieler –, sah sich die geballte Weiblichkeit gelassen an und bemerkte nur: »Die Tanten reden zu viel.«

An der Mauer

Zum ersten Mal war ich an der Berliner Mauer, am Potsdamer Platz. Ein Foto zeigte den Platz, wie er vor dreißig Jahren aussah: Straßenbahnen, Menschengewühl, Leben. Jetzt war er wie ausgestorben. Vor vier Wochen war die englische Königin hier vorbeigefahren, im offenen Mercedes, langsam, ohne anzuhalten. Auf der anderen Seite der Mauer, »drüben«, wie es hieß, standen auf den Dächern Vopos – Volkspolizisten – mit Ferngläsern, auf unseren Dächern standen unsere Polizisten und unsere Fotografen, um die »drüben« zu fotografieren. In die Zeitungen, die über den glanzvollen Tag berichteten, wurden wahrscheinlich inzwischen Heringe eingewickelt.

Ein netter Polizist erlaubte mir, auf den Wachturm zu steigen, von dem aus man »nach drüben«, in den Ostsektor, blicken konnte. Stacheldraht war dort zu sehen, Panzersperren, sonst nichts – kein Mensch, kein Tier, kein einziger Polizist. »Meiner« klärte mich auf. »Das täuscht«, sagte er, »die sind überall versteckt, mit ihren Hunden! Aber ab und zu gelingt es doch noch einem Flüchtling, über die Mauer zu kommen. Der letzte kam vor fünf Monaten. Am helllichten Tag. Er dolmetschte für eine Gruppe tschechischer Touristen, und als sie sich für eine Gruppenaufnahme in Positur stellten, kletterte der Dolmetscher über die Mauer. Die Vopos haben nicht mal geschossen, wegen der Blamage. Aber jetzt haben sie die Mauer drüben glatt poliert, sehen Sie, so glatt, dass kein Fuß mehr Halt finden kann!«
Die unsichtbaren Wachhunde heulten.
»Ein auf Menschen abgerichteter Ostberliner Polizeihund hat sich kürzlich von seiner Leine losgerissen und die Grenze nach Westberlin überschritten«, erzählte mir der Polizist. »›Schäferhund wählte die Freiheit!‹, berichteten die Zeitungen. Das erste Foto zeigte den Hund, der übrigens eine Hündin war, noch mit gefletschten Zähnen, das zweite, wie er mit Behagen eine westliche Bockwurst fraß. Die Westberliner Polizei stellt zum Wachdienst keine Hündinnen ein, weil diese, wie das Beispiel zeigt, nicht zuverlässig sind.« So kam der Hund, der die Freiheit gewählt hatte, ins Tierheim Lankwitz.
Nur eine halbe Stunde entfernt hinter der Mauer lebten meine Mutter und drei meiner Geschwister. Getrennt durch die Mauer. Sie durften mich nicht besuchen, ich durfte sie nicht besuchen.

Unter Erwin Piscators Regie an der Freien Volksbühne

Erwin Piscator, der berühmte Regisseur und von 1962 bis zu seinem Tod 1966 Intendant der Freien Volksbühne in Westberlin, bot mir die weibliche Hauptrolle in Sartres *Nekrassow* an, mit Ernst Stankovski als Partner.
Der große Piscator!

Ich sagte zu und mietete eine Wohnung – denn mein *darling* Denis war wieder aufgetaucht, aus Sehnsucht – »... baby, you are my all and only one ... wir werden zusammenleben, nur wir zwei ... promise ...« Das hinderte ihn jedoch nicht daran, ganz nebenbei eine meiner Freundinnen zu schwängern. In der Pause einer Vorstellung erschien diese Sally in meiner Garderobe – und bat mich um Geld für die Abtreibung. Sie hielt mir einen Zettel vor die Nase, als Beweis, dass Denis schuld sei. Auf diesen Zettel hatte er geschrieben, dass er sie sehen wolle.

Mit Ernst Stankovski
in Sartres *Nekrassow*

Ich weiß nicht, wie ich den zweiten Teil der Vorstellung schaffte, spielte weiter wie in Trance.
Er tippte auf der Schreibmaschine, als ich nach der Vorstellung in unsere gemietete Wohnung kam. Hörte auf zu tippen.
»Stimmt es, dass du mit Sally geschlafen hast«?, fragte ich.
»Darauf antworte ich nicht«, gab er zurück. »Hast du mit Sally geschlafen?«, bohrte ich nach.
»Ja«, sagte er. »Und sie kriegt ein Kind.«
Ich blieb mitten im Zimmer stehen und konnte nur stammeln. »Also ist es wahr – also – also ist es wahr ...«
Sally bekommt ein Kind, nicht ich, die ich mir so sehr ein Kind wünsche.
Er nahm mich sanft in die Arme.
»Some miserable afternoon. Wir waren nicht mal ausgezogen. Sally, die knallt man doch nur ins Heu. Es hat nichts zu bedeuten!«
Es hat nichts zu bedeuten. Aber Sally bekommt ein Kind, nicht ich.

Ich machte ihm keine Szene, blieb einfach so stumm stehen.
Er verließ die Wohnung, ich wartete, die halbe Nacht. Dann schmiss ich seine sämtlichen Sachen die Treppe hinunter, Anzüge, Krawatten, sein Necessaire, seinen Pass – und verrammelte die Tür.
Es war schon Morgen, als er klingelte. Ich machte nicht auf. Er klingelte Sturm, ich machte nicht auf. Stille. Dann ging das Telefon, er war wohl zur Telefonzelle gegangen, denn Handys gab es damals noch nicht – es klingelte einmal, zweimal, dreimal. Ich nahm nicht ab. Stille. Dann wieder Sturmklingeln an der Tür. Und dann fing er an zu arbeiten, mit was weiß ich für Werkzeugen. Unmöglich, die Tür aufzukriegen, eine Tür in einem Altbau, solides Holz, außerdem noch durch ein Sicherheitsschloss und einen dicken Eisenriegel versperrt, unmöglich, das konnte er nicht schaffen. Aber er schaffte es. Er kriegte die Tür auf. Holz splitterte, er stürmte in die Wohnung, fand mich auf dem Balkon, prügelte mich durch die ganze Wohnung, zerriss mein Kleid, prügelte mich, bis ich auf dem Boden lag.
Nach der Geschichte mit Sally hätte ich mich unbedingt von ihm trennen müssen. Jede einigermaßen vernünftige Frau hätte das getan. Ich jedoch verhielt mich wie die Frauen in den Frauenhäusern, die ich nie begreifen konnte, nun aber so gut verstehe – die dem Mann, der sie quält, immer wieder verzeihen, wenn er winselnd vor der Tür steht, weil er ohne sie angeblich nicht leben kann.
Denis musste beruflich nach Hollywood. Ich kündigte meinen Vertrag, mitten in der Spielzeit, worüber alle den Kopf schüttelten, zahlte meine Nachfolgerin aus und folgte meinem *darling*, der ja behauptete, nun wirklich geläutert zu sein, nach Hollywood ...

Mordgedanken in Texas

Wir waren wieder mal mit dem Auto unterwegs, quer durch Amerika, von New York nach Hollywood. Mein Liebling fuhr nur nachts, tagsüber war es ihm zu heiß, so bekam ich nichts von Amerika zu sehen, weder den Grand Canyon »den kannst du dir ja auf Fotos ansehen« – noch Las Vegas. Von Las Vegas habe ich nur die Lichter gesehen, er meinte, das läge mir ja doch nicht, die Spielbanken und die Nachtlokale.

Wir lagen bereits im Bett, als eine Elizabeth anrief, ich gab ihm den Hörer. Diesmal ging ich nicht höflich ins Badezimmer, um Wasser laufen zu lassen, ihr Gespräch nicht zu stören – nein, ich blieb einfach liegen. »Are you okay?«, fragte er sie zärtlich, diese Elizabeth. Dann folgten die Worte, die immer in solchen Situationen geflötet werden: »Ja, ich dich auch – ja, ich freue mich auf dich – aber natürlich liebe ich dich blablabla …«

»Du bist unsensibel!«, fuhr er mich nach beendetem Gespräch wütend an. »Du hast mich gestört! Warum bist du nicht ins Badezimmer gegangen?«

In Texas war es, er wollte eine Hose kaufen, in einem Einkaufscenter, in dem es alles gab, was man sich nur vorstellen konnte, auch Waffen. Während er Hosen anprobierte, stand ich in der Waffenabteilung, hatte bereits mein Portemonnaie gezückt, um einen Revolver zu kaufen, mit dem ich ihn erschießen wollte. Zu spät – er stand neben mir.

»Willst du mich umbringen?« Es sollte ein Witz sein. Aber von diesem Augenblick an hatte er Angst vor mir.

Einer meiner Brüder schilderte mir Jahre später, wie zu Hause eine Ansichtskarte von mir eintraf. Meine Mutter habe bereits im Bett gelegen, als er sie ihr überbrachte: »Von Waltraut – sie ist in Texas.« Mutter habe nur die Hände über dem Kopf zusammengeschlagen und sei wortlos in ihre Kissen gesunken.

In Hollywood am Swimmingpool

Mein Eindruck: In Hollywood spielt sich das Leben am Pool ab, heute wie damals. »Come and sit at the pool – come and have lunch at the pool.« Das Wasser ist selbstverständlich geheizt, auch im Sommer, warm wie in der Badewanne. Am Pool steht das Telefon, und ständig wird telefoniert. »Wir müssen uns sehen – let's have dinner together – I will squeeze you in …«

Am Pool wird verhandelt, vor allem über Filme, die meistens nie gedreht werden. Für die ganz Faulen sind in den obligatorischen, im Wasser schwimmenden Schaumgummisesseln Dellen in die Lehnen eingebaut, zum Abstellen der Whiskeygläser. Der Himmel ist immer blau in Hollywood, immer scheint die Sonne, obwohl die Einheimischen schon damals klagten, auch Hollywood sei nicht mehr wie früher – wegen des Smogs, der Wolke aus Auspuffgasen und Fabrikausdünstungen, die, von Los Angeles kommend, vormittags wie eine Dunstglocke über der Stadt lagert.

Irgendwann einmal fuhr ich in eines der Paramount-Studios, um den Schauspieler Paul Henreid zu besuchen. Er hatte in dem Film *Operation Crossbow* einen deutschen Offizier verkörpert. Nun führte er Regie in *dem* amerikanischen Fernseherfolg, einer Serie namens *Bonanza*.

Paul Henreid, gebürtiger Österreicher, war einst ein großer Star in Hollywood, hat 1942 in dem Kultfilm *Casablanca* an der Seite von Ingrid Bergman und Humphrey Bogart gespielt und mit Bette Davis in *Reise aus der Vergangenheit*. Mit nur leicht bitterem Humor betrachtete er seine Regiearbeit bei *Bonanza*: Zwei Cowboys zu Pferde hatten mittels Lassos Kälbchen einzufangen, in die im Studio aufgebaute Koppel zu treiben und dort mit Brandzeichen zu versehen. »Diese Serie läuft seit acht Jahren. Die Schauspieler sind Millionäre. Sie bekommen 21 000 Dollar pro Woche, stellen Sie sich das vor. Zehn Monate des Jahres drehen sie diese Serie, immer diese Serie. Ist das nicht furchtbar?«

Auf einer der zahllosen Partys habe ich Marihuana geraucht, aber keine andere Wirkung verspürt als die einer gewöhnlichen Zigarette. Das geschah aus Versehen, die Marihuana-Zigaretten lagen neben anderen Zigaretten auf dem Klavier herum, um das wir uns auf Wunsch der Gastgeberin geschart hatten, weil ein berühmter Komponist der Zwanzigerjahre unbedingt seinen Erfolgsschlager von damals spielen wollte. Am Klavier lehnte, wie eine alt gewordene Jean Harlow, seine Gattin, gebleichten Haares, traurige Glutaugen im kalkweißen Gesicht. Ein ebenfalls blondes Starlet mit üppigem Dekolleté sang.

Ein deutsches Fotomodell, im Minikleid über geraden Beinen und mit hüftlangem rotem Haar, gestand mir unaufgefordert, an den Arm

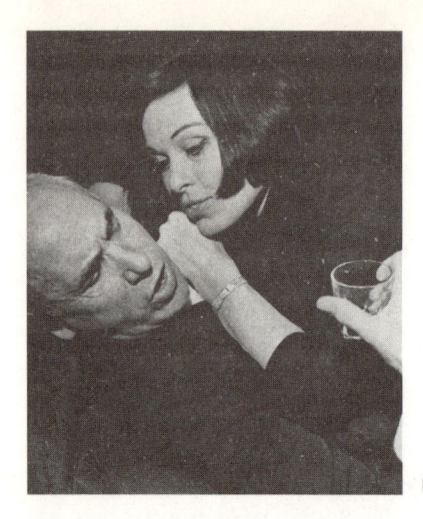

Mit Charles Regnier

ihres sehr uninteressierten, sehr mädchenhaften Begleiters geklammert: »Sie glauben nicht, was ich hier in Hollywood zusammengeheult habe am Anfang. In keiner Stadt ist man so einsam. Jetzt geht es mir besser, jetzt habe ich Freunde, aber anfangs – ich war Skilehrerin. Nun arbeite ich als Fotomodell – rufen Sie mich mal an?«
Zu Partys geht man mit einem Mann, um andere Männer kennenzulernen, zu Partys geht man, um Telefonnummern auszutauschen, bei der nächsten Party sieht man die gleichen Leute, nur in neuen Kombinationen.
Am meisten Hollywood war für mich die Obstschale von fast einem Meter Durchmesser.
»Lächeln Sie!«, sagte der Friseur zu meinem Spiegelbild, das nicht einmal unwirsch, nur neutral dreinschaute. Rosa ist die Brille, durch die man in Hollywood das Leben sieht. In den Cafés und Restaurants ebenso wie an allen Swimmingpools träufelt ununterbrochen wie ein lauer Sommerregen Musik auf einen herab – die hohen und tiefen, nervös machenden und beunruhigenden Töne sind weggefiltert. »Nervosität ist unrentabel, lohnt sich nicht. Relax!«
»Wie geht es Ihnen heute?«, hört man erstaunt die Kellnerin fragen, auch wenn man ihr Café eben zum ersten Mal beehrt. »Fein!«, antwor-

Brigitte Rau und
Gunnar Möller

tet man. »Und Ihnen?« – »Auch fein!«, sagt sie strahlend. Amerikanern geht es nie schlecht.

Dem zum Trotz schien mir die Beziehung zwischen den Geschlechtern in Amerika insgesamt noch verkorkster als bei uns in Old Europe. Die Frauen beklagten sich über die Männer, die Männer über die Frauen. Die hübsche Empfangsdame im Büro des Filmagenten: »Sie sind so kalt. Und wenn man ein bisschen auf sie eingeht, schleppen sie einen gleich in die Wüste und wollen einen vergewaltigen!«

Denis und ein mit ihm befreundeter Journalist: »Wir hassen die amerikanischen Frauen. Sie können nicht lieben, sie können sich nicht hingeben. Sie laufen den ganzen Tag mit Lockenwicklern auf dem Kopf herum, weil sie uns verachten. Sie wollen uns beherrschen, uns unterdrücken.« Warmherzige, hingebungsvolle kontinentale Frauen waren es, was die beiden wollten, Denis ebenso wie sein Freund. Der hatte im Laufe des letzten Jahres gleich zwei hingebungsvolle kontinentale Mädchen geschwängert und sitzen lassen. Zwei pro Jahr sei für einen Amerikaner durchaus normal, war der zynische Kommentar. Hatte ich doch schon mal gehört? Die Abtreibungen bezahlt der Mann, weil die Frau ja »die Scherereien hat«. Also, wo ist das Problem?

Seine jetzige Freundin war ihm wiederum zu hingebungsvoll. »Schlaf doch mal mit ihr«, forderte dieser Mann Denis auf – in meinem Beisein! – »sie wird mir zu possessive. Sie will heiraten.«

Der amerikanische Autor Edward Albee hat diesen Geschlechterkampf großartig in dem Theaterstück *Wer hat Angst vor Virginia Woolf?* geschildert. Eine Party, zwei Ehepaare quälen sich bis zur Weißglut miteinander ab. Es geht hauptsächlich darum, stärker zu sein als der Partner, to put him/her down, ihn/sie unterzubuttern. In der amerikanischen Verfilmung waren Elizabeth Taylor und Richard Burton die Protagonisten, bekanntlich Experten in Sachen Ehekrach. Charles Regnier und ich tourten mit dem Stück durch den deutschsprachigen Raum. Ich konnte einige meiner Erfahrungen aus dieser Zeit mit Denis in die Rolle der Martha einbringen ... Das junge Paar spielten Brigitte Rau und Gunnar Möller, auch im wirklichen Leben miteinander verheiratet. Ihre Ehe war, für jeden erkennbar, schon in dieser Zeit die Hölle. Gunnar hat seine Frau Brigitte 1979 dann mit einem Stuhl erschlagen.

New York – Warten auf Denis

Denis flog zu einem Fotoshooting für *Paris Match* nach Kanada. Wir wollten uns anschließend in New York treffen, um herauszufinden, ob wir in Zukunft lieber dort oder in Paris leben wollten – denn zusammenbleiben wollten wir, trotz allem: »Nur wir beide, nur wir beide ganz allein, my darling. Promise!«

Ich flog voraus, um New York schon mal auf eigene Faust zu erkunden. Freunde hatten mir ein Buch geschenkt mit dem optimistischen Titel: *Wie man mit 5 Dollar pro Tag in New York leben kann*. Leider habe ich das Buch im Flugzeug liegen lassen, ungelesen, und so werde ich wohl nie mehr erfahren, wie die beiden Autoren diese erstaunliche Leistung fertiggebracht haben wollen. Um es vorwegzunehmen: Es geht gar nicht. Damals nicht und heute noch viel weniger.

Ich hatte viel Zeit – denn Denis ließ auf sich warten, einen Tag, zwei Tage, drei Tage – ohne ein Lebenszeichen, nannte schließlich einen Termin, der auch verstrich, und wieder einen. Verabredet waren wir im feudalen Hotel Algonquin. Da hielt ich es bald nicht mehr aus, kam mir unter all den ordentlichen bürgerlichen Gästen dort so ungeheuer fremd vor mit meinem unordentlichen Leben.

Während eines Spaziergangs sah ich ein kleines, grün gestrichenes Hotel – »The Lark«, die Lerche. Der hübsche Name, dieses Grün – ich zog ein. Die Empfangsdame an der Rezeption des Hotels Algonquin geriet geradezu außer sich, als ich die Adresse der »Lerche« für Mister Denis Cameron hinterließ. »Um Gottes willen, Sie haben sich die schlimmste Gegend von New York ausgesucht! Das ist der Strich, wo Sie wohnen.«

Der Strich – direkt neben dem Broadway!

Das Hotelchen wurde gerade renoviert, alles – außen und innen, Wände, Türen und Treppen – mit der grünen Farbe überpinselt, was lustig aussah. Im Laufe des Tages erst bemerkte ich die kleinen Nachteile: Es gab keine Gardinen und keinen Nachttisch und keinen Spiegel am Waschbecken, die Heizung funktionierte nicht, in die einzige Badewanne des gesamten Hotels floss nur kaltes Wasser, sie war dreckig und ohne Stöpsel.

Schilder wurden angebracht: »Zahlung im Voraus«, »Kein Herumlungern an der Rezeption bitte«.

Das Hotel war allerletzte Klasse, der Portier reizend. »Ich heiße Pete, trinken Sie einen Schnaps mit mir? Sie sind unser erster Gast, Sie werden uns Glück bringen!«

Er stellte mich einigen wüsten Gestalten vor, die trotz des Schilds an der Rezeption herumlungerten.

»Das ist Barbara, eine Deutsche.« – »Hi Barbara!«, gaben die Burschen zurück.

Die dort einzogen, waren alle einsam, nicht nur ich. Pete war rührend. Bot mir von seinem Schnaps an, probierte ein paar deutsche Wörter, die er als Kriegsgefangener in Deutschland gelernt hatte, und gab mir eine zweite Wolldecke. Nachts wurde es so kalt, dass mir die Zähne klapperten, obwohl ich mit langen Hosen und Pullover über dem Schlafanzug ins Bett gestiegen war. Zum Frühstück ging ich ins Café nebenan. »Bei Bickfords müssen Sie frühstücken«, hatte Pete empfohlen. »Da ist es nett – und billig!«

Ich machte die achtstündige Stadtrundfahrt mit der Gray-Line-Busgesellschaft, die Bootsfahrt durch den Hafen zur Freiheitsstatue, besichtigte das UNO-Gebäude, das Empire State Building. »Meine Damen und Herren, passen Sie auf – falls die Herren zu Hause sind, können Sie jetzt links nebeneinander die Wagen von Nixon und Hearst sehen, ja, Nixon ist zu Hause – und dort drüben wohnt Jackie Kennedy, aber die Hausnummer darf ich nicht nennen …«, erklärte der Fremdenführer.

»Kids«, nannte er uns, oder »Fellows«. Gebürtiger Ire war er, sehr laut, sehr fröhlich, sehr stolz auf Amerika. Jeder zweite Satz begann mit: »Als ich hierherkam …« – endend mit einem gegrunzten »yeah«. »Das Wichtigste in der Welt ist Timing. Es ist nicht wichtig, was man sagt, sondern wann und wie man es sagt – in diesem Penthouse wohnt Frank Sinatra, und da Onassis.« – »Wir haben Gleichheit in Amerika, aber manche sind gleicher als andere, und das versuchen wir auszugleichen.«

Er habe nichts gegen die Reichen, aber diejenigen Armen, die genug Gehirn besäßen, die sollten die gleichen Möglichkeiten haben. »Da leben die Juden, da die Deutschen, da die Puerto Ricaner, da die Holländer, da die Iren, die Polen, die Neger, die Chinesen – alle sind gleich in Amerika. Menschsein allein zählt.«

Weiter: »Glücklichsein ist nicht, bekommen, was man will, sondern bekommen, was man zu wollen glaubt! Hier sieht man keine Cadillacs. Hier sind die Leute so reich, dass sie niemanden mehr zu beeindrucken brauchen.«

Wenn ich mich richtig erinnere, lag neben Frank Sinatras Penthouse der Müllabladeplatz von Manhattan, einige armselige Häuschen daneben. »Sie können sich gegenseitig sehen, die Armen und die Reichen, das ist gut, das ist gut, das ist gut, yeah, das ist Demokratie, yeah, der Abfall neben den reichsten Leuten der Stadt, yeah. Gleich vier Nobelpreisträger arbeiten gemeinsam in einem der nächsten Häuser, und nebenan hat Elizabeth Taylor eines ihrer Kinder bekommen, und dort, den ersten Wolkenkratzer überhaupt, hat Barbara Huttons Großvater gebaut, yeah, und das Geld, das er verdient hat, gibt Barbara Hutton jetzt aus, yeah. Ich habe nichts gegen reiche Leute, aber … yeah yeah

yeah. Einmal hatten wir dreihundert Verrückte an Bord, direkt aus der Irrenanstalt, man wollte sie der Wirklichkeit näherbringen und ließ sie Boot fahren, was glaubt ihr, Kids, die haben sich genauso über alles gefreut wie ihr, Kids, yeah.«

Die Sitzung in der UNO. Ein Mitglied der UNO soll gefragt worden sein: »Ist das nicht furchtbar langweilig, diese Sitzungen?« Das Mitglied soll geantwortet haben: »Es ist besser, ein paar alte Männer langweilen sich bei diesen Sitzungen, als dass hundert junge Männer sterben.«

Wie recht dieser Mann hatte. Wenn durch die zahllosen, immer neuen sinnlosen internationalen Sitzungen, Konferenzen, Gipfel und das ganze Blablabla der Politiker Kriege verhindert werden – so sei es …

Ich hatte den Eindruck, dass ein großer Teil der Amerikaner noch immer für den Vietnamkrieg war – und das 1965! Man sprach über einen jungen, in Vietnam desertierten Soldaten. Eine Mutter von vier Kindern sagte doch tatsächlich: »Der gehört zurückgeschickt.« Sie fand es durchaus in Ordnung, dass auch ihr Sohn nach Vietnam gehen wollte. Die New Yorker lieben Paraden. An einem Sonntag paradierten die Kriegsveteranen, am nächsten Sonntag war es die Armee. Kleine pazifistische Kundgebungen dagegen erregten kaum Aufsehen. Der Einzige, der sich ganz offen gegen den Vietnamkrieg aussprach, war ein Taxifahrer in Washington. Er fuhr mich zum Arlington Friedhof. »Hier liegen die Toten aus siebenundzwanzig Kriegen«, sagte er, »aber die Menschen lernen nichts daraus. Hier liegen die Boys aus Vietnam, da die aus Korea, hier die Krankenschwestern, da die Gefallenen aus dem Ersten, dem Zweiten Weltkrieg, dort die aus dem Spanisch-Amerikanischen Krieg, dort die ältesten, aus der Zeit der Amerikanischen Revolution – 135 000 Gräber insgesamt.«

Der Friedhof erstreckt sich meilenweit, nur schneeweiße Steine auf grünem Rasen.

Vier Wochen waren vergangen.

Die »Lerche« war inzwischen gut besetzt. Zu meinem Erstaunen war am »Portal« ein Schild angebracht worden: »Radio auf allen Zimmern«. Wovon nicht die Rede sein konnte. Die meisten meiner Hotelmitbe-

wohner arbeiteten beim Zirkus gegenüber im Madison Square Garden. Beim Frühstück bei Bickfords wurde ich gefragt, ob ich auch beim Zirkus sei. Hier war ich keine Außenseiterin. Regelmäßiger morgendlicher Gast: eine kleine alte Dame mit aristokratischem Gesicht und völlig durchlöchertem Persianer, sehr heiter, sehr souverän, sehr verrückt. Sie fragte immer nach der Zeit, in Abständen von Minuten. »Verzeihen Sie, darling, wie spät ist es?« Einmal traf ich sie auf der Straße. »Verzeihen Sie, darling«, sagte sie, ohne mich aber offensichtlich wiederzuerkennen, und ich wollte schon auf meine Armbanduhr schauen, da kam statt der erwarteten Frage: »Verzeihen Sie, ist heute Montag?«
Denis hatte im Hotel Algonquin einen neuen Ankunftstermin hinterlassen, auch dieser verstrich. Ich saß den ganzen Tag am Fenster meines Hotelzimmers und starrte auf die Straße. Muttertag. Alle hatten sie neue rosa Kleider an, die Mütter und Noch-nicht-Mütter, rosa Orchideen angesteckt an die rosa Kleider. Ein Mann vom Zirkus verkaufte Erdnüsse für die Affen.
Nachts wildes Geschrei auf der Straße. Unten stand eine Mulattin, ganz allein, eine Hure wahrscheinlich. »I am amazed!«, rief sie guttural, »I am really amazed!«, immer wieder. Niemand der Vorübergehenden kümmerte sich um sie. Schließlich schritt sie davon, hocherhobenen Hauptes, stolz, einsam. Erstaunt war sie ...
Denis war wieder nicht gekommen.
Am nächsten Morgen lief ich ziellos durch Manhattan; ging in eine Bar, bestellte einen doppelten Whiskey, vormittags um elf, dann gleich noch einen. Der Barkeeper wollte eine Unterhaltung anfangen. »Sie spielen wohl Tennis? Sie haben so sportliche Arme ... Nein? Kein Tennis? Dann vielleicht Golf?« – »Nein, auch kein Golf.« – »Können wir etwas für Sie tun?«, fragten zwei Männer neben mir auf den Barhockern. »Nein, Sie können nichts für mich tun, danke!« Ich ging zurück in die »Lerche«, kaufte mir unterwegs noch eine Flasche Whiskey.
»Ich möchte nicht gestört werden«, sagte ich zu dem Portier – es war ein anderer, nicht Pete. »Ich möchte auf keinen Fall gestört werden.«
Es war zwei Uhr nachmittags.
Ich schluckte mit Whiskey einen Teil der Tabletten. Wenn man zu viele auf einmal nimmt, muss man sich übergeben. Später den Rest – ins-

gesamt fünfzehn Evipan, und dann schnitt ich – mit der Rasierklinge, zuerst einen tiefen Schnitt rechts, nicht quer, sondern längs. Also richtig, tief durch die blauen Adern. Sofort schoss das Blut heraus. Dann noch mit der rechten Hand ins linke Handgelenk, das ging schon nicht mehr so einfach, mit der schlaffen, blutenden Hand die Rasierklinge zu halten. Ich brachte noch zwei kleinere Schnitte zustande, taumelte ins Bett. Da war dann erst einmal nichts mehr. Bewusstlosigkeit.
Mitten in der Nacht kam ich zu mir. Weil es so weh tat und ich entsetzlich fror. Gehen konnte ich nicht mehr. Auf Knien und Ellenbogen robbte ich zum Papierkorb, fingerte nach dem leeren Evipanröhrchen, ob nicht doch noch einen Tablette drin wäre. Es war keine mehr drin. Zurück ins Bett. Nur jetzt durchhalten! Nur jetzt nicht um Hilfe rufen! Nur jetzt durchhalten!
Wieder Bewusstlosigkeit.
»Ist alles in Ordnung?« Jemand klopfte an die Tür, fragte noch einmal: »Ist alles in Ordnung?«
Er kam herein, weil ich nicht antwortete, es war Pete. Sah die Bescherung.
»Sie bluten ja, mein Gott! Warum bluten Sie?«
Er riss ein Stück vom Laken ab, ich musste es zerfetzt haben. »Mein Gott!«, wiederholte er, wickelte mir die Fetzen um die Handgelenke. Dabei hatte es schon aufgehört zu bluten.
Es war heller Tag. Und ich war nicht gestorben.
Er lief hinunter, telefonierte aufgeregt. Die mexikanische Reinemachefrau lugte durch die offene Tür, schlug die Hände zusammen und ging wieder. Minuten später traf die Polizei ein, vier sehr große Männer in schwarzen Uniformen. Sie suchten im Schrank nach etwas Anziehbarem.
»Wie kommt denn die hierher?«, brummte der eine. »Sieh dir mal ihre Kleider an. Wie kommt denn die in dieses Hotel?« – »Können Sie stehen?«, fragte ein anderer.
Er hängte mir meinen Kamelhaarmantel um die Schultern. Sie zogen mir Schuhe über die Füße, stellten mich auf die Beine. Einer nahm meine Handtasche. Sie halfen mir die Treppe hinunter, legten mich ins Polizeiauto. Die Tür knallte zu, das Auto fuhr los. Tatütata …

Gelandet im Bethesda Hospital

»Warum hat es aufgehört zu bluten?«, fragte ich, noch halb betäubt von den Schlaftabletten, lallend den Arzt, der die Wunden zusammennähte.
Ein Chinese. »It was not your time, madam«, erwiderte er schneidend. Seine Augen waren wie aus Eis.
»Sind Sie Zen-Buddhist?«, fragte ich ihn. »Nein. Ich bin Katholik.« Seine zarten Finger stickten meine Handgelenke, mit Kreuzstichen, wie in der Handarbeitsstunde, sechzehn Kreuzstiche rechts, sechzehn links. Mit schwarzem Garn. Eine Nonne kam vorbei, blickte kühl auf meine klaffenden Wunden, mein blutverkrustetes Nachthemd. Die Näherei ging in aller Öffentlichkeit vor sich. Die ganze Zeit stand ein Polizist in Schwarz mit einem Knüppel am Koppel daneben. Das machen sie so bei Selbstmördern.
Der Arzt stickt, sechzehn Stiche rechts, sechzehn Stiche links.
»Wo hätte ich denn schneiden müssen? Sie können es mir ruhig sagen, ich mache es bestimmt nicht wieder. Es tut zu weh!«
Er antwortete nicht. Ich hatte ein schlechtes Gewissen, weil ich mit meinen Kinkerlitzchen seine kostbare Zeit in Anspruch nahm, entschuldigte mich für die Mühe, die ich ihm bereitete. Neue Eingänge waren da, wichtigere, Verkehrsunfälle. Er sah mich verächtlich an.
»Brauchen Sie so nötig einen Mann?«
Nicht einen *Mann* brauchte ich – diesen *einen* Mann brauchte ich …
Danach brachten sie mich in die Psychiatrie. Auch das machen sie so bei Selbstmördern.
Wir mussten in einem großen leeren Raum warten, nur noch einer der Polizisten und ich. In einem Rollstuhl wurde eine schwarzhäutige Frau vorbeigefahren. Sie warf eine Blechdose auf den Boden und Haarteile, bückte sich aus dem Stuhl heraus, um alles wieder aufzuheben. Ihr Kittel war hinten offen, der nackte Hintern schaute heraus. Ich wollte ihr helfen, brachte das aber nicht fertig mit meinen kaputten Handgelenken. Der Polizist hielt mich zurück. »Ist das hier eine geschlossene Anstalt?«, fragte ich. »Ja«, antwortete er mitleidig. »Rauchen Sie?« Bot mir eine Zigarette an.

Eine dicke, ebenfalls schwarzhäutige Beamtin in blauem Leinenkleid nahm mir meine Handtasche ab, registrierte: eine Krokodilledertasche, schwarz, Inhalt: Pass, Reiseschecks – sie schrieb alle Nummern auf –, Geld, Kamm, Puderdose. Ich durfte nichts behalten. Sie zog mir ein langes grünes Hemd an, gab mir ein Paar Strohlatschen, band mir ein Plastikarmband um den Arm, auf dem mein Name stand, mit der Schreibmaschine getippt. Führte mich in einen Lift. Der Polizist blieb zurück. Zwei Stockwerke, drei, vier oder fünf. Sie suchte einen Schlüssel aus ihrem riesigen Schlüsselbund heraus, schloss eine Tür auf – eine Tür ohne Klinke. Ein Vorraum. Eine Frau in weißem Kittel setzte mich auf einen Stuhl, Koreanerin ihrem Aussehen nach – mit in dieser Umgebung merkwürdig anmutendem perfektem Make-up.

»Also Liebeskummer. Waren Sie denn noch nie verliebt?« – »Noch nie *so* verliebt.«

Die Koreanerin schrieb alles auf: Verliebt, hat gewartet, aber er kam nicht, Rasierklinge, Whiskey, 15 Evipan. Evipan kannte sie nicht. Ich musste mich anstrengen, deutlich zu sprechen, meine Zunge versagte, alles drehte sich.

»Könnte ich im Hotel Algonquin anrufen? Vielleicht ist er gekommen …«, brachte ich mühsam hervor. Sie rief für mich an. Kein Denis Cameron. Na also, schien sie zu denken, natürlich nicht. Ihre Augen waren spöttisch. Sie hielt mich wohl für verrückt. Ich kriegte Angst. Fing an, zu schlottern vor Angst. Kein Mensch in der Welt wusste, wo ich war.

»Können wir nicht bei der *New York Times* anrufen – dort arbeitet ein Freund von ihm – oder bei der deutschen Botschaft? Bitte!« – »Morgen.«

Die Koreanerin gab der Wärterin ein Zeichen. Neues Schlüsselklirren, eine neue Tür ohne Klinke öffnete sich.

»Hier ist eine Neue: Barbara. Sagt Guten Tag zu Barbara!«

»Hallo«, antwortete eine der Gestalten, die, wie ich in lange grüne Hemden gekleidet, im Korridor herumsaßen. Die anderen schauten gar nicht auf. Die meisten dösten vor sich hin. Eine riss Papier in Streifen, eine blätterte in einem Kinderbilderbuch, andere wanderten geistesabwesend im Korridor auf und ab, schleiften Papiertüten an einer Schnur hinter sich her.

Ich ging ans Fenster. Vergittert. Selbstverständlich. Schaute auf die Straße hinab. Im fünften oder sechsten Stock etwa waren wir. Unten fuhren Autos, liefen Menschen in Sommerkleidern.
Die Wärterin brachte mir ein Stück Seife, eine Zahnbürste. Ich steckte beides in meine Kitteltasche. Die anderen hatten ihre Habseligkeiten in diesen Papiertüten.
»Man muss alles festhalten, sonst wird es geklaut«, sagte die Wärterin. Ich setzte mich in eine Ecke. Eine alte Frau mit lose herabhängendem, grauem Haar, ihre Papiertüte hinter sich, kam als Erste zu mir. Erzählte von ihrem Mann, wie sehr sie ihn liebe. »Aber immer wieder bringt er mich hierher, er kommt nicht mehr, ein so reizender Mann – und es ist so schmutzig hier drin«, klagte sie. »So viele Vögel fliegen hier ein und aus. Aber das ist auch ein Zeichen!« Verschmitztes Augenzwinkern. »Sie sind erregt, wollen Sie eine Zigarette?« Sie ließ ihre Tüte los, ergriff meine beiden Hände. Ihre Hände waren eiskalt.
»Sie haben so kalte Hände«, sagte ich. Mein Herz hämmerte im Hals. »Übersensibilität«, antwortete sie. »Sie sind auch übersensibel, ja, ich sehe das. Ich habe hier einen Muff ...« – sie förderte tatsächlich einen Muff aus der Papiertüte zutage – »... es ist der Muff des Papstes ...« – wieder Zwinkern – »... habe ich im Radio gehört, aber verraten Sie mich nicht!« – schüchternes Lachen, scheues Umblicken nach den anderen – »Das Schlimme ist, hier gibt's kein Licht! Erdmagnetismus!« Sie sah nicht, dass es brannte, das elektrische Licht.
Andere waren aber genauso wenig oder genauso viel verrückt wie ich. Die Kleine, die Papier in Streifen riss, war aus dem Fenster gesprungen, weil sie ihre Eltern nicht mehr ertragen konnte. War das verrückt? Hatte sich beide Beine gebrochen. Eine andere mit verwüstetem Gesicht, eine Nutte, wie sie selbst erzählte, trug einen Verband um den Hals. Ihr Zuhälter war mit dem Rasiermesser auf sie losgegangen.
Alle redeten gern von sich. Allmählich bildete sich eine Gruppe um mich. Viele schwarze Mädchen.
»Was haben Sie gemacht?«
»Schlaftabletten.«

Sekretärinnen, Hausfrauen. »Ich funktioniere einfach nicht mehr draußen.« – »Ich komme einfach nicht zurecht draußen.« – »Mein Psychiater hat gesagt ...«
»Sie müssen ja ganz schön hineingehackt haben«, sagte eine kleine Schwarze zu mir. »Bei *den* Verbänden müssen Sie mindestens vier Wochen hierbleiben. Mindestens.«
Vier Wochen! In mir stieg Panik auf.
Der Verband der anderen war kleiner, sie hatte nur links geschnitten, nicht so tief wie ich. Auch aus Liebeskummer.
»Sehen Sie zu, dass Sie einen guten Psychiater bekommen«, sagte sie. »Doktor Bradley ist gut. Den habe ich auch.«
Sie bot mir eine Zigarette an. Rauchen war verboten. Aber irgendwie brachten sie es fertig, dass ihnen eine Reinemachefrau morgens Feuer gab, und dann wurde eine Zigarette an der anderen angezündet. Das Feuer ging den ganzen Tag nicht aus. »Morgen ist Besuchsstunde«, sagte die kleine Schwarze, »da kriege ich neue. Mein Bruder kommt.«
Tagsüber saßen wir auf den Holzbänken. Abends schoben die Wärterinnen Eisenbetten in den langen Korridor. Geschlafen wurde auch im Korridor. Ein Bett stand hinter dem anderen, damit wir alle unter Aufsicht waren. Die kleine Schwarze hatte ihr Bett neben meinem, half mir beim Aufdecken, weil ich nichts richtig anfassen konnte. »Erschrecken Sie nicht, hier sind Mäuse. Gute Nacht.« Sie setzte sich auf ihr Bett und schnallte ihre Beine ab, zwei Prothesen mit braunen Baumwollstrümpfen darüber, stellte sie neben sich an die Wand. Schlief ein ohne Beine. »Gute Nacht!«
Alle hatten Beruhigungsmittel gekriegt, fielen sofort in tiefen Schlaf. Ich hatte nichts bekommen. Als Neuer war mir der schlechteste Schlafplatz zugeteilt worden, gegenüber dem Schwesternzimmer. Die Tür stand offen, die Schwestern redeten und lachten die ganze Nacht. »Kann ich ein Schlafmittel haben?«
Die Schwester schaute in der Kartei nach. »Nein, das können Sie nicht.« – »Aber etwas gegen die Schmerzen?« – »Nein, auch das nicht.« Ich legte mich wieder hin, streckte die Unterarme in die Höhe, das linderte ein wenig. Stand wieder auf und wanderte den Korridor entlang, an den vielen Eisenbetten vorüber. Außer mir schliefen sie alle,

entspannt wie Tiere durch die Beruhigungstabletten, auf dem Bauch, auf dem Rücken, schnarchend. Zurück ins Bett. Genau über meinem Kopf hing der Lautsprecher. Die ganze Nacht wurde etwas durchgesagt, laut, erregt: »Doktor Soundso dringend auf Zimmer soundso!« Auch nachts neue Eingänge. Eine drehte durch, eine Mexikanerin, bekam Schreikrämpfe, wurde von zwei der bärenstarken Wärterinnen hinausgezerrt. Sie kam in die obere Etage, da waren die schwereren Fälle, da gab es Elektroschocks. »Ich hab doch gar nichts getan«, schrie die Mexikanerin um sich schlagend. »Ich hab doch gar nichts getan – oh mein Gott – nein – nein – oh mein Gott …«
Dann kamen die Mäuse. Huschten an den Betten vorbei, unter den Betten durch. Ich stand wieder auf, sagte es der Schwester. »Hier sind keine Mäuse«, erwiderte sie barsch, »alles Einbildung. Nun schlafen Sie endlich!«
Die werden es schaffen, dass ich hier wirklich verrückt werde. Vier Wochen …
»Good morning, ladies.«
Wir standen auf, machten eine Art Morgentoilette. Die Klos hatten keine Türen, damit man sich nicht aufhängen konnte, heimlich. Nebeneinander und einander gegenüber hockten wir auf den Klos. Ich hatte Schwierigkeiten, mich abzuwischen. So gut es ging, wusch ich mich, putzte mir mit Seife die Zähne. Die Zahnbürste zu halten war schon ein Problem. Die hünenhaften Wärterinnen schoben inzwischen unsere Betten vom Korridor zurück in angrenzende Kammern. »Frühstück, ladies.« Hafergrütze, Tee, Marmeladenbrote.
»Ich bin freiwillig hier reingekommen«, sagte die hübsche Sekretärin. »Ich bin schon zum dritten Mal hier. Ich funktioniere einfach nicht draußen.« Sie hatte Spielkarten dabei, trug einen geblümten Morgenrock, als Einzige nicht das lange Hemd. Sie hatte sich hier eingerichtet.
Zwei Tage später.
Um zehn Uhr sollten die Psychiater kommen. »Good morning, ladies!« Die kleine Schwarze zeigte mir Dr. Bradley. Da alle Frauen sich hysterisch auf die beiden Ärzte stürzten, hielt ich es für klüger, das nicht zu tun. Blieb ruhig sitzen, Handgelenke in der Luft, und wartete. Die Methode klappte.

Dr. Bradley blieb vor mir stehen. »Wer sind Sie?« Er hob meine Handgelenke an. »Warum?« – »Liebeskummer.« – »Hm.«
Der andere, Dr. Kosinski, kam dazu, eine dicke Zigarre im Mund. »Warum?«, fragte er Dr. Bradley. »Liebeskummer«, erwiderte der.
»Na, Eva Braun?«, sagte Dr. Kosinski zu einer dicken Blonden. »Wie geht's Hitler?«
»Sie glaubt, sie ist Eva Braun«, erklärte Dr. Kosinski vergnügt.
Er zapfte mir Blut aus der Vene, die Zigarre im Mund. Ich hatte den Eindruck, dass er nicht richtig wusste, wie man das macht. Er war Pole. Sprach mit starkem Akzent und wirkte verrückter als die meisten von uns.
»Sie sind Deutsche?«, fragte mich nun Dr. Bradley. »Nazi?« – »Nicht mehr. Als Kind, früher.«
»Ich bin Jude«, sagte Dr. Bradley. »Hassen Sie die Juden?« – »Nein.« – »Haben Sie jemals einen jüdischen Geliebten gehabt?« – »Ja.« – »Was ist aus ihm geworden?« – »Er ist tot. Herzschlag. Wie lange muss ich hierbleiben?« – »Vier Wochen mindestens.«
Die Unterhaltung war beendet.
Wir warteten auf die Besuchsstunde. Um zwei Uhr Schlüsselgeklirr. Die dicke Wärterin schloss die Tür auf. Die Besucher kamen herein, zögernd. Ich hielt mich im Hintergrund.
Der Zuhälter erschien als Erster. Die Nutte mit dem Verband am Kehlkopf umarmte ihn. Die zwei Burschen in seiner Begleitung sahen noch wüster aus als er. Die Kleine mit den gebrochenen Beinen bekam Besuch von ihren verhassten Eltern. Unbeholfen schob der Vater die Mutter im Rollstuhl. »Wie geht's dir?«, fragte die Mutter ihre Tochter. Die grauhaarige Hausfrau jammerte nach ihrem Mann, der nicht gekommen war.
Jetzt Denis. Das geliebte hässliche Gesicht, ja, er war eigentlich hässlich, mit diesem fliehenden Kinn, aber seinen zarten Händen sah man an, wie gut sie streicheln konnten, und wie sanft er sein konnte. Ich ging auf ihn zu. »Tut mir leid …«
»Schon gut.« Er bot mir eine seiner kleinen Zigarren an, Marke Schimmelpenninck. Sein Gesicht war ohne jeden Ausdruck, aber seine Hand zitterte, als er mir Feuer gab.

Die Psychiater beobachteten, wie sich ihre Patientinnen verhielten.

»Das ist Doktor Bradley«, sagte ich zu Denis. »Bitte sei so gut und behaupte, alles ist o. k. mit uns, sonst lässt er mich nicht raus. Dass es eine Kurzschlusshandlung war und dass wir nach Kalifornien fahren werden, bitte. – Doktor Bradley, das ist Mr. Cameron.«

Dr. Bradley sah Denis an, böse oder verächtlich schien es mir. Dabei kann doch wirklich kein Mensch dafür, wenn ein anderer sich seinetwegen umbringen will. »Werden Sie sich um sie kümmern, wenn sie hier rauskommt?«, fragte er. Denis nickte.

»Kommen Sie morgen wieder, dann werden wir sehen«, brummte Dr. Bradley.

Noch eine Nacht. Die abgestellten Beinprothesen. Die Mäuse. Die Lautsprecherdurchsagen. Die schwatzenden Schwestern. Die Schmerzen. Schlaflosigkeit. Good morning, ladies. Frühstück, ladies.

Dr. Bradley machte zwei Tests mit mir. Erst ließ er sich erzählen, wie das war: der geliebte Vater – ein Nazi; dann 1945 – die Desillusion, dass alles falsch gewesen war. Mein gestürzter Gott Hitler. Kein neuer Gott seitdem.

»Wer im Glashaus sitzt, soll nicht mit Steinen werfen«, sagte Dr. Bradley. »Deuten Sie bitte dieses Sprichwort.«

»Wenn einer im Glashaus sitzt«, versuchte ich, »ist er unklug, wenn er mit Steinen wirft, weil andere zurückwerfen und sein Glashaus zertrümmern werden.«

Dr. Bradley schien nicht zufrieden mit meiner Auslegung. Er wiegte den Kopf hin und her: »Wahrscheinlich ein Problem der Übersetzung.« Zweiter Test: »Ein rollender Stein setzt kein Moos an.«

Das gab es im Deutschen nicht.

»Solange man in Bewegung ist, rostet man nicht, setzt man kein Moos an«, schlug ich vor. Das schien ihn zu überzeugen. Die Unterhaltung war beendet. Als Denis um zwei Uhr kam, sagte er: »Holen Sie ihr was zum Anziehen. Sie können sie mitnehmen.«

Die anderen gratulierten mir.

»So schnell, wir mussten vier Wochen hierbleiben. Und dürfen immer noch nicht raus.« Adressen wurden ausgetauscht. »Wenn wir auch wieder draußen sind, müssen wir uns alle sehen.«

Denis kam zurück mit einem meiner Kleider, Unterwäsche, Schuhen. Die Wärterin brachte mein blutverkrustetes Nachthemd. Denis schloss die Augen. »Sie können es wegwerfen«, sagte ich zu der Wärterin.
Zwei Frauen fielen darüber her, zankten sich um das Nachthemd. Die Wärterin schloss die klinkenlose Tür auf. Die grauhaarige Hausfrau winkte und brach in Tränen aus. »Viel Glück!«
Wir fuhren mit dem Lift hinunter. Er habe in Toronto eine Kellnerin trösten müssen, erklärte Denis seine wochenlange Verspätung schließlich, »sie war so unglücklich«.
Ich bekam meine Krokodilledertasche zurück, der Inhalt wurde mit der Liste verglichen. Pass, Reiseschecks, Geld, Kamm, Puderdose. Dreiundvierzig Dollar pro Nacht, die Näherei war gratis. Das Plastikarmband mit meinem Namen darauf behielt ich. War plötzlich traurig. Wollte gar nicht mehr unbedingt hinaus in die Freiheit. Der Abschied von meinen Leidensgefährtinnen fiel mir schwer. Sie funktionierten nicht draußen. Und ich funktionierte auch nicht draußen. Das hat uns verbunden, die Sekretärinnen und die Nutte und die Hausfrauen. Noch wochenlang sah ich jede Verkäuferin, jede Kellnerin »draußen« in einem langen grünen Hemd auf dem Klo ohne Türen sitzen und sagen: »Ich funktioniere einfach nicht.«

Ende der Affäre Denis – und neuer Anfang

New York bedeutete das Ende der Affäre Denis. Ich nahm das nächstbeste Flugzeug, ohne mich von ihm zu verabschieden, und habe ihn trotz all seiner Versuche, mich zurückzugewinnen, nie wiedergesehen. Diesmal war es endgültig.
Auf ein Foto, das er mir einmal schenkte, hatte er geschrieben. »Wenn du es mal zerreißt, zerreiß es gut.«
Ich zerriss es, in viele, viele kleine Schnipsel, warf sie in die Toilettenschüssel – und spülte sie hinunter.

Zurück aufs Land

In wilder Ehe auf dem Bauernhof

Schnitt, wie es im Filmgeschäft heißt, ein Jahr später, bei den Proben zu *Medea* mit Peter Pasetti als Jason. Der Regieassistent Lutz Hochstraate sagte mir auf den Kopf zu: »Sie sind eine Fehlbesetzung. Sie sind keine Heroine, Sie sind eine Sentimentale.« Das war für einen Regieassistenten ziemlich frech. Einen Tag später stand er mit einem Biedermeiersträußchen vor meiner Tür und übernahm, obwohl vierzehn Jahre jünger als ich, für die nächsten zwanzig Jahre die Regie in meinem Leben. Es begann mit einer Reise durch Australien, wo er in einer Fernsehserie spielte und ich ihn mehrmals besuchte. Dann folgte eine gemeinsame Reise durch Asien und schließlich die Episode Leben auf dem Bauernhof, die zwei Jahrzehnte dauern sollte.

Lutz wollte aufs Land, was zu der Zeit als chic galt. Auch Dietmar Schönherr und seine Frau Vivi Bach wohnten auf dem Land – in einem umgebauten Bauernhaus in der Nähe von Salzburg. Dietmar und ich hatten einige Filme zusammen gedreht, mit ihm und Vivi war ich eng befreundet. Also lag es nahe, sich dort umzuschauen.

Ich spielte in München Theater, die Fürstin Eboli in Schillers *Don Carlos*, mit Helmuth Lohner als Carlos. Lutz ging auf die Suche nach einem alten Bauernhaus. Sein Anruf: Da wäre eins – ganz abgelegen mitten im Wald – wir müssten aber sofort zusagen, sonst würde es teurer: 17 000 DM für ein einigermaßen erhaltenes Bauernhaus mit 20 000 Quadratmetern Grund, umgeben von Wiesen und Wäldern. Traumhaft.

Ich stimmte zu. »O. K. – wir kaufen es!« Das war der Auftakt zum Lebensabschnitt Sommerholz.

Im Sommer 1969 zogen wir in unser Bauernhaus ein. Türen gab es noch nicht, auch keine Haustür, kein Raum außer der Küche war

Zwei Verliebte

bewohnbar. Die hatte ich mit fünfzehn Eimern Wasser geschrubbt und lustige rot karierte Gardinen an den winzigen Fenstern angebracht. In der Küche stand auch das Bett, neben das wir nachts eine Axt platzierten, zur Sicherheit. Inzwischen weiß ich, dass die Räuber heutzutage nicht auf dem Land und im Wald ihr Unwesen treiben, sondern in den Städten.
Als Einstandsgeschenk überbrachte der Jäger einen Fasan. Einige Stunden vorher hatte ich den prächtigen Vogel noch majestätisch durch die Wiesen stolzieren sehen.
Ein junger gesunder Fasan ist offenbar recht zäh. Er musste einige Tage im Keller »abhängen«, um überhaupt genießbar zu werden. Da hing er nun, wundervoll gefiedert – aber tot. Irgendwann ließ es sich nicht länger aufschieben, ich musste ihn rupfen und braten. In einer köstlichen Soße, mit Weintrauben garniert, stand er schließlich bei Kerzenlicht auf dem schön gedeckten Tisch. Wir hatten bereits ein Glas edlen Weins auf den festlichen Anlass geleert – dann stocherten wir in unseren Tellern herum, bis wir beide gestehen mussten: »Ich kann es nicht. Ich kann ihn nicht essen.«
An diesem Abend hat der Hund den ersten und einzigen Fasan seines Lebens verspeist. Wir die Klöße und den Rotkohl …
Das nächste kulinarische Desaster bescherte mir ein Kaninchen, ebenfalls ein Willkommensgeschenk. Zuerst musste ich ihm das Fell über die Ohren ziehen, im wahrsten Sinn des Wortes, dann auch noch die

sieben Häute ablösen, mit denen die Natur das Tier ausgestattet hat. Einem Embryo ähnlich, sich zunehmend bläulicher verfärbend, lag es in der von der Nachbarbäuerin empfohlenen Rotwein-Marinade. Nur unter Tränen und mit Hilfe einer halben Flasche Whiskey vermochte ich die Kaninchenleiche in einen Zustand zu bringen, der Feinschmeckern – unter anderem hatte ich nicht an Rosmarin und Crème fraîche gespart – das Wasser im Munde hätte zusammenlaufen lassen. Verspeist hat's wiederum – der begeisterte Hund.

Zum Rehbraten kam es dann gar nicht mehr. Die entzückenden Bambis mit ihren Lackschnäuzchen, die unter den Apfelbäumen zutraulich die herabgefallenen Früchte schmausten, mit Preiselbeeren angerichtet? Unmöglich! Und gar der Franzi, Nachbar Gustls Lämmchen, in grünen Bohnen? Unvorstellbar!

Die Katastrophe nahm ihren Lauf. Meine Sensibilisierung in Bezug auf das Essen von Tieren und die allmähliche Hinwendung zur vegetarischen Ernährungsweise waren nicht mehr aufzuhalten.

Bald stellte sich die Frage, wie andere Vegetarier diese doch recht gewalttätige Welt aushalten. Vom russischen Dichter Tolstoi wird berichtet, dass er eine verwöhnte Prinzessin, die ihm auf seine Einladung einen Korb gegeben hatte, weil es in seinem Hause ja nichts Gescheites, sprich: Fleisch, zu essen gäbe, in die Küche geführt habe, in der ein angebundenes Kälbchen stand, der verdutzten Dame ein Messer in die Hand drückte und sie aufforderte, sich zu bedienen.

Von Tolstoi stammt auch der Satz: »Solange es Schlachthöfe gibt, wird es auch Schlachtfelder geben.« Nun glaube ich nicht, dass Vegetarier grundsätzlich bessere, friedfertigere Bürger sind als andere. Dennoch scheint es mir, dass Menschen, die sich Gedanken darüber machen, wie viel an Leben sie das Recht haben sich zu nehmen – auch der Salatkopf ist schließlich ein Lebewesen –, auch mit anderen Fragen des Lebens bewusster und behutsamer umgehen. Was mich betrifft, so habe ich mich immerhin in meiner Zeit als Karnivore ohne größere Gewissensbisse an Herz am Spieß, Gänseleberpastete und Schildkrötensuppe delektiert, Pelzmäntel getragen und auch sonst ziemlich rücksichtslos an anderem Leben genommen, worauf ich Lust hatte.

Ob fein abgepackt im Laden oder gaumenschmeichlerisch zubereitet im Restaurant – heute kann ein Fleischgericht noch so verführerisch gewürzt duften ... ich rieche das Blut und die Verwesung, höre die Todesschreie der gemarterten Tiere, und rien ne va plus.

Eine Welt, in der niemand mehr tötet, in der »der Wolf beim Lamm lagert, der Panther beim Böcklein, Kalb und Löwenjunges gemeinsam weiden und ein kleiner Junge sie hüten kann« – diese Prophezeiung des Jesaja wird wohl für unsere Erde ein unerfüllbarer Wunschtraum bleiben. Dennoch, wie sagte Ben Gurion? »Wer nicht an Wunder glaubt, ist kein Realist.«

Geweint wird sonntags

Zunächst einmal hatte ich jedoch noch einen Theatervertrag zu erfüllen, der während der Affäre mit Denis immer wieder verschoben worden war.

Mit Unterbrechungen war ich über mehrere Jahre hinweg immer wieder mit Sartres *Die ehrbare Dirne* durch die Lande getourt, jedes Mal mit so großem Erfolg, dass der Veranstalter drängte, das Stück nun endlich wieder aufzunehmen. Insgesamt habe ich diese Lizzie 250-mal und sehr gern gespielt, aber jetzt, endlich sesshaft geworden, verspürte ich keine große Lust, erneut in den Thespiskarren zu steigen.

Das Stück erwies sich glücklicherweise als genauso aktuell wie früher und wurde auch dieses Mal ein großer Erfolg beim Publikum und bei der Presse.

An einem der Veranstaltungsorte rief einer meiner Brüder an: »Mutter ist gestorben.« Es war fünf Minuten vor 19 Uhr – ich gerade dabei, mich in der Theatergarderobe für meine Rolle zu schminken.

Ich sagte niemandem ein Wort, keiner der Partner hat es erfahren. Um 20 Uhr ging der Vorhang auf. Ich spielte meine Rolle. Wie jeden Abend – außer sonntags. Da hatten wir spielfrei. Da konnte ich endlich weinen.

The show must go on.
Muss sie das wirklich?

Geweint wird sonntags. Das habe ich mir damals angewöhnt. Und bis heute beibehalten.
Mutter ist sehr lange sehr krank gewesen, hat furchtbar gelitten. Ich wünschte mir oft, der Tod würde sie endlich erlösen, oder wir, ihre Kinder, könnten ihr dabei helfen.

Meine Mutter

In Schaumgummi verpackt von Kopf bis Fuß
so wund
schmerzverkrümmte Finger nicht mehr zu öffnen
meine Mutter.
Petersilie
lallt ihr Mund ohne Gebiss
Die Kinder kommen und wieder ist keine
Petersilie
im Haus!
Haben wir sie so ausgepowert
der Krieg
oder einfach das Leben?
Es wird schon lügt der Arzt
wir stärken das Herz es wird schon!
Nichts wird.
Die Kehle ihr zudrücken das müsste ich
aber ich habe nicht den Mut.
Und muss zusehen
wie sie langsam
krepiert
meine Mutter.

Aber dass ich bei ihrem Sterben nicht bei ihr sein konnte …

Von der Geierwally zur Stadljakl-Bäuerin

1956, als ich für die Bauerntochter Geierwally mein Filmdirndl anzog, hätte ich mir nicht träumen lassen, dass ich einmal als »die Stadljaklbäuerin« auf eigenem Hof leben würde. Die Geierwally hauste in einer Hütte aus Sperrholz und Pappe; der Stallmist war künstlich, die »Landluft« roch nach Atelier. Die »Stadljakin« wohnte in einem alten Holzhaus; der Misthaufen war echt und das Dirndl auch.

Die Begegnung mit der Natur, den Tieren, den Bauern und alles, was ich von ihnen lernte, sollte mein Leben von Grund auf verändern.

Mein liebster Lehrmeister war der alte Gustl. Er brachte mir das Johanniskraut für den guten Schlaf, den Rosmarin für den Kreislauf, den Borretschsaft fürs Gemüt und gegen die Melancholie.

Gustl wusste noch, wie die Leute hier früher lebten. Auf gesundem Boden zog der Bauer Kartoffeln, Gemüse und Getreide. Das Brot war grob und aus dem vollen Korn gebacken. Die Bäuerin brachte Gemüse und Obst auf den Tisch, im Winter milchsauer eingelegt und gedörrt, und alles, was sie aus der Milch herstellen konnte. An Fleisch, Fisch und Eiern wurde gespart. Fleisch war teuer, Fisch selten, und die Hühner legten auch nicht jeden Tag ein Ei. Daraus ergab sich zwangsläufig die Vorherrschaft von Vegetabilien, pflanzlichen Erzeugnissen und Milchprodukten.

Ich war (und bin) ein wissbegieriger Mensch, und es reizte mich, diese sogenannte Arme-Leute-Küche einmal auszuprobieren. Die Überraschung war groß. Denn die Gerichte schmeckten nicht nur hervorragend, sie schufen auch ein bisher nicht gekanntes Wohlbefinden und gute Laune. Und manches Wehwehchen blieb dank Gustls Ratschlägen und meiner neuen Kochkunst auf der Strecke: Verstopfung, Abgeschlagenheit und Kopfschmerzen – wie ich heute weiß, alles Folgeerscheinungen der »normalen« Küche, die reich an Fleisch und leeren Kohlenhydraten, aber arm an Vitalstoffen ist.

Den Lustgewinn, den zum Beispiel ein gut funktionierender Darm bereitet, wird jeder zu schätzen wissen, der das Gegenteil erlebt und erlitten hat. Und das trifft für jede zweite Frau zu, wie der Konsum an Abführmitteln beweist.

Wäre ich Gustl und der »Arme-Leute-Küche« früher begegnet, ich besäße noch meinen Blinddarm und meine Mandeln und hätte einige Plomben weniger in den Zähnen.

Wahrscheinlich würden viele Menschen kein Fleisch mehr anrühren, wären sie gezwungen, die Tiere, die sie essen wollen, auch selbst zu schlachten. Unser Zwerghuhnpärchen Herr und Frau Nebbich im Suppentopf oder am Spieß – unvorstellbar. Ich zog die Konsequenz und wurde Vegetarierin. Und schrieb 1976 mein erstes vegetarisches Kochbuch. Außer mir glaubte niemand an einen großen Erfolg. Keine Fleisch- und keine Fischrezepte – ja, wer soll denn so ein Buch kaufen?

Über ein Dutzend weitere Bücher folgten. Die vielen Dankesbriefe von ehemals Verstopften oder Rheumakranken, die nach der Lektüre meiner Bücher ihre Ernährung umgestellt und dadurch Gesundheit, Leistungsfähigkeit und Lebensqualität wiedergewonnen haben, bereiten mir immer wieder eine riesige Freude.

Das Barbara-Rütting-Brot

Die Bundesrepublik ist das Land mit der größten Auswahl an Broten. Ungefähr zweihundert verschiedene Sorten befinden sich im Handel, und ich habe noch eine weitere erfunden – weil mir kein Brot richtig schmeckte. Waren die gekauften Brote »gesund«, hatten sie keine Kruste, und ich fand sie fad. Die Holzofenbrote wiederum mit knuspriger Kruste waren aus dem »falschen« Mehl hergestellt.

Ich hörte mich also bei uns auf dem Land um: Wie haben die Bauern früher gebacken? Vor allem mit Roggen, meinte die Nachbarbäuerin. Roggen hält die Adern elastisch, das wusste ich bereits, und dass Roggen Sauerteig braucht, um zu »gehen«. Wie der erste Sauerteig entstanden ist, kann man nur vermuten. Ich tippe auf eine faule Hausfrau, die sich vielleicht in die Sonne gelegt hat, statt rechtzeitig ihr Brot zu kneten – und den sauer gewordenen Teig dann trotzdem noch zu Brot geformt hat – »es wird schon gehen«. Es »ging« auch und wurde lockerer denn je und ganz besonders herzhaft im Geschmack.

Ich machte mich an die Arbeit. Der Knethaken gab bald seinen Geist auf. »Mit die Händ musst kneten, mit die Händ«, meinte die Brunnkehrerin – und so klappte es schließlich.

Ich spielte in Köln Theater und berichtete in einem Rundfunkinterview eher zufällig von meinem selbst gebackenen Brot. 3500 Hausfrauen – dreitausendfünfhundert! – allein im Raum Köln baten um das Rezept. Der Sender musste sogar Studenten engagieren zum Beantworten der »Sauerteigpost«, denn noch wochenlang gab es im »Morgenmagazin« aufgeregte mündliche und schriftliche Debatten zwischen Hausfrauen und Bäckern, wie man nun richtig Sauerteig macht. Ich fand einen Bäcker, der bereit war, dieses Brot zu backen – damit begann eine Erfolgsgeschichte, die nun über vier Jahrzehnte andauert. In vielen einschlägigen Geschäften kann man das Brot heute noch kaufen – es ist buchstäblich in aller Munde.

Kohlenmonoxid-vergiftet in Tokio

Morgenstund hat Gold im Mund, sagt ein Sprichwort. Stimmt nicht immer – wenn man nämlich mit einer Kohlenmonoxidvergiftung aufwacht.

Als Lutz in der australischen Fernsehserie *Woobinda* die Rolle eines Tierarztes spielte, habe ich ihn, wie gesagt, mehrmals in Sydney besucht. Einmal machten wir auf der Rückreise über das tropische Neuguinea einen Stopp im winterlichen Japan. Statt in Tokio in ein Hotel mit europäisch-amerikanischem Standard zu gehen, suchten wir uns ein verträumtes original japanisches Hotel, denn wie in allen Ländern wollten wir auch hier essen, trinken und schlafen wie die Einheimischen.

Gegen Abend bezogen wir unser Hotel, entledigten uns der Schuhe und erhielten dafür geflochtene Sandalen und seidene Kimonos. Von einer Bedienerin wurden wir dann in den Ritus des japanischen Bades eingewiesen. Das war so heiß, dass ich mich einem Herzkollaps nahe fühlte.

In der Zwischenzeit hatte man nach japanischer Sitte unsere Betten direkt auf dem Boden gerichtet. Ein Kohlebecken mit einem Aschen-

kegel über der glühenden Holzkohle erwärmte das Zimmer nur spärlich. An Tropentemperaturen gewöhnt, begannen wir jämmerlich zu frieren. In der Hoffnung, es würde dadurch wärmer, stellten wir das Becken an das Kopfende der Matratzen und stocherten die Glut auf, um, immer noch zähneklappernd, endlich einzuschlafen.
Aber dann das Aufwachen! Mein Kopf schien die Ausmaße eines Zeppelins zu besitzen. Das Zimmer drehte sich im Kreis mitsamt dem verflixten Kohlebecken, das die Katastrophe verursacht hatte. Durch unsere dumme Stocherei hatten wir Kohlenmonoxid freigesetzt und eine kapitale Vergiftung erwischt. Dieser Zustand war nur mit einem Vollrausch zu vergleichen.
Das Frühstück wurde serviert. In unseren Kimonos auf dem Boden sitzend, konnten wir uns nur mühsam aufrecht halten. Es kamen: eine kalte Kohlsuppe, ein roher kalter Fisch, eine Schale Reis mit Sojasoße, beides ebenfalls kalt, und grüner Tee, der Gott sei Dank warm.
Um alles noch schlimmer zu machen, kam ich auf die Idee, den kalten Fisch auf dem Rost des Kohlebeckens wenigstens ein bisschen zu erwärmen. Gar wurde er dadurch aber auch nicht. Nur sein Fett tropfte in die Glut, und in unserem Stübchen roch es für den Rest unseres Tokio-Aufenthalts wie in einer Fischbraterei.
Ein Bild der Trostlosigkeit hockten wir mit unseren Ballonköpfen in unseren echt japanischen Kimonos auf den echt japanischen Matten, hielten das echt japanische Frühstück aber eine ganze Woche lang eisern durch. Ich war es, die dann zaghaft fragte: Ob man nicht mal in ein europäisches Restaurant …? Lutz atmete auch auf. Wir beschlossen, unsere bereits streikenden Mägen im feudalen Hilton mit einem Haferschleimsüppchen wieder aufzumöbeln. »Could we have some porridge, please?«, fragte ich den Ober. Da sagte der im schönsten Ruhrpott-Dialekt: »Sie sind doch die Barbara Rütting! Ihnen habe ich mal – 1961 war es – in Fulda gebratene Leber mit Zwiebeln serviert!« (So etwas aß ich damals noch …)

Auf Tournee in Israel

1970 wurde das Schweizer Tourneetheater mit der Komödie *40 Karat* nach Israel eingeladen. Charles Regnier hatte das Stück aus dem Französischen übersetzt und gemeint: »Das müsst ihr spielen, das seid ihr, wie ihr leibt und lebt!«
Ich spielte eine Pariser Geschäftsfrau namens Lisa, mein vierzehn Jahre jüngerer »Lebens-Regisseur« Lutz den vierzehn Jahre jüngeren Studenten Guillaume, der sich in Lisa verliebt ...
Da es zu teuer gewesen wäre, die Dekoration aus Deutschland einzufliegen, flogen Lutz und ich zwei Wochen früher nach Israel und erhökerten dort ein Sammelsurium von Möbeln auf dem Flohmarkt. Immerhin ein deutschsprachiges Ensemble, wenn auch unter Schweizer Flagge, waren wir begreiflicherweise nervös, da wir ja nicht wussten, wie das Publikum uns empfangen würde.
Am Silvesterabend war Premiere in Tel Aviv. Festliche Stimmung im Parkett, sogar der Kulturattaché und hohe Diplomaten gaben uns die Ehre. Das Vorspiel fand vor dem Vorhang statt, kaum mehr als einen Meter entfernt von der ersten Reihe der Zuschauer. Eine zärtliche Liebesszene, untermalt von sinnlicher griechischer Musik.
Lisa (leise): »Was riecht da so gut?« – Guillaume (leise): »Lilien. Der Strand ist voll davon. Nach Sonnenuntergang duften sie besonders stark – nachts ist es manchmal kaum auszuhalten – es ist wie ein Rausch ...«
In diesem Moment ging das Licht aus und die Musik (Tonband) erstarb jaulend. Rabenschwarze Nacht. Pause. Ich flüsterte: »Was machen wir?« – Guillaume leise zurück: »Weiter!« In das Rabenschwarz hinein sagte ich: »Diese Ruhe, dieser Friede! Wenn ich daran denke, dass ich nach Paris zurück muss.« Usw. usw.
So spielten wir im Dunkeln, bis endlich die Schlusssätze fielen. Laut Regie sollten Lisa und Guillaume jetzt eng umschlungen abgehen. Wenn wenigstens der Vorhang aufgegangen wäre! Tat er aber nicht. Hektisch tasteten wir in Richtung Vorhang.
»Wo ist die Öffnung?«, flüsterte ich. – »Ich kann sie auch nicht finden«, flüsterte Lutz. »Wo bist du?« – »Ich bin hier!« – »Kriechen wir unten durch!«

Just in diesem Augenblick ging das Licht im Parkett an. Und das amüsierte Publikum sah nur noch unsere Hinterteile, wie wir auf allen vieren von der Rampe weg unter dem Vorhang durchkrabbelten. Das Publikum klatschte.
Der Rest der Aufführung verlief glücklicherweise störungsfrei. »Wiederkommen, wiederkommen«, rief uns das begeisterte, überwiegend betagte Publikum zu, – »aber bald wiederkommen, damit wir es noch erleben!«
Auch in Jerusalem fanden vier Vorstellungen statt – in dem Raum, in dem der in einem Glaskasten sitzende Massenmörder Eichmann verhört worden war. Ein beklemmendes Gefühl.
Das raue Klima tat unseren Kehlen gar nicht gut. Wir mussten alle zum Hals-Nasen-Ohren-Arzt. Dr. Muszkat brachte nicht nur unsere Hälse wieder in Ordnung, sondern verriet mir auch sein Familienrezept für Hummus, damals bei uns noch ziemlich unbekannt, heute aus meiner Küche und der Veggie-Szene nicht wegzudenken.
In diesen ersten Jahren waren wir sehr glücklich.

Wenn jemand plötzlich Bauer wird, ...

... *so kann er was erzählen!* (frei nach Matthias Claudius). Unsere Haflingerpferde Lotti und Liwei waren gerade eingetroffen. Der Stall, frisch gekalkt mit blank geputzten Fenstern, ähnelte zwar noch einem sterilen Hospitalzimmer – aber eine Batterie von Mistgabeln und Reisigbesen wartete schon auf die Pferdeäpfel, die das Ganze sicher bald gemütlicher machen würden.
Vom ungewohnten Reiten und Striegeln und überhaupt vom Landleben todmüde, waren wir bereits um neun Uhr abends in tiefen Schlaf gefallen. Um halb sieben Uhr am nächsten Morgen sollte der Zimmermann Toni kommen. Wir wollten die Umbauarbeiten unseres später so schmucken Häuschens besprechen, das damals noch gar nicht schmuck, sondern – dreihundert Jahre alt – recht baufällig aussah.
In jener Nacht schreckte ich hoch; blinzelte, was der Wecker sagte: Kurz nach sechs. Wir haben verschlafen – dachte ich! Also schnell auf-

gestanden, Stall ausgemistet, Pferde gestriegelt. Bitterkalt war es am Misthaufen, der ja noch sehr minimale Ausmaße hatte. Die armen Städter, dachte ich, verschlafen den schönen Morgen! und reckte mich der Mistgabel entgegen. Die Pferde futterten jedes seinen Liter Hafer und seine Gabel voll Heu; die Hunde Rüpel und Amina, genannt Minchen, Katze Yuko und Kater Fettuccini Haferflocken mit Milch; das Zwerghuhnpärchen Herr und Frau Nebbich pickte seinen Mais. Zum Schluss kamen Herrchen und Frauchen dran. Der grüne Kachelofen bullerte. Wir verspeisten den neu entdeckten Buchweizenbrei und tranken Kräutertee. Immer noch war es stockdunkel draußen. Wir fingen an, uns zu wundern: Wo blieb der Toni?

Das Glück der Pferde? Der Reiter auf der Erde ...

Ich schaute auf die Uhr ... und wusste nicht, wie sag ich's meinem Manne: Die Uhr zeigte zwei. Und der Wecker war nicht einmal stehen geblieben. Nein! Er hatte auf dem Kopf gestanden, was ich in meiner Verschlafenheit nicht bemerkt hatte. Wir waren gegen halb eins auf-

Mit Yuko und Fettuccini

gestanden und hatten alle mitten in der Nacht ausgiebig gefrühstückt.
Und keiner, nicht Hund noch Katz, hat sich darüber gewundert.
Wir stiegen alle wieder in die Federn bzw. krochen ins Heu oder hüpften auf die Stange. Und als der Toni um halb sieben Uhr kam, schliefen wir wie die Murmeltiere.

Schick essen gehen im »Grünen Baum«

»Wir gehen mit Freunden zum Mittagessen in den ›Grünen Baum‹. Habt ihr Lust, mitzukommen?«, fragten Bekannte eines wunderschönen Sommermorgens.
Wir hatten Lust. Sonntag war es, man könnte später im nahen See schwimmen. Man muss die Feste feiern, wie sie fallen.
Der »Grüne Baum« hatte sich in den letzten Jahren von einem gemütlichen Landgasthof zum Tipp für Feinschmecker gemausert. Ich kannte ihn noch nicht und war gespannt.
Der Koch, gleichzeitig der Wirt, schlug vor, ein Überraschungsmenü zu kreieren, selbstverständlich nach den Kriterien der Nouvelle Cuisine, leicht und lecker »en nature«.

Mein Tischnachbar entpuppte sich, während er mir den köstlichen Landwein eingoss, als KZ-Hühnerfabrikant. Den Gebrauch des Ausdrucks »KZ-Huhn« hat übrigens Professor Grzimek 1976 per Gerichtsurteil erstritten. Man darf also zu Recht die armseligen Geschöpfe so nennen, die, in Legebatterien eingepfercht, dahinvegetieren müssen, im Gegensatz zu ihren frei laufenden, in Nester ihre Eier legenden, glücklichen Artgenossinnen.

Wir gerieten uns sofort in die Haare, der Hühnerfabrikant und ich, wobei natürlich ich es war, die sich erregte, er dagegen mild lächelnd die Ruhe behielt: »Bitte schön, die – wie Sie es nennen – KZ-Hühnchen wehren sich weniger gegen das Geschlachtetwerden als Ihre sogenannten glücklichen Hühner, bitte schön!«

Mir verschlug es die Sprache. Kunststück! Die anderen waren ja bereits halb tot, während sie lebten!

Ein Gericht nach dem anderen wurde aufgetischt, eines von besonders minimalen Ausmaßen zierte ein geknoteter Schnittlauch. Mir gegenüber saß die 16-jährige Tochter des KZ-Hühnerfabrikanten. Anorexia nervosa, dachte ich, beginnende Magersucht, Krankheit der verwöhnten, mit falscher Liebe überhäuften reichen Töchter. Sie stocherte lustlos in ihrem Essen, um es schließlich stehen zu lassen.

Gang zwei, drei, vier, fünf, sechs – immer bemerkte jemand, er habe dieses und jenes noch besser und noch raffinierter schon da und dort gegessen. »Lässt der Koch/Wirt auch schon nach? Letztes Mal war alles irgendwie besser, aufregender, eben raffinierter.«

Nach dem sechsten Gang erschien der Koch/Wirt und fragte, ob es weitergehen sollte. Er war Trinker, erfuhr ich, und das wunderte mich nicht im Geringsten. Die Gaumen der Schickeria mit immer neuen Geschmacksreizen kitzeln zu müssen, ständig unter einem solchen Leistungsdruck zu stehen, das muss einen ja dem Alkohol in die Arme treiben.

Der Koch/Wirt soff, die Wirtin lächelte verbissen, die Tochter des Hühnerfabrikanten wurde magersüchtig aus purer Verweigerung. Aber die Mutter wenigstens schien ihr Leben zu genießen. Sie hatte vom Hühnerfabrikantenmann ein nettes kleines Geburtstagsgeschenk bekommen. Es hatte ihr so gut geschmeckt im Hotel XYZ an der Côte d'Azur – und was war dem lieben Gatten da eingefallen? Er ließ zum Wiegenfeste der Frau Gemahlin einfach den Koch des Hotels XYZ von der Côte d'Azur nach Salzburg einfliegen, mitsamt einem ganzen Zentner der leckersten französischen Delikatessen.

Alle haben zu viel gegessen an jenem Abend im »Grünen Baum«, außer Lutz und mir, da wir kein Fleisch, sondern nur von den Gemüsegerichten nahmen.

Es stellte sich heraus, dass der Hühnerfabrikant uns alle eingeladen und bereits bezahlt hatte. Er »sammelte« sogenannte Prominente, und zu dieser Schar zählte er mich.

Lustlosigkeit machte sich am Tisch breit, über die weder noch mehr Wein noch der Kaffee noch ein Verdauungsschnaps hinweghalfen. Diese Völlerei und übersättigte Lebensweise war einfach zum Kotzen. Woanders hungerten die Menschen.

Pythagoras hat angeblich, nachdem er in Indien gewesen war, auch im Abendland die vegetarische Ernährungsweise einführen wollen. Es ist ihm nicht geglückt. Ich bin überzeugt, dass die Entwicklung vom Jäger und Sammler hin zum Ackerbauern kein Zufall ist – wobei interessanterweise der Ackerbau (cultura = Ackerbau) vornehmlich in matriarchalen Kulturen gedieh – und dass es, falls wir überhaupt überleben werden, in Zukunft für einen Menschen von Kultur unmöglich sein wird, lebendige Wesen, seien es Menschen oder Tiere, zu töten, geschweige denn zu essen.

»Die Erde hat genug für jedermanns Bedürfnisse, aber nicht für jedermanns Gier.« (Mahatma Gandhi)

Wie eine zur Tierversuchsgegnerin wurde

Unter meiner Post fand ich eines Tages Berichte über Tierversuche und verbrachte eine schlaflose Nacht, in der ich beschloss, dem Verein der Tierversuchsgegner beizutreten.

Wenn ich Berichte über Tierversuche lese oder dass die Bundesrepublik erwägt, nun auch Lebensmittel radioaktiv zu bestrahlen, hilft mir kein Baldrian und auch kein autogenes Training und kein Zen über

meine Depressionen hinweg, auch kein Kneipp'sches Fußbad zum Einschlafen. Da verbringe ich halt eine schlaflose Nacht, schreibe alle möglichen (sinnlosen?) Protestbriefe und möchte mich am liebsten der Bundeskanzlerin hungerstreikend vor die Haustür hocken. Und fahre doch wieder zu einer Demo. Natürlich könnte ich mich meditierend unter einen Baum setzen, die Welt Welt sein lassen, mich um nichts mehr kümmern. Aber erstens ist es in unseren Breitengraden viel zu kalt, um sich unter einen Baum zu setzen, wenigstens die Hälfte des Jahres, und zweitens bin ich nun mal eine, die es nicht lassen kann, sich zu kümmern, die unter diesem Stern angetreten ist und so auch enden wird. Schicksal.
Wenn ich dann in meinen ungespritzten Apfel beiße, muss ich daran denken, dass andere Menschen nur noch vergiftetes Obst zu essen bekommen. Schau auf meine – noch – gesunden Tannen und denke, dass andere Menschen nur noch sterbende Tannen oder gar keinen Baum mehr sehen, nur noch Beton und Resopal und Plastik. Und da kriege ich wieder Mut.

1976 – Probenbeginn für die Tournee Play Strindberg

3. September – eine Woche vor Probenbeginn. Das Dörfchen Sommerholz gehört zu Neumarkt am Wallersee. Man hatte uns die dortige Hauptschule für die Proben zur Verfügung gestellt, so konnten wir ein paar Wochen länger zu Hause bleiben.
Kurz kam Panik auf – ich hatte noch kein einziges Mal in mein Textbuch geschaut. Allerdings war *Play Strindberg* von Friedrich Dürrenmatt für mich nicht neu. Zweimal hatte ich die Alice bereits gespielt, beide Male in der Inszenierung meines Lebens-Regisseurs, jetzt war eine Tournee geplant, einundvierzig Vorstellungen durch den deutschsprachigen Raum. Aus der Esslinger Inszenierung wurde Klaus Lerm als Vetter Kurt übernommen, aus der Salzburger Inszenierung Dietmar Schönherr als mein Ehemann Edgar. Ich freute mich auf die beiden. Die menschlichen Qualitäten von Tournee-Partnern sind genauso wichtig wie die künstlerischen.

Mit Dietmar Schönherr vor unserem Haus

Wir spielten das Stück damals sehr gern. Würde es jetzt noch genauso aktuell sein?
Dürrenmatt hat Strindbergs Original ironisch als »Plüsch mal Unendlichkeit« charakterisiert und aus einer bürgerlichen Ehetragödie eine Komödie über die bürgerlichen Ehetragödien gemacht – »Play Strindberg« eben. Er lässt das Gefecht zwischen dem Ehepaar Edgar/Alice und dem Schwager Kurt wie einen Boxkampf in zwölf Runden über die Bühne gehen. Edgar bleibt am Ende mit einem Schlaganfall auf der Strecke, Alice ist Siegerin.
Kaum hatte ich das Textbuch einmal laut durchgelesen, war der ganze Text wieder da. Phantastisch, so ein Gehirn. Irgendwo ist alles gespeichert, was einmal stattgefunden hat. Man braucht nur den richtigen Schlüssel, um es wieder hervorzuholen.
Obwohl erst September, war der Sonntag vor Probenbeginn wie ein Tag im November: wallende Nebel, kalt. Die Pferde hatten den Weidezaun durchgerissen und sich an Nachbars Gras gütlich getan. Zaun repariert, Fallobst aufgesammelt, Apfelmus gekocht. Dabei Text vor mich hin gemurmelt, zwischendurch ins Textbuch geschaut.

Warum war Edgars und Alices Ehe so furchtbar, und warum konnten sie sich dennoch nicht voneinander trennen? Ein Satz von Günter Grass fiel mir ein zum Thema Ehe: »Erschöpfung täuscht Harmonie vor.«

Hoffentlich werde ich nie wie Alice, Lutz nie wie Edgar, dachte ich mir im Stillen. Und: Vielleicht klappt ja eine »wilde« Ehe, noch dazu auf Zeit – er ist immerhin vierzehn Jahre jünger als ich – besser als eine »normale«?

In meinem Kopf hatten sich Alice, Edgar und Kurt »eingenistet«. Das Großartige an diesem Stück ist für mich die brutale Ehrlichkeit der Personen. Alice zu Edgar (ihrem Mann!): »Stirb endlich, du mickriger Bojare!« Edgar zu Schwager Kurt: »Deine Kinder sollen ziemlich unbegabt sein, hört man.« Edgar über Alice: »Eine unbegabte Schauspielerin hat einen anständigen Offizier an den Rand des Wahnsinns gebracht ...« Edgar zu Kurt: »Rauchst du auch? Na ja, du hast nicht die Konstitution dazu.«

Hier wird ausgesprochen, was der Normalbürger nicht einmal zu denken wagt.

Wieder eine Beziehung zwischen Mann und Frau, die nicht geklappt hat. Vielleicht werden die Abnutzungserscheinungen zu groß, wenn man lange miteinander lebt.

Ich musste an Adorno denken. Er soll gesagt haben, ein gemeinsam auftretendes Ehepaar habe immer etwas Lächerliches.

Alle Rollen haben bei mir Wunden geschlagen. Die Wunden sind zwar verheilt, die Narben aber geblieben.

Doch warum machen Schauspieler überhaupt Tourneen? Mich hat ursprünglich das »Zigeunerleben« daran gereizt. Aber damals lebte ich allein. Da machte es mir Spaß, wie eine moderne Neuberin durch die Lande zu ziehen. Außerdem befriedigt das Leben in der Gruppe; es befriedigt, mit den Schwierigkeiten fertigzuwerden, die dieses Gruppenleben mit sich bringt. Auch konnte ich mir für eine Tournee das Stück aussuchen, das ich spielen wollte, hatte Mitspracherecht bei der Auswahl der Partner und des Regisseurs. Zudem gibt es gute Gagen – jedenfalls wenn man als Publikumsmagnet gilt, und das war ich. Mittlerweile machte mir das Reisen aber weniger Vergnügen. Die Trennung von den Tieren, der Abschied von zu Hause, all das fiel mir immer schwerer.

Erste Probe! Möbel, Requisiten und Kostüme waren bereits vollzählig vorhanden.

Sehr nettes Team: die tschechische Maskenbildnerin Walli, Anfang fünfzig, mütterlicher Typ – »no, wirrrd werrrden schönne Tournee« –; der Bühnenmeister Schmidt, Schmidtchen Schleicher genannt; sein Helfer Hartmut, früher technischer Kaufmann; der Reiseleiter Michael, eigentlich Bildhauer – beide Anfang dreißig. Dietmar, Klaus und ich würden mit dem Reiseleiter in einem Pkw fahren, Hartmut mit Walli und den Koffern in einem zweiten, Schmidtchen Schleicher den Kulissenwagen steuern.

Nach der Probe gemeinsames Abendessen im Dorfkrug.

Öffentliche Generalprobe also in der Neumarkter Hauptschule. Wir nahmen Eintritt, 25 Schilling pro Person, alles, was reinkam, wurde für die Renovierung der kleinen Wallfahrtskirche gestiftet. Unsere Feuerwehr hatte Plakate gedruckt: »Sensationsgastspiel in Neumarkt!« Es war auch wirklich alles auf den Beinen. Immer mehr Stühle mussten in die Turnhalle geschleppt werden.

Ich war aufgeregt, als gälte es, den Broadway zu erobern. Was würden »unsere« Bauern sagen?

Der Pfarrer, den wir alle duzten, hielt eine kleine Ansprache: Gar so heilig sei es ja nicht, das Stück – aber es diene ja einem guten Zweck. Tolle Stimmung, riesiger Beifall. Ausgelassenes Beisammensein mit Bauern, Feuerwehr und dem Herrn Pfarrer im Dorfkrug. Viel Bier und Wein. 16 000 Schilling hatten wir eingenommen, das waren etwa 2300 DM.

Am nächsten Morgen brachte der Briefträger die Post. »Na servus«, sagte er, »wenn die Barbara daheim auch so ist wie auf der Bühne, dann lebt der Lutz nimmer lang!« Kommentar von Dietmars Haushälterin: »Des hätt i net dacht, dass die Barbara so a Luder is!«

Aus meinem Tournee-Tagebuch

Mittwoch, 22. September: Zehn Uhr morgens Abfahrt. Ein Schnaps im Stehen. Abschied von Hunden, Pferden, Kater und Lutz. Der Regisseur ist bei der Tournee ja nicht mehr dabei. Ich hätte am liebsten losgeheult.

Abends Premiere in Hanau. Kam uns vor wie die berühmte »zweite« Vorstellung – Premiere war irgendwie schon bei uns im Dorf gewesen. Auch in Hanau Begeisterung bei Publikum und Presse. Alle happy.

So eine Tournee bedeutet ein Wechselbad der Gefühle – zwischen »Tournee ist ja so schön« und »Tournee ist schrecklich«.

Einige Kostproben aus meinem Tournee-Tagebuch:

Wir wohnten vier Tage in Düsseldorf und machten von dort Abstecher an die Spielorte. Mit meinen Frühstücksbrötchen fütterte ich die Enten im Park. Dietmar kam dazu, wir fütterten gemeinsam. Auf einer Bank ein Säuferpaar, aufgedunsene Gesichter, strähnige Haare, zerlumpte Kleider, die Frau ließ gerade aus einer Flasche irgendwelchen Fusel in ihre Kehle rinnen. Der Mann starrte stumpfsinnig in die Gegend. Ich sang Dietmar das Lied »Trauriger Sonntag« vor. Nachdem der ungarische Komponist es geschrieben hatte, nahmen sich die Menschen reihenweise das Leben – schließlich brachte er sich selbst um.

Klaus ließ sich im Hotel die Haare waschen. Kostenpunkt: zwanzig Mark. Da er sich in seiner Rolle Brillantine in die Haare schmieren musste, hielt die Pracht nur eine Stunde. Klaus: »Als ich die Rechnung sah, kriegte ich einen solchen Schweißausbruch, dass meine Haare gleich wieder strähnig waren. Vor Schreck hab ich auch noch zwei Mark Trinkgeld gegeben.«

Dietmars Kommentar: »Also für zwanzig Mark wasch ich dir auch die Haare.«

Abstecher nach Dormagen: Hier spielten wir zwei Abende hintereinander, einmal für erwachsenes Publikum, einmal für Schüler.

»Was sehen denn die Leute am liebsten?«, fragte ich den Hausmeister. Er: »Operette.« Und dann tröstend: »Aber spielen Se man ruhig so, wie Se immer spielen.« Am Schluss der Vorstellung gibt er uns dann doch noch gute Ratschläge: »Ja, also morgen, für de Schüler, da müssen Se aber noch 'n Häppschen drauflejen, wenn Se ankommen wollen bei de Schüler!«

Nach der Schülerveranstaltung Diskussion. Ein Mädchen wollte einfach nicht glauben, dass es solche Strindberg-Ehen wirklich gibt. Wir hatten das gleiche Stück im Salzburger Gefängnis gespielt. Damals hatten alle Insassen einstimmig erklärt: »Es gibt *nur* solche Ehen«, hatten oft geradezu besessen geklatscht, besonders nach Edgars Satz: »Jede Ehe züchtet Mordgedanken.«

Mit Dietmar in Dürrenmatts
Play Strindberg

In Velbert-Neviges kamen wir uns vor wie im Kasperletheater. Das Publikum redete mit, kommentierte alles laut. Schließlich donnerte Dietmar in das Tohuwabohu: »Ruhe jetzt!« Da waren sie still für den Rest der Vorstellung. Aber wir wurden nicht mehr froh. An solchen Abenden erscheint der Beruf fragwürdig. Noch dazu wenn wir uns in der Garderobe gegenseitig die Kostüme trocken föhnen mussten, die noch klamm waren vom Schweiß des Abends davor. Zu allem Überfluss verlor ich noch mitten in meinem Verführungstanz meinen Unterrock. Fühlte, wie er langsam rutschte. Klaus fing ihn elegant und wie selbstverständlich auf und steckte ihn in die Jackentasche.

In Lennestadt meinte der Hotelinhaber skeptisch: »Heute werden Sie wohl vor leerem Haus spielen. Hier ist es sowieso immer halb leer, und dann ist ja heute die große Diskussion (der vier Spitzenpolitiker)!« Das Theater war dann doch drei viertel voll. Die Panne des Abends: Als ich wutschnaubend das im Klavier versteckte Testament an mich reißen wollte, hielt ich plötzlich die gesamte Vorderfront des Instruments in den Händen. Was tun? Ich gab sie Klaus, und er montierte sie seelenruhig wieder an, während ich weitertobte.
Kommentar Walli: »No – was wirrrd fallen morrgen?!«
Freitag, 1. Oktober, kleines Nest in Norddeutschland: Nennen wir es X. Was macht eine Schauspielerin, wenn sie kurz vor dem Auftritt aufs Klo muss und kein Klo da ist? In Kostüm und Maske durch das versammelte Publikum? Unmöglich. Aus keiner Garderobe führt eine Tür ins Freie, die Fenster sind aus irgendwelchen unerfindlichen Gründen verrammelt. Genauso war es in bewusstem Nest. Ich stieg auf einen Stuhl, schaffte es schließlich mit einem Fußtritt, das Garderobenfenster zu öffnen. Der Erdboden lag einige Meter weiter unten, an Hinuntersteigen war nicht zu denken. Walli schaute auch hinaus, schlug die Hände über dem Kopf zusammen. Ich schob die jammernde Walli aus der Garderobe – »werrrden Sie fallen hinunter, joi, joi, mein Gott« –, machte das Licht aus und kletterte in Kostüm und Perücke auf das Fensterbrett. Von dort aus …
Nur einige Meter weiter unten schritten die festlich gekleideten Besucher zur Theaterkasse.
Liebes Kulturamt, verzeih mir! Aber sollte mal ein bisschen was im Etat übrig sein – wie wäre es mit einem Klo für notleidende Schauspieler, die – Kultur hin, Kultur her – ja auch einmal müssen dürfen!
Im Hotel gab's nichts mehr zu essen. Meine Badewanne zierte ein dicker Schmutzrand vom Vorgänger. Decke über den Kopf gezogen, Ohropax in die Ohren. Beim Aufwachen dann der übliche Anfall von Nachmittagsmelancholie: *Was soll das alles? Was soll das Leben überhaupt?* Heimweh.
Ein Gin Tonic. Man kann es nicht erwarten, ins Theater zu kommen, die vertrauten Möbel, Requisiten, Kostüme, die Gesichter von Walli und den Technikern zu sehen. Auf der Bühne fühlt man sich wenigs-

tens ein bisschen zu Hause. Das Schönste bei einer Tournee sind die zwei Stunden auf der Bühne – und morgens das Abfahren. Die dort wohnen, müssen dableiben, vielleicht ihr Leben lang.

Sehr junges Publikum, viel (gescheites) Gelächter, was ja durchaus drin ist bei dieser Komödie über eine Ehetragödie – wenn auch an diesem Abend die Tragödie etwas zu kurz kam. Wie abhängig man doch vom Publikum ist.

Herzstiche. Akupressur half.

Zwei Tage Luxus in einem traumhaften Hotel in Sprendlingen. Sauna, Massage, Dauerlauf durch Wald und Schrebergärten. Ich assistierte einem Schrebergärtner dabei, seinen entflohenen Gockel Ajax einzufangen.

Die hübsche junge Hotel-Masseurin war enttäuscht, dass die CDU nicht gewonnen hatte. Von einem CDU-Sieg hatte sie sich erhofft, nicht mehr so viel Steuern zahlen zu müssen. Außerdem hatte sie sowohl Strauß wie Dregger schon massiert – »da kriegt man natürlich gleich eine ganz andere Einstellung zu einer Partei.« Sie fand bei uns allen dreien die gleichen Verspannungen an Rücken und Nacken. *Déformation professionnelle?*

Im Wald zwei sehnsüchtige Mädchen auf einem umgestürzten Baumstamm. Aus dem Transistorradio sang Nana Mouskouri von den weißen Rosen aus Athen. Wonach sehnten sich die beiden? Nach der großen Welt? Nach der großen Liebe?

Ein kleines Mädchen, saß ich in unserem riesigen Apfelbaum und sehnte mich auch. Nach der großen Welt. Nach der großen Liebe. Als Inbegriff dieser großen Welt erschien mir damals aus unerfindlichen Gründen der Besitz einer schwarzlackierten Nagelbürste, als Zeichen von Erfolg und Wohlstand die Möglichkeit, einer Klofrau eine Mark geben zu können.

Mond schwimmt schief in saurer Milch
Ich habe eine schwarze Nagelbürste
Apfelblüten in denen Bienen summen
In Wietstock an der Nuthe saß ich und sehnte mich
Milchkannengeklapper

Knechte die grölen
auf der Wiese ein Storch
Frosch grünt tot in rotem Schnabel
Einmal einer Klofrau eine Mark geben können
Duft von Dior im Haar!
Nun habe ich sie, meine Nagelbürste
Schwarzlackiert ist sie
und ich weine.

Wie oft habe ich mich zurückgesehnt nach meinem Apfelbaum!
Bei einer Tournee kommt man selten vor zwei Uhr ins Bett. Diese Einsamkeit nach der Vorstellung! Der Absturz nach den zwei Stunden prallen hundertprozentigen Lebens auf der Bühne in die mittelmäßige Alltagswelt ist schwer zu verkraften. Darum versucht man, den Traum zu verlängern, hockt stundenlang zusammen. Das ist sicher einer der Gründe, warum so viele Schauspieler trinken.
In Arnsberg war nirgends unser Plakat zu sehen. Das Theater dann auch nur halb voll. Beim Abendessen nach der Vorstellung störte uns ein angetrunkener Gast. »Herr Schönherr, die Fifi (Vivi) hat meiner Frau seit zwei Jahren nicht auf ihren Autogrammbrief geantwortet. Wenn da nicht bald was passiert, verehren wir die Fifi nicht mehr!«
Er nötigte mich an die Bar. Ich musste grausliges Zeug trinken, süßen Likör mit Sliwowitz gemixt, nachher Absinth. Er: »Also, ich bin Polizist, woll! Und in der Kultur, da bin ich immer aktuell!« Im Theater war er natürlich nicht gewesen. Er beurteilte Schauspieler danach, ob sie mit ihm soffen. Die Heidi Kabel hatte das nicht gemacht – also war sie eine eingebildete Ziege. Walter Giller hatte mit ihm gesoffen – »die janze Nacht lang« –, also war er ein richtiger Mensch. »Ein Mensch wie du und ich«, sagte er, »der hatte ein einfaches kariertes Hemd an, genau wie ich!« Seine Frau verbesserte ihn: »Ja, aber dein Hemd ist neu, und das Hemd vom Giller war alt!«
Depression bei uns allen. Warum ließen wir uns so behandeln? Wir waren »öffentliche Menschen«, aber mussten wir deshalb solche Anbiedereien wortlos hinnehmen?
Fürchterlich. Der Beruf kam mir plötzlich wie Prostitution vor.

Wir konnten es kaum erwarten, abzufahren.
Sagte der Wirt mitleidig: »Mein Gott, da müssen Se schon wieder weiterziehen!«
Herzstiche. Akupressur.
In Oberhausen spielten wir in einem richtigen Theater! Gleich eine ganz andere Atmosphäre als in den Kinos, Turnhallen und »Allzwecksälen«. Ein treuer Fan brachte mir einen Talisman, einen nickenden Plastikdackel in einem Körbchen. Letztes Jahr hatte er mir eine rote Rose geschenkt.
Die Panne des Abends: Dietmar alias Edgar verletzte sich an seinem Säbel. Seine Hand war blutüberströmt, auf dem Bühnenboden bildeten sich Blutlachen. Wir spielten automatisch weiter und dachten doch nur: Wie kommen wir an Verbandszeug? Keiner von uns dreien konnte ja die Bühne verlassen, die zwölf Runden wurden ohne Pause durchgespielt. In der Gasse sah ich Hartmut mit Hansaplast winken. Aber nach der zweiten Runde hatte das Bluten glücklicherweise aufgehört.
Montag, 11. Oktober, Hamburg: Ein Super-Tag. Herrliches Wetter. Spaziergang an der Alster. Fa-bel-haftes Publikum. Wir fühlten uns und das Stück verstanden wie selten. Ich war immer selig, wenn ich meinen »Nabelschnur-Effekt« erreichte: einen ganz engen lustvollen Kontakt zum Publikum.
Unser »Intelligenztest« für die da unten war Edgars Satz über den legendären Oberst: »Wer sich so um das Vaterland verdient gemacht hat wie der Oberst, bei dem können nicht alle Kassen stimmen, das wäre übermenschlich.« Je intelligenter das Publikum, umso stärker war an dieser Stelle seine Reaktion. In Hamburg Gelächter und Applaus.
In Meinerzhagen hatte Dietmar Herzstiche. Ich zeigte ihm, wie man akupressiert. Herzstiche weg.
»Es wird bestimmt leer sein im Theater«, hörte ich bereits im Hotel. »Erstens ist Kirmes, und zweitens werden jetzt die Kartoffeln eingekellert. Der Zentner kostet 45 Mark, stellen Sie sich vor!«
Der Hausmeister des Theaters hatte schon einige Kognaks gekippt vor Kummer darüber, dass er im Theater Dienst hatte und nicht auf die Kirmes gehen konnte. Es entspann sich folgender Dialog zwischen ihm und Dietmar:

Hausmeister: »Dat Se in unser Dorf kommen!«
Dietmar: »Wieso, das ist doch schon eine Stadt, Meinerzhagen!«
Hausmeister: »Ne, Kleinstadt, woll. Aber ich muss auch sagen, in 'ner Großstadt möcht ich nich mehr leben.«
Dietmar: »In welcher Großstadt haben Sie denn gelebt?«
Hausmeister: »In Lüdenscheid.«
Nachts um zwölf Uhr Anruf von Wolfgang Leonhard. Er hatte in Lüdenscheid einen Vortrag über die Zukunft des Kommunismus gehalten und wollte wissen, ob wir zusammen frühstücken könnten. Wir begegneten uns seit zig Jahren auf Buchmessen, Empfängen oder bei anderen ähnlich illustren Anlässen und beschlossen jedes Mal, dass »man sich unbedingt einmal sehen muss«. So oft hatten wir das schon beschlossen, dass wir uns inzwischen für ganz ganz alte Freunde hielten und uns vor Freude duzten. Fürs Frühstück würde keine Zeit bleiben – aber wir beschlossen, dass »man sich unbedingt einmal sehen muss«.
Tourneepause. Nach der Vorstellung in Herford fuhren wir nach Düsseldorf. Übernachtung bei einem befreundeten Galeristen. Phantastische Wohnung, alles in Weiß. Bis halb drei saßen wir vor einem sich drehenden Silberobjekt von Heinz Mack, tranken Rotwein und hörten Sphärenmusik.
Um sieben Uhr dreißig ging mein Flugzeug.
Montag, 18. Oktober, zu Hause in Sommerholz: Um zehn Uhr Landung in Salzburg. Wiedersehen mit Lutz. Mittags endlich daheim. Haus und Garten in buntem Herbstgewand, der dampfende Misthaufen, das Plumpsklo, die Pferde – die Hunde jaulten wie verrückt vor Freude, der Kater strich schnurrend um meine Füße.
War das alles wirklich – oder träumte ich? Spaziergänge mit den Hunden, Pflaumen pflücken. Ich fror Schnittlauch ein und Petersilie, buddelte Kartoffeln aus. Im Keller schäumte im offenen Fass der Most. In der Scheune hingen gebündelt Zwiebeln und Knoblauch. Habe ich tatsächlich gestern noch in Herford Theater gespielt?
Die Tournee ging weiter – in Biberach. Dietmar, Vivi, Klaus und ich trafen uns zum Frühstück bei dem Maler Manfred Scharpf, der ebenfalls in einem einsamen Bauernhaus wohnte. Wiesen, Nebel, vor dem Haus im Gras ein Eichensarg. 1936 wurde ein Fabrikant darin trans-

portiert, musste aber umgebettet werden, weil der Sarg für die Weiterbeförderung zu groß war. Gelegentlich schlief der Maler darin – oder er »zweckentfremdete« den Sarg, der dadurch innen vom Feuer etwas angekohlt war, zum Grill.

Wir mochten uns nicht trennen. Tranken Schnaps, betrachteten Manfreds Bilder. Vivi brach als Erste auf, nach Kopenhagen zu Proben für eine Rock-Oper. Das Auto verschwand im Nebel, nur ganz verschwommen sah man die Rücklichter. Scharps Bilder: Mädchengesichter, auf denen Fliegen saßen – sein Lieblingsthema: Glanz, unter dem Verfall lauert.

Endlich fuhren auch Dietmar, Klaus und ich ab. Manfred und seine winkende Frau nebst Sarg verschluckte der Nebel. Ich beneidete die beiden, dass sie zu Hause sein durften.

Nürnberg: Lutz kam zu Besuch, sah sich die Vorstellung an, fand sie im Prinzip in Ordnung – aber einiges hatte sich doch verschoben, obwohl wir uns gegenseitig täglich auf etwaige Abweichungen aufmerksam gemacht hatten. Das ist der Nachteil bei einer Tournee: Die unterschiedlich großen Theater-Räume. An dem einen Tag ein Haus mit 1 500 Plätzen, am nächsten eines mit nur 290 – da bleibt es nicht aus, dass sich Ungenauigkeiten einschleichen.

Notabene: Regisseure leiden immer, wenn sie nach einiger Zeit ihre Inszenierungen wiedersehen.

Herborn: Der übliche Tourneekoller kommt immer – immer! – um die dreißigste Vorstellung. Diesmal bei der neunundzwanzigsten, und diesmal war es der Reiseleiter, der durchdrehte. Dabei hielten wir unsere Tournee für besonders harmonisch. Aber vielleicht sind Schauspieler schwer zu ertragen. An uns richtet sich der Applaus, die Leute hinter der Bühne beachtet niemand – von uns werden Autogramme gewünscht, wir werden interviewt, stehen in der Zeitung, verdienen mehr Geld.

»Jetzt sind wir schon 40 000 Kilometer gefahren«, schimpfte der Reiseleiter verdrossen, »das wäre eigentlich einmal um die Erde. Aber in Wirklichkeit ging's immer hin und her zwischen Wanne-Eickel und Castrop-Rauxel. Wenn ich morgen auch noch in Oelde den Mantel von der XY um die Ecke biegen sehe, kriege ich die Krise.«

Oelde: Spielfreier Abend. Einladung bei einem Großunternehmer, zwölf Fabriken, Beton. Sein Chauffeur holte uns im Mercedes mit Telefon ab. Landhaus in riesigem Park. Kaminfeuer, Antiquitäten. Gekochter Schinken und grüne Soße, viel Alkohol. Die männlichen Gäste: Beton, Erdöl, Wursthäute, eigenes Flugzeug, Jet. Die dazugehörigen Frauen: Verkniffene Münder, Hochkarätiges an Hals und Handgelenk. Sie hatten keinen Beruf, diese Frauen, waren Beiwerk ihrer Männer. Um keinen Preis würde ich meine Welt gegen diese tauschen wollen.

Freiburg: Welch eine wunderschöne Stadt. Freier Verkauf im 1000-Plätze-Theater. Nicht ganz voll, aber viele junge Leute, sie trampelten am Schluss vor Begeisterung. Wir fühlten uns verstanden, waren glücklich. Und schmiedeten Pläne für eine neue gemeinsame Tournee. Im Herbst 1978 oder Frühling 1979.

Tournee ist ja so schööön!

Ein spielfreier Abend in Saarlouis. Das hört sich an wie ein Stück von Tennessee Williams, und genauso trostlos war es auch. Das Zimmer düster und extrem ungemütlich, die Nachttischlampe funktionierte nicht, im Nebenzimmer grölten betrunkene Gäste. Der Straßenlärm war auch nachts so heftig, als rasten sämtliche Formel-1-Fahrer neben meinem Bett vorbei. Und die Wirtin hatte versprochen: »Wir haben schalldichte Fenster!«

»Gibt es hier ein Kino?«, fragte ich sie. »Ja, aber das ist geschlossen, wird für eure Aufführung morgen geputzt. Ein Striptease-Lokal haben wir, aber das ist schlimm!« Ich trank zwei Malteser und zwei Bier, nahm ein Schwefelbad gegen Verspannungen und sonstige Tournee-Ablagerungen und Schlaftabletten, steckte mir Ohropax in die Ohren, zog die Decke über den Kopf.

Kein Striptease für mich in Saarlouis.

Heimweh! Heimweh! Heimweh!

Titisee-Neustadt: Es war zum Verzweifeln – hier gaben die Leute den ganzen Abend über keinen Mucks von sich. Ihre Verstörung bei Worten wie Ehebruch, Angriffen auf die Obrigkeit etc. spürten wir bis auf die Bühne. Umso erstaunlicher die Dame, die später im Restaurant an unseren Tisch kam: »Ich bin eine ganz durchschnittliche Ehefrau,

ich habe einen ganz durchschnittlichen Mann, wir haben einen ganz durchschnittlichen Sohn, führen eine ganz durchschnittliche Ehe, mein Mann hat eine ganz durchschnittliche Geliebte – mit der spiele ich Canasta! Also, mir hat das Stück was gegeben!«
Die Geliebte erschien dann auch noch, zuletzt der Ehemann. Sie hatten sich in dem Stück wiedererkannt, hatten ihre Streitereien und Bosheiten gegeneinander wiedererkannt – und gaben es zu. Die anderen im Publikum hätten sich vermutlich auch wiedererkannt, meinte das Trio – würden es aber nie zugeben.
Also hatte sich der Abend doch gelohnt. Immer wieder bin ich verblüfft, wie unterschiedlich das Publikum reagiert.
Einen Tag später. Ich war erkältet, hatte Schnupfen und Halsschmerzen, brachte kaum einen Ton heraus. Fieber, Rachenkatarrh, Bronchitis. Um halb eins kam ein Arzt. Spritzen, Gurgeln, Tabletten. Nachmittags Panik wegen der abendlichen Vorstellung. Verzweifelte Versuche, mit autogenem Training dagegen anzukommen. Vorsichtige Stimmübungen gegen fünf Uhr, krächzte wie eine Krähe.
Die Vorstellung – eine Qual. Meine Stimme kippte um, blieb weg, ich war schweißnass von Fieber und Anstrengung. Wäre mitten im Spiel am liebsten in Tränen ausgebrochen und weggelaufen.
Sofort ins Bett mit einem halben Liter Glühwein. Weltuntergangsstimmung.
Kritiken aus Hamburg – sehr gut. Kritiken aus Freiburg – Verriss. Das Stück »kann seine Herkunft aus der Retorte nicht verleugnen«. Aha!
In Kaufbeuren spielten wir glücklicherweise drei Abende hintereinander. Ich verbrachte die Tage im Bett mit schlafen, gurgeln, Tabletten lutschen. Fühlte mich mies.
Draußen Schneeregen. Diesmal flogen in regelmäßigen Abständen Militärmaschinen durch mein Zimmer. Man gewöhnt sich auch daran.
2. November, Waldkraiburg: Unsere letzte Vorstellung!
Neben der Vorfreude auf zu Hause auch Traurigkeit, dass wir alle auseinandergehen mussten. Immer wieder diese Abschiede. Ein paar Tage später würden wir einander vergessen haben. Der von der letzten Vorstellung mitgebrachte Blumenstrauß – buntes Herbstlaub, Pfefferschoten, eine rote Rose – war verwelkt.

Adressen austauschen, Widmungen in Textbücher schreiben, Umarmungen. In einem italienischen Lokal ein Glas Wein zum Abschied. Wir fuhren in verschiedene Richtungen auseinander, die Tournee war beendet.
Vielleicht würden wir uns irgendwo irgendwann wiedersehen. Vielleicht.

Reiseleiter Michael und ich nahmen das Flugzeug nach München. Wir wollten schnell noch einen Schnaps trinken vor dem Abflug. Da knallte neben uns ein Kopf hart auf den Fußboden der Schalterhalle, und er lag auf dem Bauch, ein Herr im grauen Glencheckanzug. Sein schwarzer Füllfederhalter rollte von ihm weg. Sein Diplomatenköfferchen schwankte kurz, blieb dann aber aufrecht stehen. Seine wächserne Hand griff zaghaft ins Leere. Am Ringfinger ein Trauring, am kleinen Finger ein Siegelring mit einem Lapislazuli. Der Mann röchelte. Michael kniete sich neben den Mann, drehte ihn auf die Seite: auf die Seite legen, das ist das Wichtigste!
Das Gesicht des Mannes färbte sich bläulich. Michael sah einen Moment ratlos aus, öffnete dann die Krawatte des Mannes, versuchte eine Herzmassage, drückte den Brustkorb zusammen und ließ wieder los, drückte den Brustkorb erneut zusammen, ließ wieder los … Ein Mann vom Bodenpersonal rannte zum Telefon, rief in die Telefonmuschel: »Sanitäter, hallo, Sanitäter, hallo!«
Leute blieben stehen, ein Steward in blauem Anzug fasste den Mann beim Handgelenk, fühlte den Puls.
»Noch da?«, fragte Michael.
Der Steward nickte, schüttelte den Mann, gab ihm leichte Ohrfeigen, rief: »Können Sie mich hören, können Sie mich hören? Können Sie mich hören?«
Der Mann reagierte nicht.
»Das hat keinen Sinn, was Sie da machen«, sagte der Steward zu Michael und ließ das Handgelenk des Mannes fallen.
»Ja, soll ich ihn denn sterben lassen?«, fragte Michael, drückte weiter den Brustkorb und ließ los, drückte und ließ los, drückte und ließ los …

Ich hatte das Gefühl, der Mann würde die ganze Unterhaltung hören. Beinahe-Gestorbene berichteten ja öfter, sie seien über ihrem Fast-Sterbeort gleichsam geschwebt, einige Meter über dem Geschehen, und hätten alles, was sich da unten abspielte, von oben betrachtet und mitgehört.

Die Hand des Mannes griff immer wieder ins Leere. »Ist das ein Herzinfarkt?«, fragte ich. »Wahrscheinlich«, sagte Michael.

Endlich stürzten Sanitäter mit einer Bahre herbei, stülpten eine Sauerstoffmaske über das inzwischen violette Gesicht, das schon ganz tot aussah, einer der Sanitäter machte mit der Herzmassage weiter.

Michael beobachtete eine Weile, ob der Sanitäter besser massierte als er. Dann sagte er zu mir: »Trinken wir einen Schnaps!«

Eine Gruppe lachender junger Leute blieb neugierig stehen, betrachtete den röchelnden Mann unter der Sauerstoffmaske, lachte und machte Witze: Weitergehen, meine Herrschaften, weitergehen, meine Herrschaften, weitergehen ...

Wir holten uns an der Selbstbedienungstheke zwei kleine Flaschen Wodka. Die Frau hinter der Theke erkannte mich. »Ach, hätten Sie vielleicht ein Autogramm?« – »Da ist gerade ein Mann umgefallen«, sagte ich.

»Ja, furchtbar«, sagte sie mit leuchtenden Augen, »mit Widmung bitte, können Sie schreiben: ›Herzlichst für Helga‹?«

Während ich ›Herzlichst für Helga‹ schrieb, verglich die Frau namens Helga mein Gesicht mit dem Foto auf der Autogrammkarte. Der Vergleich fiel deutlich zu meinen Ungunsten aus.

Der Koch kam gelaufen: »Bitte für meine Kleine, schreiben Sie ›für Petra‹, danke schön!«

Der am Boden liegende Mann stieß jetzt schrille Pfiffe aus, wie eine Lokomotive. Die Sanitäter arbeiteten immer noch, der eine mit dem Sauerstoffgerät, der andere massierte das Herz.

Ich schrieb: »Für Petra, herzlichst, alles Liebe.« Unser Flug wurde aufgerufen. Wir kippten unseren Wodka hinunter. Als wir wieder an dem Mann vorbeikamen, arbeiteten die Sanitäter nach wie vor, aber der schwarze Ballon des Sauerstoffapparates bewegte sich nicht mehr.

Die Hand des Mannes griff nicht mehr in die Luft. Sie lag schlaff auf dem Boden. Daneben noch immer der schwarze Füllfederhalter, der schwarze Diplomatenkoffer, sehr ordentlich alles. Kein Pfeifen mehr, kein Röcheln, Ruhe.

»Aus«, sagte Michael. »Sicher ein Geschäftsmann, hat sich abgerackert die ganze Woche, wollte nach Hause – heute ist Freitag – armer Teufel ...«

Es war ein klarer Abend. Lange blieben die Perlenschnüre der roten und gelben Lichter auf der Erde sichtbar, als das Flugzeug abhob. Dann Wolken, später der Mond.

Ich stellte mir vor, wie die Frau des Mannes irgendwo auf der Welt jetzt losfuhr, um ihn am Flughafen abzuholen, in Zürich vielleicht, Schneiderkostüm, Krokodilledertasche, schmale Lippen vom nicht gelebten Leben.

»Freitagabend«, sagte Michael noch einmal, »Geschäftsmann, zu viel Stress ...«

Einen Atemzug lang oder auch mehrere wünschte ich mir, ich wäre der Mann auf dem Fußboden der Flughalle. Dann hätte ich es hinter mir, dieses allzu schwere Leben.

Bei einem Gläschen Wein

Schauplatz: Eine gemütliche Runde – in einem Gasthof im Salzburgischen Land. Beim Gläschen Wein erzählte mir mein Tischnachbar, wer nach einem Atomkrieg überlebe, sei durchaus nicht unbedingt verloren. Das hätten Atombombenversuche an Schafen auf einem Atoll gezeigt. Man könne zum Beispiel immer noch, wenn alles Wasser verseucht sei, das geschlossene System der Zentralheizungen anzapfen, dieses Wasser trinken und damit eventuell überleben.

Das war kein Witz, nicht einmal zynisch gemeint. Mein Gesprächspartner entpuppte sich als einer der in Deutschland führenden Tierexperimentatoren, eine der Koryphäen der experimentellen Chirurgie. Er hatte über Jahre Herzen von einem Tier ins andere verpflanzt und aufgezeichnet, wie lange diese Tiere jeweils überlebten – »wichtige Vorstudien« zur Verpflanzung, zum Beispiel eines Pavianherzens in den

Körper von Stephanie Fae Beauclair, bekannt geworden unter dem Namen »Baby Fae«. Für seine Arbeit war der Mann für den Nobelpreis vorgeschlagen worden.

Ich will aber kein Wasser aus Zentralheizungen trinken müssen! Ich will mir auch nicht von Thyssen für 20 000 Mark einen strahlensicheren Privatbunker bauen lassen! Ich will auch nicht krepieren wie die unschuldigen Schafe auf dem Atoll, Herr Professor Brendel, ich will leben, und zwar gesund und glücklich! Es gäbe nämlich nicht nur genügend frisches Wasser, sondern auch genug Nahrung für alle Menschen dieser Erde, wenn wir es nur wollten!

Etwa ein Jahr später: Eine Schauspielerin gab mir Informationsmaterial mit Fotos von grässlich zugerichteten Versuchstieren. Ich fühlte mich außerstande, das alles anzusehen, vergrub das Informationsmaterial in der hintersten Schublade – ohne je zu vergessen, dass es da war. Dann der endgültige Anstoß, der mir half, meine Feigheit zu überwinden: Ein Bericht in der *taz* von einem Tierpfleger des Schering-Konzerns über die dort praktizierten Tierversuche. Noch am selben Tag rief ich bei der *taz* an, erkundigte mich, wo es Organisationen gegen Tierversuche gab, fuhr zum erstbesten Treffen der erstbesten Gruppe, nämlich am 17. Mai 1981 nach Berlin, und von nun an war mein Leben nie wieder so unbeschwert wie vorher – würde es nie wieder sein.

Diese Erfahrung machen alle, die sich nicht davor drücken, sich mit dem Thema ernsthaft auseinanderzusetzen. Entweder man verdrängt das Problem – »ich kann das nicht sehen« – wie anfangs ich. Das tun die meisten MitbürgerInnen, weil »da kann man doch nichts machen«. Oder man lässt sich darauf ein.

Das bedeutet: Schlaflose, durchweinte Nächte, ohnmächtige Verzweiflung, Wut auf »die da oben«, die es doch eigentlich wissen (müssten), aber nichts tun, um den Tieren zu helfen; bedeutet: das Ende von Freundschaften und Beziehungen, in einigen Fällen auch den Freitod. Ich musste einmal ein Fernsehteam wegschicken, weil ich vom vielen Weinen total verquollen und einfach nicht fähig war, an irgendetwas anderes zu denken als an die den Tieren zugefügten Qualen. Und letzten Endes war das auch der Anfang vom Aus der Beziehung zu Lutz und vom Ende der Schauspielerei.

Eines Tages meinte ich, all die Gräuel nicht mehr ertragen zu können. Da erhielt ich den Brief eines Wiener Eisenbahners. Er hatte täglich die Kisten mit Versuchstieren umzuladen, die zum Teil verstümmelt oder tot waren. Er schrieb: »Ich flehe Sie an, geben Sie nicht auf. Wenn ich meinen Mund aufmache, verliere ich nur meinen Job – wenn aber Sie als Prominente Ihren Mund aufmachen, hört vielleicht einer hin.« Da entschloss ich mich, diese lächerliche Prominenz zu benutzen, um meinen Mund aufzumachen für alle, die das nicht konnten, die sich nicht trauten oder auf die niemand hörte. Da konnte ich nicht einfach länger in meinem schönen Bauernhaus meine glücklichen Hunde und Katzen streicheln und sagen: »Was draußen passiert, das geht mich nichts an.« Da würde ich eben meinen Mund aufmachen.
Das habe ich getan und werde es tun, bis ich tot umfalle.
Tierschützern wird gern vorgeworfen, sie seien zu emotional. Dazu möchte ich Jean Améry zitieren, der im KZ gefoltert wurde: »Wo steht geschrieben, dass Aufklärung emotionslos zu sein hat? Das Gegenteil ist der Fall.«
Die Frage ist nicht: Können Tiere denken? oder: Können Tiere sprechen? – sondern: Können Tiere leiden?

Die Versuchstiere klagen an
Die Unbarmherzigkeit
die Eigensucht
die Profitgier
den Sadismus der Menschen
Tiere fordern ihr Recht
auf natürlichen Lebensraum
auf Pflege und Zuwendung
auf Leben ...
TIERE rauchen nicht –
TIERE trinken keinen Schnaps –
TIERE schnupfen kein Kokain –
TIERE schlucken keine Pillen –
TIERE wollen kein Make-up –
TIERE fahren kein Auto –

TIERE werfen keine Bomben –
TIERE fliegen nicht in den Weltraum!
IHR wollt das alles tun ...
warum sollen aber SIE dafür leiden?
(Aus: *Gebete der Versuchstiere*, von Ingeborg Hurck und
Eva-Maria d'Oncieu, Mühlheim 1982)

Angekettet beim Pharmakonzern Schering

1982 war ich zu Filmaufnahmen in Berlin, von der Filmfirma in einem noblen Hotel einquartiert, und besprach in der Lounge mit dem Regisseur den nächsten Drehtag, als der Portier mir einen jungen Mann meldete, der mich sprechen wollte. Es ginge um Tierschutz. Andreas Wolff, Aktivist aus der Tierschutzszene, fragte, ob ich mitmachen würde – eine kleine Gruppe von Tierschützern wolle sich an das Tor des Pharmakonzerns Schering anketten, um auf dessen Tierversuche aufmerksam zu machen. Ich sagte zu.

Das bedeutete, abends nach den Dreharbeiten Treffen bei Andreas, um die Ketten auszuprobieren.

An einem für mich drehfreien Tag starteten wir unsere Aktion – morgens um sechs Uhr.

Angekettet

BILD berichtete am 9. November 1982 auf der Titelseite mit der Schlagzeile »Tierliebe! Barbara Rütting an Schering-Tor gekettet«:

»Es war ein aufsehenerregender Protest gegen Tierversuche: Mit einer 15 Meter langen Eisenkette haben sich die Schauspielerin Barbara Rütting (54) und zwanzig junge Leute gestern früh an ein Tor des Berliner Chemie-Konzerns ›Schering‹ gekettet. (...) Gestern morgen, 6 Uhr, Berlin Wedding: 20 junge Leute in Jeans, Felljacken und Pudelmützen spannen vorm Parkhaus des Schering-Konzerns in der Müllerstraße ein weißes Transparent über das Einfahrtstor: ›Tierversuche, Folter für Profit‹ steht in schwarzen Buchstaben darauf.
Schauspielerin Barbara Rütting, durch Filme wie ›Der Zinker‹ bekannt geworden, verteilt Flugblätter. Wenig später schließen sich alle Demonstranten mit einer Kette an das Werkstor. (...)
Ein Spezialtrupp der Polizei rückt um 8:15 Uhr mit Bolzenschneidern an. Knack, knack, die Ketten fallen, die Einfahrt ist wieder frei.
Barbara Rütting zu BILD: ›Tierversuche müssen verboten werden. Auch der Schering-Konzern quält Tiere.‹
Im letzten Jahr hat Schering für die Forschung Experimente mit 120 000 Mäusen und Ratten, 10 000 Meerschweinchen, Hamstern und Kaninchen gemacht. 500 Affen, Hunde, Katzen gaben für die Erforschung neuer Präparate ihr Leben.
Barbara Rütting: ›Wir wollen mit der Ankettungsaktion die Bevölkerung darüber informieren, was den Tieren hinter den verschlossenen Labortüren angetan wird. Tierversuche müssen verboten werden. Entgegen allen anderen Behauptungen dienen sie nicht dem Wohl der Menschheit.‹«

Viele Menschen erfuhren erst durch diese Aktion, welche Quälereien den Tieren hinter verschlossenen Türen angetan werden.

Donnernder Abgang in der ZDF-Live-Sendung

Eine Live-Sendung im ZDF zum Thema Tierversuche bald darauf wurde zum Medienskandal. Die Presse überschlug sich geradezu in der ausnahmslos positiven Berichterstattung. Stellvertretend zwei Zitate. Zunächst aus dem *Kölner Express* (08. Oktober 1983):

»Harte Vorwürfe gegen Moderator:
Millionen Fernsehzuschauer blickten überrascht auf die Mattscheibe: Barbara Rütting, beliebte Schauspielerin und engagierte Tierversuchsgegnerin, packte am späten Donnerstag abend mitten in der ZDF-Live-Sendung ›5 nach 10‹ ihre Siebensachen zusammen, lächelte noch einmal freundlich in die Kamera und verschwand.
Moderator Alfred Schmidt schaute verdutzt in die Röhre.
Der spektakuläre Auf- und Abtritt während der Talk-Show zum Thema ›(K)ein Herz für Tiere‹, der so spontan wirkte, war sorgfältig geplant. Barbara Rütting (56): ›Ich wollte damit protestieren und die Öffentlichkeit wachrütteln. Hier sollte nur eine Scheindiskussion über das Thema Tierversuche geführt werden. Das war mir klar, als ich die Teilnehmerliste las (…) Ich habe den Moderator Herrn Schmidt sofort aufgefordert, auch Experten von unserer Seite einzuladen wie namhafte Mediziner und Theologen. Aber alle unsere Vorschläge wurden abgelehnt. Die Absicht war, mich als Nichtakademikerin ins Messer laufen zu lassen.‹«

In der *Süddeutschen Zeitung*, ebenfalls vom 08. Oktober, schrieb der Journalist und Schriftsteller K. H. Kramberg:

»… Aber die Runde der Debattanten, gelackt und geschleckt moderiert durch Herrn Alfred Schmidt, war mit einer Ausnahme von Persönlichkeiten besetzt, die aus Neigung oder Beruf in Wirtschaft, Politik und Kultur mit Bill und Unbill des zoologischen Alltags so routinemäßig vertraut sind, dass sie in dem Hin- und Hergerede zum vorgegebenen Thema das ihre beisteuern konnten, ohne sich dabei intellektuell oder seelisch exaltieren zu müssen (…) Dankbar war ich deshalb dem beherz-

ten Unmut, mit dem Frau Barbara Rütting in ihrer Eigenschaft als radikale Gegnerin aller medizinisch und pharmazeutisch motivierten Versuche am lebenden Tier die Rolle des beleidigten Störenfrieds spielte. Statt sich dem Disput mit dem ihr zugeordneten »Gegner« zu stellen, ging sie knapp und energisch auf den indignierten Veranstalter los, zieh ihn der Unfairness und Voreingenommenheit, weil er die wissenschaftlichen Koryphäen des von ihr verfochtenen Standpunkts aus diesem Kreis ausgeschlossen habe. Sie sei überhaupt nur gekommen, dies einmal klarzustellen und öffentlich zu verkünden. Punkt. Dann packte sie ihr Täschchen und verließ grimmig aufrecht die Szene, die dann ja auch prompt zum Vakuum wurde. Ansonsten: Von der Tierfront nichts Neues.
Offensichtlich war die Aktion nicht für die Katz. Barbara Rüttings Telefon stand nicht mehr still, der Briefträger brachte Glückwunschtelegramme.«

1983 – Schluss mit Haarefärben!

Auch für Haarfärbemittel werden Tierversuche gemacht. Außerdem sollen sie krebserregend sein.
Ich färbte meine Haare schon so lange, dass ich gar nicht mehr wusste, welche Farbe sie einst hatten. Dadurch verpasste ich etwas ganz Wich-

Haare ab

tiges, nämlich das Erlebnis, sie langsam ergrauen zu sehen. Oma und Mutter waren auch schon mit dreißig Jahren grau. Wer weiß, was durch die Haarfärberei sonst noch alles zugekleistert wurde?
Ich ließ sie ratzekahl abschneiden, bis auf die Stoppeln, um ebenso langsam und behutsam, wie sie nachwuchsen – etwa einen Zentimeter im Monat – herauszufinden, wer ich einmal war, wie ich eigentlich gedacht bin.

Das liebe Publikum

Jeder Schauspieler/jede Schauspielerin freut sich, wenn das Publikum ihn/sie beglückwünscht, er oder sie habe seine/ihre Rolle nicht nur gut gespielt, sondern er *war* der König Lear, *war* der Hamlet, sie *war* die Medea. So ein Kompliment kann manchmal aber auch schlimme Folgen haben.
Da spielte ein berühmter Schauspieler in Zürich den Franz Moor in Schillers Stück *Die Räuber*. Am Bühnenausgang lauerte ihm eine erregte Zuschauerschar auf und prügelte ihn doch tatsächlich krankenhausreif ob seines schlechten Franz-Moor-Charakters! Fürwahr eine eindringliche Würdigung einer schauspielerischen Leistung.
Ähnliches, nur weniger schmerzhaft, widerfuhr mir im Schauspielhaus Hamburg. Es war eine Nachmittagsvorstellung des Ehespektakels *Wer hat Angst vor Virginia Woolf?*. Als trunksüchtige Martha hatte ich über zwei Stunden lang doppelte Kognaks (in Wirklichkeit war's Hagebuttentee) in mich hineingekippt. Im letzten Bild saß ich, ein Häufchen Elend, allein mit meinem Kognakglas und jammerte nach George, meinem Mann. Da hörte ich plötzlich im schönsten Hamburgisch ganz hoch oben auf der Tribüne eine schadenfrohe Frauenstimme: »Das kommt vom vielen Kognaktrinken!«
Ebenfalls in Hamburg vernahm ich in der Pause folgendes Gespräch zwischen zwei Zuschauerinnen (bitte sich das auf schön Hamburgisch vorstellen): »Sie waren doch sonst immer im Thalia Theater abonniert!« – »Ja, aber hier ist der Kaffee besser!« Und wir spielen uns die Seele aus dem Leib ...

Die Masse will Glanz und Glimmer bei den sogenannten Prominenten, seien es Stars, seien es Politiker. Kommt ein *Mensch* daher, sind sie desillusioniert.

Interessant, wie man als »Promi« behandelt wird, je nachdem, ob sie einen erkennen oder nicht. Und es ist erschreckend, wie schnell die angebliche Verehrung oft ins Gegenteil umschlägt!

Ein besonders krasses Beispiel dafür erlebte ich während der Tournee mit Sartres *Die ehrbare Dirne*. In einem Düsseldorfer Hotel rief mich morgens um sieben Uhr eine Frau an und säuselte: Sie verehre mich so glühend, ich sei ihre Lieblingsschauspielerin, sie habe ein großes Problem, ob ich ihr helfen könne. Ich war schon bemüht, ihr bei der Lösung des schwerwiegenden Problems unter die Arme zu greifen, da stellte sich heraus: Sie wollte zwei Gratiskarten für die Abendvorstellung der *Ehrbaren Dirne*. Ich war – verständlicherweise, meine ich – sauer und antwortete: »Liebe Frau, das ist nun wirklich die Höhe, mich deswegen um sieben Uhr morgens zu wecken! Gehen Sie an die Kasse und kaufen Sie sich die Karten. Auf Wiedersehen« – und legte den Hörer auf. Eine Minute später klingelte erneut das Telefon, aus war es mit dem Geflöte. Sie brüllte: »Sie miese Ziege, lecken Sie mich am Arsch!«

Manchmal geht das Publikum mit wie Kinder im Kasperletheater. In einer Szene des gleichen Stücks trat ich als Dirne Lizzie in schwarzer Korsage mit Strapsen und Netzstrümpfen auf. Rief ein Mann laut im schönsten Bayrisch: »Jetzt seh i erst, wos i für a Glumpert dahoam hob!«

Bei der ersten Vorstellung in Hamburg war die ganze erste Reihe im Zuschauerraum von Damen aus dem Rotlichtmilieu besetzt. Meine Darstellung der Lizzie hat sie derartig überzeugt, dass sie sich anschließend Autogramme holten und mir Tipps für den Umgang mit Freiern gaben!

Wenn unsere Truppe in kleineren Orten den Gasthof betrat, kam es schon vor, dass Wirt und Wirtin unseren sehr dunkelhäutigen Schauspieler Jimmy entgeistert anstarrten und die um ihre Bettwäsche besorgte Wirtin mir zuflüsterte: »Der ist ja echt! Färbt der ab?«

Von Multikulti war damals noch nicht die Rede, Emanzipation stand noch irgendwo in den Sternen. Ich war eine der Ersten, die Jeans

Die Ehrbare Dirne

anhatte. Der Portier ließ mich »in diesem Aufzug« erst nach langen Verhandlungen ins Hotel Kempinski. Ich war auch eine der Ersten, die streichholzkurze Haare trug. Was eine Zeitung dazu bewog zu schreiben: »Sie kam zur Premiere des Films *Canaris* mit einer Frisur wie eine schlecht gemähte Wiese.«

Für meine Rolle als flotte Lisa in der Komödie *40 Karat* hatte ich mir folgenden Gag ausgedacht: Wenn der Vorhang aufgeht, steht Lisa in grünem Trikot direkt an der Rampe – auf dem Kopf! Ich beherrschte den Kopfstand perfekt, denn seit meinem siebzehnten Lebensjahr praktiziere ich Yoga. In einem kleinen Theater in Köln war die erste Zuschauerreihe ganz nahe an der Bühnenrampe. Der Vorhang öffnete sich, und das Publikum sah vor sich die kopfstehende Lisa – jedes Mal großer Applaus. Eines Abends rief ein Mann in der ersten Reihe laut: »Donnerwetter! Und das ohne Netz!« Ich fiel vor Lachen um und der ganze Saal lachte mit.

Kriegt das Publikum die Probleme oder Pannen oben auf der Bühne mit, freut es sich und lacht ebenfalls. So geschehen in der Kleinen Komödie in München. Mitten in der Aufführung brach das Sofa zusammen, auf dem ich mit der berühmten Lil Dagover saß. Ärgerlich werden die Zuschauer hingegen, wenn oben auf der Bühne gelacht wird und sie nicht wissen, warum. Ich bin eine ganz schlimme »Lachwurzn«. Ausgerechnet in der Tragödie *Play Strindberg* mit Dietmar Schönherr als Partner hatte zuerst ich, dann wir beide, nachdem etwa die Hälfte der Aufführungen problemlos »über die Bühne« gegangen war, von einem Tag auf den anderen plötzlich derartig mit Lachanfällen zu kämpfen, immer an der gleichen Stelle, dass wir, wie man so schön sagt, Blut und Wasser schwitzten, wenn diese Textstelle nahte. Keiner von uns beiden wusste, warum – es war völlig irrational und wurde von Abend zu Abend schlimmer. Wir konnten uns nicht mehr in die Augen sehen, bis die verflixte Textstelle vorbei war, ich bohrte mir die Fingernägel ins Fleisch, um nicht zu lachen – wenn nichts half, rettete ich mich in etwas, was zwar eigentlich ein Lachen war, aber ebenso gut als Schmerzenslaut verstanden werden konnte. Ein Albtraum!

Einem Schauspieler am Schauspielhaus in Zürich ging es mit der Lacherei ganz arg, ebenfalls in einer Tragödie: »Wenn du noch einmal lachst, wirst du gekündigt!«, hatte man ihm gedroht. Es passierte dennoch. Er wusste sich nicht anders zu helfen, als eine Ohnmacht vorzutäuschen. Der Vorhang fiel, er wurde ins Krankenhaus gebracht und entging so der drohenden Kündigung!

Sternstunden sind die Vorstellungen, in denen Publikum und Schauspieler sozusagen ein Herz und eine Seele sind, wie symbiotisch miteinander verbunden. Irgendwo in Norddeutschland während der Tournee mit *Wer hat Angst vor Virginia Woolf?* war der Kulissenwagen im Schnee stecken geblieben, mitsamt Möbeln, Requisiten und Kostümen. Was tun?

Der Hausmeister bot an, Möbel aus seinem Wohnzimmer, Geschirr aus seiner Küche etc. zur Verfügung zu stellen. Während sich der Zuschauerraum bereits füllte, schleppten wir in Windeseile seine halbe Wohnung auf die Bühne. Der Saal war knüppeldicke voll, der Vorhang öffnete sich – und wir vier Darsteller, Charles Regnier, Brigitte Rau, Gunnar Möller und ich, traten auf die Bühne. Charles Regnier begrüßte das Publikum und erklärte die Situation. Sollte die Aufführung verschoben werden oder sollten wir ohne unsere übliche Kostümierung in unserer normalen, zum Teil sehr legeren Alltagskleidung spielen, im Mobiliar des Hausmeisters? »Spielen, spielen!«, riefen die Zuschauer.

Es wurde ein toller Abend, für uns Akteure ein richtiges Abenteuer, wir waren aus der Routine herauskatapultiert, weil alles so anders war als sonst, ganz neu und erfrischend. Und das Publikum jubelte.

Bei einer anderen Tournee spielte ich die Hedda in Ibsens *Hedda Gabler*. Als frustrierte Ehefrau Hedda hatte ich, in ein hautenges schwarzes Kostüm der Jahrhundertwende gezwängt, nervös in einem Schaukelstuhl zu schaukeln. Der war sicherheitshalber auf der Rückseite mit einer Holzleiste als Bremse versehen worden. Während einer Tourneepause hatte der Schaukelstuhl offensichtlich in einer anderen Produktion gespielt, und man hatte die Bremse entfernt, was niemand von uns wusste.

Unsere Tournee ging weiter, ich schaukelte und schaukelte und – überschlug mich! Das Publikum schrie auf vor Entsetzen. Ich war weniger erschrocken als ratlos. Unfähig, in dem engen Kleid wieder hochzukommen, lag ich wie ein Käfer auf dem Rücken im umgekippten Schaukelstuhl, die Beine senkrecht in der Luft. Mein Partner rettete geistesgegenwärtig die Situation, indem er mir die Hand küsste, mich samt Schaukelstuhl wieder aufrichtete und scherzte: »Aber gnädige Frau, was machen Sie denn da?«

Das Publikum applaudierte – und wir spielten weiter, als sei nichts geschehen. Witzig dann die Kritik: Eine großartige Idee der Regie sei es gewesen, die unglückliche Hedda sich im Schaukelstuhl überschlagen zu lassen!

Was Hinz und Kunz so meinten

Was musste ich mir nicht alles anhören – nicht nur von Kritikern, sondern von Hinz und Kunz!!! Ich sei ein »semseniles Hutzelweib«, war zu lesen; ein Mann, der sich später dafür entschuldigte, schrieb, das Problem Barbara Rütting werde sich ja bald biologisch von selbst erledigen, und darauf freue er sich schon. Einer fand, ich sei eine Einpeitscherin, eine gefährliche Demagogin, eine semidebile Greisin (als ich in den Landtag gewählt wurde!). Ein anderer wünschte mir eine saftige Vergewaltigung – er hatte sich über einen Beitrag geärgert, den ich für das *ZEITmagazin* geschrieben hatte zum Thema »Steckt in jedem Mann ein Vergewaltiger?«. Das Prädikat in der *Frankfurter Rundschau,* »Barbara Rütting, die Querulantin«, war, damit verglichen, ja geradezu schmeichelhaft.

Nie hat irgendein Produzent oder Regisseur versucht, mich ins Bett zu kriegen, fällt mir auf. Eigentlich müsste ich beleidigt sein. Vielleicht, weil ich so gar nicht dem damaligen Idealbild des blonden anschmiegsamen Weibchens entsprach. Vielleicht wirkte ich auch unnahbar oder war einfach zu naiv, um es zu merken? Denn bei meinem ersten Ball – pünktlich, wie ich bin, war ich die Erste in dem noch leeren Ballsaal – drückte mir (immerhin!) ein Produzent seine Visitenkarte in die Hand, für die ich mich artig bedankte. Einige Zeit später traf ich ihn wieder. Er sagte: »Sie haben mich nicht angerufen!« Ich erwiderte: »Warum sollte ich?« Darauf er: »So werden Sie nie Karriere machen!« Da war der Produzent Kurt Ulrich, ein waschechter Berliner, schon direkter. Er lehnte mit folgenden Worten ab, als meine Managerin mich für eine Rolle vorschlug: »Die Rütting? Nee. Die sieht doch immer aus, als wenn se Kohlen jeklaut hätte« (wohl inspiriert durch die während des Krieges berühmte Karikatur eines Finsterlings, der, einen Sack Kohlen auf dem Rücken, als Negativbild eines Energiefressers dahergeschlichen kam).

Witzig war die Begegnung mit dem Regisseur Arthur Maria Rabenalt. Er stand in dem Ruf, seine Schauspielerinnen bei den Dreharbeiten »verhungern« zu lassen, wenn sie sich nicht zu ihm auf die Couch legten. Er bot mir eine Rolle im Film *Glücksritter* (1957) mit Paul Hubschmid an. Ich setzte alles auf eine Karte und erzählte ihm, was über ihn gemunkelt wurde und dass ich die Rolle unter diesen Umständen nicht annehmen würde. Das war tollkühn – aber ich bekam die Rolle, trotzdem oder gerade deshalb –, und er war während der Dreharbeiten ausgesprochen liebenswürdig und ließ mich nicht vor der Kamera »verhungern«.

Nun, ich habe trotz allem Karriere gemacht, in fünfundvierzig auch internationalen Filmen gespielt und so gut wie alle berühmten Neurotikerinnen der Weltliteratur auf den deutschsprachigen Bühnen verkörpert. Aber dass für mich »die Bretter die Welt« bedeutet hätten, kann ich nicht behaupten. Die Schauspielerei machte mir zwar auch Spaß – aber eigentlich war ich keine Schau-Spielerin, sondern eine Schau-Leberin. Der Beruf hätte mich auf die Dauer kaputtgemacht. Und viele Eigenschaften, die wohl zu einem richtigen Star gehören, waren mir seit jeher ein Gräuel – dieses ewige Um-sich-selbst-Kreisen, auf Wirkung bedacht sein, mit anderen rivalisieren. Sehr schön charakterisiert in folgender Geschichte: »Entschuldigen Sie, ich rede die ganze Zeit von mir – reden wir mal von Ihnen. Wie fanden Sie mich in meiner letzten Rolle?«

Und die lieben Kritiker?

Ich gab es ziemlich schnell auf, sie ernst zu nehmen, nachdem ein Wiener Kritiker die meiner Meinung nach großartige Schauspielerin Heidemarie Hatheyer verrissen hatte mit der Begründung, sie habe nicht »den Burgtheaterstil getroffen«. Ich fand ihre Darstellung großartig – und konnte gerade diesen immer irgendwie pompösen Burgtheaterstil nicht ausstehen.
Ein anderer Wiener Kritiker, nämlich Hans Weigel, schrieb später über mich als »Fräulein Julie« im gleichnamigen Stück von Strindberg im Theater in der Josefstadt: »Sie hat durchaus das Recht, auf der Bühne zu stehen – wenn auch noch nicht auf dieser« ...
Was soll man von dieser Branche halten, wenn über den gleichen Abend, über die gleiche Aufführung zwei Kritiker diametral entgegengesetzt berichten? Wenn der eine findet, der Abend sei dank meiner grandiosen Darstellung eine Sternstunde gewesen – und der andere an der gesamten Inszenierung, mich inklusive, kein gutes Haar lässt?
Einer von ihnen hat das auf meine Frage hin freimütig so erklärt: Was ihn beträfe, so wäre er gern selbst Schauspieler geworden, habe es aber nicht geschafft – jetzt sei er Kritiker und räche sich, indem er an kei-

nem Schauspieler ein gutes Haar lasse – und zweitens könne eine Kritik auch davon abhängen, ob der Kritiker gerade schlecht gegessen oder schlechten Sex gehabt hätte!

Wie sich die Sicht auf die Dinge aber auch im Laufe der Jahre verändern, sogar verklären kann, zeigt eine Rezension, die mir ein Freund schickte. Ungefähr ein Jahrzehnt nachdem ich die »Mutter Courage« in Salzburg gespielt hatte, wurde das Stück neu inszeniert. Damals war die Reaktion des Kritikers für mich gut, aber nicht überwältigend – nun schrieb er über die neue Protagonistin, die »Mutter Courage« von der Rütting, *die* sei es gewesen!

Jetzt folgt allerdings eine Würdigung meiner Person, bei der auch mein Ego zu schnurren begann – endlich hatte mich mal einer verstanden! ☺

Zu meinem siebzigsten Geburtstag schrieb Dieter Bartetzko in der *Frankfurter Allgemeinen Zeitung*:

»Mit umgedeuteten Klassikern reizte Fritz Kortner das deutsche Theaterpublikum der fünfziger und frühen sechziger Jahre bis aufs Blut. Dem Regisseur der Münchner Kammerspiele erlaubte Bayern, Schillers ›Räuber‹ und Shakespeares ›Schurken‹ in nazibraunen Mänteln agieren zu lassen. Nicht aber, übers Fernsehen ›Die Sendung der Lysistrata‹ im Freistaat zu verbreiten. Das war 1961, und Millionen andere sahen zu. Einige wegen Kortner oder Aristophanes, viele wegen Romy Schneider, die als Myrrhine wieder vergebens versuchte, dem hiesigen Marzipan-Stigma ihrer Sissi zu entkommen. Kortners Genie habe sie befangen gemacht, sagte sie später. Die Fernsehzuschauer erlebten sie gefangen von Barbara Rütting. Romy Schneider spielte wie gelähmt vom Können der Kollegin. Auch Fritz Kortner scheint Barbara Rüttings Ausstrahlung erlegen zu sein: Selten agierte eine Schauspielerin bei ihm so beiläufig selbstbewusst.

Ganz heute, so gab Barbara Rütting die Lysistrata, etwas Sartre, etwas Kortner, viel Bundesrepublik, keine Antike. Die personifizierte Gegenwart war ihr Teil. In ihren frühen Rollen, die auch ihre besten waren, spielte sie jungen deutschen Film, ehe es ihn gab. Eine aparte Erscheinung, dunkel, von einer irritierenden Mischung aus Nüchternheit und Sinnlichkeit umgeben. Sie brachte eine Ahnung Montmartre

und Existentialismus ins Einerlei deutscher Filmschauspielerinnen (...) Schon die zweite Rolle im Trümmerfilm ›Die Spur führt nach Berlin‹ trug ihr 1952 den Bundesfilmpreis ein. 1954 folgte Lob für die Partisanin in Helmut Käutners ›Letzter Brücke‹. Trotz schnellem Ruhm riskierte sie 1956 in Krefeld ihr Theaterdebüt. Es gelang.
Die Bühne bot ihr mit Strindbergs ›Fräulein Julie‹, Sartres ›Ehrbarer Dirne‹, Schillers ›Eboli‹ und Büchners ›Marie‹ die funkelnden Rollen, die ›Papas Kino‹ fehlten und die das junge dann anderen gab. Barbara Rütting erntete Hochachtung und wurde weiterhin in Edgar-Wallace-Filmen besetzt.

Mit Klaus Kinski in
Neues vom Hexer

Ihr Ehrgeiz richtete sich dann auf andere Gebiete. Sie engagierte sich in der Friedensbewegung, praktizierte und propagierte ökologische Lebensweisen, schrieb Romane und preisgekrönte Kinderbücher. In Talkshows ist sie hin und wieder zu sehen, sehr entschieden, mit derselben Energie monierend, was sie als Lysistrata anklagte: ›Wie verkehrt ihr die Dinge behandelt.‹ An diesem Freitag wird Barbara Rütting siebzig Jahre alt.
Regisseure sind gefragt, die ihr Können wiederentdecken.«

Zu den Edgar-Wallace-Filmen, die inzwischen geradezu Kultstatus erreichten, hatte ich eine gebrochene Beziehung. Erstens fand ich die Handlung absolut unverständlich, verstehe sie auch heute noch nicht, weiß nie, wer nun der Mörder war, Klaus Kinski, Eddi Arent oder ich??? Zweitens störte mich, wie in diesen Filmen mit dem Tod umgegangen wurde, aus heutiger Sicht in Anbetracht der ständig gezeigten Grausamkeiten eine geradezu rührende moralische Einstellung. Jedenfalls war dieses Unbehagen mit ein Grund, dem Film den Rücken zuzukehren.

Hände hoch!

Denn der »junge deutsche Film« wusste nichts mit mir anzufangen – oder ich nicht mit ihm?
Einmal kam es zu einer Einladung von Rainer Werner Fassbinder in seine Münchner Wohnung. Dort wimmelte es von aufgeregten exaltierten Menschen. Wenn ich es richtig verstand, hatte jemand aus dem Clan sich gerade umgebracht, einer seiner Freunde trug einen Arm in Gips. Alle waren offensichtlich high, alle hatten Hunger, aber es war nichts zu essen da. Ich schnappte mir in der Küche einen großen

Kochtopf und holte aus einem mir bekannten Restaurant Suppe für die ganze Truppe. Zu einem Gespräch kam es gar nicht. Fassbinder und ich, wir hatten keinen Draht zueinander. Ich entsprach ja auch überhaupt nicht seinem Frauentyp, und das Chaos, in dem er und sein Clan lebten und wohl auch arbeiteten, hätte ich nicht ertragen.

Natürlich wird immer wieder gefragt, ob Klaus Kinski privat ebenso irre war wie bei seinen Lesungen und in seinen Filmen. Ich denke, nachdem er einmal mit diesem Image Erfolg gehabt hatte, ist er darin stecken geblieben. Mir erschien er überaus empfindsam. Sah mich wohl als eine Art große Schwester, die ihn geduldig bei seinen Amouren tröstete. Noch heute bin ich ihm dankbar, dass er mir sein Lebensmotto vermacht hat: *Wer mich beleidigt, bestimme ich!*

September 1983 – Promi-Blockade in Mutlangen

Das Credo der Friedensbewegung war und ist Gewaltfreiheit. Friedfertigkeit wird aber gern als Schwäche ausgelegt. Die Regierenden höhnten auch bereits: »Das soll ein heißer Herbst gewesen sein ... Friedensbewegung resigniert ... die demonstrieren, wir regieren ... Politik wird nicht auf der Straße gemacht ...« Von einer Blockade durch Prominente versprachen sich die Organisatoren mehr Aufmerksamkeit vor allem in den Medien.

Und wer da alles anreiste! Um nur einige zu nennen: vor den Toren des Raketendepots im baden-württembergischen Mutlangen saßen Heinrich Böll, Walter Jens, Dorothee Sölle, Petra Kelly, Gert Bastian, Dietmar Schönherr. Das Medienaufgebot war dementsprechend gewaltig.

»Aber müsste man nicht mehr tun? Und wenn ja – was? Sich vor die Kaserne setzen? Sitzen bleiben, wenn die Polizei auffordert, den Weg frei zu machen, und sich festnehmen lassen?«, fragte ich den auf dem Treppenabsatz vor dem Gasthof »Mutlanger Hof« sitzenden SPD-Politiker Erhard Eppler. Eine Antwort wusste auch er nicht.

Beim Frühstück vom Nebentisch Wortfetzen: »Iris blockiert ... wenn Iris vom Blockieren zurück ist ... gestern haben nur ein paar Leute am Depot gesessen … sogar ein Mönch war da, in orangener Kutte …«

Natürlich wurden wir sogenannten Promis anders behandelt als die Normal-Blockierer. Die ließen sich festnehmen, immer wieder, aber kaum jemand schenkte ihnen noch Beachtung. Wir Promis hingegen kamen zu den Sonn- und Feiertagen angereist, schwangen Reden, sangen Lieder, wurden fotografiert, wie wir vor dem Raketendepot saßen, durch dessen Zufahrt an diesen Tagen sowieso keiner raus oder rein wollte, reisten wieder ab, und kaum waren wir weg, wurden die Normal-Blockierer festgenommen.

Später, in der Diskussion um Sinn oder Unsinn der ganzen Mutlangen-Blockaden, brüllte der temperamentvolle Schweizer Friedensaktivist Pestalozzi plötzlich los: »Das bringt doch alles nichts! Über den Zaun des Raketendepots hätten wir Promis steigen sollen! Es wäre doch großartig gewesen, wenn sie uns alle eingesperrt oder noch besser erschossen hätten …«

Mit bunten Bändern hängten wir Kinderfotos an den Drahtzaun, Fotos von weißen, gelben, schwarzen Kindern. Die Soldaten auf der anderen Seite des Zauns, dorthin befohlen, um die Mordwaffen vor uns friedlichen Demonstranten zu schützen, wandten sich verlegen ab, manche weinten.

»Unser Mut wird langen«, sangen wir trotzig …

04. Oktober 1983 – Welttierschutztag in der Kirche

Er war wohl einer der ersten katholischen Pfarrer, die es wagten, einen Tiergottesdienst abzuhalten, sagen wir: der Pfarrer X in dem Ort Y nahe Salzburg. Er war auch so mutig, seine Geliebte nicht als Köchin zu tarnen, und bekannte sich zu seinen Kindern. Die Gemeinde liebte ihn. Von einem dieser Kinder ist in einer recht eigenwilligen Auslegung des Weihrauchkesselschwenkens die stolze Bemerkung überliefert: »Am Sonntag zieht der Papa ein langes schwarzes Kleid an und kocht in der Kirche Suppe!«

Stellvertretend für unsere anderen Hunde, die Katzen und Pferde nahm ich die schwarzlockige Lilly mit zu diesem Gottesdienst. Man hatte sie aus dem Auto geworfen, eine entzückende quirlige Mischung aus Pudel, Spitz und sonst noch allerlei.

Ähnlich muss es in der Arche Noah gewesen sein. Da spazierte eine zahme weiße Ratte auf dem Kragen eines Jungen, ein anderer hielt vorsichtig ein Kästchen mit drei Heuschrecken und zwei Ameisen, auf der Hand eines kleinen Mädchens posierte ein zierlicher Hamster, die Erwachsenen trugen in Käfigen ihre Katzenlieblinge oder führten an der Leine ihre geliebten Hunde – am Welttierschutztag zu Ehren des Schutzpatrons der Tiere, des heiligen Franz von Assisi.

Kurzes erstauntes Kläffen, als zwei Esel die Kirche betraten, die sich zunächst weigerten, die Stufen zum Altar hochzugehen, um es sich dann schließlich doch auf der Strohschütte neben dem Pfarrer und dem prächtigen Gockel mit seinen Hühnern bequem zu machen.

Auf der anderen Seite des Altars standen Mutter Schaf und ihre zwei Kinder, mucksmäuschenstill schauten sie während der ganzen Messe entspannt die Menschenmenge an, als würden sie denken: Vor euch müssen wir keine Angst haben. Barockmusik und Orgelklängen schienen sie geradezu andächtig zu lauschen. Angesichts dieser friedlichen Schaffamilie dürfte so manchem der Appetit auf den Lammbraten zu Ostern vergangen sein.

Es gab keine Beißereien, keine Hundehäufchen, niemand hob sein Bein, trotz vorheriger Unkenrufe. Im Gegenteil, die Tiere hätten sich besser benommen als häufig manche Menschen, bemerkte der Pfarrer. Eine Frau stellte fest, sie habe noch nie so viele heitere und friedliche Gesichter in der Kirche gesehen. Ein Duft erfüllte den Raum wie vermutlich im Stall zu Bethlehem bei der Geburt Jesu. Auch damals wurden Ochs und Esel nicht als zu gering erachtet, dem großen Ereignis beizuwohnen.

Dieser Abend weckte die Hoffnung, dass die Kirche sich endlich auch der Tiere annimmt, die sie so lange so sträflich vernachlässigt hat.

1984 – Pfingsten in Mutlangen

Die Lehrerin Lotte Rodi hatte am 19. Februar 1984 mit Vertretern verschiedener Gruppen der Friedensbewegung den Verein »Friedens- und Begegnungsstätte Mutlangen« gegründet. Der Verein beabsichtigte, das Grundstück mit der Pressehütte zu erwerben, um so in unmittelbarer Nähe der Pershing II ein Mahnmal zu setzen, ein Symbol des Lebens und der Hoffnung.

»Hier haben schon seit jeher Waffen gestanden, unter den Nazis, als ich ein Kind war, später die Pershing I. Warum regt ihr euch plötzlich über die Pershing II auf?«, sagte der Wirt im Dorfgasthof. Er hatte weniger Angst vor den Pershings als davor, dass wieder mal eine bei dem ewigen Herumkutschieren vom Transportwagen fallen könnte, wie das ja bereits geschehen war.

Nur wenn wir gewaltfrei bleiben, können wir etwas ändern. »Das weiche Wasser bricht den Stein«, wie das Motto auf unseren blauen Tüchern ja auch lautete. Das wusste ich damals wie heute: Nie würde ich einen Stein auf einen Menschen werfen, nie Gewalt gegen einen Menschen anwenden, eher selbst Gewalt erleiden.

Mit Filzstift malte ich auf ein Stück Pappkarton: »Bruder Polizist, Bruder Bundeskanzler, ich sitze hier auch für Sie und Ihre Kinder«. Zu meinem fünfzigsten Geburtstag hatte mir Helmut Kohl ein Glückwunschtelegramm geschickt: »Mit Dank für viele schöne Filme …«, zum Sechzigsten würde er mir wohl nicht gratulieren.

Es waren diesmal weniger Leute gekommen als erhofft, kaum »Promis«. Die wenigen aber unbeugsamer denn je. Gestern das Lied von Bettina Wegner – Spekulation, was wäre, wenn Jesus wieder auf die Erde käme: »Mensch, Jesus, bleib bloß oben, hier schlagen sie dich tot …«

Um vier Uhr war eine Blockade vor der Bismarck-Kaserne geplant.

Ich setzte mich zu der Gruppe, die bereits die Zufahrt blockierte. Wir saßen schweigend da, neben mir ein Mädchen namens Tina. Einige hielten die Augen geschlossen. Beteten sie? Mich übermannte plötzlich ein Weinkrampf. Das Gefühl der Ohnmacht angesichts dieser gigantischen Tötungsmaschinerie war zu stark.

Dafür gehe ich auch ins Gefängnis

Wut auf die Freunde zu Hause – wen von ihnen würde ich in Zukunft überhaupt noch zu meinen Freunden zählen können? Zorn auf diese Bequemlinge, die immer nur quatschten, quatschten, intellektuelle Reden schwangen und gemütlich Pfingsten feierten, während die Leute hier sich verbluteten. Wenn jeder dieser Stammtischredner wenigstens einmal im Jahr nach Mutlangen ginge ...
Nach ein paar Minuten wollte ein Fahrzeug durchs Kasernentor herausfahren. Erste Aufforderung der Polizei über Megafon, die Straße zu räumen, dann die zweite, die dritte – die Gruppe blieb sitzen. Wir sangen: »Gegen die Raketen hier im Land schließt euch fest zusammen, wehrt euch, leistet Widerstand«, immer wieder von vorn. Die Ersten wurden weggetragen. Da ich mir vorgenommen hatte, den Polizisten die Mühe zu ersparen und freiwillig mitzugehen, wenn die Reihe an mich kam, hatte das zur Folge, dass ich nur zur Seite gestoßen wurde. Das Fahrzeug fuhr durchs Tor. Sofort setzten sich alle Weggetragenen wieder davor, neue kamen hinzu. Obwohl jetzt gar kein Fahrzeug herein oder heraus wollte, verkündete ein Uniformierter über Mega-

fon: Auflage der Stadt Schwäbisch Gmünd – wir hätten die Zufahrt zu räumen, andernfalls würden Wasserwerfer eingesetzt.

Ich saß jetzt ganz vorn. Ein Junge aus der Gruppe sagte: »Ich weiß nicht, Wasserwerfer, davor habe ich Angst, sollen wir nicht ...«, aber plötzlich fingen wir wieder an zu singen, lauter und lauter, sodass ich nicht einmal die Durchsagen mehr hörte, sondern nur noch diesen sich stetig wiederholenden Gesang: »Gegen die Raketen hier im Land schließt euch fest zusammen, wehrt euch, leistet Widerstand ...« Die Umstehenden, Hunderte, sangen und klatschten mit, dieser Gesang machte so stark, dass ich gar keine Angst mehr hatte, die Videokamera der Polizei lief. Wir sangen und sangen, laut und ruhig immer wieder von vorn den gleichen Text.

Der Wasserwerfer wurde nicht eingesetzt. Stattdessen griffen uns die Polizisten. Ich erklärte »meinem«, dass ich gehen wolle, um ihm das Wegtragen zu ersparen. Wir wurden in die bereitstehenden Polizeiwagen geführt, jeder wurde fotografiert, die Zurückgebliebenen winkten, viele durchaus nicht junge Gesichter, viele lila Halstücher vom Kirchentag »Umkehr zum Leben – die Zeit ist da für ein NEIN ohne jedes Ja zu Massenvernichtungswaffen ...«.

Jeder von uns bewacht von »seinem« Polizisten, jungen netten Leuten zumeist, brachte man uns nach Straßdorf. Dort wurden üblicherweise die Personalien aufgenommen, bevor man die Demonstranten wieder freiließ.

Es dauerte endlos, bis alle erfasst waren. Gespräche mit den Polizisten. »Meiner« erzählte, dass ihm schlecht wird beim Autofahren und dass er diesen schönen Pfingstsonntag eigentlich gern bei seiner Freundin in München verbracht hätte. Einige waren ziemlich unverhohlen auf unserer Seite, besonders die jungen, andere, meist die älteren, kamen mit den alten Sprüchen: »Geht doch nach drüben, in den Osten! Und was ist mit den sowjetischen SS-20?«

Die wollten wir doch auch weghaben. Wenn die Leute das doch endlich kapieren würden!

Die Richter sahen das Problem der gewaltfreien Blockade offensichtlich auch unterschiedlich. Wenn das Horten von atomaren, biologischen und chemischen Waffen in der Bundesrepublik gegen das Grundgesetz verstieß, dann wären wir im Recht, dann hätte der Rechtswissenschaftler Professor Erich Küchenhoff mit seiner Behauptung recht, dass wir mit diesen gewaltfreien Blockaden verfassungswidriger Todeswaffen aktiven Verfassungsschutz betrieben. Wir würden ja sehen ... Aufnahme der Personalien schließlich auch bei den Letzten von uns. Bei einigen wurde »Nötigung« eingetragen, bei anderen »Verstoß gegen das Versammlungsgesetz«, für das gleiche Delikt. Wir verlangten eine Aussprache darüber, warum diese Unterschiede. Es erschien ein Herr, der meinte, das seien nur Nuancen (dabei konnte die Strafe für Nötigung um die tausend Mark betragen, ein Verstoß gegen das Versammlungsgesetz dagegen etwa vierzig Mark). Mitten in das Gespräch hinein stürmte ein Trupp junger Polizisten, schwarz behandschuht, und packte die Nächststehenden, als gälte es, schwer bewaffnete Geiselnehmer unschädlich zu machen, Arme auf den Rücken gedreht, der Erste ging gleich zu Boden. Jemand erklärte etwas, was ich nicht verstand, akustisch oder weil es Schwäbisch war, und schon wurde einer nach dem anderen abgeführt. Da ich mich laut gegen diese Behandlung verwahrte, wurden die Nächsten nicht mehr gepackt, sondern »geleitet« – dann wurden wir in ein ellenlanges grünes Polizeiauto gestoßen und dort in Einzel- oder Zweierzellen gesperrt. Rasselnde Schlüssel wie im Gefängnis, Sehschlitze nach draußen. Ich hatte eine Einzelzelle. Als alle drin waren, fuhr das Auto los. Durch das Gitter in der Tür zu meiner Zelle schnaubte ein Polizist verächtlich: »Und Sie habe ich mal verehrt!« An der Ausfahrt des Geländes stand winkend die Frau eines unserer Mitgefangenen – auch schon mehrmals festgenommen in Mutlangen. Diesmal, zu Pfingsten, leistete sich das Ehepaar nur eine Festnahme, diesmal war der Mann dran, das Ganze war ja auch ein Geldproblem. »Und statt Geldbuße ersatzweise Gefängnis?«, wollte ich wissen. »Ich gehe lieber ins Gefängnis!« – »Wenn kein Geld da ist, wird erst mal gepfändet«, wurde mir erklärt (vielleicht weil die Gefängnisse schon voll waren!). Die Frau machte uns ein Zeichen, dass sie hinterherfahren würde – tatsächlich sahen wir jedes Mal, wenn wir in den zahlreichen Kurven durch den Sehschlitz die Straße hinter uns überblicken konnten, wie sie, eingekeilt zwischen einem Konvoi von Polizeiautos, sich in ihrer »Ente« tapfer den Berg hinaufarbeitete.

Wir fuhren und fuhren. Einige lachten, andere sangen, plötzlich rief einer: »He, Leute, die bringen uns woanders hin, nach Aalen vielleicht oder nach Ulm!«
Ich musste an Festungen denken, an Eingesperrtsein ein Leben lang, an Stammheim. Einen Augenblick lang packte mich Angst. »Barbara, sieh mal, die schönen Blumen draußen!«, rief Tina ein paar Zellen weiter. Ich versuchte, was ich in Meditationen geübt hatte: Alles ruhig und bewusst wahrzunehmen, die grünen Wiesen draußen, die schwäbischen Dörfchen, die wir durchquerten, blitzblank, aber wie ausgestorben. Wo waren die Leute bloß? Saßen sie alle vor dem Fernseher und schauten den »Blauen Bock« oder »Dalli-Dalli«? Die wenigen Sichtbaren starrten verdutzt unserem Polizeitross nach.
Die Zeit schien endlos. In einem Dorf hielt der Konvoi schließlich an. Wir wurden in eine Halle gesperrt, die hohen Eisentüren von außen verriegelt. Unser Ruf nach einem Rechtsanwalt verhallte ungehört, ebenso der nach dem Einsatzleiter und die Frage, warum und wie lange man uns hier festhalten würde. In der Halle ein paar Klappstühle, eine Holzhütte mit der Aufschrift: Bonanza-Hütte. Darin eine leere Bar, am Boden ein vergammeltes Würstchen. Gag am Rande: Holger spielte am Schloss einer der hohen Eisentüren herum, die ging auf – und er schnappte sich einen zufällig neben dem Eingang lehnenden Besen und fegte seelenruhig den draußen Wache haltenden Polizisten Staub vor die Füße. Wildes Geschrei, Gebell der Polizeihunde, Gelächter bei uns, dann wurde er in die Halle zurückgestoßen, als gälte es, die Flucht eines Massenmörders zu vereiteln. Mit zigfachem Hin- und Hermanövrieren eines Polizeiautos verbarrikadierten die Polizisten schließlich die schlimme Tür. Ihre lautstarken Diskussionen veranlassten Holger, »Ruhe« zu rufen. Gelächter bei uns. Eine viertel oder halbe Stunde verging, ohne irgendeine Auskunft von der Polizei. Schließlich hämmerten einige von uns an die Wand und riefen: »Wir müssen aufs Klo.« Paarweise wurden sie, von zwei Polizisten eskortiert, nach draußen gebracht – bei ihrer Rückkehr berichteten sie, gegenüber sei ein Gasthof, dahin würden die Leute zum Pinkeln gebracht. Volker hatte bei dieser Gelegenheit gehört, wie ein pinkelnder Biertrinker zu einem anderen pinkelnden Biertrinker sagte: »Sau-

blöd sind die, da hocken sie sich vor die Kaserne, und hier im Wald stehen die Pershings rum ...«

Tina war dran. »Mein Polizist geht mit mir Pipi machen!«, verkündete sie laut. So zart sie war, hatte sie doch einen Kurs in Selbstverteidigung absolviert. »Fühlen Sie mal Tinas Bizeps«, ermunterte ich »ihren« Polizisten. »Aber Vorsicht!« Der fühlte tatsächlich ihren Bizeps. »Und erst Tinas Bauchmuskeln!« Der Polizist streckte die Hand aus, zog sie dann aber doch wieder zurück.

Vielleicht konnte Tina mit ihrem Charme ein Fläschchen Rum auftreiben zum Wärmen?

Als ich dran war, begleitet von zwei jungen Polizisten, die kurz zuvor noch einem von uns die Arme auf den Rücken gedreht hatten und jetzt plötzlich ganz menschlich aussahen, fragte der eine: »Sind noch mehr Prominente da?« Er erzählte mir, dass er mich im *Traumschiff* im Fernsehen gesehen habe. Dass seine Freundin auch gegen Tierversuche sei und ihm berichtet habe, dass ich mir aus Protest gegen Tierversuche für Haarfärbemittel die Haare abschneiden ließ.

In der Wirtsstube durfte ich sogar einen Tee trinken, meinen Polizisten neben mir. Wirtin und Gäste waren verwirrt. Solche Leute wie wir, von der Polizei eingesperrt *in ihrer Festhalle* – das erklärten sie nämlich bier- oder weinselig: In ihrer Festhalle seien wir eingesperrt, und darüber mussten sie selbst lachen.

Eine Groteske, das Ganze! Die Stimmung in der Wirtsstube war jetzt angespannt bis lustig. Auf die Frage, was sie, die Wirtin, denn von den Pershings und unserer Aktion halte, wieder die ewig gleiche ausweichende Antwort: »Die da oben machen ja doch, was sie wollen, man muss halt mit den Pershings leben«, usw.

»Aber gerade damit ›die da oben‹ eben nicht mehr länger machen können, was sie wollen, damit ›die da oben‹ endlich das machen, was Sie und wir wollen, gerade deshalb setzen wir uns ja in Mutlangen vor das Raketendepot. Weil wir verhindern wollen, dass Sie und Ihre Kinder einmal an diesem ganzen atomaren Wahnsinn zugrunde gehen!«

Verlegene Blicke, selbst bei den Polizisten schwang jetzt so etwas wie Bewunderung mit. »Eigentlich habt ihr ja recht ... ihr opfert sogar euer Pfingstfest ... ihr seid halt Idealisten ... aber nicht jeder hat eben den Mut, ...«

Vor der »Festhalle« hatten sich inzwischen viele Einheimische versammelt und eine Gruppe mit brennenden Fackeln, Mitdemonstranten aus Mutlangen, war gekommen, um uns beizustehen, uns abzuholen. Um Viertel vor elf Uhr nachts wurde endlich die Tür der Festhalle geöffnet, ohne Kommentar. »We shall overcome«, sangen wir, alle fielen sich gegenseitig in die Arme. Es waren genügend Autos gekommen, sodass alle etwa dreißig Festgenommenen nach Mutlangen zurückgefahren werden konnten.

Im Mutlanger Brauereigasthof bekamen wir trotz der späten Stunde sogar noch etwas zu essen und zu trinken: »Für den Frieden tun wir alles!«, sagte die Kellnerin. Nach uns waren noch viele festgenommen, aber nach Feststellung ihrer Personalien »normal« entlassen worden. Anwesende Rechtswissenschaftler empfahlen unserer Gruppe, Strafanzeige gegen die Polizei zu stellen, da das, was man mit uns angestellt hatte, an Freiheitsberaubung grenzte.

Wie sich unsere Polizisten wohl fühlten nach vollbrachtem Tagewerk?! »Wissen Sie denn, was ich wirklich denke?«, hatte einer gesagt.

Über die Pfingstfeiertage des Jahres 1984 waren in Mutlangen ca. 150 Menschen festgenommen worden, weil sie sich nicht von der Regierung durch Atomraketen schützen lassen wollten, gegen den bösen Feind.

Was ich dachte: »Es soll mir eine Ehre sein, unter dieser unserer Regierung in diesem unserem Lande zu gegebener Zeit ins Gefängnis zu gehen.«

Januar 1985 – Hilfsaktion in Assisi

In meinem umfangreichen Poststapel fand ich eines Tages ein Heftchen der Tierschutzorganisation »Pro Animale« der Initiatorin Johanna Wothke. Sie rettet ungeliebte und misshandelte Straßentiere, besonders ihr Bericht über die alte Gräfin de Lazara, die damals mit hundert Hunden in einem Bauernhaus in Assisi lebte, erschütterte mich. Ich bot an, bei der nächsten Hilfsexpedition nach Assisi mitzufahren. Und so trafen wir uns am 08. Januar in Verona. Dort stand sie im Schnee, mit kaputten Schuhen. Für sich selbst hatte (und hat) sie keine Zeit. Ich war mit Lutz in Verona. Wir wollten die Festspiele besuchen, interessante Leute treffen, es uns gut gehen lassen. Stattdessen stieg ich zu Johanna in das uralte klapprige Tierrettungsauto.

Bei der Gräfin de Lazara

Zwar bunt bemalt mit grüner Wiese, blauem Himmel und Tieren, aber schon sehr hinfällig, gab dieses Gefährt unterwegs sechsmal seinen Geist auf. Die Scheinwerfer fielen aus, wir landeten nachts im Graben, einmal brach sogar der meterlange Auspuff ab. Jedes Mal, wenn wir ratternd und knatternd in eine Autoreparaturwerkstatt einfuhren, schlug der jeweilige Mechaniker die Hände über dem Kopf zusammen. »Mamma mia! Der heilige Franziskus kann vielleicht Wunder vollbringen, aber ich doch nicht!«, rief einer in komischer Verzweiflung, befestigte dann aber doch noch, irgendwie, den durchgerosteten Auspuff an unserer Klapperkiste.

Die 82-jährige, schwer kranke Gräfin beherbergte allein vierzig Hunde in ihrem Schlafzimmer! Bevor jetzt jemand den Kopf schüttelt und

»Verrückt!« sagt: Diese Hunde hatten die alte Frau mit ihren Körpern gewärmt, sonst wäre sie im letzten kalten Winter erfroren. War es ein Wunder, dass sie an ihnen hing? Und sich hartnäckig weigerte, auch nur einen von ihnen einschläfern zu lassen?

Die Hunde liefen alle frei herum. Natürlich war der Gestank mörderisch, sie waren voller Flöhe und kratzten sich unaufhörlich, einige hatten nur drei Beine oder total verrenkte Schultern; andere dämmerten auf ihrer Liegestatt, bis zuletzt von der Gräfin gestreichelt, nur noch ihrem Ende entgegen – Hunde, die wir »Normalen« (was ist das eigentlich?) selbstverständlich längst »eingeschläfert«, längst »erlöst« hätten, wie man so schön sagt. Aus meiner heutigen Sicht frage ich mich, ob wir unsere Tiere nicht zu früh »erlösen«, ob wir es nicht aus reiner Bequemlichkeit tun, weil wir ihr langes Sterben nicht ertragen können oder wollen.

Eine der armseligsten dieser Kreaturen, von der niemand von uns annahm, dass sie überhaupt eine Überlebenschance hätte, die jeder »vernünftige« Tierarzt eingeschläfert hätte, war so etwas wie ein Schäferhund mit rachitischen Dackelbeinen. Man hatte ihn der Gräfin gerade erst über den Zaun geworfen. Er kroch auf dem Bauch, zu unterernährt, um stehen zu können, sein Schwanz schleifte auf dem Boden, er starrte vor Dreck, fraß gierig vor Hunger seine eigenen Exkremente und die der anderen Hunde.

»Er ist so unglücklich, er kann sich gegen die anderen nicht durchsetzen! Bitte, nehmt ihn mit, und schwört mir, dass ihr ihn nicht tötet!«, flehte die Gräfin unter Tränen.

Ich konnte nicht anders ….

Wir nannten ihn »Francesco« und, nachdem er sich als Mädchen entpuppte, »Francescolina«.

Mit den Spendengeldern der Vereinsmitglieder konnten wir zwei Pfleger für die Gräfin und ihre Hunde engagieren, besorgten ein breites, bequemes Bett für die alte Frau und eine Menge abwaschbare Plastikmöbel sowie Decken, Desinfektionsmittel, Medikamente und zentnerweise Futter für die Hunde. Und last, but not least: Mit einem der örtlichen Tierärzte leiteten wir ein Kastrationsprogramm in die Wege. Denn nur so ist des Tierelends Herr zu werden. Zwölf der einigermaßen gesunden Hunde nahmen wir mit, um sie an gute Plätze in Deutschland zu vermitteln.

Natürlich hatte ich, wie wohl die meisten Menschen, angenommen, es gäbe im Geburtsort des großen Tierfreundes Francesco ein würdiges Tierheim. Weit gefehlt. Wie überall in Italien war da nur ein *canile*, ein Auffanglager, viel zu klein für mehr als 150 *randagi*, die Herumirrenden, die Heimatlosen, wie die Einheimischen die Straßenhunde nennen. Im Heimatort des Francesco, des größten Sohnes der Stadt – obwohl jährlich Hunderttausende nach Assisi pilgern, um dort zu beten! Und die Menschen in und um Assisi sind genauso grausam zu Tieren wie anderswo, schießen Vögel ab oder fangen sie in Netzen, vergiften Hunde, halten sie das ganze Jahr über eingesperrt, um sie zweimal im Jahr für die Jagd freizulassen.

Welche Verlogenheit gerade der sogenannten Christen.

Wohl kein Heiliger wurde und wird über die Jahrhunderte hinweg so verehrt und bewundert wie er – von Katholiken wie Nichtkatholiken in aller Welt: Der *Poverello*, der »kleine Arme« von Assisi, der heilige Franziskus, San Francesco. Seine Tierliebe, seine Tierpredigten, in der Kunst oft verherrlicht, haben ihn zum Schutzpatron der modernen Tierschutzbewegung werden lassen. Für ihn waren alle Tiere Brüder und Schwestern. Er sprach mit den Vögeln und dem Wolf, mit Mutter Erde, Bruder Feuer und Schwester Wasser.

Aber Assisi beutet ihn aus, den Francesco.

»Dieser Dummkopf«, höre ich oft, »war so reich und verschenkte alles. Verdienen wir wenigstens an ihm!« Und das tun sie. Die Läden sind voll von Souvenir-Kitsch.

Immer wieder Mutlangen

Wie oft bin ich seit jenen Pfingsttagen im Jahr 1984 in Mutlangen gewesen? Ich habe es nicht gezählt. Warum bin ich immer wieder dorthin gefahren? Auch dann, als die Euphorie, dieses Gefühl, gemeinsam mit Gleichgesinnten wirklich etwas verändern zu können, anfing, der Ernüchterung zu weichen. »Warum fahre ich heute wieder nach

Mutlangen?«, fragte ich mich auch, als ich mich irgendwann im Spätherbst des Jahres 1985 erneut auf den Weg machte. Ich fuhr hin, um nicht nur bei den Promi-Blockaden dabei zu sein, sondern an einem ganz normalen Alltag.

Statt der üblichen fünf Stunden brauchte ich diesmal fast die doppelte Zeit: Die Autobahn wie mit Seife eingeschmiert. Neun Stunden lang arbeiteten die Scheibenwischer, neun Stunden lang musste ich die Scheibenwaschanlage betätigen.

Wie tot war der Wald, durch den ich da fuhr? Wie aufs Stichwort dazu eine Meldung im Radio: Sechzig Prozent aller Wissenschaftler der Welt waren mit Forschungen beschäftigt, die die Zerstörung von Leben zum Inhalt hatten. Und im Pershing-Raketenlager in der Waldheide bei Heilbronn hatte es gerade eine Explosion gegeben. Ein Soldat vermutlich tot, andere schwer verletzt.

Ein Privatleben gab es für mich schon längst nicht mehr. Seit Monaten wollte ich meine verbogene Brille reparieren lassen, war der Reißverschluss meines Parkas kaputt, fehlte ein Knopf. Keiner der alten Freunde war noch ein Freund. Wer nicht nach Mutlangen fuhr, kam einfach nicht mehr infrage, sie nicht mehr für mich, ich nicht mehr für sie. Für die war ich zu unbequem geworden, ihr personifiziertes schlechtes Gewissen, sie wollten gemütlich Skifahren gehen, Gänsebraten essen, fröhlich sein. Ich störte sie, und sie störten mich.

Auch Lutz war nur einmal mitgekommen nach Mutlangen. Er war seit einigen Jahren ein sehr erfolgreicher Intendant am Salzburger Landestheater, inszenierte auch an anderen Bühnen. War mehr an seiner Karriere und immer weniger am Landleben interessiert und kaum noch zu Hause. »Du kannst die Welt nicht retten«, sagte er.

Ich konnte ihn verstehen. Es war wohl nicht auszuhalten, wenn die Partnerin ständig in Tränen aufgelöst vor Fotos von Opfern der Atombomben oder Katzen und Affen mit Elektroden im Kopf saß oder über Petitionen brütete. Die angenehmen Aspekte des Lebens blieben auf der Strecke. Ich kenne keine Beziehung unter den Aktivisten, die nicht in die Brüche ging. Oder sie nahmen sich das Leben, wie Andreas Wolff, der 1982 die Blockade vor dem Schering-Konzern initiierte.

Schon oft hatte ich mich und auch das I-Ging-Orakel gefragt, ob ich das nicht auch tun sollte. Beim letzten Mal kam die Antwort: Es gibt Wichtigeres als das Leben.

Peng!

Im Rückspiegel sah ich ein vergrämtes, uraltes Gesicht: Mein Gesicht. An jenem Tag erschien mir alles sinnlos, auch diese Fahrt nach Mutlangen. Sich immer wieder vor das Depot setzen? Sich wieder und wieder wegtragen lassen? In den diversen »Hohen Häusern« bereiteten sie doch längst den Krieg der Sterne vor. Wie hatte man so schön aus dem Kanzleramt verlauten lassen: »Die demonstrieren, wir regieren!«

Entmutigend vor allem der Gedanke, die kalten Krieger könnten recht haben: Abschreckung *ist* der Weg zum Frieden ...

Scheibenwischer, Scheibenwaschanlage, Matsch, Heimweh. Total mutlos plötzlich, Lust umzukehren. Unser Mut wird langen, Pustekuchen. Das weiche Wasser bricht den Stein – wo denn, wann denn? Hat sich irgendwas geändert seit Laotse vor Tausenden von Jahren?

Wieder Unfallmeldungen. Eine Seite der Autobahn nach Ulm war jetzt gesperrt. »Fahren Sie über Nördlingen weiter«, riet mir der Tankwart.

Was habe ich eigentlich gegen die Atombombe? Soll sie doch fallen! In Äthiopien verhungern sowieso Millionen. Aus, Schluss, nie wieder fahre ich nach Mutlangen. Die Zen-Buddhisten haben ganz recht: Nichtstun ist die einzige Lösung.

In einer Schnellimbiss-Stube wollte ich mir eine Käsesemmel aus dem Automaten ziehen und einen Plastikbecher Kaffee. Der Computer hatte den Kaffee mit Fleischbrühe vermischt, in der trüben Brühe grüne Fetzen von Petersilie. Die Käsesemmel schmeckte so, wie die Plastikfolie aussah, in die sie eingewickelt war. Trostlos, was die Menschheit konsumiert.

»Bin ich hier noch richtig nach Mutlangen?«, fragte ich den nächsten Tankwart. Diesen Ortsnamen hatte der Mann noch nie gehört. Er überlegte: »Nördlingen – Bopfingen – Mutlingen?« – »Nein, Mutlangen, das ist der Ort, wo die Raketen stationiert sind!« Wieder ein völlig ratloser Blick. Auch davon hatte er noch nie gehört!

Die Explosion im Pershing-Depot soll drei Todesopfer gefordert haben, erfuhr ich jetzt aus dem Radio – die Rakete habe aber keinen Sprengkopf getragen.

Der Freitagnachmittagsverkehr hatte eingesetzt. Familien, die zum Skilaufen fuhren. Warum kann ich kein Wochenende haben wie ein normaler Mensch? Lust, einfach umzukehren.

Um halb fünf kam ich endlich in Mutlangen an, fuhr in die Pressehütte. Unter den Dauerpräsenzlern viele bekannte Gesichter, dazu einige neue. Plötzlich ein Gefühl, als käme ich nach Hause.

Im Braugasthof tranken Doris und ich einen Obstler und wärmten uns mit einer Zwiebelsuppe auf. »Unser Leben ist völlig von den Pershings geprägt«, erzählte die Kellnerin. »Wir wohnen gegenüber der Pressehütte. Unser kleiner Sohn Simon kam neulich mit einem dicken Honigbrot. ›Hast du gebettelt?‹, fragte ich ihn. ›Nein‹, sagte er, ›man muss nur in die Pressehütte gehen, die geben allen was.‹ Die Kinder spielen nichts anderes als Demonstrant und Polizist. ›Hier ist Sperrgebiet‹, verkündet Simon zum Beispiel, und neulich saß er vor der Küchentür auf dem Fußboden: ›Ich blockiere!‹ – ›Und was willst du mit deiner Blockade erreichen, Simon?‹, fragte ich ihn. ›Ich will viel Grießbrei mit ganz ganz viel Nutella‹, war Simons Antwort. Als Berufswunsch gibt Simon an: Demonstrant. Die Kinder haben Angst vor der Pershing«, fuhr sie fort, »wir Eltern sprechen mit ihnen offen über die Gefahren.«

Mir scheint, es hat sich ein Stimmungswandel vollzogen in Mutlangen, zu unseren Gunsten. Die Bevölkerung ist zum großen Teil – offen oder versteckt – auf unserer Seite. »Aber so richtig kapieren werden die erst, was hier eigentlich los ist, wenn mal durch einen Unfall wie heute in Heilbronn der halbe Ort in die Luft fliegt!«, meint jemand von den Dauerpräsenzlern.

Natürlich werde ich auch in Zukunft doch immer wieder nach Mutlangen fahren.

Februar 1985 – Zur Demo nach Wackersdorf

Im Bus zur Großdemonstration gegen die Wiederaufbereitungsanlage für abgebrannte Brennstäbe aus Kernreaktoren. Kurz vor Regensburg sahen einige von uns einen verängstigten, abgemagerten Hund mit eingezogenem Schwanz am Straßenrand im Schnee stehen, in eisiger Kälte, offensichtlich angebunden.
Die Bitte anzuhalten fand kein Gehör. Der Nebenmann des Fahrers brummte etwas wie: »Kann Hunde sowieso nicht leiden, scheißen überallhin ...«
Während der Demo von uns darum gebetene Polizisten versprachen, hinzufahren und nachzusehen, auf dem Rückweg wollten wir dann selbst noch einmal kontrollieren, ob der Hund noch da war.
Aber der – sonst sehr ortskundige – Fahrer verfuhr sich genau auf dem Streckenabschnitt, wo der Hund angebunden gewesen war! Kommentar des Nebenmannes auf unseren Einspruch: »... bloß wegen dem Hund ...« Meine Trauer über diesen Vorfall wurde noch verstärkt, als ich erfuhr, dass der Mann, der da so wenig mitgeschöpfliches Denken an den Tag gelegt hatte, grüner Stadtrat in einem bayerischen Ort war.
Es fällt mir immer wieder auf: Die Grünen – auch und speziell die Grünen im Bundestag – müssten dringend ihr Verhältnis zum Mit-Lebewesen Tier überprüfen.
Wer schon nicht zur Liebe fähig ist, sollte wenigstens Respekt aufbringen. Die Verantwortung, die wir für unsere Mitmenschen, unsere Umwelt empfinden (sollten), darf auch vor dem Mit-Lebewesen Tier nicht haltmachen.

24. April 1985 – Mein Prozess in Schwäbisch Gmünd

Nicht Partner, nicht Freunde hatten Zeit an diesem Tag. Wie froh sie alle waren, glaubhaft versichern zu können: »Sonst gern, jederzeit, aber ausgerechnet heute ...«
Ich fühlte mich sehr einsam. Bis Hinrich von der Mutlanger Dauerpräsenz mit einem Usambaraveilchen anrückte: »Damit du weißt,

du hast Freunde.« Eine unbekannte Frau drückte mir einen Strauß roter Tulpen in die Hand – rote Tulpen, wie sie vor vierzig Jahren zu Hause in unserem Garten blühten. Mein Verteidiger Otto Schily war im Bundestag unabkömmlich – so verteidigte ich mich selbst. Redete von der russischen Soldatin mit den blonden Zöpfen, die über das Tulpenbeet in unserem Garten sprang, um die Blumen nicht zu zertreten, von meinem Nazivater, der Mutter, die dagegen war, aber den Mund hielt, auch davon, dass ich später einmal nicht mit der Ausrede dastehen wollte: Man konnte ja nichts machen, hat nichts gewusst.

Ich zitierte Margarete Mitscherlich. Sie schreibt in ihrem Buch *Die friedfertige Frau*: »Es hat den Anschein, dass der das Weltgeschehen dominierende Mann in sich einen unveränderbaren (…) Todestrieb, einen Zerstörungsmechanismus trägt, der ihn zwingt, alles, was er mit der rechten Hand aufbaut, mit der linken wieder umzustoßen und schließlich sich und den ganzen Globus zu vernichten.«

Wie viele andere wurde auch ich verurteilt – aber nur zu 150 DM Geldbuße mit der Begründung »Verstoß gegen das Versammlungsgesetz und Nichtbefolgen einer vollziehbaren Auflage«.

Tags darauf schrieb die *Gmünder Tagespost* darüber unter anderem: »Gestern stand mit Barbara Rütting wieder einmal eine prominente Verfechterin der Friedensbewegung vor den Schranken des Gmünder Amtsgerichts. Ihr Plädoyer hinterließ einen so nachhaltigen und für die Diskussion erneut zu einer Belebung führenden Eindruck, dass Prozessbeobachter einmal mehr von einem Meilenstein im Kampf der Bewusstseinsbildung gegen den weltweiten Rüstungswahn sprachen …«

Von deutschem Boden darf nie wieder ein Krieg ausgehen, heißt es im Grundgesetz. Die Pershing ist jedoch eine Erstschlagswaffe …

> *Auf der Wiese dicke Büschel wilder*
> *Schneeglöckchen.*
> *Nicht pflücken*
> *lass sie leben*
> *sage ich mir*

und freu mich.
Eine Stunde später
hat der Bauer mit seiner Egge
sie alle zermalmt.

30. Juni 1985 – Parteiaustritt

Der Parteitag der Grünen in Hagen, bei dem die Entscheidung gegen das Totalverbot von Tierversuchen getroffen worden war, dazu das Erlebnis während der Busfahrt nach Wackersdorf waren die Tropfen, die das Fass zum Überlaufen brachten.
Ich trat aus der Partei aus, in die ich 1982 mit so viel Begeisterung eingetreten war.
Das grüne Tierschutzplakat »Tierschutz statt Profit« schickte ich wegen Unglaubwürdigkeit an die Partei zurück.

An die Grünen – und alle, die es betrifft.
Hiermit erkläre ich meinen Austritt aus der Partei »Die Grünen«, weil sie sich von einer Alternativen immer mehr zu einer Partei der Angepassten entwickelt.
Letzter Anstoß: die Entscheidung auf dem Parteitag in Hagen gegen das Totalverbot von Tierversuchen und die Tolerierung eines Hetzblattes übelster Machart, das Tierversuchsgegner mit Nazis gleichsetzt.
Tierversuche sind immer die Vorbereitung auf Menschenversuche gewesen; gerade sie machten und machen die Mengeles möglich, immer wieder!
Zum Ja zur Genmanipulation an Tier und Mensch ist es dann nur noch ein Schritt.
Koalition über alles!?!
Um eine große Hoffnung ärmer, sehr traurig
ehemals Grüne im Ortsverband Freilassing
Barbara Rütting

Das Leben auf dem Land – ein Irrtum?

Doch, wir waren auch glücklich, in den ersten Jahren. Hatten auch wunderbar zusammengearbeitet. Lutz war ein sehr guter Regisseur. Unter seiner Regie spielte ich am Salzburger Landestheater Bernard Shaws »Candida«, die eifersüchtige Diva »Arkadina« in *Die Möwe* von Tschechow und Brechts »Mutter Courage«. Aber Schauspieler gehören in die Stadt! In die Großstadt! Auf dem Land waren und blieben

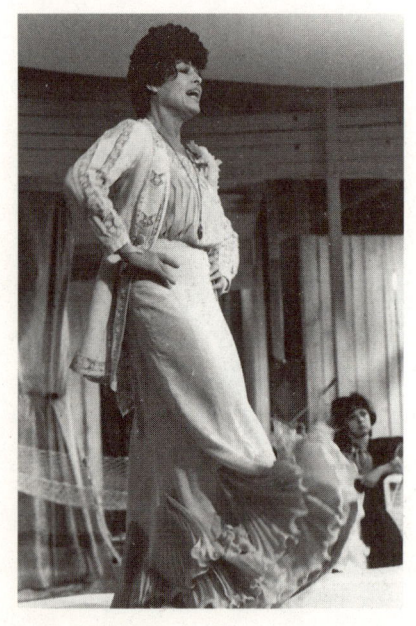

»Arkadina« in *Die Möwe*

wir Fremde unter Fremden, vereinsamte Einzelgänger. Hätte man sich meinen Partner bei den Sonntagabend-Besäufnissen der Bauern im Wirtshaus vorstellen können? Und was hatte ich mit den Nachbarbäuerinnen gemein? Worüber sollte ich mit ihnen reden? Über die neugeborenen Rinder und Kinder, das Eingemachte? Ich hatte weder Rinder noch Kinder, mein Eingemachtes setzte Schimmel an, weil niemand da war, es aufzuessen. Wir arbeiteten dauernd irgendwo anders.

Die Möhren wurden von den Mäusen gefressen. Meine Getreidemühle wartete im Schrank; eine Maschine, mit der ich Nudeln machen wollte – einmal gebraucht. Für wen hätte ich Nudeln machen sollen? Mann inszenierte in der Stadt X, Frau spielte in der Stadt Y Theater.
Lächerlich, unsere Reportagen in den Illustrierten. Da standen wir in geblümten Wiesen, umgeben von unseren schönen Tieren, wurden fotografiert beim Morgenausritt, beim Dämmerschoppen, beim Bir-

»Mutter Courage«

nenpflücken. Und unser Most verdarb derweil im Keller, weil wir nicht da waren, ihn zu trinken. Weil wir wieder mal irgendwo anders waren. Lutz wurde eine Intendanz an einem Theater in Norddeutschland angeboten. Das hätte so gut wie ständige Abwesenheit von unserem Zuhause für Jahre bedeutet. Er zögerte nicht einen Moment, sagte zu. »Und was wird aus uns?«, fragte ich. »Euch muss ich eben opfern«, war die knappe Antwort.

Der Vertrag kam nicht zustande. Aber dieser schicksalsträchtige Satz »Euch muss ich eben opfern« signalisierte bereits das Ende unserer Beziehung.
Der Novembervollmond bringt die Petunien um, jedes Jahr.

> *Gute Nacht, meine schönen Blümchen!*
> *Morgen früh*
> *seid ihr erfroren.*
> *Guten Morgen,*
> *meine toten Blümchen!*

Nach Tschernobyl

Während unserer letzten gemeinsamen Reise durch die USA, im April 1986, hörten Lutz und ich im Radio eine kurze Meldung: In der UdSSR hatte es am 26. April einen Reaktorunfall gegeben.
Von einigen Toten und Verletzten war die Rede. Kein Grund zur Besorgnis.
Ein paar Tage später zurück in Sommerholz erntete ich ahnungslos im Garten meinen Salat und meinen Schnittlauch, das am 18. April geborene Fohlen Stella tollte mit seiner Mutter auf der Weide.
Das Ausmaß des Unglücks wurde erst langsam bekannt, immer neue Meldungen über Tote, Verletzte und zu befürchtende Spätfolgen sickerten durch, ließen sich nicht länger verheimlichen.
Tschernobyl – dieser magische Name hat seit damals in vielen Familien fast die Bedeutung einer Stunde Null erlangt.
War der Salat vor Tschernobyl gesetzt worden? Würde ich die Walderdbeeren pflücken dürfen, den Holunder, im Herbst die Pfifferlinge sammeln? Wie war es mit den Brennnesseln, dem Löwenzahn, der wilden Brunnenkresse?
Die Lebensmittelindustrie rieb sich die Hände. »Auch die Körnerfresser rennen jetzt zu Aldi und kaufen H-Milch«, lauteten schadenfrohe Kommentare. Wieder zurück zu H-Milch, Dosengemüse und Eiern von KZ-Hühnern? Das konnte ja wohl nicht die Devise sein!

Eine Hiobsbotschaft jagte die andere. Kinder durften nicht ins Freie; nicht im Sandkasten spielen, die Katze nicht mehr streicheln, denn ihr Fell sammelte radioaktiven Staub an. Die Mütter mit kleinen Kindern waren am schlimmsten dran.

Ich half mir über die Runden, indem ich uns ernährte wie im Winter. Da aßen wir ja auch keine Erdbeeren und keinen Glashaussalat. Da lebten wir von Getreide, Wintergemüse wie Sellerie, Möhren, roten Rüben, Kohl, Sauerkraut und milchsauer eingelegtem Gemüse, Hülsenfrüchten.

Schweren Herzens verzichtete ich auf die frischen Wildkräuter. Auch den ersten Spinat schnitt ich ab und gab ihn auf den Sondermüll – nur: Wo würde der eigentlich hinkommen? Aber die Waldhimbeeren, die würden wir essen und die Holunderbeeren ernten. Ohne die lebensnotwendigen Vitalstoffe wäre ich ja noch viel anfälliger für Krankheiten und wahrscheinlich noch anfälliger für alle die Krankheiten, die uns Cäsium und Strontium noch bescheren würden. Schäden, die sich höchstwahrscheinlich erst in Jahrzehnten herausstellen.

Sehr erschüttert hat mich im Zusammenhang mit Tschernobyl die Geschichte eines kleinen Mädchens, dem die Mutter gesagt hatte, die Erde sei sehr krank, deshalb dürfe es nicht mehr im Sandkasten spielen. Die Mutter fand ihre Tochter dennoch im Sandkasten sitzen, aber ohne zu spielen, ganz still. Auf die Frage, ob sie denn nicht gehört habe, was die Mutter gesagt habe, antwortete die Kleine: »Du hast uns doch gesagt, die Erde ist sehr krank. Und wenn wir krank sind, lässt du uns doch auch nicht allein. Da sitzt du doch auch an unserem Bett!«

Alle meine Komplexe

Frau hat eine Brille bekommen müssen. Frau denkt: Jetzt werde ich alt! Unlogisch, auch viele junge Menschen tragen eine Brille. Im Hotel kann sie eine Anweisung für die Aircondition nicht lesen, Brille hat sie verlegt. Mann: »Wer blind ist, kann doch fühlen!« Frau (denkt): »Von diesem Mann muss ich mich trennen, sofort.« Nach diesem Satz ist ein gemeinsames Weiterleben wirklich nicht mehr möglich.

Fraus ewige Minderwertigkeitskomplexe haben Hochkonjunktur:
Ich kann nicht Brot schneiden, findet er, ich kann nicht Auto fahren. Ich operiere immer noch nicht richtig mit dem Korkenzieher, manchmal bricht der Korken ab. Ich laufe gern salopp herum, besonders wenn Besuch kommt, feiner Besuch. Ich unterhalte mich nicht gern mit dem Besuch. Ich unterhalte mich überhaupt nicht gern. Ich sitze nicht gern in unseren steifen Sesseln, ich ziehe gern die Beine an. Ich liege gern bei den Hunden auf dem Teppich. Ich liebe es, mit den Hunden zu schmusen. Mann hasst das. Ich habe oft Hundehaare am Pullover. Ich trinke gern Bier aus der Flasche. Das hasst Mann auch. Bier aus einem Glas schmeckt mir einfach nicht, schmeckt schlecht, riecht schlecht.
Ich bin streichel- und harmoniesüchtig. Ich weine leicht. Ich zeige meine Gefühle. Ich bin unbeherrscht.
Ich hätte gern ein Kind gehabt, am liebsten ein halbes Dutzend, und einen Mann, dem ich treu bin, der mir treu ist, bis dass der Tod uns scheidet. Habe ich auch nicht hingekriegt, weder Kind noch Mann, bis dass der Tod uns scheidet ... Dann hätte ich gern ein Kind adoptiert, am liebsten mehrere Kinder, aber wenigstens ein Kind. »Das arme Kind«, sagte mein Lebensphasen-Partner, »die armen Kinder!« Soll heißen: Eine fürchterliche Mutter wäre ich auch geworden. »Du hast doch mich!«, sagte er. »Ich bin doch dein Kind!«, sagte er.
Nicht mal eine richtige Schauspielerin bin ich. Vermutlich hätte ich gar nicht auf einer ordentlichen Bühne stehen dürfen ohne eine anständige Ausbildung. Die hatte ich ja auch nicht, eine anständige Ausbildung. Alles selfmade bei mir, immer learning by doing. Nichts habe ich richtig gelernt, außer dänischer Stenografie und Schreibmaschine, als Sekretärin in der Kopenhagener Firma für Ex- und Import von Därmen. Wo und wem aber kann ich schon mit dänischer Stenografie in Ex- und Import von Därmen imponieren?
Aber – irgendetwas war doch ... ach jaaa, seit dem 21. März 1986 bin ich ärztlich geprüfte Gesundheitsberaterin, geprüft von Dr. Max Otto Bruker höchstpersönlich!
Man muss Zwischenabrechnungen machen, nicht auf dem Sterbebett plötzlich fromm werden. Sonst fällt man aus allen Wolken. Was

hat man sich für sein Leben erhofft, was ist daraus geworden? Eine Geschichte über Mulla Nasrudin fällt mir ein – Mulla war so eine Art orientalischer Till Eulenspiegel. Im Sterben liegend wurde er gefragt, was er anders machen würde, wenn er sein Leben noch einmal leben könnte. Nach langem Nachdenken antwortete er: Eigentlich sei alles, so wie es war, in Ordnung gewesen – aber doch, ja, er habe sich immer einen Mittelscheitel gewünscht. Ein Mittelscheitel, ja, das wäre es gewesen!

Die Empfindliche

Also
wenigstens hier auf dem Land
will ich mir
meine Empfindlichkeiten
leisten!
Die überfahrene Drossel.
Überfahren von mir.
Ich will weinen dürfen,
eine Stunde oder zwei!
In der Wanne aus Blech
mein Reh.
Tannengrün
sprießt ihm in der Schnauze aus Lack.
Tannengrün auch am Hute des Jägers.
Seine Hände voll Blut.
Daneben die Kiste mit Bier.
Ich will weinen dürfen,
wenigstens hier auf dem Land.
In der Stadt
geht das nicht, da
passiert Schlimmeres,
ich weiß.
Pass auf, du wirst langsam

wunderlich, sagt er, nun
hör schon auf mit der Drossel!
Wunderlich.
Wunderlich war ich schon immer.
Aber hier auf dem Land
wenigstens
werde ich mir
meine Empfindlichkeiten leisten.

Herbst 1986 – Szenen einer Ehe

Frau träumt seit ihrer Jugend davon, wieder Klavier und Gitarre zu spielen. Wenn sie nämlich irgendwann genug gerackert, Schulden ab- und Renten einbezahlt haben wird, dann, ja dann wird sie wieder bei Clementi anfangen, unbedingt, so weit war sie schon einmal. Sie wird damit wieder anfangen, auch wenn sie darüber achtzig geworden ist. So hat sie eisern aufbewahrt eben die Sonaten von Clementi, einiges von Beethoven (so weit ist sie aber nicht gekommen), ihre Gitarrenschule, Lieder von Hermann Löns, die man in ihrer Kindheit gesungen hat, von Vater und Mutter eigenhändig geschriebene Noten, das Einzige, was sie gerettet hat aus der ehemaligen Heimat.

Mann weiß von diesem ihrem Traum. Mann könnte jederzeit, in einem Fernseh-Quiz oder auf die Frage eines Zeitungsreporters, was denn wohl seiner Meinung nach fraus unerfüllter Wunschtraum sei, jederzeit könnte mann da antworten: Gitarre- und Klavierspielen. Mann hält aber nicht viel von fraus Ideen. Mann hält nur etwas von seinen eigenen Ideen.

Mittagszeit. Mann kommt nach Hause. Frau hat sich wie immer große Mühe mit dem Kochen gegeben.
Frau begrüßt ihn. Das übliche Gezirpe und Geflöte: Wie war's? Wie war's bei dir? Küsschen, mein Schnauzel-Mauzel-Pauzelchen.
Mann strebt zum Mittagstisch.
Frau: Sag mal, weißt du, wo meine Noten hingekommen sind?

Mann: Welche Noten?
Frau: Na, die alten Klaviernoten, die immer auf dem Schrank lagen!
Mann: Nein.
Frau: Aber du hast doch das Zimmer umgeräumt!
Mann: Ich weiß aber nicht, wo sie sind.
Frau: Wenn du das Zimmer umgeräumt hast, musst du es doch wissen!
Mann: Weiß ich aber nicht.
Frau *(stockt der Atem)*: Kann es – kann es sein, dass du sie mit den anderen Büchern ins Antiquariat gebracht hast?
Mann: Nein. Ja. Weiß nicht! *(fängt an, die Suppe zu löffeln)*
Frau *(fühlt sich abwechselnd blass und rot werden)*: Kann es sein oder nicht?
Mann: Ja. Nein. Ich weiß es nicht! *(haut wütend den Löffel in die Suppe, zieht sich die Jacke wieder an, grapscht sich den Autoschlüssel)* O. K., fahre ich eben wieder in die Stadt zurück! Morgen komm ich überhaupt nicht mehr nach Hause!
Frau *(mühsam)*: Aber wenn du sie wirklich dorthin gebracht hast, sind sie doch längst verkauft!
Mann: Vierzehn Jahre hat das Zeug hier rumgestanden! Denkst du, irgendwer kauft diese alten Klamotten?
Frau *(stammelt)*: Das ist – das ist – als ob ich deinen kleinen Kinderstuhl, deinen kleinen Kinderstuhl, auf dem schon deine Mutter als Kind gesessen hat, als ob ich deinen kleinen Kinderstuhl verkauft hätte!
Mann: Na, geh doch und zerschlag den Stuhl! Geh doch! Mach's doch! Mein Gott, dieses Getue! Da kommt man nach Hause, freut sich auf ein gemütliches Mittagessen und seine Ruhe und dann so ein Theater!
Mann knallt die Tür zu, frau bricht in Schluchzen aus.

Frühling 1987 – Endlich Trennung!

Nach vielen vergeblichen Versuchen haben wir uns endlich getrennt. Wir saßen am Frühstückstisch in unserem wunderschönen Bauernhaus und schwiegen uns an. »Was ist bloß aus uns geworden!«, sagte

ich weinend. Darauf Lutz: »So werden wir hier noch in zwanzig Jahren sitzen!« – »Nein«, sagte ich, »das werden wir nicht. Wir trennen uns.« Wir kamen überein, dass Lutz sich eine Wohnung in Salzburg sucht und ich weiterhin auf dem Bauernhof bleibe. Solange die Pferde leben ...
Auch eine »wilde« Ehe schützt nicht vor Abnutzungserscheinungen.

Kurz vor dem Erstickungstod

Die Sauerstoffzufuhr total
abgewürgt
vom sogenannten Partner
von der glühenden Fackel
zur erbärmlichen Funzel
verkommen
krieg ich nun endlich
wieder Luft
ohne ihn

Die Kirchenglocken läuten, sonntäglich gekleidete Familien sind unterwegs zum Gottesdienst. Später sitzen sie gemütlich beim Schweinsbraten, es folgt die Kaffeefahrt zu Vater, Mutter, Onkel, Tante, den Enkelkindern. Wie oft habe ich sie beneidet! Ich, deren Traum es war, ein Leben lang neben dem *Einen Einzigen* aufzuwachen! Für eine Schar Kinder und später Enkelkinder zu sorgen! Philemon-Baucis-artig händchenhaltend mit dem Einen und Einzigen ein geruhsames Alter zu verbringen, bis dass der Tod uns scheidet, und wenn sie nicht gestorben sind, dann leben sie noch heute ...
Letztes Wochenende, der Misthaufen war so hoch, dass ich mir beim Stallausmisten die Schulter verrenkte. Während die Kirchenglocken läuteten, schlug ich auf dem Weg zurück ins Haus auf dem Glatteis hin. Blieb einfach mitten auf der Straße sitzen. Alle vier Hunde und die beiden Katzen eilten herbei, mich zu trösten. Dackelin Lemmi leckte mir die Tränen aus den Augen.

Ich habe so viel bekommen, wovon ich nicht einmal geträumt hätte: Eine Karriere als Schauspielerin, eine als Buchautorin. Ich war eine sogenannte Promi mit einer VIP-Karte, also eine *very important person*. Ich besaß ein Haus in einer wunderschönen Gegend. Aber alles, was ich mir wirklich wünschte, habe ich nicht bekommen, nicht das kleine Glück mit dem *Einen Einzigen*, nicht die Flöte spielenden Kinder. Nie würde sie enden, die Sehnsucht nach der heilen Welt meiner Kindheit.

November 1987 – Mein 60. Geburtstag

Der Reporter war sehr behutsam. »Sie sagen, Sie sind entschlossen, die kommenden Jahre zu den schönsten Ihres Lebens zu machen. Sie geben Ihr Alter preis. Sie haben, wie Sie sagen, Ihre Schauspiellaufbahn bewusst beendet, indem Sie sich die ehemals schwarz gefärbten Haare abschnitten, nicht nur ein äußerer, auch ein innerer Schnitt; Sie haben sich nach zwanzig Jahren von Ihrem Lebensgefährten getrennt. Die von Männern umschwärmte Frau sitzt jetzt mutterseelenallein auf einem Bauernhof – Sie wollen, wie Sie sagen, als Single leben.«
Hier unterbrach ich ihn: »Nur die beiden nächsten Jahrzehnte. Dann sehe ich weiter!«

*Träumen allein genügt nicht**

Frühling 1989 – Geburtsstunde des Öko-Projekts Doppendorf

Besuch im Altenheim

Morgen
werde ich endlich mal wieder gebadet
sagt sie
das erfrischt immer so
nach drei Monaten endlich mal wieder
weil
übermorgen bekomm ich Besuch
da hab ich Geburtstag
und da wollen sie, dass ich nicht
stinke
an meinem zweiundneunzigsten Geburtstag
sagt sie und versucht zu lachen

Beim Abschied rief die alte Frau mir weinend nach: »*Geh nicht weg – geh nicht weg*« …
Meine Verstörung über dieses Erlebnis – in einem ganz normalen Altenheim – hält bis heute an. So darf man doch nicht alt werden müssen! Das ist doch unmenschlich!
Als wir uns wieder einmal in Assisi trafen, erzählte ich Johanna Wothke davon, der Initiatorin von »Pro Animale«. Wieder einmal waren alle unsere Vorschläge für den Bau eines Tierheims in Assisi aus fadenscheinigen Gründen abgelehnt worden – so auch durch einen Kir-

---

* In diesem Kapitel wurden die Namen der Personen und Orte teilweise verändert.

chenvertreter, der fürchtete, vom Lärm der Hunde gestört zu werden. Ich schlug Johanna vor, woanders nach einem geeigneten Platz zu suchen – allerdings schwebte mir mehr vor als »nur« ein Tierheim, nämlich motiviert durch dieses Erlebnis im Altenheim eine Gemeinschaft, in der Mensch und Tier, Jung und Alt im Einklang mit der Natur zusammenleben können bis an ihr selig Ende. Johanna gefiel die Idee – wir beschlossen, gemeinsam diese Vision zu verwirklichen. Ein Zeichen wollten wir setzen, damit eines Tages überall diese Ghettos geöffnet werden, diese Ghettos der Altenheime, euphemistisch Seniorenheime genannt, diese Ghettos der Kinder-, Waisen- und Tierheime, und damit die Insassen all dieser Ghettos sich zusammentun können zu gegenseitiger Hilfe, zum gegenseitigen Glücklichmachen.
Ohne die Begegnung mit Johanna wäre mein weiteres Leben total anders verlaufen.
Es war die Geburtsstunde des Projekts Doppendorf.
Ich blieb in dem Lutz und mir gehörenden Bauernhaus. Auf unserer 20 000 Quadratmeter großen Wiese durfte man nicht bauen – das war vom Standpunkt des Naturschutzes aus auch gut so. Also machte ich mich auf die Suche nach einem Stück Land, auf dem sich unsere Vision verwirklichen lassen würde, einem Ort auf deutscher Seite – möglichst nahe an der Grenze zu Österreich –, an dem Johanna am besten ihre Lehrerinnentätigkeit ausüben könnte. Sie wollte ihr Haus verkaufen und das Geld in das Projekt einbringen.
Das bedeutete für mich Fahrten mit einem Immobilienmakler, monatelang, Rennereien zu Politikern, zwei Jahre lang.
Verbündete fanden sich schnell. Immer mehr Menschen verspürten offensichtlich das Bedürfnis, nicht aus-, aber umzusteigen, mit Gleichgesinnten zusammen zu sein, die ebenfalls in dieser doch eigentlich so herrlichen, aber von uns Menschen verschandelten Welt zu retten versuchten, was noch zu retten war.
Ein Verein wurde gegründet, der »Verein zur Förderung ganzheitlicher Lebensweise«. Die wenigen Mitglieder zahlten zwar ihren Beitrag, aber an den Kauf einer Liegenschaft war natürlich nicht zu denken, nur Pachten kam infrage. Ein altes leer stehendes Bauernhaus bot sich an, im Besitz der Salzburger Landesregierung. Nein, man sei nicht

abgeneigt, Haus und umliegendes Land dem Verein zur Verfügung zu stellen – doch zu entscheiden habe letztendlich die Gemeinde, in deren Bereich das Anwesen lag. Also bei der Gemeinde antichambriert. »Wenn die Frau Rütting so etwas in Salzburg machen würde – ich würde sie auf Händen tragen!«, hatte ein Salzburger Landesrat angeblich geäußert. Darauf raunzte der damalige Bürgermeister der kleinen Gemeinde in meinem Beisein: »Von mir aus kann der die Frau Rütting hintragen, wo der Pfeffer wächst – hierher kommt das Projekt nicht!«
Man beabsichtigte, dort einen Truppenübungsplatz für das Bundesheer zu errichten. Das Haus steht heute noch leer und zerfällt.

Astrologin rät zu

Wegen der großen Widerstände wollte ich das Projekt am liebsten aufgeben. »Frag doch eine Astrologin«, schlug eine Bekannte vor, »ich kenne eine gute …« Also auf zur Astrologin! Und die meinte nun, ich *müsse* das Projekt durchziehen, es wäre eine Katastrophe für meine spirituelle Entwicklung, wenn ich es nicht täte, mit einem starken Jupiter sei das gar kein Problem; zwar mache Saturn Schwierigkeiten und meine Gesundheit laufe Gefahr, dabei auf der Strecke zu bleiben – aber insgesamt, wenn ich endlich genug gebrannt wäre wie gute Keramik und wirklich selbstlos hinter dem Ganzen stünde, dann, ja dann würde ich es schaffen, die richtigen Helfer würden sich einstellen, auch Finanziers und staatliche Stellen. Mit diesem starken Jupiter wäre ich fähig, mit nur hundert Mark das Empire State Building aufzubauen. Insgeheim hatte ich gehofft, die Astrologin würde mir raten: »Nun treten Sie mal etwas kürzer, wie es sich für die zweite Lebenshälfte gehört, machen Sie Urlaub, reisen Sie, lassen Sie sich liften oder legen Sie sich einfach in die Sonne und genießen Sie endlich Ihr Leben« – aber nein: Sie sagt, ich *muss* das machen. Dass ich dieses Muss auch annahm, lag in der Luft. Überall in der Welt begann es zu gären, schmeckte es nach Auf- und Umbruch, schien plötzlich das Unmögliche möglich. Die große politische Wende bahnte sich an.

Und da kam Margarete Mackwitz, Eigentümerin eines Gutshofes in meiner näheren Nachbarschaft, und sprach: »Warum machst du das denn nicht bei mir? Hier ist doch alles vorhanden, was du brauchst!« Das stimmte insofern, als sie ihr Gut seit über einem Jahrzehnt biologisch-dynamisch bewirtschaftete, als riesige, nicht genutzte Gebäude auf ihre eigentliche Bestimmung zu warten schienen und Bauland zur Verfügung stand wie auch ein großes Gewerbegebiet, auf dem man alle möglichen handwerklichen Betriebe errichten könnte – am Rande des Waldes vielleicht sogar die so dringend benötigte Tierherberge. Überdies nur zehn Autominuten von meinem Bauernhof entfernt: den Berg hinunter und eine kurze Schleife am stillen See entlang.

Was dagegen sprach: Ich wusste, dass Margarete Mackwitz, selbst Anthroposophin, sich eigentlich ein anthroposophisches Zentrum wünschte. Außerdem wurde auf diesem Hof geschlachtet und Fleisch gegessen, während ich mir eine vegetarisch lebende Gemeinschaft vorstellte im Sinn von Pythagoras und Tolstoi; und, last but not least, verfügte das einzige einigermaßen bewohnbare Gutshaus nur über wenige primitive Zimmer, eine vorsintflutliche Ofenheizung, völlig unzureichende sanitäre Einrichtungen etc. Kurz und gut: Das Haus war in einem Zustand, der schon andere Bewerber davon abgehalten hatte, es zu kaufen.

Da fiel der schicksalsträchtige Satz, an den sich Margarete Mackwitz später nicht mehr erinnern konnte: »*Und wenn ich euch das Haus schenke?*«

Ich weiß noch genau, wie ich den Kassier des Vereins anrief: »Stell dir vor, Margarete Mackwitz will dem Verein das Haus schenken!«

»Ja, wenn das so ist – dann können wir es wohl wagen ...«, aber nur in Kombination mit dem Kauf des Baulandes; denn das Hauptziel des Vereins war ja eine Lebensgemeinschaft gleich gesinnter Menschen; und die brauchten Häuser beziehungsweise Wohnungen. Praktischerweise könnten wir jedoch, wie ich mir überlegte, mit einem Seminarzentrum im Gutshaus beginnen.

Vom Schenken des Hauses war zwar bald nicht mehr die Rede; aber inzwischen hatten alle Feuer gefangen: »Mit einer niedrigen Miete geht es zunächst doch auch ...« – »Vielleicht ist die Eigentümerin ja später so begeistert, dass sie von sich aus ...« – und »Doppendorf *ist* der richtige Ort für das Projekt!« Darüber waren sich alle einig. Zwischen der Gutsbesitzerin und dem Verein wurde ein Mietvertrag für das Gutshaus bis Ende 1993 abgeschlossen. Bald hatten sich so viele potenzielle Darlehensgeber gemeldet, dass an den Kauf des Baulandes gedacht werden konnte. 100 000 DM war ich zu riskieren bereit. Da Frau Mackwitz ein Angebot für das Bauland in Aussicht stellte, wurde der Mietvertrag für das Gutshaus gleich bis zum Jahr 2025 verlängert. Wir wagten es ... und begannen mit den dringend nötigen Reparaturen im Gutshaus.

»Hundertwasser muss die Häuser bauen!«

»Hundertwasser muss die Häuser bauen!«, schlug ich vor. Alle waren begeistert.
Ich fuhr nach Wien, wurde von Meister Friedensreich empfangen, schaffte es, ihn mit seinem Architektenteam nach Doppendorf zu holen. Ihm gefiel die Idee; er sah sofort eine begrünte Wohnlandschaft, die sich harmonisch in das Ortsbild einfügen würde.
Hundertwassers Architekt arbeitete einen Plan aus und erschien zur nächsten Gemeinderatssitzung bereits mit einem Modell. Ich hatte erwartet, alle Gemeinderatsmitglieder würden beim Anblick dieses Modells in Entzückungsschreie ausbrechen: Die Häuser nach Norden hin in den wärmenden Schutz der Erde geschmiegt, nach Süden, Westen und Osten der Sonne geöffnet. Genial. Jede Familie hätte statt einer Häusermauer einen begrünten Hügel vor sich, vielleicht mit ein paar Schafen drauf.
Der Gemeinderat aber befand: »Das sind menschenunwürdige Erdhöhlen.«
»Für den Krieg mag's ja angeh'n ...«, meinte einer in der unbeschreiblich blamablen Sitzung, in der, laut Gesetz, wir Außenstehenden keinen Mucks von uns geben durften, »... für den Krieg mag's ja praktisch sein, diese Erdhöhlen, da sieht der Feind von oben aus der Luft keine Häuser – aber sonst? Na, na, nix da, abgelehnt!«

Ich tröstete mich damit, dass eine Hundertwasser-Siedlung vielleicht tatsächlich zu viele Touristen angezogen hätte, wie einige Skeptiker meinten. Es stellte sich auch gleich eine Öko-Architektin vor, die, vorerst unentgeltlich, Häusertypen entwerfen wollte, die den Gemeindevätern hoffentlich besser zusagen würden.

Die örtliche Tageszeitung brachte unter der Rubrik »Fall der Woche« das Konterfei des Doppendorfer Bürgermeisters mit dem Text: »Nur ein gequältes Lächeln war dem Bürgermeister von Doppendorf im Zusammenhang mit möglichen Erdwohnungen im Hundertwasser-Stil in seiner Gemeinde abzugewinnen. Gemeinde lehnt Erdwohnungen ab – Öko-Dorf bleibt als Plan bestehen, aber in herkömmlichem Stil.«

Den schönen Hundertwasser-Kalender habe ich, um nicht immer wieder an diese Enttäuschung erinnert zu werden, dem Kaminfeuer übergeben. Und Hundertwasser einen Brief geschrieben:

Lieber Meister Friedensreich Hundertwasser!
Mit Betrübnis habe ich eben noch einmal Ihren schönen Kalender mit der Widmung für mich in die Hand genommen. Betrübnis darüber, dass Ihre wunderbare Idee der begrünten Häuser von unseren Gemeindevertretern nicht verstanden und abgelehnt worden ist. Es seien »menschenunwürdige Erdhöhlen«, vielleicht günstig für den Kriegsfall, weil aus der Luft als Häuser nicht erkennbar...
Traurig, traurig, traurig.
Im Radio hörte ich neulich den Satz: »Wer sich mit der Provinz anlegt, kommt in ihr um.«
Ich hoffe, dass ich nicht in der Provinz umkommen werde, aber ich bin oft drauf und dran.
Ihre begrünten Häuser werden nun nicht in Doppendorf entstehen, aber sicher einmal irgendwo anders, an einem Ort, der sie – und Sie! – verdient.
Viel Glück uns allen.
Ihre Barbara Rütting

Zum Auftakt eine Hiobsbotschaft!

Johanna teilte mir mit, dass sie sich nicht in das Projekt einbringen werde – sie wolle ein Tierheim im Schwarzwald bauen.
Ein schwerer Schlag. Schlaflose Nächte: *Soll ich das Projekt aufgeben?* Aber es hatten sich bereits so viele begeisterte Menschen gefunden, die mitmachen wollten, auch Darlehensgeber …
Ich konnte damals nicht ahnen, wie viele Hiobsbotschaften, Absagen und Rückschläge in den nächsten Jahren folgen würden.
Die Verhandlungen über den Kaufpreis für das Bauland fingen von vorn an. Frau Mackwitz beklagte, durch die Verzögerung der Verhandlungen erhebliche Nachteile erlitten zu haben, geleisteter Zeitaufwand, Zinsverlust – obwohl ja nicht der Verein die Hundertwasser-Siedlung vereitelt hatte, sondern die Gemeinde!
Der Bürgermeister verlangte plötzlich, dass statt der bisher benutzten Sickergrube ein Kanalanschluss gebaut werden müsste. Also her mit einem Bagger, der tagelang Gräben zog und Löcher buddelte; dann wurden lose Rohre verlegt; irgendwo staute sich aber der ganze Matsch, wieder musste der Bagger her, wieder wurde die Erde aufgerissen. Herren- und Damentoiletten mussten gebaut werden, damit wir überhaupt Seminare abhalten oder ein Restaurant führen konnten. Wo immer man den Hammer ansetzte oder nur einen Nagel einschlug, fiel der Putz herunter, bröckelte es; wo gerade mit viel Mühe geweißelt worden war, kamen tags darauf wieder feuchte Flecken zum Vorschein.
Abends hielt ich Vorträge in der Umgebung, um Interesse für das Projekt zu wecken. Vor zwei Uhr nachts kam ich nie ins Bett. Dennoch jeden Morgen ab sieben Uhr auf die Baustelle, den Kachelofen einheizen, das Büro einrichten, das inzwischen installierte Telefon bedienen, Seminare ausschreiben, einkaufen, Verträge mit Referenten schließen. Nebenbei hatte ich schließlich noch mein Zuhause zu betreuen mit drei Pferden, fünf Hunden, zwei Katzen und fünf Zwerghühnern. Glücklicherweise hatte ich dafür eine Hilfe, die Bauerntochter Frida, die morgens um sieben Uhr kam, aber leider abends um siebzehn Uhr das Haus verließ.

Fast ein Jahr lang musste ich mit drei bis vier Stunden Schlaf pro Nacht auskommen; gestärkt nur durch die Aussage der Astrologin: *Das sind alles Hürden, die ich nehmen, Prüfungen, die ich bewältigen muss; alles wird mir nur so zufallen. Eines Tages …*

09. April 1989 – Eröffnung des Seminarzentrums

Der Eröffnungstag nahte. Womit, außer mir, niemand gerechnet hatte: Das Haus war nicht nur vorzeigbar, sondern sah geradezu picobello aus – sogar die Toiletten funktionierten.

Meiner Einladung über Presse und Postwurfsendungen waren ungefähr tausend Menschen gefolgt. Das übertraf jede, auch die kühnste, Erwartung. Außerdem hatten sich gleich zwanzig TeilnehmerInnen für die parallel stattfindende erste »Schnupperwoche für Frauen« angemeldet!

War das nicht der beste Beweis dafür, wie gut und richtig die Idee war, wie groß die Sehnsucht der Menschen nach Gesundheit und Glück?

»Das ist der glücklichste Tag meines Lebens!«, konnte ich dem ORF-Fernsehreporter versichern.

»Wes das Herz voll ist, des geht der Mund über« … In meiner großen Freude busselte ich sogar den darob total verdatterten Bürgermeister auf offener Straße ab.

Auch der junge Pfarrer war gekommen, mit dem sich eine fruchtbare Zusammenarbeit ergeben könnte, und – was mich besonders freute – viele Einheimische. Jeder Haushalt hatte per Post eine persönliche Einladung erhalten.

Das reinste »Kaiserwetter«: Der Himmel vom blausten Blau, die Sonne so kraftvoll, dass Körper und Seele gewärmt wurden wie an einem goldenen Sommertag – und das am 09. April! Mit Vollkornspezialitäten und altrömischer Dinkelsuppe konnten wir selbst die Skeptiker unter unseren Besuchern davon überzeugen, wie köstlich die gesunde Vollwertkost mundet. Essen muss großartig schmecken, hinreißend aussehen *und* gesund sein!

Im ORF dann ein mit viel Sympathie gedrehter Film über das »Happening«. Denn ein Happening war es in der Tat: Begleitet von barocker Blasmusik des dörflichen Quartetts unter der Leitung des Lehrers haben wir etwa einen halben Zentner Getreide verbacken; einheimischen Most ausgeschenkt, Dinkelsuppe gelöffelt und Vollkornwaffeln gebacken, besonders die Grünkernlaibchen gingen weg »wie warme Semmeln«.

Freiwillige Helfer haben bis zu acht Stunden in der großen Gutsküche abgewaschen (eine Spülmaschine gab es noch nicht). Wir hätten sicher die dreifache Menge Honigeis an die begeisterten Kinder verteilen können.

Auch die TeilnehmerInnen der ersten »Schnupperwoche für Frauen« halfen begeistert mit und genossen nicht nur diesen Tag, sondern die ganze Schnupperwoche. Das Programm konnte sich wirklich sehen lassen: die Vorträge über vegetarische Vollwertkost, biologischen Landbau, Naturheilverfahren, die Heilung mit Edelsteinen, das gesunde Bett, Naturkosmetik etc. wurden aufgelockert durch Tai Chi und sakrale Tänze. Krönung des Ganzen war ein Wilhelm-Busch-Abend.

Das schönste Kompliment spendete eine einheimische Wirtin, dem »Körndlfraß« – »Ja, kann denn des schmecken?« – zunächst durchaus abhold. Regelrecht fassungslos meinte sie: »Ja, Frau Rütting, die Damen sind ja alle um zehn Jahre verjüngt abgefahren!« (Und das nach nur *einer* Woche!)

Nicht nur für mich wichtigster Lernprozess war die Begegnung und Auseinandersetzung mit einem schwerstbehinderten Mädchen, das mit seiner Mutter in die Gruppe integriert werden konnte. Nach dem ersten, entsetzten Wegschauen beglückend für uns alle die Erfahrung, dass dieses Menschenkind sich schließlich bei uns und mit uns wohlzufühlen begann – und wir mit ihm. Ein ganz wichtiger Schritt in die Richtung, die wir in unserem Öko-Dorf verwirklichen wollten: Ein anderes, menschlicheres Miteinanderleben und Altwerden.

> *»Wenn einer träumt, bleibt es ein Traum –*
> *wenn viele träumen,*
> *beginnt der Traum, Wirklichkeit zu werden.«*

Der Satz des brasilianischen Bischofs Dom Hélder Câmara, Motto unseres Vereins. Nichts schien der Verwirklichung meines Traumprojekts Doppendorf im Wege zu stehen.

Ein volles Programm und jede Menge Pläne

Mit zahllosen Vorträgen rundum in Österreich, deren Honorare ausnahmslos in die Vereinskasse flossen, konnte ich immer mehr Menschen nicht nur für die vegetarische Vollwertkost, sondern auch für das Projekt Öko-Dorf begeistern. Einmal im Monat hielt ich eine Gratis-Fragestunde ab für alle, die immer noch nicht wussten, wie denn nun der Frischkornbrei zubereitet wird und warum Fabrikzucker in der Vollwertkost nichts zu suchen hat.
Auch die SOS-Kinderdorfmütter fingen Feuer, nachdem ich einen ganzen Tag lang mit ihnen und den Kindern vollwertig gekocht und gebacken hatte. »Ja, wenn das so gut schmeckt – und auch noch gesund ist …«
Mein Plan war, diese Ernährungsform auch in die Krankenhäuser, Kindergärten, Altenheime und sogar – kombiniert mit Yoga und Meditation – in die Gefängnisse zu bringen …
Damit auch Mütter mit Kleinkindern an den Seminaren teilnehmen konnten, hatte ich vor, eine Spielstube für die Kleinen einzurichten, in der die Kinder zunächst abwechselnd von einer der Mütter betreut würden. Und ein Kinderhaus sollte es geben, das nur den Kleinen gehören würde, in dem sie alles tun und lassen konnten, was sie wollten – außer es anzünden …

»Und warum hast du das nicht gemacht?«

Unsere Öko-Siedlung sollte möglichst ohne Bankkredite und überwiegend mittels zinsloser Darlehen der Interessenten finanziert werden, um die Kosten niedrig zu halten.

So lud ich alle am Seminarzentrum und/oder dem Dorfprojekt Interessierten zu einem Workshop ein – auch in der Hoffnung, es würden anschließend genügend Freiwillige bleiben, um mit mir die Renovierung der Zimmer im ersten Stock anzupacken. Das Erdgeschoss sah schon tipptopp aus, die Toiletten weiß gefliest, die Küche geweißelt.
Man konnte ahnen, wie schön das ganze Haus einmal aussehen würde. Margaretes Mann – sie hatte vor Kurzem geheiratet – meinte bei einem Rundgang: »Und warum hast du das nicht gemacht?« Eine hingeraunte Bemerkung, deren Worte, jedes einzelne, mich wie ein Peitschenhieb trafen, obwohl sie Margarete galten, die nicht antwortete, sondern schwieg.
Eigentlich unerklärlich, warum dieser Vorfall mich so betroffen machte. Ein Vorfall, der eigentlich gar kein Vorfall war – oder doch?

Den Schutzengel wieder einmal überstrapaziert

Mein junges Pferdchen Stella, das nie von einem Fachmann eingeritten wurde, war nicht mehr zu bändigen. Den Kopf dicht über dem Boden, raste es mit mir in seinem Frühlingsungestüm über die Wiesen. Endlich fand ich einen Reitlehrer, der feststellte, dass der Kinnriemen viel zu lang war. Dadurch lag die Zunge über der Trense statt darunter. Natürlich reagiert das Pferd auf diese Weise nicht. Also Lochzange gekauft, Kinnriemen gekürzt.
Der Reitlehrer hielt meine Pferde durchaus für die Arbeit mit behinderten Kindern geeignet. Von nun an trainierte er regelmäßig einmal die Woche mit ihnen – und mir. Vielleicht würden wir schon Ende des Sommers den ersten Versuch wagen können.
Ein ganzes Jahr lang war ich vermutlich so lebensgefährlich geritten und muss meinen Schutzengel überstrapaziert haben – wie schon so oft, besonders in meiner Filmzeit. So auch in dem Film *Christina* (1953). Wieder einmal spielte ich ein Flüchtlingsmädchen, dieses Mal eines, in das sich der Sohn eines reichen Bauern verliebt hatte – was der Familie gar nicht gefiel: Christina war keine gute Partie.

»Wir haben uns folgende Szene einfallen lassen«, begann der Regisseur vorsichtig. »Christina, freistehend auf einem Leiterwagen, nur die Zügel in der Hand, rattert mit den galoppierenden Pferden über eine Holzbrücke, auf die Kamera zu und an ihr vorbei. Trauen Sie sich das zu?« – » Klar, mache ich!«, sagte ich, obwohl ich damals noch nie mit einem Pferd zu tun gehabt hatte. Die Szene wurde nicht geprobt, sondern gleich gedreht, für den Fall, dass etwas schiefginge ... das gesamte Filmteam war aufgeboten, die Pferde wieder aufzuhalten ... und alles klappte! Bei einer solchen Schwiegertochter konnte die Familie nicht anders, es durfte geheiratet werden.
Danke, mein Schutzengel – oder wart ihr zu mehreren?

Juni 1989 – Die unzuverlässigen »Ökos«

Leider hatte die mit so viel Verve an- und aufgetretene »Öko-Architektin« nicht, wie versprochen, Anfang Juni ihre Pläne für die von der Gemeinde im »herkömmlichen« Stil gewünschten Wohnhäuser vorgelegt, sie war nicht einmal mehr aufzufinden – »vielleicht in Sri Lanka«, beschied mich ihre Sekretärin, »bei ihr weiß man das nie so genau«.
Das war (und ist) die Kehrseite der Medaille bei vielen »Ökos«, Unzuverlässigkeit: Wenn sie keinen Bock auf etwas haben, folgen sie diesem Impuls – und tun nichts. Von dieser Einstellung wünsche ich mir die Wurzel aus einem Prozent!
Allerdings meldeten sich mehr als genügend Architekten; und auch Baufirmen en masse, Installations- und Möbeleinrichtungsfirmen priesen ihre Dienste an.
Die Ziele des Vereins waren denen natürlich völlig wurscht – »wuascht«, wie sie freimütig bekannten –, die wollten nur Geld verdienen. Glücklicherweise waren die sozialen und ethischen Aspekte der Vereinsziele, um nicht verwässert zu werden, in einer Satzung festgelegt.

Zwei Glücksfälle: Ottilie und Veronika

Glücksfälle gab es aber auch. Ein solcher hieß Ottilie. Sie kam das erste Mal als Seminarteilnehmerin, das zweite Mal, um zu helfen, und das dritte Mal, um zu bleiben. Als Innenarchitektin konnte sie einfach alles, tischlern und tapezieren, malen, Fliesen legen, Gardinen nähen und – hervorragend kochen! Sie würde in Zukunft für die Seminarteilnehmer das Essen zubereiten.

Ich hätte auf die Knie fallen können vor Dankbarkeit. Bald kam eine zweite feste Mitarbeiterin hinzu, eine Altenpflegerin namens Veronika, die es nicht länger aushielt, ihren Pfleglingen ständig diese noch kränker machenden Pillen verabreichen zu müssen statt eines gesund machenden Frischkornbreis. Veronika packte zu, wo es nötig war, putzte phantastisch, half überall, ohne davon ein Aufhebens zu machen. Eine stille, sehr zuverlässige Person. Und, genau so wichtig: Ottilie und Veronika verstanden sich großartig.

Die Bibliothek im Gutshaus sah bald richtig schmuck aus. Ich hatte ein paar billige Sofas gekauft, Ottilie bezog sie mit altrosa Stoff, ein Besucher baute ein Regal, eine Bibliothekarin ordnete die Bücher ein zu all den Themen, die uns »Ganzheitlichen« am Herzen liegen. Die Hälfte der Bücher stammte von mir, der Rest wurde von Gästen gespendet.

Die Farbe Altrosa zog sich jetzt durch das ganze Haus: Die Tischdecken in der Gaststube, die Gardinen, auch in den Zimmern, die Sitzpolster der Stühle sahen entzückend aus in diesem Altrosa, warm und gemütlich.

Das ehemals so düstere Haus war nicht wiederzuerkennen. Und das nach verhältnismäßig kurzer Zeit. Alle, die zum Schnuppern eintraten, fühlten sich von den guten Schwingungen angezogen – bis auf einen Alkoholkranken. Er konnte die Zuneigung, die ihm hier entgegengebracht wurde, (noch) nicht aushalten. Finster dreinblickend stand er bei schönstem Sommerwetter vor der Haustür und schrie plötzlich los: »Ihr seid alle so lieb, das ist ja zum Kotzen!«

Auch eine graumäusige vergrämte Frau hatte mit uns eifrigen Optimisten ihre Probleme: »Ist ja alles schön und gut, Ihre Pläne, aber wird es denn so friedlich bleiben?« Darauf ich, zu ihrer Verblüffung: »Das hängt von Ihnen ab!«

Und immer wieder tauchten Astrologen auf, Astrologen, die hier Kundschaft witterten, einmal zwei gleichzeitig, die sich prompt in die Haare gerieten wegen unterschiedlicher Prognosen. Der eine betrank sich in der Bibliothek an mitgebrachtem Wein, unaufhörlich qualmend, obwohl Ottilie ihn gebeten hatte, in unserem Haus nicht zu rauchen. »Ist ja grässlich, dieser Hühnerhof – lauter Hennen, ist ja grässlich!«, brüllte er. »Hier gehört ein anständiger Hahn her!«

Wir krähten zurück: »Wohl du, was? Kikerikiiiiiiii.«

Hunger in Bulgarien?

Wiederholt berichteten die Medien, dass in den Oststaaten, also auch in Bulgarien, Menschen hungern, sogar verhungern, weil sie nicht genügend Fleisch, Wurst und Zucker kaufen können.

Diese Tatsache – Menschen hungern, weil sie etwas nicht haben, was ich gar nicht brauche – veranlasste mich, einen offenen Brief an einen befreundeten bulgarischen Arzt, Dr. Emil Iliev, zu schreiben, damals Dozent an der Universität Sofia und Präsident der bulgarischen Akupunkturgesellschaft. Ich hatte ihn während einer Gesundheitskreuzfahrt kennengelernt, auf der wir beide Vorträge hielten.

In diesem offenen Brief wies ich darauf hin, dass viele Menschen immer noch nicht wissen – oder es nicht wahrhaben wollen –, dass Fleisch durchaus *kein* Stück Lebenskraft ist; dass sieben Kilo pflanzliches Eiweiß durchschnittlich als Futtermittel benötigt werden, damit ein Kilo tierisches Eiweiß überhaupt entstehen kann, der Umweg über das Tier also eine ungeheure Verschwendung bedeutet; dass tatsächlich, wie der Slogan sagt, das Vieh der Reichen das Brot der Armen frisst; dass sogar aus der Sahelzone, in der vormals die Menschen von Hirse und Bohnen leben konnten, Futter für das Vieh der Industrieländer exportiert wird, während die Einheimischen verhungern; dass die übermäßige Fleischproduktion schuld ist an der Massentierhaltung, an der Zerstörung der Umwelt, der Regenwälder – weil für die

Erhaltung des Sauerstoffs dringend notwendige Wälder abgeholzt werden, damit noch mehr Weiden entstehen für noch mehr Rinder, die noch mehr Steaks liefern sollen für unsere Wohlstandsgesellschaft, die bereits dahinsiecht aufgrund ihres Überkonsums an tierischem Eiweiß und die an der Gülle der zu Tode gemästeten Tiere zu ersticken droht. Und dass doch gerade in Bulgarien alles in Hülle und Fülle vorhanden wäre, was wir zum Leben brauchen: Getreide, Kartoffeln, Hülsenfrüchte, Gemüse und Obst der Jahreszeit.

Last but not least bot ich an, meine bei der Zubereitung vegetarischer Vollwertkost gewonnenen Erkenntnisse als kleine Hilfe zur Selbsthilfe in Bulgarien zur Verfügung zu stellen.

Der Brief, in mehreren bulgarischen Zeitungen abgedruckt, erregte ziemliches Aufsehen, und ich wurde gebeten, nach Sofia zu kommen, um diese Ernährungsform in der Praxis vorzustellen. Es sollte allerdings dauern, bis ich dieses Vorhaben in die Tat umsetzen konnte – denn Doppendorf hielt mich gefangen.

»Was ist hier eigentlich nicht kaputt?«

Da die vorsintflutliche Heizung – ein riesiger, mit meterlangen Holzscheiten zu heizender Ofen im Flur des Erdgeschosses – an kalten Tagen nicht ausreichte, um die Küche mit warmem Wasser und die Seminarteilnehmer mit Duschwasser zu versorgen, stimmte der Vorstand meinem Vorschlag zu, eine Zentralheizung einzubauen. Kaum war diese angeliefert und eingebaut, da eröffnete mir der Kaminkehrermeister, dass für die neue Heizung der alte Kamin mit einem Stahlrohr ausgekleidet werden musste! Davon hatte die Lieferfirma natürlich kein Wort gesagt.

Eines schönen Tages saßen Ottilie, Veronika und ich zu einer kurzen Verschnaufpause im Garten, als ein silbergrauer Rolls-Royce vorfuhr. Alle drei schnellten wir hoch wie von der berühmten Tarantel gestochen: Vielleicht *der* Mäzen!

Kuchen wurde aufgefahren, der köstlichste Tee serviert, endlose Zeit verplaudert, bis der piekfeine, nach der neuesten Mode durchgestylte

Besucher endlich mit seinem Anliegen herausrückte: Er wollte mit seinem kostbaren Vehikel unsere Seminarteilnehmer vom Bahnhof abholen – gegen ein entsprechendes Entgelt!
Und immer wieder musste der Bagger anrücken. Zum Beispiel, um ein riesiges Loch für den Gastank auszuheben. Ein höllischer Lärm!
Dann kam jemand, um die neu eingebaute Geschirrspülmaschine zu kontrollieren, und dieser Jemand eröffnete mir, dass aus der hauseigenen Quelle Sand in die Maschine gespült würde und wir für 30 000 Schilling eine Druckpumpe installieren lassen müssten.
Und im Garten wartete derweil ein Fernsehteam, um mit mir ein Interview über mein grandioses Projekt zu machen.
Tief durch-at-men …

Das erste Seminar – ein toller Erfolg

Immer noch kein Kaufpreisangebot von Margarete Mackwitz für das Bauland – aber dafür ein gelungenes erstes Seminar!
War das ein Spaß! Selbst die introvertierten, die anfangs melancholischen Teilnehmerinnen wurden schließlich von so viel Fröhlichkeit und Optimismus der Gruppe angesteckt. Das Entrümpeln des Dachbodens mit tatendurstigen Freiwilligen – eine wahre Gaudi, obwohl wir nur einen Bruchteil bewältigten; im nächsten Frühling wollten wir weitermachen. Die Aufräumungsarbeiten brachten noch mehr Frische ins gesamte Haus. Der Dachboden ähnelte mit seinen in zwei Bögen zusammenlaufenden Kaminen und dem hohen Dachstuhl einer gotischen Kathedrale. Ich sah sie vor mir, die fertige Meditationshalle: Das Sonnenlicht fällt durch die Fenster auf die entspannten glücklichen Gesichter der meditierenden Menschen, ich höre die zarten Töne der tibetanischen Klangschalen, die gewaltigen Klänge des Gongs, spüre sie in allen Fasern meines Körpers, in jeder Pore meiner Haut, die Schwingungen von Wärme und Liebe zwischen uns allen, die wir doch so guten Willens sind.

Ein Tag der Schocks

Kein Freitag, nicht einmal der Dreizehnte, der mir übrigens nie Pech, sondern immer Glück gebracht hat – und dennoch ein Tag der Schocks.

Ein Fotograf wollte Fotos für eine Zeitung machen und fragte mich: »Ich habe gehört, Sie geben Ihre alten Tiere an den Schlachthof?«

Ich war derartig entsetzt, dass ich den ganzen Vormittag an nichts anderes mehr denken konnte, eine Art Blackout hatte. Wer erfand denn so etwas? Und warum?

Zweiter Schock: Die Referentin, die sich um die Leitung der Heilfastenwoche im Frühling beworben hatte, erteilte mir eine Absage mit der Begründung, sie versuche, zwischen Schulmedizin und alternativer Medizin zu vermitteln, was ihr auch schon ganz gut gelänge, aber – große große Pause am Telefon – da könne sie nicht in einem Seminarzentrum unter der Patronanz einer Barbara Rütting arbeiten, die verkünde, dass Rheuma durch Umstellung der Ernährung heilbar sei! Nun habe ich aber mein eigenes Rheuma durch Umstellung der Ernährung, nämlich durch Weglassen von tierischem Eiweiß, stoppen können, und schließlich vertreten mittlerweile auch fortschrittliche Schulmediziner diese Ansicht.

Nach dem zweiten Schock dann der dritte: Eine Reporterin vom ORF berichtete, sie habe noch nie so viele, und so viele negative, Briefe eine (nämlich meine) Person betreffend erhalten wie nach einer Rundfunksendung mit mir. Die österreichische Bevölkerung wisse selbst ganz gut, wie sie zu leben und sich zu ernähren habe, dazu brauche sie nicht die Ratschläge einer hergelaufenen »Piefke«. Und der Sekretär der Doppendorfer Gemeinde habe, als sie ihn um die Telefonnummer des Seminarzentrums bat, geantwortet: »Das können Sie vergessen, das ist eh nix G'scheites.«

Ein Journalist fragte mich einige Zeit später: »Wie hält man das eigentlich aus, wenn man doch, wie Sie, überwiegend belächelt wird?«

Die Antwort ist: Weil es getan werden muss! Aber es hat oft schon recht wehgetan, immer diese Hiebe einstecken zu müssen.

Abgehetzte Chefin

Das Stahlrohr war inzwischen in den Kamin eingemauert worden, wobei rätselhafterweise Dutzende Eimer voller Sand (Sand!) hochgehievt werden mussten.

Für den nächsten Tag war goldenes Herbstwetter gemeldet. Schon lange träumte ich davon, einmal auf den Schafberg, *den* Berg im Salzkammergut, zu steigen, aber vor lauter Arbeit und Einsatz an sozusagen allen Fronten fand ich nie Zeit dafür. Hätte schon ein schlechtes Gewissen gehabt, mal eine halbe Stunde untätig in der Sonne zu sitzen, einfach so.

Das war nicht gut so, das musste ich ändern. Ein Gesundheitshaus – und die »Chefin« abgehetzt, wie ich das eigentlich bei allen sah, die sich um Gesundheit bemühten. *Déformation professionnelle* der Gesundheitsapostel? Frage an den »harten Kern«, also Ottilie und Veronika: »Was haltet ihr davon, wenn wir morgen alles stehen und liegen lassen und auf den Schafberg steigen?« Der harte Kern war begeistert.

Ein strahlender Morgen. Herbstlaub in allen Gelb-, Braun- und Rottönen, von der Morgensonne vergoldet. Beim Aufwachen fast ein kleiner Schreck: Ich *muss* auf den Schafberg! Das schlechte Gewissen, die viele Arbeit im Büro liegen zu lassen!

Der Tag wurde ein Traum. Wir kamen energiegeladen zurück, nahmen uns vor, uns öfter, möglichst einmal im Monat, eine ähnliche Aktion zu gönnen, die einfach nur Spaß machte.

Abends beim Schlosswirt traf ich zufällig (!) einen PR-Mann, den ich über zig Ecken per Telefon kennengelernt hatte. Er wollte für uns die Promotion machen, zunächst sogar unentgeltlich. Veronika entsetzt: »Er ist beim ›Universellen Leben‹? Das ist doch eine Sekte!« Und wenn schon! Die ersten Christen waren schließlich anfangs auch eine »Sekte« und wurden als solche bekämpft.

Tatsächlich, fällt mir auf, gehören so gut wie alle Menschen, die nicht nur reden, sondern wirklich *anders* leben, nicht den traditionellen Kirchen an.

Wie relativ Sorgen sind! Gelesen: »Ich weinte, weil ich keine Schuhe hatte. Bis ich einen traf, der weinte, weil er keine Beine hatte.«

Auf Lesereise

Ich zog mal wieder durch die Lande: Stellte meine Bücher in Buchhandlungen vor und hielt parallel dazu Vorträge in Volkshochschulen zum Thema »Gesund und bewusst leben mit Vollwertkost«. Über 250 Anfragen lagen beim Verlag vor; ich hätte mit meinen Auftritten ein ganzes Jahr zubringen können, ich, die ich nie Vorträge halten wollte! Gesund und bewusst leben heißt für mich, damals wie heute, dass es nicht nur um meinen eigenen Bauch gehen kann und darf, sondern dass immer auch die Sorge um andere Lebewesen – Pflanzen, Tiere und Menschen – miteinbezogen sein muss.
»Barbaras Rundumschlag« nennen Freunde diese Abende. Tatsächlich kann ich auf diese Weise, sozusagen in homöopathischen Dosen, unter dem »Mäntelchen Vollwertkost« auch die anderen Themen an den Mann bzw. an die Frau bringen, die mir am Herzen liegen: Massentierhaltung, Tierversuche, Hunger in der Dritten Welt.
Alles hängt zusammen, alles ist vernetzt. Ein ganz konkretes Beispiel ist DDT: Bei uns verboten, wird es in die Länder der Dritten Welt exportiert, kommt über die Kakaobohnenplantagen in die Schokolade und findet sich in der Milch unserer stillenden Mütter wieder. Jede schlechte Tat kommt auf den Verursacher zurück, genauso wie jede gute.
Dazu ein interessanter Gedanke des Soziologen Dr. Dieter Duhm zum Angeln. Mit dem blitzenden Köder wird dem Fisch ein Leckerbissen verheißen – in Wirklichkeit bringt er den Tod. Es wird also die Information von Betrug in die Welt geschickt. Diese Information erzeugt Angst, neuen Betrug und neue Angst – und kommt millionenfach zurück. Fische, Wale, Robben, Delphine – alle diese wunderbaren intelligenten Wesen werden gejagt, gequält, getötet, ihre Todesängste kommen zu uns zurück.
So eine Bücherreise ähnelt einer Theatertournee. Ich genoss die komfortablen Hotels, die Blumensträuße. Ich genoss es, anerkannt zu werden. Und war überglücklich, wenn mir wieder einmal bestätigt wurde, dass manchmal ganze Familien dank meiner Bücher gesünder lebten und oft sogar von allen möglichen Krankheiten geheilt wurden.

09. November 1989 – Mauerfall!

Im Hotel Hilton in München nachts um ein Uhr nach einem Superabend in einer kleinen exquisiten Buchhandlung ins Hotel gekommen. Ich wollte noch kurz die Nachrichten anschauen, dann ins Bett – und hörte: Die Mauer ist gefallen!
Wahn-sinn!
Dieses Wort, das immer wieder von tränenüberströmten Menschen gestammelt wurde, drückte wohl am besten aus, was alle empfanden: »Wahn-sinn, was im Augenblick in der Welt vor sich geht.« Ebenfalls tränenüberströmt saß ich bis zum Morgengrauen vor dem Fernsehapparat. Meine Geschwister können mich jetzt besuchen. Endlich werden wir uns öfter sehen. Wer hätte das für möglich gehalten?!

Wieder zu Hause in Sommerholz

Das Wiedersehen mit meinen Tieren – ein Glück, das nicht zu beschreiben ist, das nur verstehen kann, wer selbst mit diesen Wunderwesen lebt oder gelebt hat. Diese wilde Freude, diese warmfellige Sanftheit dann, wenn alle zufrieden und ruhig daliegen. Ob ich traurig bin oder Falten bekomme oder altere – sie lieben mich. Sie verlassen mich nur, wenn sie sterben müssen. Sie lieben – bis in den Tod.
In den *Salzburger Nachrichten* stand im Wochenhoroskop unter »Für alle, die daran glauben« für den Skorpion: »Sie sollten mehr auf Ihre Gesundheit achten!« Leicht gesagt. Wusste ich selbst!
Ein Doppendorfer Bauer hat angeblich gebrummt: »Hab ich doch eh, was die Rütting da machen will, die Großfamilie, den Hof mit Tieren, eine gesunde Umwelt, hab ich doch eh!«
Ja, er schon! Aber wie viele Menschen haben das nicht!
Und sogar in Doppendorf war vor ein paar Monaten eines von zwei alten Geschwistern ins Altersheim gekommen, als das andere starb, weil eben keine Großfamilie da war, um es aufzunehmen!
Versammlung aller, die sich bisher für das geplante Öko-Dorf interessierten. Etwa drei Dutzend Leute waren gekommen: Kinder, Hunde,

Mit Liwei

junge Ehepaare, alte Menschen – so war es gut, so war es richtig, wie ein Bilderbuchquerschnitt der künftigen Dorfgemeinschaft!
Da vor allem die älteren Interessenten eigentlich lieber eine Wohnung hätten als ein Haus, kam unserem Steuerberater, der auch im Vorstand saß, *die* Idee: »Warum kaufen wir statt des bisher in Erwägung gezogenen Baulandes nicht die Scheune, die sowieso abgerissen werden muss, und bauen diese zu Wohnungen aus?« Wenn der die Scheune umgebende Streifen Grünland zu Bauland umgewidmet werden würde, könnten dort sogar noch einzelne kleine Häuser zusätzlich entstehen! Alle waren begeistert. Eine Liste ging herum, jede/r trug ein, wie viel sie/er für die zukünftige Wohnung geben wollte und konnte. Es kamen – zumindest auf dem Papier – über fünf Millionen Schilling zusammen! Fünfzehn neue Mitglieder gewonnen.
Vor dem Schlafengehen voller Hingabe die dicken Winterfelle der Pferde gestriegelt, die Hunde gebürstet. Als »Betthupferl« ein Bhagwan-Satz aus dem orangenen Buch. Ich schlage immer »per Zufall« auf und fand diesmal: »Wenn du das tägliche Leben nicht zur Meditation benutzt, dann wird deine Meditation unweigerlich zu einer Art Welt-

flucht.« Und weiter: »Wissenschaftler müssen meditieren lernen, sonst ist die Erde zum Untergang verurteilt.« Man kann sich wohl kaum einen Tierexperimentator vorstellen, der meditiert, oder?
Sehr glücklich über diesen Tag.

04. Dezember – Tag der heiligen Barbara

»Barbara« bedeutet die Barbarin, die Fremde. Ich bin nicht katholisch und habe daher nicht die gleiche Beziehung zu Namenstagen wie eine Nachbarin, die mir an diesem Tag einen Strauß Kirschen- und Forsythienzweige brachte. Am Barbaratag in die Vase gesteckt, blühen sie zu Weihnachten.
Gorbatschow beim Papst, Religionsfreiheit in der UdSSR in Sicht.
Ich war dankbar dafür, in dieser Zeit leben zu dürfen, dankte dafür jeden Morgen und Abend vor dem Einschlafen. Dankbar auch so sehr, so sehr, dass mir diese wunderbare Aufgabe in Doppendorf zugeteilt wurde.
»Ich bin entschlossen, die kommenden Jahre zu den schönsten meines Lebens zu machen« – als ich meinen 60. Geburtstag unter diesem Motto feierte, ausgerechnet nachdem Lutz und ich uns getrennt hatten, schien mir diese Aussage doch reichlich kühn. Ich hätte damals selbst kaum zu hoffen gewagt, dass dieser Satz so schnell Wirklichkeit werden würde.

Ich soll delegieren!? ... An wen denn?

»Ich dachte, Sie hätten Dutzende von Helfern hinter sich!«, bemerkte eine Seminarteilnehmerin entgeistert, »stattdessen fährt die ›Chefetage‹ mit dem Auto herum und holt persönlich die Leute vom Bahnhof ab!«
Es war schon absurd. Ich hatte fast zwei Stunden lang in eisiger Kälte bei Nacht und Nebel auf den verschiedenen Bahnhöfen der Umgebung die SeminarteilnehmerInnen eingesammelt, die ich dann auch

noch auf die nahen und ferneren Bauernhöfe verfrachten musste, weil wir ja nicht über genügend Zimmer verfügten.
»Sie müssen delegieren!«, meinte die Dame. Ja, an wen sollte ich denn delegieren?
Wir waren drei, die rund um die Uhr unentgeltlich schufteten, Ottilie, Veronika und ich. Die meisten, die sich als freiwillige Mitarbeiter anboten, waren augenblicklich wieder verschwunden, wenn sie kapierten, dass es hier nichts zu verdienen, sondern nur zu rackern gab. Sie wollten zwar am Nimbus der entstehenden Dorfgemeinschaft teilhaben – so viel wie möglich davon profitieren, aber so wenig wie möglich dafür tun. Und wer sich schon alles als Helfer gemeldet hatte, wie viele gestrandete Existenzen bei uns aufkreuzten! Häufig endete es damit, dass die sogenannten freiwilligen Helfer im Garten Tee tranken – während wir drei »Hanseln« uns abplagten.

Dezember 1989 – Unbeschwerte Momente

In der Jahreshauptversammlung Besprechung mit Margarete Mackwitz einen eventuellen Kauf der Scheune betreffend. Sie war nicht abgeneigt …
Toller Vollkorn-Backtag mit 45 Frauen, von morgens neun Uhr bis abends. 45 lustige Frauen mit Nudelhölzern backten Weihnachtsplätzchen – auch junge Mütter mit ihren Kindern waren dabei. Welche Hoffnung, diese Generation!
Zwischen der Backerei sprang ich mit den Kindern Trampolin, und wir spielten Eisenbahn: Alle fassten sich an den Schultern, und ich raste mit den jubelnden Kleinen im Gänsemarsch durch das ganze Haus. Wir sangen und bimmelten mit der großen Glocke und tuteten und pfiffen, dass es nur so eine Wonne war.
Da haderte ich mit dem Schicksal wegen meiner Kinderlosigkeit. Und nun hatte ich all die Kinder, die ich mir immer so sehr wünschte, biologisch aber nicht bekommen durfte. Mir scheint, es hat schon seinen Grund, wenn mann/frau kinderlos bleibt; es bedeutet, dass in diesem Leben etwas anderes dran ist als Familiengründung.

Unsere neue Heizung lief auf vollen Touren, es war im ganzen Haus warm, gemütlich und hell. Ottilie hatte inzwischen überall, wo es vorher düster war, Lampen angebracht. Dazu der Duft nach Weihnachtsgebäck – traumhaft.

Irgendetwas läuft falsch!

Verzagtheit. Veronika war deprimiert, fühlte sich »wie ein Kalfaktor, von Ottilie kommandiert«. Die beiden verstanden sich doch so gut! Ich schlug eine Aussprache vor. Jede von uns dreien sollte versuchen darzulegen, was sie sich von unserer Gemeinschaft eigentlich erwartete, welche Rechte, welche Pflichten, was an Lebensqualität. Alle diese Bereiche mussten deutlicher voneinander abgegrenzt werden, sonst bestand die Gefahr, dass sich jemand ausgenutzt fühlte.
Das Gutshaus wurde zusehends schöner, heller, wärmer, stimmiger, aber mein Leben zu Hause in Sommerholz litt zusehends unter meiner Dauerbelastung. Meine Frida hatte ihren Weihnachtsurlaub. Ich musste neben dem Seminarbetrieb das Bauernhaus mit drei Pferden, fünf Hunden und zwei Katzen versorgen. Mehr als drei Stunden Schlaf pro Nacht schaffte ich immer noch nicht. Um zwei Uhr fiel ich todmüde ins Bett, um fünf Uhr musste ich aufstehen, um alles nur einigermaßen hinzukriegen. Um acht Uhr war ich im Büro, brauchte glücklicherweise nur zehn Minuten mit dem Auto, und wenn die anderen ihre Mittagspause genossen, sauste ich nach Hause, um dort alles mehr schlecht als recht zu versorgen.
Oft reichte es gerade noch zu ein paar »Streicheleinheiten« (grässliches Wort, typisch für das Labordenken der meisten Wissenschaftler) für die Hunde. Das Haus war schmutzig, verwelkte Blumen in der Vase, das Katzenklo stank, mein Auto brauchte mehr als dringend eine Wäsche, die Scheibenwischer waren durchgerostet, die Pferde zu dick, weil ich keine Zeit zum Reiten aufbrachte. Wenn es taute, war alles um das Haus herum ein einziger Matsch, den die Hunde auch noch ins Haus trugen. Traurige Hunde- und Katzenaugen. Sogar Auto und Scheibenwischer schienen mich vorwurfsvoll anzustarren.

Matt und ausgelaugt, wie ich war, kam ich oft nicht einmal zum Haarewaschen, die Fingernägel waren vernachlässigt, keine Socken mehr da zum Anziehen, da durchlöchert. Seit Monaten schon wollte ich eine alte Cordhose reparieren und dringend benötigte Stiefel kaufen. Alles Signale: Irgendetwas läuft falsch! Wenn ich so weitermache, ereilt mich über kurz oder lang ein Herzinfarkt. Und das alles im Namen der Gesundheit!
Vielleicht sollte man überhaupt nicht unentgeltlich arbeiten. Wahrscheinlich dachten die Leute sogar noch, ich würde an dem ganzen Unternehmen verdienen!
»Nur ein Narr gibt mehr, als er hat« – heißt es ja so treffend.
Ging mal nicht ins Büro, sondern machte zu Hause eine »Putzmeditation«: Verfrachtete die vertrockneten Blumen auf den Misthaufen, saugte im ganzen Haus Staub, wischte die Böden – alles in größtmöglicher Ruhe und mit äußerster Achtsamkeit, ohne zu hetzen. Wie zur Krönung meines Ungemachs hatte mir meine behinderte Assisi-Hündin Francescolina auch noch einen gewaltigen Haufen in die Diele gesetzt!
Alle Hunde sorgfältig gebürstet, was sie unwahrscheinlich genossen, die Pferde mit Möhren gefüttert. Da sie zu wenig Bewegung bekamen, gab ich ihnen ab jetzt weniger Heu und strich den Hafer total, was sie mir nachts mit gewaltigen Protesttritten gegen die Stallwände quittierten. Ich nahm mir vor, in Zukunft wenigstens zwei Pferde täglich zu longieren. Aber wann?
Jede von uns müsste einen freien Tag pro Woche haben, auch bei Seminarbetrieb. Ottilie hätte gern den Montag frei; Veronika könnte mittwochs dran sein, ich vielleicht sonntags …
Doch es haperte an der Umsetzung. Ich war deprimiert. Hatte das Gefühl, je mehr ich leistete, desto mehr wurde mir aufgebürdet. Fühlte mich kraftlos und ausgepumpt. Wo blieben die Helfer? Nicht solche, die mal eine Tasse abwuschen oder ein Unkräutlein im Garten zupften, sondern diejenigen, die mit mir Verantwortung trugen, ja, mir Verantwortung abnahmen. Die Zweifel, ob man sich auf die Aussagen von Astrologen verlassen konnte, häuften sich. Wallenstein war schließlich auch baden gegangen, weil er ihnen vertraute. Nichts

als Sehnsucht nach Ruhe, nach Schlaf. Stattdessen saßen Ottilie und ich bis in die Nacht hinein an der Zusammenstellung des Programms für das erste Halbjahr 1990, das natürlich längst gedruckt und abgeschickt sein sollte.

Anfragen über Anfragen, die geplante Öko-Siedlung betreffend. Die meisten SchreiberInnen waren jedoch weder am Umweltschutz noch am Tierschutz, geschweige denn an einer vegetarischen Ernährung interessiert, sondern suchten einen bequemen Unterschlupf in angenehmer Umgebung, wo sie alle viere von sich strecken konnten, wollten hineinkriechen in die fertige, wohlige Geborgenheit. Ich sollte der große Mutterschoß für alle sein.

Eine Frau kam zu Besuch und war ganz enttäuscht, dass »das Öko-Dorf noch nicht steht!« Sie dachte, sie könne wählen zwischen dem Balkon mit Geranien nach Süden und dem Balkon mit Petunien nach Westen. Auf meine Erwiderung, ich hätte doch in meinem Vortrag ausdrücklich gesagt, es handle sich um ein Projekt, antwortete sie: Ja, ja, das stimme schon – aber ich sei selbst so begeistert gewesen, dass sie alles schon leibhaftig vor sich gesehen hätte!

Vielleicht ist das der Nachteil des berühmten positiven Denkens, welches besagt, dass man seine Wünsche so artikulieren soll, als seien sie bereits Wirklichkeit, sie also nicht in die Zukunft projiziert, sondern in der Gegenwart manifestiert sieht, also nicht: »Ich würde gern dieses Haus kaufen ...«, sondern: »Ich *habe* jetzt dieses Haus, ich *bin* gesund« etc.

All die entzückenden Truthühner, an denen ich täglich auf dem Weg ins Seminarzentrum vorüberfuhr, einen Sommer lang, einen Herbst lang, waren plötzlich aus den Bauerngärten verschwunden. Geschlachtet für das Weihnachtsfest, für den Weihnachtsbraten; in der Bratpfanne gelandet die Gefährten so vieler schöner Tage. Stattdessen ein Plakat am Bauernhaus mit dem Bild einer Pute: »Truthahnfleisch – das wahre Kalorienwunder – naturnah und frisch – direkt vom Bauern – alles Gute von der Pute für den Feinschmecker und Gesundheitsbewussten!«

Ach ja, Weihnachten stand vor der Tür ...

Freu-e dich, freue-e dich, o Christen-heit!

Francescolina

Zu meinen Füßen sitzt Francescolina, das armselige Hündchen aus Assisi. Damals, als die alte Gräfin sie mir anvertraute, schien ausgeschlossen, dass dieses Wesen, ein Schäferhundkopf, der hinter sich herschleifte, was als Körper kaum noch zu erkennen war, ein Skelett mit einem Fell darüber, dass dieses Wesen überhaupt überleben könnte.

Nach Ansicht des Tierarztes hatte sie vermutlich bereits als Welpe an der Kette liegen müssen und war nicht nur körperlich, sondern auch sonst behindert. Seit einigen Tagen aber kann sie ganz allein, wenn auch unbeholfen, die Treppen hinaufsteigen. Anfangs habe ich sie hinauf- und hinuntertragen müssen; dann ihr beigebracht, wie sie ihre Beine benutzen musste, indem ich ihr jede Pfote einzeln, Pfote für Pfote, Stufe für Stufe, aufsetzte. Und nun dieser Erfolg!

Mein Sorgenkind

Hätte mir die alte Gräfin nicht unter Tränen das Versprechen abgenommen, dass Francescolina nicht »eingeschläfert« würde, und hätte ich dieses Versprechen, das absolut verrückt schien, nicht gehalten Francescolina läge jetzt nicht glücklich zu meinen Füßen!

Oft machen wir den Leiden anderer Lebewesen wohl nur deshalb ein Ende, weil wir sie selbst nicht aushalten.

Im Flugzeug für eine Tierschutzsendung

Im Flugzeug von München nach Frankfurt für eine Weihnachtssendung zum Thema Tierschutz: Wir bekamen in Frankfurt lange keine Landeerlaubnis und mussten über eine Stunde kreisen. Was für eine Umweltverschmutzung!
Früher war mir der Gedanke, mit dem Flugzeug abzustürzen, egal. Mittlerweile nicht mehr. Sogar beim Autofahren war ich vorsichtiger geworden. Würde mir jetzt etwas passieren, das ganze Projekt bräche zusammen. Also konnte ich mich wohl erst verabschieden, wenn alles lief.
Im Flugzeug wieder die übliche Anmache. Mein Nachbar hatte erspäht, dass ich in dem Buch *Tausend Ärzte gegen Tierversuche* las. Und nun kam der ganze Sermon: »Immer noch besser, das Tier wird geopfert als der Mensch – Tierversuche dienen dem Wohle der Menschheit – ohne Tierversuche kein Fortschritt in der Medizin …« Entgeisterte Verständnislosigkeit, als ich antwortete: »Tierversuche müssen verboten werden, *gerade* zum Wohle der Menschen! Sie schaden Tier *und* Mensch, sie verhindern einen wirklichen Fortschritt in einer wahrhaft humanbezogenen Medizin! Wie kommt es denn, dass trotz der angeblich großen Fortschritte die Menschen nicht gesünder, sondern immer kränker werden?« Darauf wusste der verdutzte Nachbar auch keine Antwort. Aber er schien nachzudenken.
Überdies: Selbst *wenn* Tierversuche einen Nutzen hätten – es kann niemandem zum Segen gereichen, wenn ein Lebewesen verstümmelt wird, damit man ein anderes rettet.
»Der Mensch ist das einzige Wesen, das erröten kann, und auch das einzige, das es nötig hat.« (Mark Twain)

Weihnachten 1989 – Familienbesuch aus der ehemaligen DDR

Mein Bruder Volkmar aus der ehemaligen DDR war mit seiner Frau und den drei Töchtern zu Besuch gekommen.

Merkwürdige Gefühlsmischung: Angst vor weihnachtlicher Gefühlsduselei – die Sorge, es ihnen nicht schön genug machen zu können – Freude, ihnen Freude machen zu können ...

Doch es ging besser als erwartet. Die drei Mädchen waren sehr hübsch, die Kleinste gerade fünf Jahre alt, schwarzgelocktes Köpfchen, Augen wie Schattenmorellen. Der Kontakt war schnell da, nur zu viele Fragen: »Warum machst du keine Filme mehr? Kein Theater? Warum soll man keine Milch trinken? Warum opferst du dich für fremde Menschen auf? Bist du sicher, dass es richtig ist, wie du lebst?« Und so weiter und so fort.

Ein Hauptproblem für die ehemaligen DDRler war der Umgang mit der neugewonnenen Freiheit. Das Einkaufen meiner Weihnachtsgeschenke für die Familie geriet zur Qual. Welchen Overall sollte die Mutter wählen? Das reitende Mädchen stand ratlos vor den vielfarbigen Reithosen. »Die Auswahl ist zu groß!«, hörte ich immer wieder. »Es dürfte nur drei Gerichte geben!«, rief mein Bruder angesichts der mehrseitigen Speisekarte in einem Anfall komischer Verzweiflung aus – »bei der Vielfalt weiß ich überhaupt nicht mehr, was ich essen soll!«

So war dann auch die schließlich bestellte Forelle geschmacklos und das Gulasch zäh. Eigentlich hätte man gleich zu Hause bleiben können, noch dazu bei den Preisen ...

Nachmittags rief ein Bauer an. Im Ort sammelte man für die Rumänienhilfe. Mein Bruder und ich fuhren zur Schule, in der wir unsere Spenden abliefern konnten. Ich schämte mich meiner Vorurteile, meiner ewigen Bewertung auch dieser »groben« Bauern, die da zu Weihnachten mit Decken, Kleidung und Geld für den Nachbarn in Not anrückten. 70 000 Schilling waren in wenigen Stunden zusammengekommen. Noch in derselben Nacht fuhren die Lastwagen los.

Abends mit der ganzen Familie ins Salzburger Landestheater: *Der Räuber Hotzenplotz.* Goldig, wie die Kleine mitfieberte, sich aufregte, dazwischenrief.
Anschließend gingen wir in die Kirche zur Christmette. Leider wurde mir nach knapp fünf Minuten schlecht. Kurz bevor ich in Ohnmacht fiel, schaffte ich gerade noch den Weg hinaus ins Freie.
Ich war einfach zu kaputt. Das vergangene Jahr hatte ganz schön an meiner Substanz gezehrt.
Am nächsten Tag: strahlende Sonne und Pulverschnee – nur trugen alle die falschen Schuhe und schimpften über nasse Füße. Gerade wollte Verzagtheit in mir hochkriechen, da meinte Volkmars Frau Ute: »Lieber nasse Füße in Österreich als trockene Füße in der DDR!«
Wie stark allen ehemaligen DDRlern nach wie vor die Angst vor den Staatsdienern in den Knochen steckte, bewies ein Vorfall, der sich bei der Herfahrt an der Grenze zwischen Ost- und West-Berlin ereignete. Der Grenzpolizist stellte eine Reihe umständlicher Fragen, da rief die Kleine: »Wir wollen zu Tante Waltraut, du Quatschkopp!« Die ganze Familie zuckte zusammen. Noch vor ein paar Monaten hätte man womöglich wegen dieses Ausspruchs alle eingelocht.

Auch mal etwas Erfreuliches

Unsere Gutsherrin schien endlich die Großartigkeit dieses Projekts zu begreifen. Sie sagte überraschend: »Du komponierst eine ganze Symphonie.«
Der Vergleich mit der Symphonie war zutreffend. Ich hörte bereits das Konzert, während für die anderen noch jedes Instrument scheinbar unkoordiniert vor sich hin übte und dudelte. Den meisten Menschen mangelte es wohl an Phantasie, sich das fertige Kunstwerk vorzustellen.
Margarete fügte hinzu, dass sie eigentlich, bei ihrer Veranlagung zum Zögern, jemanden brauchte, der sie mitriss.
Wir waren so eine gute Ergänzung, die eine für die andere. Vielleicht würde sie Lust bekommen, sich mehr in das Projekt einzubringen, wie

das anfangs ja auch gedacht war, wenn sie sich an ihre neue Situation als Ehefrau gewöhnt hätte. Ich wollte mir doch weder ein Denkmal setzen mit dem ganzen Unternehmen, noch darin eine Rolle spielen. Von mir aus konnte das alles gern einmal Margarete-Mackwitz-Dorf heißen!

28. Dezember 1989 – Panik!

Abends in die Sauna, die versteckt am Waldrand lag. Ein sternenübersäter, gnadenloser Himmel. Beim kalten Guss setzte mein Herz plötzlich aus. Bekäme ich jetzt, splitterfasernackt unter diesem sternenübersäten, gnadenlosen Himmel einen Herzinfarkt, würde ich erfrieren, schoss es mir durch den Kopf. Denn niemand würde das merken, niemand einen Hilfeschrei hören.
Es war verrückt. Ich hatte Freunde in der ganzen Welt, Menschen, die mich liebten, Menschen, die ich liebte. Aber – sie waren eben über die ganze Welt verstreut. Und ich saß hier mutterseelenallein in der Diaspora.
Bekannte überlegten, ob sie nach Florenz ziehen sollten. Vermisste ich das eigentlich, Kultur, Mode? Intellektuelle Gespräche vielleicht, was immer das sein mochte. Ewig das Gerede über Frisch-Korn-Brei und Voll-Wert-Kost – kann einem schon auf die Nerven gehen. Wenn dann aber alle meine Hunde und Katzen um Mitternacht friedlich schlafend um mein Bett herum lagen, überkam mich ein Glücksgefühl ohne Grenzen.

Schweinefleisch und Pickel

Dialog mit einer niesenden, von Pickeln übersäten Bankangestellten.
Sie: Sie wissen doch so viel über Gesundheit, schauen Sie mich bloß an, das ganze Jahr über bin ich erkältet, und die Pickel werd ich auch nicht los! Wissen Sie einen Rat?
Ich: Essen Sie viel Schweinefleisch?

Sie (während ein rosiger Schimmer der Freude ihr Gesicht überzieht): O ja!
Ich: Das ist vermutlich der Grund für Ihre Erkältung, der Grund für die Pickel! Lassen Sie mal das Schweinefleisch weg!
Sie: O nein! Ohne Schweinefleisch kann ich nicht leben!
Ich (mit ganz ungewohnter fröhlicher Grausamkeit): Tja, dann müssen Sie eben Ihre Erkältung und Ihre Pickel behalten!

Planetarische Silvesterfeier

Der letzte Tag des Jahres.
Was ich gar nicht wusste: Am letzten Tag des Jahres findet weltweit, nach unserer Uhrzeit zwischen 12:30 Uhr und 16 Uhr, eine Friedensmeditation statt. Ich nahm zum ersten Mal daran teil.
Jenseits der Grenze, also in Deutschland, hatten sich in einer Turnhalle etwa zweihundert Menschen versammelt, darunter viele Kinder, um gemeinsam zu singen, zu tanzen, zu schweigen, zu meditieren. Als wir alle zusammen den, wie es heißt, bei der Schöpfung des Universums entstandenen Urlaut *»Om«* – gleicher Stamm wie das Wort *»Amen«* – sangen, war die Wirkung so ungeheuer, dass ganze Sturzbäche von Tränen aus meinen Augen brachen.
Zwei Ereignisse an diesem Nachmittag sind mir unvergesslich:
Alle hielten sich im Kreis sitzend an den Händen. Die rechte Hand, Handfläche nach unten, ist jeweils die gebende – die linke Hand, Handfläche nach oben, die nehmende. Mein linker Nachbar, ein schwerhöriger alter Mann, war so mit seinem vorsintflutlichen Hörgerät beschäftigt, dass er seinerseits den Kreis nach links unterbrach, womit sich seine linke Nachbarin schließlich abfand, die Augen schloss und sich der Meditation hingab. Das Hörgerät pfiff und zischte und jaulte. »I versteh koa Wort!«, schimpfte der alte Mann, und nach endlosen Manipulationsversuchen: »Jetzt ist die Batterie hi, i geh hoam, i versteh eh nix!« Ich traute mich nicht, meine linke Nachbarin in ihrer Meditation zu stören; konnte den Kreis nicht schließen – gab nur, empfing nicht!

Und dann der Clou. Am Schluss wurden Luftballons aufgeblasen. Jeder hängte einen Briefumschlag mit Wünschen an den Ballon. Ich war lila angezogen. Eine Frau ebenfalls in Lila näherte sich mit einem lila Luftballon. Hundert Ballons mussten für zweihundert Menschen reichen. Also hefteten wir unser beider Wunschzettel an den einen lila Ballon.

Ich schrieb auf meinen Wunschzettel: Möge die Übung gelingen. Vor Jahren hatte ich chinesische Akrobaten gesehen, die schier unglaubliche Kunststücke vollbrachten. So fuhr einer auf einem Fahrrad und auf ihm balancierten in waghalsigen Attitüden fünfundvierzig weitere Chinesen. Wie die anderen wurde auch diese unvorstellbare Aktion von einer Dame mit den Worten angekündigt: »Möge die Übung gelingen!«

Möge die Übung gelingen – mein Traumprojekt in Doppendorf ...

Da kam eine dritte Frau mit einem Wunschzettel, aber ohne Ballon. Ich band ihren Zettel ebenfalls an den lila Ballon. Als das Zeichen des Loslassens ertönte, erhoben sich alle neunundneunzig Ballons in die Luft – nur unserer nicht. Offensichtlich mit Wünschen überfrachtet, hüpfte er mühselig über den Boden.

Ich wollte gerade meinen Wunsch opfern, meinen Wunschzettel losbinden – dachte dann aber: Nein! Es geht hier ja nicht um mich, sondern um das Projekt! Und riss von jedem der drei Wunschzettel die Hälfte des Papiers ab, die nicht beschriftet war, sodass auch unser Ballon sich aufmachte, den anderen nachzufliegen. Wie Kaulquappen wedelnd, flogen alle Ballons in die gleiche Richtung – nur einer, ein lila Ballon, flog mutterseelenallein in die entgegengesetzte.

Ein Spagat zwischen Hoffnung und Verzweiflung

Was für ein Jahresanfang! Aus heiterem Himmel eine fürchterliche Beißerei zwischen meinen beiden kleinen Hündinnen. Ich versuchte, sie zu trennen, und bekam einen Biss voll ab. Konnte sie nur auseinanderbringen, indem ich, mit meiner verletzten Hand, einen Eimer Wasser über sie goss.

Enorme Schmerzen. Ich fuhr also nachts um zehn Uhr im dichten Nebel nach Salzburg ins Unfallkrankenhaus, die wüst blutende, glücklicherweise linke Hand notdürftig mit einem Verband umwickelt.
Es stellte sich heraus, dass ein Stück Fleisch herausgebissen und ein Nerv durchtrennt war und dass genäht werden musste.
»Haben Sie niemanden, der Sie fahren kann?« Der Arzt sah mich fragend an. Nein, ich hatte niemanden, der mich fahren konnte.
Um 00:30 Uhr nachts, immer noch dichter Nebel, war ich endlich wieder zu Hause. Mirto, der weiße Abruzzenhund, war verschwunden! Fernes Gebell aus dem Wald – mit der Taschenlampe suchte ich den Zaun ab, fand das Loch, durch das er entkommen war, und entdeckte schließlich, auf allen vieren beziehungsweise dreien durch das Unterholz kriechend, den Hund im Dickicht einer kleinen Fichtenschonung, wo er, von oben bis unten voller Fichtennadeln, den Mond oder sonst etwas anbellte.
Selbstmitleid übermannte mich. Ich bleibe einfach da im Dickicht liegen: Vielleicht kommt jemand und holt mich. Das ganze Jahr über tue ich etwas für andere. Und habe keinen Menschen, der mich ins Unfallkrankenhaus fahren kann, keinen, der mich gar trösten würde. Durchlöcherte Stiefel, weil ich keine Zeit habe, mir neue zu kaufen, Fingernägel in desolatem Zustand, die Hände abgearbeitet. Ich habe mich vor dem die Wunde nähenden Arzt geschämt.
Irgendetwas lief definitiv falsch.
Ich nahm mir vor – wieder einmal –, im kommenden Jahr endlich mehr für mich selbst zu tun.

Die »stille Zeit« zwischen Jahresanfang und dem 5. Januar ist tatsächlich auf dem Land die stillste Zeit des Jahres. Ich benutzte die Abende, um mir mein von der Astrologin auf Kassetten gesprochenes Horoskop anzuhören.
»Widersprüche spannen die Seele ständig auf Folterbetten, denen nur durch Arbeit, Bewegung und neue Pläne im Rahmen größerer Ideen beizukommen ist. Venus, Mars und Jupiter im eigenen Zeichen bringen sowohl Erfolg auf der künstlerischen Ebene wie auch Glück bei der Durchführung ehrgeiziger Pläne, beim Einsatz für politische, sozi-

ale, kulturelle (synergetische) Projekte. Es wurde mit starken karmischen Schulden angetreten, gleichzeitig wurde aber auch der unerschütterliche Wille zur Bewältigung des Karmas beigegeben ...«
Können es Astrologen überhaupt verantworten, einen Menschen derartig in eine Aufgabe hineinzupeitschen? Sollte die Prognose sich als falsch herausstellen, hätte ich Jahre meines Lebens verloren. Noch wollte ich das nicht glauben.

19. Januar 1990 – »Bhagwan ist tot«

An Herzversagen gestorben. Das Leben in seinem physischen Leib sei die Hölle gewesen, soll er gesagt haben. Er, der so viele Menschen gelehrt hatte, Freude an ihren Körpern zu empfinden!
Am Tag nach seinem Tod wurde er bereits verbrannt, in schwarzem Mantel, mit diamantbesetzter Kappe.
Gerade in jenen Tagen dachte ich viel an ihn. Er gab meinem Leben wichtige Impulse, obwohl ich es nicht schaffte, nach Puna zu fahren. Besonders seine Bücher *Sprengt den Fels der Unbewusstheit* und *Mein Weg: Der Weg der weißen Wolke* halfen mir, ehrlicher mit mir zu sein, auch mutiger.
Vor Jahren hatte ich bereits alle meine Kleider rot eingefärbt und wollte nach Puna – da ging er nach Oregon. Und was sich dort tat, gefiel mir überhaupt nicht, die Geschichte mit den Dutzenden Rolls-Royce, die Entwicklung zum Polizeistaat, der Skandal mit Sheila und und und.
Ich empfand eine tiefe, merkwürdige Trauer um ihn.

Der Vertragsabschluss kam und kam nicht zustande. Es war zum Verrücktwerden. Um was ging es eigentlich? Sie feilschten wie die Viehhändler. Da wollte ich etwas auf die Beine stellen für Menschen, die miteinander und füreinander da sein und leben wollen, und es schlichen sich schon jetzt die gleichen Verhaltensweisen ein, die wir ja gerade auflösen wollten. Jeder witterte, dass er übers Ohr gehauen werden könnte, versuchte, irgendeinen Paragrafen hineinzubringen, über den er einen Vorteil ergattern könnte.

Hätte Margarete Mackwitz nicht wiederholt geäußert: »Warum suchst du denn ein Objekt woanders, hier ist doch alles, was du brauchst, vorhanden« – und wäre dann nicht irgendwann aus ihrem Mund der schwerwiegende Satz gefallen: »Und wenn ich es (das Haus) euch schenke?« – ich hätte das Ganze nie angefangen!

Beim gemeinsamen Tanken sprach mich kürzlich ein sichtlich entgeisterter Mann an. 1958 habe er mich zum ersten Mal gesehen, in München sei ich im offenen weißen Mercedes über eine Kreuzung gefahren, und er habe gedacht: Donnerwetter, was für eine Weltklassefrau! Die Enttäuschung über das Wiedersehen mit dieser Weltklassefrau, abgearbeitet, ungeschminkt, in Anorak und Gummistiefeln, stand ihm ins Gesicht geschrieben ...
Er konnte nur noch stammeln: »Also, dett hätt ick ja nich jedacht, dett Se son Durchschnitt sind ...«

Wir haben wieder mal verhandelt

Die Verhandlungen mit Margarete zogen sich endlos hin. Jedes Mal, wenn ich glaubte, wir stünden kurz vor Vertragsabschluss, machte sie unter irgendeinem fadenscheinigen Vorwand wieder einen Rückzieher. Bei der letzten Verhandlung beging ich allerdings einen Fehler, handelte sozusagen gegen die Interessen des Vereins – aber das war ich mir als Feministin einfach schuldig. Unsere beiden Vorstandsmitglieder Steuerberater und Rechtsanwalt hatten die Kaufsumme schon auf drei Millionen Schilling heruntergehandelt – Äußerung des Rechtsanwalts zu mir im Vertrauen: »Wenn ich eine Frau als Gegner habe, kann ich mich gleich im Sessel zurücklehnen« –, Margarete Mackwitz fühlte sich übertölpelt, und ich war traurig – aber auch wütend auf die beiden Männer. Gerade dieses verkrustete, patriarchalische Denken wollten wir hier doch überwinden!
Kurz und gut, ich plädierte für 3,5 Millionen Schilling (rund 500 000 DM) und setzte diese Kaufsumme auch durch. Eine fassungslose Margarete.

»So«, sagte sie, »und jetzt gebe ich dem Verein 140 000 Schilling als zinsloses Darlehen!« Tags darauf hatte sie das leider schon wieder vergessen.

Wir waren uns also nach diesem letzten Treffen prinzipiell einig, dass der Verein die Scheune samt umliegendem Land (zum Teil noch Grünland, das aber eventuell zu Bauland umgewidmet werden könnte) zum Preis von 3,5 Millionen Schilling kauft.

Jetzt ging es nur noch um die Art der Bezahlung, wobei irgendwelche Abschreibungsmöglichkeiten eine maßgebliche Rolle spielten; kein Thema, in das einzuarbeiten ich mich bemüßigt fühlte. Das sollten nun wirklich die anderen austüfteln. Wozu waren Rechtsanwalt und Steuerberater im Vorstand?!

Vorwitzig wie immer, hatte ich zwei Flaschen Sekt kalt gestellt, die wir dann auch leerten.

Mit Farben und Schönheit gegen die Tristesse ...

War das ein lustiges Wochenende! Zwei Dutzend Frauen hatten sich zur Farben- und Schminkberatung eingefunden.

Kaum zu glauben, wie eine Frau aufblüht, wenn sie die richtigen Farben am Körper oder im Gesicht trägt. Seit jeher hat sich das weibliche Geschlecht bemüht, diesen Tempel der Seele mit schönen Stoffen, Schminke, Düften und edlen Steinen zu schmücken. Wenn wir – und da meine ich auch mich – uns doch nur mehr Zeit nehmen würden für so etwas Wichtiges!

Krassestes Beispiel: eine sehr griesgrämige Frau in fahlen Farben. Als die Farbenberaterin ihr einen rosa Schal um den Hals legte und alle übrigen TeilnehmerInnen ihre Zustimmung durch Ahs und Ohs und Beifallklatschen bekundeten, brach sie in Tränen aus. Ihr Leben lang hatte sie sich in Erdtöne gekleidet, die dem Herbsttyp schmeicheln, sie aber fad erscheinen ließen. Nun, mit den zu ihrem Sommertyp passenden Farben, sah sie erst, wie schön sie sein konnte.

Eine Woche später rief sie mich an, Jubel in der Stimme: »Ich habe mir einen rosa Mantel gekauft, ich bin ein anderer Mensch, dank euch!«

Viele berichteten mir später, die Tage im Seminarzentrum wären für sie zu einer Lebenswende geworden, sie hätten Selbstvertrauen und Lebensmut zurückgewonnen.

Toll wäre ein kleiner Laden, in dem schöne Kleider nach den Farbtypen verkauft oder sogar getauscht werden könnten. Denn oft wollten die Frauen nach der Farbenberatung gleich ihren ganzen Kleiderschrank ausräumen, da sie gesehen hatten, um wie viel schöner und strahlender sie in »ihren« typgerechten Farben wirkten. So ein kleiner Tauschladen – in unserem fertiggestellten Ökohaus – wäre nicht übel. Mit Farben und Schönheit angehen gegen die Tristesse der Welt ...

Überrascht und ungeheuer gefreut hat mich, dass Margarete Mackwitz an diesem Seminar teilnahm, Margarete, die noch kurz vorher meinte, sie könne nicht weinen – wir hielten uns gegenseitig umschlungen, sie weinte, und ich spürte eine unendliche Liebe für sie. Alles wird gut werden, wir werden gemeinsam ein wunderbares Werk vollbringen.

Bei Blähungen Pansenstich!

Ein sehr schönes Koch- und Back-Seminar. Unter den TeilnehmerInnen eine Frau »Dr. med. Dr. vet.« Bisher Ärztin bei der Bundeswehr, hielt sie, wie sie mir erklärte, diesen Dienst im Sinne der Schulmedizin einfach nicht mehr aus. Sie wollte am liebsten dort aufhören und mit fliegenden Fahnen bei uns »einsteigen«. Ich konnte sie, Gott sei Dank, von dieser Idee wieder abbringen, denn wir hatten ja keine Arbeitsplätze, solange dem Verein nicht Grundstück und Land gehörten.

Für einige war die vegetarische Vollwertkost total neu. Sie aßen wild durcheinander, weil alles so phantastisch schmeckte. Einige der Damen waren demzufolge abends gebläht wie Luftballons.

»Bei Kühen macht man in solchen Fällen einen Stich in den Pansen«, meinte Frau Dr. med. Dr. vet., »führt ein Rohr in den Bauch – und dann geht die Luft raus!«

Das wäre doch eine tolle Werbung, schlug jemand vor: »Unsere Spezialität: Bei Blähungen Pansenstich! Tierärztin im Haus!«

Am nächsten Morgen um sieben Uhr ein Anruf: Frida war krank geworden. Also schnell den Stall ausgemistet, Pferde und Hunde, Katzen und Hühner gefüttert, dann rasch unter die Dusche und Haare gewaschen. Um neun Uhr endlich im Büro. Unsere Frauenriege saß beim Frischkornbrei.
»Frida ist krank«, meldete ich. »Wieso, frisst sie nicht?«, fragte die Tierärztin. »Doch!«, antwortete ich, »aber ganz sicher zu viel Schweinefleisch. Deshalb hat sie wahrscheinlich die Grippe. Die Grippeviren überwintern bekanntlich im Schweinefleisch – im Frühling erwachen sie zum Leben!« Die Tierärztin fassungslos: »Schweinefleisch? Ja, frisst denn das Pferd Schweinefleisch?«
Aber im Ernst: Überall in der Umgebung lagen ganze Familien im Frühling mit Grippe im Bett, vor allem Bauern, die bekanntlich viel Schweinernes essen.

Fortschritt in meiner spirituellen Entwicklung

Immer, wenn ich glaube, mein Leben einigermaßen »im Griff« zu haben, kriege ich eins aufs Dach.
Zweimal die Woche fuhr ich seit einiger Zeit mit vier Hunden in die Hundeschule. So auch an diesem Tag: Herrliches Wetter, alles klappte sehr gut – Fuß, Sitz, Platz, kehrt, Leine gehen. Der Lehrer verabschiedete sich. Ich ging zur Belohnung noch eine kleine Runde mit den Hunden spazieren. Im Nu waren beide Hündinnen wieder in eine entsetzliche Beißerei verwickelt. Die Halsbänder flogen durch die Luft, schließlich lagen beide keuchend im Schlamm unter dem Auto. Die beiden Rüden begeisterte der Kampf auch noch, der schwere Hirtenhund Mirto versuchte, mir auf den Rücken zu springen, während ich die beiden Kämpfenden zu trennen versuchte.
In meiner Verzweiflung ließ ich den Motor an, mit Erfolg. Die zwei Hündinnen kamen unter dem Auto hervorgekrochen, ich erwischte die eine am Schwanz, schleuderte sie ins Auto auf die Rückbank, dann die zweite auf den Beifahrersitz und knallte die Türen zu. Die beiden Rüden stiegen brav in den Kofferraum meines Kombis.

Wir waren alle schlamm- und blutbesudelt: die Hunde, ich, das Auto. Statt zu weinen, wozu ich eigentlich Lust gehabt hätte, fing ich an, »OM« zu singen, sang »OM« während der ganzen Heimfahrt, schaffte es sogar, den wundervollen Sonnenuntergang zu genießen.
Das darf ich doch wohl als Fortschritt in meiner spirituellen Entwicklung verbuchen!?! *In dieser Welt sein, aber nicht von dieser Welt.* Sagte natürlich wieder mal Bhagwan (später Osho genannt).
Wie lange kann/muss man ein Leben aushalten?
Ununterbrochen »OM« singend, stellte ich mir mein Sterbelager vor und wurde plötzlich von enormer Heiterkeit überwältigt. Anna fiel mir ein, eine der Ersten, die für das Projekt Feuer fingen. Sie tauchte mit ihrem Baby Maya Charon, heute Ende zwanzig, bei mir auf und blieb unerschütterlich eine der Treuesten. Anna ist ausgebildete Waldorflehrerin, Heilpraktikerin und Reittherapeutin, Sie stand sozusagen in den Startlöchern bereit zum Einsatz in Doppendorf – musste stattdessen aber in Hamburg in Theatern und Kneipen Laugenbrezeln verkaufen, um ihre kleine Tochter durchzubringen.
Wenn ich einmal meinen Körper verlasse, werden Anna und Maya Charon bei mir sein, machten wir damals aus. Ich sah Anna und Maya Charon an meinem Bett sitzen, drum herum tummelten sich Kinder, Hunde, Katzen. Musik mit Vogelgezwitscher wurde gespielt. Alle waren fröhlich, die Katzen und Hunde balgten sich zärtlich untereinander. Den für mich bereitgestellten weißen Sarg bemalten die Kinder ganz bunt. Ich schaute ihnen vergnügt dabei zu. Sie waren alle farbenprächtig angezogen und freuten sich, dass mir ihre Malerei – in meinen geliebten Rottönen – gefiel. Auf den Sarg hatten sie gemalt: »Hurra, sie hat es geschafft!«
Oder sollte man sich lieber verbrennen lassen? Was aber, wenn die Seele angesengt wird? Was ist vom ökologischen Standpunkt aus besser? Der tote Körper kann den Wurm nähren, bestenfalls vielleicht einen schönen Birnbaum wie beim *Herrn von Ribbeck auf Ribbeck im Havelland*. Asche wiederum kann man in den Garten streuen oder bei Glatteis sogar auf die Straße. Wahrscheinlich gehupft wie gesprungen.
Wie goldrichtig meine Idee war, dass in unserer zukünftigen Lebensgemeinschaft alte Menschen mit ihren Tieren bis zum Lebensende

beisammenbleiben können, zeigte ein Artikel im *Salzburger Fenster*. Unter der Überschrift »Menschliche Tragödien wegen Tier-Verbots in Altersheimen – alte Menschen verlieren ihren letzten treuen Gefährten« wurde geschildert, welche erschütternden Szenen sich abspielen, wenn Menschen ins Altersheim müssen und ihre vierbeinigen Lieblinge dorthin nicht mitbringen dürfen.

Tragödien über Tragödien. Veraltete Heimordnungen oder Tierfeindlichkeit waren und sind die Gründe, warum die alten Menschen in vielen Heimen keine Tiere halten dürfen. Andere Länder, wie etwa die USA, beweisen längst, dass Tiere die Seele gerade älterer Menschen positiv beeinflussen. Tiere wirken wie Therapeuten. Sie können heilen und lindern – ganz besonders die Einsamkeit, die Depressionen alter Menschen.

Dass alle diese Ghettos, die Kinder-, Alters- und Tierheime, überflüssig werden, das war ja mein großer Traum. Wenn überall ähnliche Modelle entstehen würden wie unser Projekt, könnte dieser Traum Wirklichkeit werden.

Sie muss meine Gedanken gespürt haben: Anna rief an – in Wirklichkeit. Sie hatte geträumt, ich wäre gestorben. »Du warst ganz kalt«, sagte sie. »Wir haben deine Hände geknetet, Maya Charon und ich, sie wurden noch ein bisschen warm, dann war es vorbei. Sie ist an Überanstrengung gestorben, habe ich den Leuten gesagt.«

Talkshow in Berlin

Diese Talkshow, zu der ich am 26. März 1990 eingeladen war, lag mir seit Tagen im Magen: »Fluch oder Segen der Tierversuche«. Um mich auf die Sendung vorzubereiten, musste ich mich wieder in die entsetzliche Thematik der Tier-(und Menschen-!)versuche einarbeiten und merkte prompt, wie sich mein Gemüt verdüsterte; erkannte daran besonders deutlich, wie richtig es war, dass ich eines Tages meinem Leben eine andere Richtung gegeben habe. Ich wäre draufgegangen, wenn ich weiterhin als Protestlerin *gegen* Missstände gelebt hätte, *gegen* Tierversuche, *gegen* die Pershings, *gegen* Wackersdorf, immer *gegen* etwas. Ich wäre draufgegangen, hätte ich nicht ganz bewusst begonnen, meine Kräfte zu dritteln: nur noch ein Drittel *gegen*, aber zwei Drittel *für* etwas einzusetzen. Man beseitigt das Böse nicht, indem man es bekämpft, sondern indem man das Gute fördert – obwohl auch diese Phase des Kämpfens gegen das Böse für mich notwendig war. Nur: Man stärkt, was man bekämpft, man stärkt, was man denkt, im Negativen wie im Positiven, wie es ja so einfach und eindrucksvoll der Kinesiologietest beweist. Ein freudiger Gedanke gibt mir Kraft, ein trauriger Gedanke schwächt mich. Theoretisch hätte ich also mein Leben über mein Denken selbst in der Hand.

Vom Standpunkt körperlicher, seelischer und geistiger Hygiene müsste ich zu derartigen Veranstaltungen grundsätzlich Nein sagen. Nur: Wer würde sich dann kümmern, wenn nicht wir paar Einzelne?

Glücklicherweise sprechen sich heutzutage immer mehr Wissenschaftler gegen Tierversuche aus. Ihnen glaubt die Bevölkerung natürlich eher als uns Laien, denen gern Gefühlsduselei und mangelnde Sachkenntnis vorgeworfen wird.

Eine grässliche Nacht. Nach zwei Stunden peinigenden Schlafes, in denen ich alle den Tieren angetanen Gräuel selbst erlebte, wachte ich um zwei Uhr nachts auf und musste mich übergeben bis zum Morgen. Es hatte mir regelrecht den Magen umgedreht. Ging nur kurz ins Büro und fuhr dann mit dem Auto nach München, in einem Zustand, als sei ich ausgeblutet. *Wir flogen über den Wolken, dort, wo die Freiheit wohl grenzenlos ist ...* Vor Jahren soll ein Mann aus dem Fenster eines Flugzeuges gesaugt worden sein. Wenn mir das jetzt passiert wäre – ich hätte nichts dagegen gehabt. Was man wohl spürt? Vielleicht glaubt man zu träumen. Der Traum ein Leben, das Leben ein Traum. Oft ein Albtraum.

Die Talkshow begann um 22 Uhr abends. Ich meine, wir Tierversuchsgegner haben an diesem Abend auf der ganzen Linie gesiegt. Den Befürwortern gehen die Argumente aus, unsere sind besser. Es wird für die Sender zusehends schwerer, überhaupt noch Vivisezierer vor die Kamera zu bekommen, zumal unsere Seite nun auch zunehmend über kompetente Wissenschaftler verfügt, Chirurgen, Epilepsieforscher, Ganzheitsmediziner.

Auch der Wahnsinn der Tierversuche wird einmal der Vergangenheit angehören, wie heute die Sklaverei.

Diesmal musste ich mir Vorwürfe anhören, ich würde mich zu stark für Gesundheit und Ernährung einsetzen und nicht mehr genügend für die Tiere.

Viele Menschen sind unfähig, die Zusammenhänge zu begreifen, unfähig zu begreifen, dass Tier-, Menschen- und Umweltschutz untrennbar sind, haben kein Verständnis für das Ganzheitliche, das Holistische, das allein zum Heil führen, Heil-Machen kann.

Mittlerweile wurden Tierschützer als Antisemiten angegriffen, wenn sie sich gegen das Schächten aussprachen. Es kursierte sogar ein Pamphlet, das Tierschützer mit Nazis gleichsetzte, vor allem wenn sie außerdem noch Vegetarier waren, weil es immer wieder heißt, Hitler sei Vegetarier gewesen – übrigens eine Lüge, ebenso wie seine Behauptung, er hätte seinem Volk zuliebe zölibatär gelebt. Eva Brauns Existenz wurde uns dummem Volk bis zum Schluss verheimlicht.

In einer Glosse mit der Überschrift »100 Zeilen Hass« behauptete ein Autor, Tierschutz sei faschistoid ... und fragte weiter, warum die »Galionsfiguren und Rädelsführer (des Tierschutzes) immer nur solche Rotarmisten des Geistes wie Barbara Rütting« seien.

Aha, ein faschistoider Rotarmist war ich also.

Es ist schon kurios, das Schubladendenken. Trat ich für eine gesunde Ernährung ein und die damit verbundene Übernahme von Verantwortung für die eigene Gesundheit und war ich darüber hinaus noch der Ansicht, dass bei einer Abtreibung etwas anderes abgetrieben würde als ein bloßer Zellklumpen, nämlich ein bis in alle Einzelheiten festgelegter Mensch – dann war ich rechtsradikal. Protestierte ich in Mutlangen gegen Massenvernichtungswaffen oder in Wackersdorf gegen die Wiederaufbereitungsanlage von Atommüll, marschierte ich beim Ostermarsch gegen den Atomtod – war ich linksradikal. Sprach ich mich gegen das Schächten aus, war ich Antisemit. Wagte ich es, im Tierschutz aktiv zu sein, wurde mir geistiges Rotarmistentum bescheinigt.

Auf der Straße fand ich ein Info-Blatt. Jemand lud zu einem Vortrag ein, Thema: »Die Hege der Ameise«. In den Wäldern errichtete man neuerdings Ameisenhaufen. Sie sollten die Fichtenblattwespe, oder wie das Tier heißt, vernichten. Vielleicht ist das die Lösung der Weltprobleme, die Hege der Ameise. Also, hegen wir die Ameise.

Die friedfertige Frau – ein Mythos?

Das Seminarzentrum hatte eine Strahlkraft bekommen, die sich auf jeden übertrug, der durch die Tür trat. Zwei Tage lang entrümpelten wir weiter den riesigen Dachboden des Gutshauses, der jetzt aussah wie eine Tanzdiele. Leider gab es ärgerliche Auseinandersetzungen mit der Hauseigentümerin Margarete wegen ein paar irrtümlich in ihrem Zimmer abgestellter Kartons. Sie konnte sich von nichts trennen, zerrte immer wieder wertloses Gerümpel aus den Abfallcontainern heraus und ließ schließlich sogar eine Steinplatte, die auf Baumstümpfen ruhend als Gartentisch diente, in aller Eile abtransportieren, als gälte es, einem Diebstahl zuvorzukommen. Es war so absurd, dass ich in Gelächter ausbrach – was sicher nicht sehr klug war. Immer öfter hatte ich das Gefühl, dass sie es nicht ertragen konnte, wenn jemand anderer als sie im Haus kreativ war. Und dabei war doch jedermanns Kreativität mehr als gefragt!
Dann machte die Hälfte der potenziellen Geldgeber plötzlich einen Rückzieher, noch dazu ohne dem Verein ein Sterbenswörtchen von dieser Entscheidung mitzuteilen, und es waren gerade diejenigen, die am überschwänglichsten und lautesten das meiste Geld in Aussicht gestellt hatten. Bei telefonischen Nachfragen erfuhr ich dann: »Ich habe mein Haus doch nicht verkaufen können/wollen« – »Der Sohn ist krank« – »Die Mutter gestorben« – »Doch wieder mit dem Ehemann/der Ehefrau versöhnt« und dergleichen mehr.
Wir würden also statt der rund fünf Millionen Schilling, die uns diese Geldgeber zugesagt hatten, nur knapp drei Millionen zusammenbekommen.
Wie unzuverlässig die Menschen doch waren, wie verantwortungslos! Eine Frau hatte zwei Millionen Schilling fest zugesagt! Nicht zuletzt aufgrund dieser Zusagen hatten wir uns schließlich so weit vorgewagt

und die Verhandlungen über die Scheune begonnen. Auch Margarete hatte dem Verein das Haus ja einmal schenken wollen ... . Woran sie sich nun nicht mehr erinnerte. Nie hätte ich dieses Wagnis begonnen, wäre jener Satz nicht gefallen.

Diese Frau wurde mir mit ihrer Zuckerbrot-und-Peitsche-Strategie immer rätselhafter. Manchmal machte es den Eindruck, als wolle sie das ganze Projekt boykottieren. Aber warum bloß? Es käme doch alles ihr zugute, was hier entstand. Ich warb ständig um ihre Mitarbeit. Sie könnte doch selbst viele ihrer anthroposophisch orientierten Träume wahrmachen, wie wir das ja auch alles einmal geplant hatten, den biologisch-dynamischen Landbau erweitern, neben dem bisher angebauten Getreide auch biologisch gezogenes Gemüse anbauen, das so dringend benötigt wird; man könnte eine Dinkeldarre für das gesamte Dorf errichten und den vielgefragten Dinkel anbauen, dafür die Milchproduktion verringern; man könnte ein Pilot-Projekt mit dem Anbau von Schilfgras zur Gewinnung von Bio-Energie starten – mit allen meinen Vorschlägen stieß ich auf taube Ohren, nichts konnte verwirklicht werden, nichts. Weil dem Verein nichts gehörte, waren uns die Hände gebunden.

Sie sei nicht bereit, ein weiteres Jahr im Vorstand mitzuarbeiten, erklärte Margarete dann auch noch, sie wollte sich in Zukunft kaum noch in Doppendorf, sondern überwiegend auf dem Gut ihres Mannes in Deutschland aufhalten.

Ich musste immer wieder an die Bemerkung ihres Mannes denken: »Und warum hast *du* das nicht gemacht?« Hatte dieser Satz die Wende in ihrem Verhalten ausgelöst?

Ein Satz aus Shakespeares *Richard der Dritte* fiel mir ein: »Erfolg ist nicht genug. Der beste Freund muss scheitern.« War es das, was sie wollte – dass ich mit meiner Vision scheiterte? Ich dachte eigentlich, eine solche Denkweise sei männlichen Gehirnen vorbehalten. Aber die friedfertige Frau ist wohl auch nur ein Mythos.

Mit Veronika kam es eines Tages zu einem endgültigen Bruch. Nachdem wieder ein Krach über Lappalien in der Küche entbrannt war, widersprach ich diesmal nicht, als sie ausrief: »Ich gehe wohl besser.«

Eigentlich müssten wir alle, die zu uns kommen wollen, ein Formular ausfüllen lassen, und wer die Frage »Kommen Sie mit sich selbst zurecht?« nicht mit Ja beantworten kann, muss erst noch üben. Die meisten kamen mit ihrem So-Sein nicht zurecht.

Großes Unbehagen überfiel mich, als ich an jenem Morgen in die Küche kam und die ganze Gesellschaft griesgrämig beim Frühstück sitzen sah, noch ergänzt durch drei rumänische Arbeiter, die zuerst fassungslos, dann mit steigendem Misstrauen auf die Schüssel mit Frischkornbrei starrten, die Veronika ihnen gerade kredenzte.

Was in aller Welt hatte ich mit all diesen Leuten zu schaffen? Sofort schämte ich mich für diesen Gedanken. Wo blieben die allumfassende Liebe und Güte?

Die ungute Situation vor den Seminarteilnehmern ständig überspielen zu müssen, machte die Woche für mich doppelt anstrengend. Ich musste der ewige Strahleputz sein, immer wieder alle anderen mit Energie, Lust und Laune aufladen.

Allerdings soll damals auch eine extrem schlimme Sternenkonstellation geherrscht haben …

Die Referentin, die bei uns einen Vortrag über »Sinn oder Unsinn der Astrologie« halten wollte, war unterwegs mit ihrem Auto in einen Graben gefahren. Der Vortrag fiel aus.

(Hätte sie das nicht eigentlich ahnen müssen?)

Auf den Straßen Hunderte überfahrener Frösche, die es nicht geschafft hatten, den Teich zu erreichen, in dem sie ihren Laich ablegen wollten. Dennoch später in diesem Teich Millionen von Laichkörnchen, die, größer und größer werdend, schließlich als Kaulquappen umherwuselten – eines Tages verschwunden, gefressen, von wem?

Die Natur ist großzügig. Ein Menschenleben gleicht einem Körnchen Froschlaich. Geht eines zugrunde, sind immer noch 999 999 weitere Froschlaichkörnchen übrig, aus denen ein Fröschlein werden kann – darunter vielleicht sogar ein Froschkönig, den eine liebende Prinzessin einst erlösen wird.

Das kleine Rehkitz, das aus dem Gebüsch geschreckt war, fand ich zwei Tage später ein paar Meter weiter tot, offenen Auges.

Zwei unserer Zwerghennen hatten sechs Wochen lang auf ihren Eiern gebrütet, ohne zu fressen, kaum getrunken. Die Eier waren alle unbebrütet und faul. Frida hat sie auf den Misthaufen geworfen.
Als ich nach der Auseinandersetzung um Veronika nach Hause kam, begrüßten mich die Pferde mit fröhlichem Wiehern. Candy hatte ein Fenster aus den Angeln gerissen. Ich schaffte es, einen Anfall von Selbstmitleid in eine Ganz-im-Hier-und-Jetzt-Sein-Meditation zu transzendieren, klaubte, *OM-OM-OM* singend, die Glasscherben aus den dampfenden Pferdeäpfeln. Fest durchatmen – *OM – OM – OM* – tief durchatmen, tief durchatmen. Nachdem ich noch den Stall ausgemistet hatte, unaufhörlich *OM* singend, ging es mir besser.
Durch die offenen Fenster drang der betäubende Duft von Holunder und Heckenrosen. Ich lauschte dem Abendkonzert der Vögel. Eine einzige Drossel – *meine* Drossel – sang, nachdem den anderen schon die Schnäbel zugefallen waren, eine halbe Stunde lang ganz allein, jeden Abend, immer auf der höchsten Spitze der höchsten Fichte.

Leide ich am Helfersyndrom?

Seit einigen Tagen unerträgliche Schmerzen beim Auftreten im rechten Fuß. Das Nicht-Auftreten-Können, bedeutete dies, dass ich in die falsche Richtung ging? Von Hinz und Kunz musste ich mir gute Ratschläge anhören. Man appellierte an meine Vernunft, riet zum Loslassen. Auch mein Rücken war so mies wie nie. Alle Knochen taten weh. Dazu kam noch ein Anfall nervöser Angina Pectoris.
Auf geradezu übertriebene Weise war ich stets um Zustimmung und Harmonie bemüht, das fiel mir selbst auf. Seit ich denken konnte, hatte ich mich selbst überfordert. Das älteste von fünf Kindern hatte immer die Verantwortung für die anderen, hatte stets Vorbild zu sein. »Die Waltraut ist dabei? Dann dürft ihr mitgehen!«, sagten die Eltern meiner Mitschüler. Einer meiner Brüder erzählte mir viele Jahre später, ich hätte einmal einer – wie ich damals meinte – *alten* Frau ihren Koffer vom Bahnhof bis in ihr vier Kilometer entferntes Dorf getragen, um dann wieder zurück nach Hause zu laufen. Da gab's natürlich Schelte.

Ich war (und bin) immer noch die liebe Waltraut aus Wietstock an der Nuthe. In der Kindheit eingeübte Verhaltensmuster wie das Helfersyndrom ziehen sich durch das ganze Leben, wenn man nicht aufpasst.

»Du bist so anders«

»Du bist so anders«, bekomme ich auch heute noch zu hören. Anders als wer?
Allein mein So-Sein scheint die »anderen« regelrecht zu erschrecken, bedrohlich diese Risikobereitschaft, die Bedingungslosigkeit, mit der ich mich ausliefere.
Die Menschen wollen immer, dass man so ist, wie man ist – nur ein kleines bisschen anders, vermutlich so wie sie selbst – bequem eben.
Besonders krass fiel mir das auf, als ein Psychiater den von mir heiß geliebten Thomas Bernhard kritisierte: Ein großer Schriftsteller – ja, aber nach einer psychoanalytischen Behandlung würde er noch viel besser sein! Womöglich hätte Bernhard nach einer psychoanalytischen Behandlung überhaupt nicht mehr geschrieben oder viel weniger originell. Wobei sich die Frage stellt, ob er dann eventuell glücklicher gewesen wäre, und ob es wichtiger ist, dass ein Mensch ein Kunstwerk schafft, zum Beispiel ein gutes Buch schreibt, oder dass er glücklich ist, und ob das eine das andere ausschließt.
»Ein glücklicher Mensch schreibt keine Zeile« – ich meine, Egon Friedell hat das gesagt. Ein glücklicher Mensch lebt wohl einfach.
Eine Bekannte, die nach eigenen Aussagen mit Wesen aus der geistigen Welt Kontakt hatte, sandte mir einen »Seher«. Ich solle ihn doch einmal fragen, was man im Jenseits von meinem beabsichtigten Dorfprojekt hielt. Er sehe mich zwar durchaus als Werkzeug einer höheren Intelligenz, meinte der Mann, er habe durchaus den Eindruck, ich hätte einen Auftrag auszuführen – aber die Endziele sollten anders konzipiert werden, ich sollte mehr und höhere Ansprüche stellen, damit würden andere Personen sich manifestieren. Die jetzigen Ziele hätten zu geringe Ansprüche.

Wie bitte? Zu geringe Ansprüche? Ich hatte sie eher als zu hoch empfunden, diese Ansprüche, ein Lebenszentrum für Jung und Alt, mit ökologischem Landbau, vegetarischem Restaurant, Seminarbetrieb und Begegnungsstätte für Menschen aller Glaubensrichtungen, Meditationsräumen, Gesundheitszentrum für alternative Heilweisen, Reitmöglichkeiten für behinderte Kinder und, last but not least, einem »Gnadenhof« für alte ausgestoßene Tiere – all das genügte immer noch nicht? Ja, was denn noch?

Weitere Auskünfte seien im Moment nicht zu erwarten, beschied mich der »Seher«, der erstaunlicherweise kein Honorar forderte – wenn ich mehr wissen wolle, müsse man sich später noch einmal kurzschließen. Noch glaubte ich daran, dass, wenn viele träumen, der Traum Wirklichkeit wird.

Aber allmählich hing mir diese ganze Um-Führung-Beterei zum Hals heraus: Astrologen fragen, die Tarotkarten fragen, das höhere Selbst befragen – vermutlich alles ein Schmarrn.

Konnte *meine* Astrologin es eigentlich verantworten, dass sie mir einbläute, ich *müsse* dieses Dorfprojekt durchführen, es bedeute für mich eine karmische Katastrophe, wenn ich es nicht täte? Ohne dieses Orakel im Hinterkopf hätte ich dieses Unternehmen weder begonnen noch durchgehalten. Und manchmal dachte ich bereits, es wäre besser gewesen, es zu lassen.

Reittherapie mit meinen Pferden?

In den *Salzburger Nachrichten* ein Bericht über die Wirkung der Hippotherapie auf behinderte Kinder. Besonders wohltuend wirkt auf die Kinder, so der Bericht, schon allein die Atmosphäre. Es riecht im Stall nicht nach Krankenhaus, sondern nach Pferd. Einer der Therapeuten schrieb: »Ein Kind, das beispielsweise aus dem Rollstuhl auf den warmen Rücken eines Pferdes gehoben wird, kann erstmals auf jemanden herunterschauen, erfährt, dass ihm das Pferd gehorcht, erlebt eine neue Mobilität und dass es etwas ohne Mutti schafft.« Die Therapieeinheit für ein Kind dauert etwa zwanzig Minuten. Eine besonders geschulte Reitlehrerin – wie meine Freundin Anna! – würde das Pferd dabei an der Longe führen, eine Physiotherapeutin ginge neben dem Pferd her und stünde dem kleinen Reiter oder der kleinen Reiterin bei. Meine Pferde waren ganz sicher für eine Ausbildung geeignet. Sie mochten Kinder, sie könnten in Doppendorf im Stall stehen; auf dem Mackwitz'schen Gewerbegebiet, das zurzeit so gut wie ungenutzt war, könnte ein Reitstall errichtet werden, ohne den man in unserem Klima ganz sicher nicht auskam.

Meine Pferdekutsche und den Pferdeschlitten hatte ich bereits vor Monaten nach Doppendorf transportieren lassen und in der Scheune untergestellt. Ich sah es schon vor mir, wie die Kinder, aber auch die alten Menschen im Winter die Schlittenfahrten mit Glockengebimmel im verschneiten Wald genossen …

Den Stock für das Alter schnitzt man sich in der Jugend, sagt ein chinesisches Sprichwort. Und natürlich durften die Menschen nicht erst dann kommen, wenn sie alt und gebrechlich und nicht mehr änderungsbereit, nicht mehr neugierig waren. Das musste immer wieder betont werden.

Herbst 1990 – Eingeladen ins Umweltministerium

Das Bundesministerium für Umwelt, Jugend und Familie in Wien hatte mich als Referentin zu einem Symposium eingeladen, Titel »Gesünder leben – ethische, ökologische und gesundheitliche Aspekte des Fleischkonsums«.

Die Ministerin Marilies Flemming, die große Hoffnung der österreichischen Tierschützer, stellte mich mit den Worten vor: »Unsere verehrte und geliebte Barbara Rütting …« – Österreichs Umweltministerin verehrte mich, Doppendorfs Bürgermeister verachtete mich. Solange es nicht umgekehrt war …

Nie vergesse ich, wie Divo Köppen-Weber, die großartige Wirbelsäulentherapeutin, für mich litt. Es war Anfang 1989, das Seminarzentrum noch nicht eröffnet; Divo und ich trafen uns zum ersten Mal. Wo sich später die blitzsauberen Toiletten befanden, gähnten gerade tiefe

Krater, Rohre wurden verlegt; überall Dreck, ein höllischer Lärm. Wir saßen in der damals noch so düsteren, ungemütlichen Küche, und der Bürgermeister behandelte mich mit seinem geringschätzigen Grinsen wie eine lästige Bittstellerin.

Auf der Fahrt zu mir nach Hause war Divo ganz still; dann meinte sie: »Ich glaube, du solltest den Plan aufgeben. Es ist zu schwer, nicht zu schaffen, zu viele Widerstände – halt an«, rief sie plötzlich, »halte sofort an!«

Ich stoppte verblüfft mitten in den Wiesen das Auto. Sie riss die Tür auf, stürzte hinaus und schrie aus Leibeskräften: »Ich will nicht, dass die Barbara so schlecht behandelt wird, ich will nicht, dass die Barbara so schlecht behandelt wird – ich lasse es nicht zu!« Wir mussten beide lachen. Dann stieg sie wieder ins Auto, umarmte mich und sagte liebevoll: »Du musst es wohl machen ...«

Ja, ich musste es wohl machen.

Meine immer häufiger werdenden Anfälle nervöser Angina Pectoris zwangen mich schließlich doch zum Arzt. Er diagnostizierte, was ich ja selbst wusste: absolute Überanstrengung. Ich war auch wieder vollkommen schief, sämtliche Muskeln verspannt, meine alte Beckenblockade, herrührend von Stürzen vom Pferd und Unfällen auf der Bühne, hätte regelmäßig liebevolle Zuwendung in Form von Massagen gebraucht – aber woher die Zeit nehmen?

Und das alles bei einer, die im November ein Seminar zu leiten hatte: »Gesund und schön von innen und außen!«

Am liebsten hätte ich mich ins Bett gelegt, konnte ja nicht auftreten (hübscher Doppelsinn in diesem Wort!), die Decke über den Kopf gezogen und mich unsichtbar gemacht, wie früher als Kind – vorher noch schnell einen Zettel an die Tür zum Seminarraum geheftet mit – in Anlehnung an das arme Gretchen in Goethes *Faust* – dem Text: »Bin weder gesund noch schön – musst anderswo seminaren gehn!«

Mein Leben war mit zu viel Kampf verbunden, das konnte nicht in Ordnung sein.

»Gleich gesinnt«?

Deprimierend, mit was für Kleinkram ich mich täglich auseinandersetzen musste. Da ging es um zu viel und zu teuer gekauftes Obst, um einen für Gäste gebackenen Kuchen, da wurde die Butter im Kühlschrank auseinanderdividiert. »Das ist aber meine, das da ist deine ...« Probleme bereiten ja erfahrungsgemäß vor allem die Menschen, denen es an Selbstwertgefühl mangelt. War es zuerst Veronika, so war es nun die eigentlich leutselige rheinische Frohnatur Gustav, einer der Interessenten. Trotz meiner Warnung, es sei dafür zu früh und zu riskant, hatte er sein Haus verkauft und war mit Sack und Pack, Hund und Katz nach Doppendorf gezogen. Jetzt schleppte er bis zur Erschöpfung Steine, um ein Blumenbeet einzurahmen – Ergebnis: eine Schleimbeutelentzündung im Arm. Diese Entzündung steht bekanntlich für unterdrückte Wut. Zum Arzt ging er aber nicht. Eines Nachmittags trugen Leute sein Klavier aus dem Haus – zum Nachbarn.
»Damit ich endlich mal Klavier spielen kann!«, erzählte er im ganzen Dorf.
»Kannst du denn hier nicht spielen?«, fragte ich ihn.
»Hier traue ich mich nicht«, kam als Antwort zurück. »Und von dir bin ich auch enttäuscht, Barbara.«
»So! Und warum?«
»Du hast Günter gefragt, wo der Überlauf der Quelle ist, nicht mich!«
»Ja, weil du nicht da warst und ich nur Günter gesehen habe!«
Mannomann!
Eigentlich konnte man nur lachen. Aber all diese kleinlichen Vorkommnisse – unter immerhin sogenannten Gleichgesinnten – vergifteten die Atmosphäre.
Das Wort »gleich gesinnt« ist sehr dehnbar. Die Erfahrung musste auch ich machen. Im Seminarzentrum stellten sich drei Gruppen von Menschen ein:
Den Tierfreunden ging es weder um gesunde Ernährung noch um Spiritualität, sondern allein um ihren Dackel.
Die Ernährungs-Freaks waren nur an ihrem Bauch interessiert und an ihren Birkenstock-Schuhen, verabscheuten alles, was in ihren Augen

nicht unbedingt nötig war – »essen kann man auch aus dem Papier, Kosmetik oder gar Schminke sind vom Teufel« und so weiter.
Die New-Ager schließlich pilgerten von einem spirituellen Seminar zum anderen, waren natürlich bei Sun Bear und Dethlefsen, gingen channeln und besuchten Geistheiler. Denen war die Ernährung wurscht – »ganz egal, was du isst, Hauptsache, du denkst richtig« – und der Tierschutz war ihnen ebenso schnuppe. Alles Karma! Von denen hörte ich am Ende einer Schnupperwoche, in die ich mein Herzblut gepumpt hatte, es sei bei uns »zu wenig göttlich«.
Das alles traf sich unter dem Schlagwort »gleich gesinnt«!
Ich hoffte nach wie vor, es würde einfacher werden, wenn einmal mehr Menschen hier lebten. Dann würden sich Interessengruppen bilden, die Schachspieler mit den Schachspielern fachsimpeln, die Bio-Gärtner mit den Bio-Gärtnern, die Esoteriker mit den Esoterikern.

Den farbenprächtigen Hahn Othello auf meinem Hof hatte offenbar der Habicht geholt. Immer wieder erschreckend, einer frisst den anderen. Zum Trost der verstörten Hennen trieb ich in der Nachbarschaft einen jungen Zwerggockel auf, der jedoch nicht mit Freude empfangen, sondern aus dem Stall gejagt wurde! Ich hatte gehofft, wenigstens die würden sich vertragen ...

Ein Tag nur für mich

Sonntag. Ein freier Tag zu Hause in Sommerholz.
Geschlafen bis acht Uhr. Sogar die Pferde, die unter demselben Dach standen, hatten Verständnis und verhielten sich ruhig.
Rot ging die Sonne auf. Ich fütterte die Pferde, brachte sie auf die Weide. Das Herbstlaub schimmerte in allen Rot-Gelb-Braun-Tönen, ein klarer blauer Himmel.
Zurück ins Bett, Frühstück bei Kerzen und Meditationsmusik: frisch gequetschte Haferflocken, dazu eben vom Baum geschüttelte honigsüße Zwetschgen, vom Spalier gepflückte goldgelbe Birnen und Mangoblütentee. Die Hunde waren von schier unglaublicher Friedfertig-

keit. Sie liebten die meditative Musik. Satt dösten wir im kuscheligen Schafwollbett, rechts im Arm der Kater, in der Kniekehle Lilly, am Fußende die Dackelin Lemmi, ab und zu wedelte Airedaleterrier Calderon mir sanft mit dem Schwanz übers Gesicht. Am Fußende ein großer weißer Fellhaufen – der »Pastore Maremmano-Abruzzese« Mirto, auf Sardinien vor dem Verhungern gerettet. Auf dem Bettvorleger Francescolina.
Unhygienisch? Egal.
In diesem Zusammenhang fällt mir ein Satz von D. H. Lawrence ein, den ich nie vergessen werde, obwohl ich ihn vor mehr als vierzig Jahren gelesen haben muss, als ich *Lady Chatterley* verschlang. Irgendwo stand da, ich glaube, ich zitiere sogar wörtlich: *Sleep is, in spite of all hygienists, still most perfect beside of a beloved.*
Na also!
Eine seltsame Entwicklung durchläuft ein Mensch. Als Kind konnte ich ein Tier nicht einmal anfassen, so pingelig war ich!
Plötzlich schien die Sonne genau auf mein Kopfkissen, vergoldete die Schnurrhaare des Katers, verwandelte seine Öhrchen in schimmernde Rosenblätter.
An Tagen wie diesen vermochte ich Wonne aus jeder Winzigkeit zu saugen, dem Anblick der Rohrkolben im Teich, der vorübersurrenden schillernden Libelle, der im fahlen Mondlicht ums Haus huschenden Fledermaus, den – für kurze Zeit in die Freiheit entlassenen – Kühen des Nachbarbauern, wie sie gelassen im Morgennebel grasten, dem fröhlichen Begrüßungsgewieher der Pferde, wenn ich nach Hause kam; der mir dargebotenen Pfote meiner Hunde, dem schweren Duft der Petunien.
Dann das Nötigste im Haus sauber gemacht, ein Spaziergang mit den Hunden durch den Herbstwald. Es duftete nach Pilzen und feuchtem Laub. Das Gelächter der Kinder auf den fernen Bauernhöfen klang in der tragenden Herbstluft sehr nah. Im Garten Spinat gepflückt und ein paar reife Tomaten, dazu Eier meiner – natürlich – frei laufenden Hühner gesammelt – Mittagessen auf dem Badesteg am Teich. Es war so heiß, dass ich dann noch zwei Stunden splitterfasernackt in der Sonne liegen konnte.

Nachmittags kam eine Bekannte zum Reiten. Die Pferde genossen das gründliche Striegeln, freuten sich auf den Ritt. Unterwegs gab es ein Bad für sie im Bach; genießerisch schlugen sie sich mit den Hufen das kalte Wasser unter den Bauch. Was für ein göttlicher Tag!

Beginn der Reittherapie

Stella machte so große Fortschritte, dass der Reitlehrer, der bereits über Erfahrung im Behindertenreiten verfügte, entschied: »Wir können es wagen – wir können die Kinder des Montessori-Kindergartens für den kommenden Sonntag einladen.« Ich platzte fast vor Glück!
Vier behinderte und sechs gesunde Kinder kamen zusammen mit ihren Eltern. Ich war sehr aufgeregt, denn der Reitlehrer hatte von meinen drei Pferden ausgerechnet meine wilde Stella ausgewählt – aber sie machte es großartig. Es war erschütternd zu erleben, wie ein verstörtes, angsterfülltes behindertes Kind sich auf dem warmen Pferderücken entkrampfte und zu lächeln begann.
Ich bewunderte die tapferen und fröhlichen Mütter der Kinder. Und schämte mich, dass ich jemals unzufrieden mit meinem Leben gewesen war.
Das war ein guter Anfang!

Vorstandsmitglieder springen ab

Der 21. November ist mein Geburtstag. 1990 fand genau an diesem Tag wieder einmal eine Sitzung unseres Vorstands statt. Ich sah dies als gutes Omen, meinte, dieser Tag müsste mir doch Glück bringen. Und dann kurz darauf diese Hiobsbotschaft: Die Hälfte der Vorstandsmitglieder eröffnete mir, sie müssten ihre Ämter zurückgeben. Erst nach der letzten Sitzung sei ihnen so richtig klar geworden, welche Verantwortung sie nicht nur in Bezug auf das Projekt Scheune, sondern auch in Bezug auf das Seminarzentrum trugen, und dass sie – nach Rücksprache mit Partnern, Anwälten etc. – diese Verantwortung weder für das eine noch für das andere weiterhin übernehmen könnten.

Ich fragte mich nicht zum ersten Mal, woran es wohl lag, dass zwar viele gern »dabei sein« wollten – »ich arbeite bei dem Projekt von der Barbara Rütting mit« –, sich aber darum drückten, sobald es galt, dieser Verantwortung gerecht zu werden.

Genauso könnten mich eines Tages die Vorstandsmitglieder Steuerberater und Rechtsanwalt im Stich lassen. Alle Vorstandsmitglieder waren mit dem bisherigen Prozedere einverstanden gewesen, hatten es abgesegnet. Niemals hatte ich eigenmächtig irgendwelche Beschlüsse gefasst!

Wenn aber nicht einmal der Vorstand bereit war, Verantwortung zu übernehmen, konnte man den ganzen Verein infrage stellen. Totales, auch finanzielles, Engagement war vermutlich nur dann realistisch, wenn der oder die Betreffende auch »etwas davon hatte«, etwa eine Wohnung oder einen bezahlten Arbeitsplatz.

Mich betrübte besonders die Art und Weise, wie die drei Frauen mir ihren Entschluss mitteilten. Wären sie spontan gekommen und hätten gesagt: »Du, Barbara, ich krieg es mit der Angst, ich kann einfach nicht so viel riskieren«, hätte ich das verstanden – aber sie sprachen sich untereinander ab, ersuchten mich um eine Unterredung und stellten mich vor die vollendete Tatsache.

Ich hatte größte Lust, alles hinzuschmeißen.

Gelegentlich sickerte durch, ganz Doppendorf hoffte, dass dieses Projekt scheiterte. »Wer weiß, was da für Leute kommen (meinte auch Margarete Mackwitz); lauter Hundebesitzer; die Köter scheißen dann in die Wiesen und daran krepieren unsere Kühe; lauter Behinderte ...« – manche sahen schon Hunderte von Rollstuhlfahrern durch Doppendorf rasen – »... lauter Langhaarige; arbeitsscheues Gesindel; lauter Grüne, die wollen alles verändern und wählen dann den Bürgermeister und den Gemeinderat ab.«

Gar nicht so dumm, diese Idee!

Eigentlich ließen sie mich alle ins Messer laufen, alle.

Heiligabend 1990

Milliarden Menschen verschlangen gerade wieder Milliarden hingemetzelter Tiere, um die Geburt des Erlösers zu feiern. Die einen fraßen sich voll, die anderen verhungerten.
Damals wie heute bin ich davon überzeugt: Das Hungerproblem ist nur über eine Annäherung an den Vegetarismus zu lösen. Ich sage bewusst vorsichtig »eine Annäherung«, denn dieser Entwicklungsprozess braucht Zeit, und die Menschen werden dazu erst bereit sein – falls überhaupt –, wenn sie am Verhungern sind.
Wärmendes Feuer im Kamin, ein Glas Rotwein; Hunde und Katzen friedlich um mich herum gelagert, auch die Pferde im Stall ruhig.
Es gelang mir immer besser, mein Leben total zu akzeptieren, selbst die kleinen tückischen Dinge des Alltags als zu bewältigende Aufgabe, als Meditation zu begreifen und zu meistern: den ewigen Hunger von Pferden, Hunden, Katzen, die ständig um meine Füße kreisende behinderte Francescolina.
Hysterisch winselnd vor Glück, wenn sie mich sah, tappte sie – selbst der Laut dieser auf dem Boden scharrenden Krallen nervte – wie besessen im Kreis um mich herum, um Zärtlichkeit bettelnd; noch immer nicht stubenrein; nichts anderes im Sinn als Fressen, Fressen, Fressen; Francescolina biss sogar in die Haferflocken hinein; hielt ich ihr ein Stück Brot hin, entriss sie es mir und erwischte dabei vor lauter Gier immer wieder meine Hand; ihre Absonderungen waren gigantisch: Die Seen, die ich immer wieder wegputzte, die Kothaufen, die sie nicht, wie andere Hunde, irgendwo in einer Gartenecke hinterließ, sondern direkt vor die Haustür oder in den Flur pflanzte; in jede auf dem Boden stehende Schüssel stolperte sie hinein mit ihren verkrüppelten Beinen; brachte mich umkreisend zu Fall, wenn ich den schweren Korb mit dem Holz für den Kamin trug. Lange hatte ich nur Abneigung und – Ekel empfunden und, damit verbunden, Schuldgefühle. Wenn sie aber dann kam und ihren Kopf in meine Hände schmiegte, merkte ich, wie sehr ich dieses Tier mit seinem ewig räudigen Fell inzwischen liebte.

Abendspaziergang im knirschenden Schnee. Ein unglaublicher Sonnenuntergang, das blaueste Blau, das goldenste Gold, das orangeste Orange – Minuten später vorbei, als wäre alles geträumt.
Der Halbmond lag auf dem Rücken, darunter in dem gleißenden Weiß schwarzäugig der Teich, von Rohrkolben bewimpert.

Silvester 1990

Es wurde allgemein mit Krieg im Irak gerechnet. Ich glaubte es nicht. Wollte es nicht glauben. 38 Milliarden Dollar sollen die Kriegsvorbereitungen bisher gekostet haben. Die Rüstungsindustrie kann sich ins Fäustchen lachen. Die »Deadline«, das Ultimatum für Saddam Hussein, war abgelaufen. Deadline, ein makabres Wort für ein makabres Ereignis: Todeslinie.
Bis ein Uhr nachts Fernsehnachrichten geschaut. Die Kamera zeigte einen G. I. in der Wüste. Es begann plötzlich zu regnen, ein regelrechter Wolkenbruch. Er schien das Gleiche zu denken wie ich: Ist das Allah, der den Arabern zu Hilfe kommt? Er murmelte nur fassungslos: »Crazy!«
Danach bis zwei Uhr gebetet. Wecker auf fünf Uhr gestellt, wieder eine Stunde gebetet. Um sechs Uhr die ersten Nachrichten im Fernsehen. Noch herrschte Ruhe ... obwohl das Ultimatum abgelaufen und Hussein nicht abgezogen war ...
Bilder von Betenden, die in allen Ländern der Welt die Nacht über ausgeharrt hatten, Transparente: *No blood for oil* – aber sie war nicht aufzuhalten, die »Aktion Wüstensturm«, der Angriff auf den Irak – auch als »die Mutter der Schlachten« gefeiert.
Man hat »nur ein Flugzeug verloren«, und Bagdad sei »erleuchtet gewesen wie ein Weihnachtsbaum«, erklärte einer der Bomberpiloten nach dem Angriff begeistert. Von Menschen, die zu Schaden kamen oder getötet wurden, war nicht die Rede.
Präsident Bush bezeichnete den Golfkrieg als Chance für eine neue Weltordnung. Sind denn nur Verrückte an der Macht? Wie kann eine neue Weltordnung über ein derartiges Gemetzel entstehen? Das

Kinderhilfswerk UNICEF spricht bereits von einer verlorenen Generation in Nahost, dieser Krieg stürze eine Million Kinder ins Elend.
General Schwarzkopf, gefeierter Held der »Operation Wüstensturm«, später auf die Frage, wie viele Tote es auf der irakischen Seite gegeben habe: »Mein Job ist es nicht, Leichen zu zählen.«
An einer Wand las ich einmal ein Graffiti. »Das ist Krieg: Menschen, die einander nicht kennen, töten einander – auf Befehl von Menschen, die einander kennen, aber nicht töten.« Vor Jahren hörte ich folgende Geschichte: Ein Reporter – wenn ich mich richtig erinnere Ernest Hemingway – ist von einem großen Zeitungskonzern nach Kuba gesandt worden, um über angebliche Unruhen dort zu berichten. »Es gibt hier keine Unruhen«, kabelte (so hieß das damals!) der Korrespondent zurück, »ich komme nach Hause«. »Bleiben Sie da«, antwortete der Zeitungskönig, »für die Unruhen werden wir sorgen!« So werden Kriege gemacht. Und das dumme aufgehetzte Volk marschiert und lässt sich abschlachten.

01. März 1991 – Doch noch ein Happy End für Doppendorf?

Zur Jahreshauptversammlung kamen erstaunlich viele und, wie es schien, auch zuverlässige, liebe Menschen.
Ein Ehepaar wollte sofort 400 000 DM hinblättern, zunächst als Darlehen für den Kauf der Scheune, in der die beiden gern eine Wohnung hätten. Nach ihrem Tod sollte diese dann in den Besitz des Vereins übergehen. Dank der Pläne und des fast einen Meter langen Modells der zum Wohnhaus umfunktionierten Scheune, das ein Architekt für uns hatte ausarbeiten lassen, konnten sich alle nun viel besser vorstellen, wie schön das Wohngebäude mit dem gemütlichen Dorfplatz einmal aussehen würde. Eifrig wurde gerechnet und gemessen. Ich musste die Leute regelrecht bremsen, gleich ihre Scheckhefte zu zücken. Denn wir hatten ja noch immer keinen Kaufvertrag! Ein Wunder, dass nicht alle das Vertrauen und die Geduld verloren. Aber dafür war die von uns bisher geleistete Arbeit doch zu sichtbar und eindrucksvoll.

Margarete Mackwitz ließ am Telefon anklingen, dass es ihr mit einer neuen Verhandlung nicht eile, stellte aber ein klärendes Gespräch am 10. März in Aussicht.
Und, o Wunder, dieses Gespräch fand tatsächlich statt! Dabei erklärte sie ihre Bereitschaft, endlich dem Vertrag zuzustimmen.

27. März 1991 – »Barbara Rüttings Projekt baureif«

Hervorragender Bericht über unser Projekt in den *Salzburger Nachrichten*. Neben dem Foto des Modells die Überschrift: »Barbara Rüttings Öko-Projekt baureif. Noch junge Familien gesucht ...«
Leider meldeten sich daraufhin wieder Leute, die das sogenannte ganzheitliche Denken nicht die Spur interessierte, die nur ganz einfach ein schönes Dach über dem Kopf haben wollten.
Ich wurde behandelt wie eine Immobilienmaklerin! Offenbar konnte sich niemand vorstellen, dass ich erstens weder einen Verdienst suchte bei diesem Projekt, noch zweitens eine Behausung, noch drittens einen Job, noch viertens eine Möglichkeit, mich zu produzieren oder mir gar das berühmte Denkmal zu setzen.
Niemand konnte sich vorstellen, dass ich das »einfach so« tat, für andere Menschen – »*So verrückt kann doch keiner sein, da muss doch etwas dahinterstecken!*«

30. März 1991 – »Ich kann nicht mehr beten«

Ende des Golfkriegs. Für Amerika war Saddam Hussein der allein Schuldige. Ein dpa-Foto zeigte im Hintergrund die Rauchwolken der brennenden Ölquellen Kuwaits, im Vordergrund apathische Kühe, die nach Wasser suchten. Die Ölpest hatte bereits katastrophale Ausmaße erreicht, wie die vielen ölverschmutzten sterbenden Wasservögel bewiesen. Die Bilder brannten sich in meine Seele ein. Weinende, im Schnee barfuß laufende Kinder, eine Großmutter mit versteinertem Gesicht, ihr totes Enkelkind auf dem Schoß ...

»Du sollst nicht töten« – so das Grundgesetz aller Religionen. Warum hält sich niemand daran? Dabei verkünden doch alle Religionen im Grunde die gleiche Botschaft: »Behandle alle Lebewesen so, wie du selbst behandelt werden möchtest.« Wenn wir das alle täten – ob ich nun Christ bin oder Hindu, Jude oder Moslem, Buddhist oder Konfuzianer, oder ob ich mich einfach als Humanist verstehe –, wir hätten den Himmel auf Erden.

Alles Beten, alles Meditieren hatte nichts genützt. Ich jedenfalls kann nicht mehr beten.

Die Hoffnung stirbt zuletzt

Ein für die Ostertage verabredetes Gespräch mit Frau Mackwitz fand nicht statt. Sie fuhr wieder ab, ohne sich zu melden.

Wir beschlossen, unsere sehr erfolgreichen Seminare dennoch abzuhalten wie geplant und angekündigt und das längst fällige vegetarische Restaurant auch für die Allgemeinheit zu eröffnen. Noch dazu, wo ich endlich eine berufsmäßige Köchin gefunden hatte, die über die nötige Lizenz verfügte – die für ihre Kochkunst berühmte Olga Huber, mit der zusammen ich schon viele vegetarische Kochkurse durchgeführt hatte. Sie würde bereits in der Mai-Schnupperwoche für die Seminarteilnehmer kochen, dies noch dazu gratis, als Geschenk für mich!

Ich war sehr gerührt. Die Mormonen – die Hubers gehörten der mormonischen Glaubensrichtung an – lernte ich als sehr hilfsbereite, sehr noble Menschen kennen. Sie geben übrigens den Zehnten ihres Einkommens ab, wie sich das ja eigentlich gehört ...

Eine halbe Stunde, Kätzchen King-Kong im Arm, dem Abendkonzert der Vögel und einem klagenden Käuzchen gelauscht, bei offenem Fenster, Kälteschauer von draußen, die Wärme des Kamins im Rücken. Ich musste an die Kurden denken, die hungernd und frierend auf der Flucht waren. Im Fernsehen machtlose Ärzte, keine Lebensmittel, keine Medikamente, eine vor Erschöpfung zusammenbrechende Frau ...

Ich kann nicht mehr beten.

Hilf ihnen, Herr – was für eine Anmaßung, was für eine Einmischung! *Er* lässt das zu – ist es an mir, *Ihn* zu bitten, das Elend zu verhindern? Sein Wille geschehe ... schwer nachzuvollziehen.

Gorbatschow ist mit seiner Perestroika gescheitert, berichteten die Gazetten. Gescheitert nur in den Augen derer, die nicht wussten, wie lange ein Samenkorn zum Aufgehen braucht.

Mirto bellte seit einer halben Stunde ununterbrochen. Gegen irgendeinen imaginären Feind bewachte er im Regen einen vergrabenen Knochen.

Das Käuzchen klagte noch immer.

... und plötzlich flogen die Fetzen

Wieder eine Aussprache mit Margarete Mackwitz, um den Kaufvertrag doch noch mit einem für beide Teile, Verkäuferin und Verein, befriedigenden Ergebnis über die Bühne zu bringen. Zunächst zeigte sie sich geradezu hingerissen von dem Modell der umgebauten Scheune. Hartmut, ein neues Mitglied des Vorstands, und ich schilderten die Situation des Vereins mit allen Problemen sehr offen und ehrlich, als plötzlich – kein Mensch könnte rekonstruieren, weshalb – das Gespräch in eine wüste Beschimpfung ausartete: Margarete schrie, ich sei unfähig, Menschen zu führen (wollte ich ja gar nicht, irgendeinen Menschen führen, um Himmels willen!), sei unfähig, dieses Projekt durchzuführen, sei mehr an »aller Welt« interessiert als an dem geplanten Dorf, mache zu viel und unqualifizierte Werbung für das Projekt in der Presse und und und.

Tatsache war nun aber, dass ich neben der Arbeit an diesem Projekt, zu dem nun einmal auch Gesundheitsvorsorge, Tierschutz und Pressearbeit gehörten und in das mein ganzes Herzblut floss, überhaupt kein Privatleben mehr hatte, ein geradezu klösterliches Leben führte, das nur aus ora et labora bestand, etwas zu viel labora, meiner Meinung nach. Ich machte ja keine privaten Urlaube oder Reisen – nur einmal im Jahr eine Signiertournee mit meinen Büchern – wovon das gesamte Honorar in das Projekt floss ...

Das Modell der Scheune (linkes Gebäude) ... selbst Margarete ist hingerissen

Sie hatte doch gewollt, dass ich es auf ihrem Gutshof verwirkliche! Warum also war sie unfähig, unsere, meine Erfolge zu sehen und zu ertragen?

Himmelkruzitürken, sie wusste doch, dass das Geld auf der Bank lag, das ganze Dorf wusste es, lächerlich diese Vorwürfe, Kinkerlitzchen, Verkettung von Unzulänglichkeiten, die aber allmählich schicksalhaft anmuteten.

Warum ich so milde und gelassen Margarete gegenüber blieb, auch diesmal wieder angesichts dieser Vereinsvorsitzenden-Beschimpfung, war nicht nur allen Beteiligten, sondern auch mir selbst ein Rätsel.

Nach drei Stunden stand sie auf mit der Bemerkung, es sei sowieso ein Brief ihres Anwalts an den Verein unterwegs, und sie fordere nun 4,5 Millionen Schilling (statt der vereinbarten 3,5 Millionen).

Aha, darum ging es also! Ich lief sofort ins Büro, um zu sehen, ob besagter Brief inzwischen eingetroffen war. Später stellte sich heraus, dass er weder abgeschickt noch überhaupt geschrieben worden war. So gingen wir auseinander.

»Wer mich beleidigt, bestimme ich!« ...

... so, wie schon gesagt, das Lebensmotto von Klaus Kinski. Wir waren Partner in den Edgar-Wallace-Filmen *Der Zinker* und *Neues vom Hexer*. Offensichtlich lebe auch ich bereits nach dieser Devise; kein Wunder nach etwa dreißigjähriger Schauspieltätigkeit und den Attacken, die dieser Beruf nun einmal mit sich bringt.

Ein Sprachwissenschaftler erarbeitete vor einiger Zeit mit seinen Schülern einen Überblick darüber, wie im Gespräch mit Beleidigungen umgegangen und Aggressivität vermieden werden könnte. Er kam auf zwanzig mögliche Reaktionen. Je nach Selbstwertgefühl könnte man/frau also antworten, wenn einem gesagt würde, dass man doof, unfähig, ein Schwachkopf sei: »Stimmt!« – »Wie Sie meinen!« – »Darauf bin ich aber stolz!« – »Das möchte ich schriftlich haben!« – »Das hört man gern!« etc. Sicherlich reizte es den Beleidiger aber noch zusätzlich, wenn man sich die Beschimpfungen gelassen anhörte, so wie ich am Tag zuvor.

Wahrscheinlich war ich unerträglich für meine Mitmenschen. Eine stetige Mahnung, eine stetige Schuldgefühlzuweisung, ein stetiges Ärgernis. Sie wussten, ich arbeitete, während sie sonntags schwimmen gingen oder Ski fuhren, hatten ein schlechtes Gewissen – das erzeugt Ablehnung oder sogar Hass.

Kleinlicher geht's nicht

Mit Datum 17. April trifft ein Brief von Margarete Mackwitz' Rechtsanwalt ein, des Inhalts, dass seine Mandantin zum jetzigen Zeitpunkt *innerlich* (innerlich unterstrichen*)* zu neuen Verhandlungen nicht bereit sei. Abschluss des Briefes die typische Mackwitz'sche Verzögerungstaktik: »Bezüglich des von Ihnen gewünschten Vorkaufsrechts für die Scheune und das umliegende Land ist sich meine Mandantin derzeit noch sehr unschlüssig bzw. muss ich diesen Punkt mit meiner Mandantin noch abklären.« etc. etc. etc.

Eine Bank hat den Wert der Scheune auf höchstens 2,5 Millionen geschätzt. Und sie verlangt plötzlich 4,5 Millionen. Ist aber »zum jetzigen Zeitpunkt schwer irritiert, nicht zu Verhandlungen bereit«.
Ja, wann denn wohl, wenn man fragen darf, gnädige Frau anthroposophische Gutsherrin?
Sympathien für die Anthroposophie konnte ich in jenen Jahren nicht entwickeln. Dafür war Margaretes Umgang mit ihren Mitmenschen gelinde gesagt zu befremdlich. Behinderte wollte sie nicht am gemeinsamen Esstisch haben – aus ästhetischen Gründen. Mich blaffte sie aus heiterem Himmel an: »Schreib dir das mal hinter die Ohren!« – woraufhin ich es immerhin fertigbrachte zu antworten: »Wie redest du eigentlich mit mir?«
Ihre ausländischen Arbeiter behandelte sie wie – na ja, wie eine Gutsherrin eben. »Du behandelst die ausländischen Arbeiter, als seien sie Leibeigene und du die Zarin von Russland!«, habe ich einmal zu ihr gesagt; und dass ich mich vor den Arbeitern für sie schämte. Dieser Vorfall dürfte auch zur Trübung unserer Beziehung beigetragen haben.
»Das Schlimme an der Anthroposophie sind die Anthroposophen«, soll Rudolf Steiner, Gründer der Anthroposophie, geäußert haben.

Die Treue der Enten – auch ein Gerücht

Auf meinem Teich in Sommerholz war ein Entenpärchen gelandet. Ich nannte sie Philemon und Baucis. Angeblich sind Enten ja monogam, treu bis in den Tod.
Das am Teichrand stehende Entenhäuschen verschmähten sie, hoffentlich würden sie bleiben. Kleine Entenkinder wären zu niedlich! Während Philemon und Baucis ihre Abendrunde schwammen, landete ein zweites Entenpärchen. Philemon stürzte sich auf den Eindringling, dann auf die neue Entenfrau. Ein wildes Gerangel entstand, die neue Entenfrau flüchtete aus dem Teich, die Erpel hinterher, ein wildes Knäuel von Leibern wälzte sich über die Wiese, den Hang hoch. Die Entenfrau versuchte zu entkommen, die beiden Männchen hinterher, abwechselnd hackten sie aufeinander ein und vergewaltig-

ten die Entenfrau, bis sie alle drei japsend auf dem Boden lagen, bis die letzten Vögel zu zwitschern aufhörten, bis es dunkelte und das Käuzchen seine Sehnsuchtsschreie ausstieß.
Baucis stand die ganze Zeit über am Teich, schnatterte zwischendurch kurz, tat sich aber überwiegend am frischen Gras gütlich.
Die Treue der Enten – auch ein Gerücht.

Fressen und gefressen werden

Meine drei Hennen in Sommerholz hatten fünf goldige Küken ausgebrütet, so klein wie Golfbälle, vier gelbe, ein schwarzes. Die ganze Schar saß zum ersten Mal im Garten in der Sonne, der kleine Vater, das Zwerggockelchen, stolzierte voller Stolz um seine Familie herum. Nachts schliefen sie alle im Holunderstrauch, unter den ausgebreiteten Fittichen der Mütter lugten vorwitzig die Kükenköpfchen hervor, so unendlich geborgen. Der Anblick sprengte mir schier das Herz vor Glück. Ein paar Tage später ein Haufen schwarzer Federn vor der Stalltür – verstörte, in alle Winde zerstreute Küken. Der Habicht hatte die schwarze Glucke geholt.
Wieder einige Tage später erneut ein kleines Häufchen schwarzer Federn – nun hatte es das zarte Töchterchen getroffen.
Statt des Glücksgefühls ein ebenso heftiger scharfer Schmerz.
Das Weiß der Kirschblüten vor dem Hintergrund der unterschiedlichen Grüntöne der Bäume des Waldes – zu dieser Jahreszeit besonders eindrucksvoll der Kontrast zwischen dem Lindgrün der jungen Buchenblätter und dem dunklen Grün der Fichten, an deren Spitzen wiederum die neuen Triebe sichtbar wurden; die Wiese löwenzahnbesprenkelt; eine Drossel sang, und der Kuckuck rief ... und da holte sich ein eleganter Reiher einen Fisch aus dem Teich.
Würde das irgendwann mal aufhören, dieses ewige fressen-und-gefressen-werden?
Die Spaziergänger, die bei Sonnenschein vorbeischlenderten und mich um das Landleben beneideten – »Oh, das ist ja das reinste Paradies!« – ahnten nichts von den Schattenseiten, die dieses Leben auch hat. Es

wird wohl noch ein Weilchen dauern, bis der Spruch Jesajas Wirklichkeit wird – »*Wolf und Lamm werden beieinander weiden; der Löwe wird Stroh fressen wie die Rinder ...*«

Die Deppen von Doppendorf

In einem Brief hatten wir Margarete am 19. April gebeten, zu unserem letzten Angebot bis zum 15. Mai Stellung zu nehmen. Der Termin verstrich ohne irgendeine Reaktion.
Wenn nicht endlich – wirklich endlich – ein Kaufvertrag zustande käme, würde ich mit dem Seminarbetrieb aufhören, aufhören müssen. Von dem Geld, das ich in das Gutshaus gesteckt hatte, würde ich dann allerdings nichts herausbekommen. Der Architekt und das Modell waren – natürlich – von den für den Kauf der Scheune zur Verfügung gestellten zinslosen Darlehen bezahlt worden – wovon denn sonst? Kam das Projekt nicht zustande, mussten die Darlehen an die Darlehensgeber zurückgezahlt werden. Eine Summe, für die der Vorstand geradezustehen hätte, das heißt letzten Endes die Vorsitzende, also ich. Schöne Aussichten, dachte ich mir. Wenn ich Pech habe, lande ich noch im Knast, wegen »betrügerischer Krida«, oder wie das Ding heißt – und das nach über vier Jahren unermüdlicher unbezahlter Arbeit für die Verwirklichung einer Idee, die alle Welt toll findet!
Eigentlich konnte man nur noch sagen: Die Deppen von Doppendorf!

01. Juni 1991 – »*Das vegetarische Restaurant ist eröffnet!*«

Was für ein Wechselbad der Gefühle! Das vegetarische Restaurant wurde eröffnet, gegen alle Vernunft. Die Titanic ist am Untergehen, aber die Kapelle spielt bis zum Schluss. Das heulende Elend packte mich, als ich die Gäste bei traumhaftem Sommerwetter an den blasslila gedeckten Tischen unter den blasslila Sonnenschirmen im Garten sitzen und Olgas köstlichen Kuchen mampfen sah.

Olgas Mann Otti hatte den Untergrund mit Kies hergerichtet, zwei Schaukeln gebaut und Kinderstühlchen aufgestellt. Die Kleinen fühlten sich pudelwohl, konnten herumtoben unter Aufsicht der entspannten Eltern.
Das Essen war köstlich!
Am nächsten Tag würden wir siebzig Gäste haben, Farbenberatung und daneben noch eine Gruppe zum Kochen und Backen. Ein Rätsel, wie immer wieder alles geschafft wurde ...
Am 10. Juni sollte Margarete Mackwitz kommen. Sie hatte noch immer nicht auf unseren Brief vom 19. April geantwortet, dafür aber über eine gemeinsame Freundin um ein Gespräch ersucht.
Vielleicht, hoffentlich, würde sie nun endlich einer vertraglichen Vereinbarung zustimmen. Ich hatte es aufgegeben, diese Frau zu verstehen, hoffte aber immer noch auf ein Wunder. »Zwei Tragödien gibt es im Leben: Die eine, nicht zu bekommen, was das Herz sich wünscht, die andere, es zu bekommen« (G. B. Shaw). Gerade jetzt musste mir dieser Spruch in die Hände fallen!
Als ich abends vom Seminarzentrum nach Hause kam, blieb Candy wiehernd oben auf dem Hügel stehen, statt wie üblich herbeizugaloppieren. Ich rannte hin – glücklicherweise kein Bein gebrochen, sie hatte sich mit der rechten Hinterhand das rechte vordere Hufeisen halb abgerissen und sich einen der Nägel ins »Leben« gerammt, aus dem nun das Blut tropfte.
Irgendwie schaffte ich es, das schwere Pferd den Hügel herunter und bis in den Stall zu schleppen und mit dem Hammer das Hufeisen vollends abzulösen. Obwohl es bereits nach 21 Uhr war, kam der Hufschmied doch noch, mit einem Blechdeckel, den er, nachdem die Wunde mit Arnika gereinigt worden war, über die Fußsohle schraubte.
Sechs Wochen lang mussten Frida und ich nun täglich diesen Deckel abschrauben, die Wunde säubern und den Deckel wieder draufschrauben. Für meinen Rücken eine Tortur. Seit mir dauernd jemand »in den Rücken fiel«, lag es mit diesem Körperteil täglich mehr im Argen. Morgens war ich krumm wie eine Sichel. Nur mit Hilfe meiner mit eiserner (!?) Disziplin täglich durchgeführten Wirbelsäulenübungen

kriegte ich mein Skelett wieder verhältnismäßig gerade, sodass ich den Tag einigermaßen aufrecht durchstand.
Die Leute meinen immer, Menschen, die sich mit Gesundheit beschäftigen, müssten selbst sehr gesund sein. Das Gegenteil scheint mir der Fall. Ich jedenfalls kann mich an kaum einen Tag ohne Schmerzen erinnern.

13. Juni 1991 – Alles vergeblich gewesen?

Das Gespräch, in das ich so große Hoffnungen gesetzt hatte, es fand statt – ein endloses Gerede mit dem gleichen Ergebnis wie immer: kein endgültiges Nein von Margarete, kein endgültiges Ja.
Seltsamerweise nahm ich sie dennoch am Schluss in den Arm. Es war eine Umarmung in Trauer, in Trauer über unser gemeinsames Versagen. Ihr Kommentar: »Was, das bringst du noch fertig? Du hast wirklich ein großes Herz!«
Dazu fällt mir eine wunderbare Zen-Geschichte ein:
Einem frommen Einsiedler wird eines Tages ein Baby vor die Tür gelegt. »Du bist der Vater!«, behauptet eine junge Frau und ist verschwunden. »So?«, antwortet der Einsiedler und zieht das Mädchen auf, ohne sich um Spott und Hohn der Menschen zu kümmern.
Das Mädchen ist erwachsen, da naht die reuige Mutter: »Verzeih, ich habe gelogen, es ist nicht dein Kind!«, und verschwindet wieder, diesmal mit ihrer Tochter. »So?«, antwortet der Einsiedler.
Ich werde es schaffen, so gleichmütig und weise zu werden wie dieser Mann.

Ich konnte nicht glauben, dass alles umsonst gewesen sein sollte. Ich konnte es nicht. Wir hatten alle nötigen Genehmigungen der Behörden, das Geld für den Kauf der Scheune lag auf der Bank, wir hatten Anfragen noch und noch für Wohnungen, im Frühling könnten wir anfangen zu bauen, Weihnachten 1992 wären die Wohnungen bezugsbereit. Das Restaurant lief ausgezeichnet, wir hatten internationale Gäste, da wurde Italienisch, Französisch und Englisch gespro-

chen, es war alles so traumhaft ... Ich wollte nicht glauben, dass alles vergeblich gewesen sein sollte.
In Doppendorf hieß es schon, dass es wohl nichts würde mit der Öko-Siedlung. Privatleute und Banken boten dem Verein bereits alle möglichen anderen Grundstücke an. Aber das Ganze noch einmal von vorn, das Gerenne zu Bürgermeistern und Politikern und Ämtern, die ewigen Verhandlungen – nein, nein, nein!
Ich glaube, einen solchen Krafteinsatz bringt ein Mensch nur einmal im Leben zustande.

Francescolina von den Pferden erschlagen

Mit einer Reittherapeutin hatte ich an diesem Tag die Pferde trainiert, ließ sie anschließend im Garten weiden und fütterte im Stall die Hunde. Ein kleines Versehen, die Stalltür war nicht richtig geschlossen – Francescolina lief mit ihrem Fleischbrocken in den Garten, eine Minute später fürchterliches Geschrei: Obwohl sie in Demutsgebärde auf dem Rücken lag, bearbeiteten die beiden Stuten sie mit den Vorderhufen, sprangen regelrecht auf sie drauf, immer wieder. Der Kopf war zertrümmert, das Blut schoss aus ihrem Maul, schaumiges Blut, offensichtlich waren alle inneren Organe verletzt. Ich streichelte sie und hoffte, sie würde gleich sterben – aber das Herz war anscheinend so stark, dass sie sich weiter quälte; ohne Bewusstsein lag sie mit gebrochenen Augen in einer Blutlache im Gras.
Der Tierarzt kam endlich um zehn Uhr abends, ich war die ganze Zeit bei ihr geblieben. Fünfmal musste er mit der Nadel zustechen, bis er eine blutgefüllte Ader fand, so matt war der Kreislauf. Dann die Erlösung.
Warum so ein Ende dieses so armseligen kleinen Tierlebens? Nachmittags hatte sie noch so zutraulich neben mir auf dem Badesteg gelegen, sich dann wieder so maßlos auf ihr Fressen gefreut. Warum nur, warum? Es scheint, in der Welt der Tiere wird ein behindertes nicht geduldet.

Ich fühlte mich schuldig. Überanstrengt und deprimiert über meine Situation, war ich wahrscheinlich auf einem niedrigen Energieniveau, sonst hätte ich die Tür richtig geschlossen. Oder musste ich dies erleben, damit ich an Francescolinas Tod »schuld« war, nicht Frida, nein, ich? Wäre es ihr passiert, hätte ich ihr vielleicht Vorwürfe gemacht?

Unter dem Holunderbusch, unter dem schon Schäferhund Rüpel, Airedaleterrierin Amina, Ziege Olympia, Kater Fettuccini und Kätzchen Olbia lagen, versuchte ich, ein Grab zu schaufeln, kam aber nicht tief genug, weil ich überall auf Steine und Lehm stieß.

Für Francescolina war der Tod sicher eine Erlösung, ihre verkrüppelten Beine, ihr kaputter Rücken hatten ihr Schmerzen bereitet; ich hatte den Eindruck, dass sie auch nicht mehr richtig sehen konnte, vor Kurzem war sie in den Teich gefallen, als sie sich auf dem Badesteg umdrehen wollte. Nur – ich hätte ihr ein anderes Ende gewünscht …

Wie sehr ich sie vermisse.

Bei jedem Aus-dem-Bett-Steigen das vorsichtige Abtasten mit den Füßen, um sie nicht zu treten – sie war nicht mehr da. Nie mehr würde ich das schreckliche Geräusch ihrer über den Boden scharrenden Krallen hören, die einen zu lang, die anderen zu kurz. Nie wieder dieses verrückte Im-Kreis-Herumrasen, wenn ich nach Hause kam. Dass sie beim Essen sterben musste, einen Fetzen Fleisch in der Schnauze …

Ein Hundeleben ist so kurz. Darum sagen viele nach dem Verlust eines hundlichen Lebensgefährten – denn das sind Hunde: Lebensgefährten, die durch dick und dünn mit ihrem Menschen gehen – »Nie wieder einen Hund, nie wieder, so etwas will ich nicht noch einmal durchmachen müssen.«

Wie kann ich leidenschaftslose Betrachterin sein, wenn mir ein geliebtes Wesen durch den Tod entrissen wird, noch dazu auf eine so furchtbare Weise?

Post aus der Vergangenheit

Einer meiner Brüder schickte mir eines Tages Berichte über die 1990 in der ehemaligen sowjetischen Besatzungszone entdeckten stalinistischen Hungerlager.
»1990 haben Soldaten der Nationalen Volksarmee bei Fünfeichen, Sachsenhausen und anderen Orten die sterblichen Überreste von Tausenden Opfern aus Massengräbern ausgegraben. Vom sowjetischen Geheimdienst NKWD wurden unmittelbar nach Kriegsende bis zum März 1950 insgesamt rund 180 000 Häftlinge gefangen gehalten. Schätzungsweise 65 000 der ohne Haftbefehl einsitzenden Häftlinge starben bis dahin an Hunger, Kälte und Krankheit.«
Darunter auch unser Vater, der Mitte Mai 1945 abgeholt wurde und nie wieder aufgetaucht ist. Die wenigen, die zurückkamen, erzählten damals nichts. Es wurde nur gemunkelt, er wäre an Ruhr gestorben oder er wäre totgetreten worden.
Mein geliebter Vater, ein kleiner Nazi – nie habe ich dieses Trauma mit ihm aufarbeiten können.
Mein Bruder schickte noch zwei handgeschriebene Postkarten unseres Vaters mit, vermutlich seine letzten Schriftstücke überhaupt. Das erste war datiert vom 06. März 1945 und adressiert an Herrn Studienrat Dr. Lehmann:

Sehr geehrter Herr Studienrat,
bitte, entschuldigen Sie Hartmuts gestriges Fernbleiben vom Unterricht.
Wir sind zur Zeit ohne Wecker und haben die Zeit verschlafen.
Heil Hitler!
Richard Goltz

Das andere Entschuldigungsschreiben betraf meinen Bruder Reinhard und lautete: … *entschuldigen Sie Reinhards Fernbleiben vom Unterricht. Er hat keine Schuhe. Heil Hitler! Richard Goltz.*

19. Juni 1991 – Laufen für den Frieden

Ein Anruf, ob ich an einem Weltfriedenslauf teilnehmen würde. Natürlich sagte ich Ja. Dieser »Peace Run« hatte inzwischen Tradition. Eine Fackel des Friedens wird dabei um die ganze Welt getragen.
Durch die Öffnung des Ostens führte die Laufroute nun zum ersten Mal auch durch die UdSSR und Länder des ehemaligen Ostblocks. 500 000 Menschen aus ganz Europa und teilweise auch aus anderen Kontinenten würden für den Frieden laufen.
Ich hatte mich in Freilassing einzufinden, also auf deutscher Seite, dort eine der Fackeln zu übernehmen und mit der Fackel über die Grenze nach Österreich zu laufen, später bei der Abschlussfeier in Salzburg am Alten Markt ein paar Worte zum Weltfrieden zu sprechen.
Erst in Freilassing wurde mir klar, dass es hier nicht um einen Spaziergang, sondern um Laufen ging. Ich also die Fackel geschnappt und losgerannt – ich konnte gar nicht mehr aufhören, obwohl völlig untrainiert, rannte ich dann vor lauter Begeisterung weiter durch ganz Salzburg zum Alten Markt.
Ansprache des Vizebürgermeisters, Schüler, die Flaggen aller teilnehmenden Staaten schwenkend, sangen *Friedenslieder*, trugen *Friedensgedichte* vor; Luftballons mit *Friedensbotschaften* für alle Länder dieser Erde wurden fliegen gelassen und eine Schar *Friedenstauben*.
Vor ein paar Tagen hörte ich, dass Tauben besonders zänkische Vögel seien. Die friedfertige Taube auch ein Gerücht – wie die friedfertige Frau?
Na ja, man hat immerhin ein angenehmes Gefühl, nach so einem Peace Run.

Hexerei im Seminarzentrum

Wunderschön das Seminar über Kristall-Energie-Arbeit mit Heilmeditationsübungen.
Irgendwelche Doppendorfer Bürger schauten zum Fenster herein, wurde mir hinterher berichtet, sahen die im Kreis auf dem Boden

aufgestellten Kristalle und die Kerzen und verbreiteten das Gerücht, wir betrieben Hexerei! Außerdem hatten wir ein Seminar ausgeschrieben »Kochend meditieren – meditierend kochen«. Kommentar eines Handwerkers, der irgendetwas im Haus reparieren sollte: »Jo mei, wos is'n dös für a Schmarrn! Kochend meditieren, meditierend kochen – da verwechsl i jo Zucker und Salz!«

Nebenbei hatte ich noch den von mir eingeführten Frauenstammtisch »Jetzt red ich!«, mit vorläufig allerdings noch geringer Beteiligung, für mich besonders strapaziös, weil ich bis in die Nacht hinein als Seelentrösterin für die wenigen Frauen fungieren musste, was ja nicht gerade der Sinn des Stammtisches ist.

Kein Trinkwasser!

Die Widerwärtigkeiten und Widerstände in diesem klimatisch doch so schönen Sommer waren insgesamt so phantastisch, dass ich immer häufiger das Gefühl hatte, Mitwirkende einer Komödie zu sein.

Unser »frisches Quellwasser« erwies sich als mit Kolibakterien versetzt. Fazit: Es durfte nur noch abgekocht verwendet werden. In allen Zimmern, in den Toiletten mussten Aufschriften angebracht werden: *Kein Trinkwasser!*

Und das in einem Zentrum, das sich der Gesundheit verschrieben hatte!

Jeden Augenblick streikte die Geschirrspülmaschine, weil Sand im Getriebe war. Und Sand im Getriebe war, im wahrsten Sinne des Wortes, im ganzen Haus und allem, was sich darin abspielte.

Bloß nicht aufgeben ...

»Die Lebenslust, die Todespein, sie ziehn auf meinem Herzen Schach.« Ein Gedicht von Gottfried Keller, an einem Sonntagmorgen beim Waffelnbacken im Radio gehört. Danach saß ich in der Badehütte am Teich. Ein nebliger Septembermorgen; heißer Tee, Waffeln mit Butter,

Honig und Sesam. Auf dem Hügel grasten am Horizont die Pferde, um mich herum lagen friedlich die Hunde.
Aus der hölzernen Rinne fiel mit gleichmäßigem Rauschen das Quellwasser auf die Wasseroberfläche. Ein beruhigendes Geräusch, nach dem ich geradezu süchtig war.
Ab und zu eine Handvoll Brotkrumen in den Teich gestreut, denn da wartete Nepomuk, die letzte der ehemals elf Forellen, inzwischen zu ansehnlicher Größe herangewachsen und so zutraulich, wie ein Fisch sein konnte. Wo waren die anderen zehn geblieben? Hat sie der Reiher geholt?
Noch war es so warm, dass ich nachts auf dem Steg der Badehütte schlief. Wenn ich aufwachte und schwarze Gedanken meinen Kopf erobern wollten, stieg ich über die kleine Leiter bis zum Bauch ins kühle Nass, dann unabgetrocknet zurück unter meine Schaffelle. Die alte Kneipp-Übung macht den Kopf leer.
Und spiegelte sich der Mond im Teich, konnte ich nachfühlen, wie der chinesische Dichter Li-Tai-Pe trunken das Spiegelbild des Mondes im Wasser umarmen wollte.
Was ist Wirklichkeit, was Illusion?
Immer noch ertappte ich mich dabei, dass ich für fünf Hunde die Abendmahlzeit zubereitete; ertappte ich mich dabei, dass ich Francescolinas wahnwitzige Begrüßungssprünge erwartete beim Nachhausekommen, ihre verrückte Bellerei – obwohl die von ihr ins Gras getretenen Wege allmählich zuwuchsen. Sollte mit ihrem Tod etwas Behinderndes von mir genommen werden? Dann muss ich sagen: Leichter wurde mein Leben dadurch nicht.
Liebe, liebe Francescolina, verzeih mir, wenn ich dich manchmal vielleicht nicht so geliebt habe, wie du es verdientest.
Ich habe dich so sehr geliebt, wie ich es vermochte.

»Bloß nicht aufgeben, bloß nicht aufgeben, durchhalten, durchhalten«, tönte es in den Briefen von Vereinsmitgliedern und in Gesprächen mit Interessenten, »die Idee ist doch so gut ... ein anderes Grundstück suchen, ein anderes Haus, weitermachen, um Himmels willen nicht aufgeben«.

Am 18. Oktober würde unsere Herbstschnupperwoche beginnen, und die würden wir zum Anlass nehmen, noch einmal alle bisherigen Interessenten zu einem Treffen einzuladen.
Womöglich sollte man zunächst kleinere »Öko-Lichtpunkte« anstreben, anstatt gleich so ein großes Kind zu planen, wie ich es mir erhoffte.
In einem Rundbrief ersuchte ich alle, gute Ideen, gute Laune und gute Nerven mitzubringen.

Besuch einer Krebs-Selbsthilfegruppe aus Ingolstadt

Dreißig Personen, hauptsächlich Frauen, hatten sich für einen »Schnuppertag« angemeldet. Ich hätte diesen Besuch gern auf den Frühling verschoben, weil ich mich nicht stabil genug fühlte, nun auch noch Krebskranken gegenüberzutreten. Aber gäbe es diesen nächsten Frühling für unser Seminarzentrum überhaupt noch? Und die Vorsitzende hatte so inständig um einen Termin noch jetzt im Herbst gebeten, da einige der Gruppe höchstwahrscheinlich das nächste Jahr nicht mehr erleben würden.
Vor diesem Termin hatte ich Angst. So viele krebskranke Frauen, wohl auch einige Männer darunter – konnte ich denen noch mit Körndlkost kommen? Würde meine Kraft ausreichen, ihre Traurigkeit aufzufangen? Aber sie hätten es sich so sehr gewünscht ...
Es wurde ein wunderbarer Tag! Nachmittags herrschte eine so fröhliche Stimmung, als hätten alle Champagner getrunken. Was für tapfere Menschen! Einige weinten beim Abschied.
Am Abend wieder zurück in Sommerholz. Die Sonne ging gerade genau hinter der wunderbar kraftvollen Birke am Horizont oben auf dem Hügel unter. Der Wind peitschte übermütig die Zweige der Birke, durch sie hindurch trafen die Sonnenstrahlen wie Blitze meine Augen, so scharf, so unerbittlich fröhlich, dass mir das Wasser herausschoss.
Wieder ein kleiner Tod.

Die Vorsitzende der Krebs-Selbsthilfegruppe schickte mir einen Dankesbrief mit Grüßen der kranken Frauen; sie hätten den Tag so ungeheuer genossen, er würde ihnen unvergesslich bleiben.
Eine der Frauen war inzwischen gestorben.

Glück im Weltenplan nicht vorgesehen?

Im Autoradio den Choral eines Vorfahren von Johann Sebastian Bach gehört: »Ach, ach, ach, dass ich Wassers genug hätt und meine Augen Tränen, zu beweinen Tag und Nacht meine Sünden.« Bach erhielt als Organist 700 Taler und meinte dazu: »Bei mehr Sterbefällen wird es mehr, bei gutem Wetter und besserer Gesundheit der Bevölkerung ist es schlechter.« Die Gemeinde beschwerte sich, dass der Herr Bach so viele fremde Töne in die Musik einbringe, und ließ verlauten: »Wenn der Herr Bach weiter so die Orgel spielt, ist die Orgel in zwei Jahren kaputt und die Gemeinde taub.«
Klingt ja, als hätte Bach in Doppendorf gelebt!
Eine dpa-Meldung mit der Überschrift »Lebensbeichte und Abstieg«: Der Berliner Schauspieler und Entertainer Harald Juhnke äußerte sich wenige Tage, bevor er wegen seines Alkoholkonsums ins Krankenhaus kam, in einem Fernsehinterview über sich selbst. Auf die Frage, ob er glücklich sei, sagte der 62-Jährige: »Nein, ich bin überhaupt nicht glücklich. Ich habe mich noch nie in meinem Leben wohlgefühlt.« Er sei ununterbrochen mit »irgendwelchen Dingen« konfrontiert.
Himmel, klingt das vertraut!
Der Dichter Herbert Asmodi antwortete auf die Frage, was Glück sei und warum so wenige Menschen glücklich seien: »Glück, wenn es so etwas überhaupt gibt, ist im Weltenplan nicht vorgesehen, die Schöpfung braucht es nicht. Also hat es etwas mit Eigenleistung zu tun und ist eigentlich ein Kunstprodukt. Ähnlich wie das hohe C. Das schaffen auch nur ganz wenige.«
Glück ist im Weltenplan nicht vorgesehen ...
Ein glücklicher Mensch schreibt keine Bücher. Und ein glücklicher Mensch wird auch nicht Schauspieler. Alle Schauspieler, jedenfalls die,

die ich kenne, haben diesen Beruf gewählt, weil sie etwas kompensieren wollen. Alle leiden im Grunde an Minderwertigkeitskomplexen, deren sie durch zähe Arbeit und Sich-immer-wieder-in-der-Öffentlichkeit-Beweisen Herr zu werden suchen. Zu vergleichen mit Demosthenes, der, am Meer spazierend, einen Kieselstein im Mund, gegen seine Sprachschwierigkeiten angekämpft haben soll und heute noch als einer der berühmtesten Redner der Weltgeschichte gilt.

Flucht in eine vermeintlich schönere Traumwelt, die Welt des Theaters, war es ja auch bei mir.

Am traurigsten sind die Komiker.

Oktober 1991 – Zu schlechter Letzt auch noch ein Betrüger!

Zu schlechter Letzt tauchte auch noch ein echter Betrüger auf. Nennen wir ihn mal Bender. Ein bulliger Balzac-Typ mit zarter Frau und einem halben Dutzend entzückender Kinderchen, alle im Salzburger Trachtenlook. Er stellte sich als Philosoph zu Salzburg vor, Spross einer alten Denkerfamilie, verfügte über ungeheuer viel Zeit, um allen – Hausbewohnern wie Seminarteilnehmern –, die ihm ihr Herz ausschütten wollten, stundenlang zuzuhören; spendierte gleich den dringend benötigten Rasenmäher, gab horrende Trinkgelder und ließ seine Privatsekretärin (?) ein paar Dutzend von Olgas köstlichen Desserts für seine Matinee »mit internationalen Autoren« einpacken. Diese Matineen würde er in Zukunft gern in unserem Haus abhalten. Zum Beispiel jemanden wie Süskind, Autor des Bestsellers *Das Parfum,* nach Doppendorf zu holen – geheimnisvolles Lächeln –, sei für ihn, Bender, kein Problem. War er gar Süskind selbst? Das ganze Haus war von diesem großzügigen Mann hingerissen.

Es stellte sich heraus, dass er für die Rückzieher der Darlehensgeber verantwortlich war. Er hatte sie kontaktiert, sie vor unserem Projekt gewarnt und ihnen geraten, ihre Darlehen zurückzufordern – er würde sie dann günstig anlegen. Ich weiß bis heute nicht, wie viele darauf hereingefallen sind – der gutmütige rheinische Gustav jedenfalls hat seine 300 000 DM nie wiedergesehen.

Ich habe natürlich sämtliche restlichen Darlehen zurückgezahlt – von meinem eigenen Geld. Ein Ehepaar, das 50 000 DM gegeben hatte, bat mich zu einem Gespräch. Die beiden forderten ihre 50 000 DM nicht zurück – als Dank für meinen Einsatz und um meinen Verlust zu mindern. Das hat mich sehr gerührt.

Wieder mal Geburtstag

Es wäre eine Katastrophe, wenn ich dieses Wagnis, Gründung einer Öko-Siedlung, *nicht* einginge, hatte mich die Astrologin beschworen – alles, was ich vorher in meinem Leben gemacht hätte, die Schauspielerei, die Beschäftigung mit gesunder Ernährung, mein Engagement in Tier- und Umweltschutz und in der Friedensbewegung – kurz, all diese Aktivitäten seien nur die Vorbereitung, die Fingerübungen sozusagen gewesen für die große Aufgabe, die mir nun zugedacht sei.
Eigentlich müsste ich diese Astrologin auf Schadenersatz und Schmerzensgeld verklagen!
Dass wir Weihnachten 92 in die Wohnanlage einziehen könnten – dieser Traum war *endgültig* ausgeträumt, das musste ich mir immer wieder geradezu einhämmern, als wollte es partout nicht in meinen Kopf hinein.
Neben den üblichen Geburtstagswünschen erhielt ich auch einige äußerst aggressive Briefe, wie den eines Herrn, der sich über mich als Teilnehmerin einer Diskussion zum Thema Abschuss der Elefanten in Afrika geärgert hatte. Als Schauspielerin habe er mich verehrt, aber nun tauche ich ja als Kräuter-, Körner- und Saftpublizistin in den Gazetten auf, getreu dem Motto: »Und als es nicht mehr klappte, so von wegen hohem Alter, schrieb seine Verse Salomo und David seine Psalter.« Herrn R. ärgerte meine »überspitzte« Stellungnahme zum Thema Jagd und Wildtiere. Er fand, dass ich als eine der Privilegierten, die auf einem Bauernhof lebten, denen den Lebensraum wegnähme, deren Schicksal ich in der Öffentlichkeit beklagte, ich sei also »eine Entartete der menschlichen Gesellschaft«, und man sollte mich, genauso wie die Elefanten, »zum Abschuss freigeben«.

Auch Jehovas Zeugen gratulierten. Sie trösteten mich angesichts des offensichtlichen Scheiterns in Doppendorf damit, dass es »die Träumer sind, die Berge versetzen können«.

Von wegen! TräumerInnen hatten wir zur Genüge – aber zu wenige, die Träume auch in Wirklichkeit umzusetzen bereit waren. Wenn nur einer träumt, bleibt es ein Traum, und wenn nur eine handelt, ebenso. Schon Vincent van Gogh habe geklagt, schreibt diese Zeugin Jehovas, dass sich keiner an seinem »geistigen Ofen« wärmen wollte. »Vertrauen Sie bitte fest darauf, dass Ihre große Zeit erst kommen wird und zwar auf Gottes gereinigter Erde in seinem neuen System.« Und »PS: ›Vincent van Gogh schnitt sich aus seelischen Nöten ein Ohr ab. Tun Sie das nicht, schon gar nicht wegen eines nicht geglückten Seminarzentrums.‹«

06. Dezember 1991 – »Aus« für das Projekt Doppendorf

Alles Weiterkämpfen war sinnlos. Ich musste es endlich akzeptieren – das »Aus« für das Projekt Doppendorf. In einem Rundbrief informierte ich die Vereinsmitglieder:

> *Liebe Freundinnen und Freunde!*
> *Diesen Rundbrief zu schreiben, fällt mir sehr schwer. Es gibt einen Punkt, wo Mensch einsehen muss, dass alles Kämpfen seine Grenze hat. Mein Brief heute bedeutet das »Aus« für das Projekt Öko-Siedlung in Doppendorf.*
> *Nahezu vier Jahre hat sich mein ganzes Leben um dieses Projekt gedreht, habe ich alles investiert, was ich an Energie, Nerven, Zeit und Geld aufbringen konnte, sehr oft weit über meine Kräfte. Was dieses »Aus« für mich persönlich bedeutet, kann niemand ermessen. Es scheint, dass ich mit meiner, wie ich immer noch glaube, zukunftsweisenden Idee einfach einige Jahrzehnte zu früh dran war.*
> *Ich bleibe mit den herzlichsten Grüßen und Wünschen für den Rest des alten wie den Beginn des neuen Jahres*
> *Ihre/Eure Barbara Rütting*

Margarete Mackwitz und ich hoben den Mietvertrag für das Seminarhaus und damit auch dessen Verlängerung bis zum Jahr 2025 in beiderseitigem Einvernehmen per 29. Februar 1992 auf. Bis zum 06. Januar 1992 wollte Frau Mackwitz erklären, ob sie Möbel, Gardinen, Lampen sowie andere Einrichtungsgegenstände, die der Verein ins Haus gebracht hatte, übernehmen wollte, bis Ende Februar mussten sämtliche Bücher aus der Bibliothek und alle übrigen losen Gegenstände verpackt und abtransportiert sein.
Laut Vertrag hatte die Vermieterin substanzerhaltende Investitionen zu begleichen. Über eine Ablösung der Investitionskosten, die ich persönlich geleistet hatte, müsste noch gesondert verhandelt werden, hieß es in dem Vertrag. Ich verzichtete auf so eine gesonderte Verhandlung über die Ablösung meiner Investitionskosten – und damit auf jeden Pfennig, den ich in das Haus investiert hatte – denn das hätte auch wieder zu einem monatelangen Hin und Her geführt und wäre am Ende wie das berühmte Hornberger Schießen ausgegangen. Lieber ein Ende mit Schrecken als ein Schrecken ohne Ende.
Meinen in der Mackwitz'schen Scheune bereits untergestellten Pferdeschlitten und die Kutsche ließ ich wieder abholen und zu einem Bauern bringen. Ein trauriges Bild, wie der Traktor mit dem angehängten Kipper, darauf die leere Kutsche und der leere Pferdeschlitten, durch die verregnete Landschaft zuckelte.

Ausgeträumt

Sehr erschöpft. Das alte Jahr hockte mir bedrohlicher als irgendein Jahr zuvor in den Knochen. Schwere Herzrhythmusstörungen. Mein Herz stolperte dermaßen, dass ich zum ersten Mal den Ausspruch »jemandem rutscht das Herz in die Hose« nachempfinden konnte: Es ist, als mache es einen Satz und stürze nach unten in den Bauchraum ab. Ich musste mehrmals eine kleine Spraydose in Anspruch nehmen, die ich »für alle Fälle« immer in der Handtasche habe, irgendein Nitroglyzerinzeug, das die Verkrampfung der Herzkranzgefäße löst. Mein Hausarzt gab mir stärkende Spritzen und verordnete eine Kur. Ich

fühlte mich wie ausgeblutet. So ist wohl einem Schaf beim Schächten zumute, kurz bevor das Leben erlischt.
Greenpeace-Anzeige in den *Salzburger Nachrichten:*
Das Horoskop zum Tag
In Ihrem Leben wird die Sonne scheinen.
Ein dominanter Krebs wird in Ihr Leben treten.
Könnte stimmen.
Ihr Ozonloch

Der junge Bankangestellte, der unser Projekt von Anfang an wohlwollend begleitete, wollte über den »Skandal«, wie es zum Scheitern kam, im Ortsblättchen einen geharnischten Bericht bringen. Es wurde ihm vom Gemeinderat untersagt. Margarete Mackwitz gehört halb Doppendorf. Und die Gemeinde will ein Stück Land von ihr für die Vergrößerung des Friedhofs.
Ein Wiener Fernsehteam wollte zum Scheitern des Öko-Projekts ein Interview mit mir. Fairerweise schlug ich vor, dass auch Frau Mackwitz und der Doppendorfer Bürgermeister Gelegenheit haben sollten, ihre Meinung zu sagen. Der Bürgermeister stimmte zu, sie zunächst auch – dann aber verlangte sie Geld für das Interview, was natürlich absurd war; dann wieder ließ sie sich zur verabredeten Zeit verleugnen, auf die telefonische Nachfrage hin sagte sie schließlich ab.
Das Team erwischte sie jedoch, als sie aus dem Haus trat. Der Redakteur berichtete, sie sei schreiend auf die Kamera zugelaufen, um sie offensichtlich zu zerschlagen.
Nächster Schritt: Sie wollte die Sendung verbieten lassen. Die Redaktion war auch bereit, den Run auf die Kamera wegzuschneiden, wollte nun aber von mir einen Kommentar zu ihrem Verhalten. Auch wenn ich mich noch so sachlich geäußert hätte, Margarete hätte in einem unsagbar schlechten Licht dagestanden. Und das wollte ich ihr nicht antun.
Nun wurde die Sendung nicht ausgestrahlt, die Chance einer objektiven Berichterstattung war vertan.
Die Zeitung *Oberösterreichische Nachrichten* berichtete unter der Schlagzeile »Barbara Rüttings Lebenstraum von einem Öko-Dorf zerplatzt« über das »Aus« in Doppendorf:

»Da sucht sich die bekannte Schauspielerin Barbara Rütting ausgerechnet die kleine Gemeinde Doppendorf für ihre Öko-Siedlung aus, und dann muss dieses einmalige Projekt an Kleinigkeiten (oder gar Kleinlichkeiten) scheitern. Des lieblichen Dorfes Chance, sich mit dieser Attraktion einen fixen Platz im Qualitätstourismus zu sichern, ist dahin – die Gemeindeväter scheinen aber über das Zerplatzen der Rütting-Träume gar nicht so unglücklich zu sein. Böse Zungen raunen gar, die Kommunalpolitiker seien am Scheitern der Pläne nicht unschuldig – nun ja, Barbara Rütting hat geträumt, und die Gemeinde hat den Traum verschlafen. Die Öko-Dorf-Idee lässt sie aber nicht los: ›Ich glaube, dass ein solches Projekt irgendwann verwirklicht wird!‹«

Kurz darauf musste ich in der Boulevardpresse lesen, ich sei »total verarmt, total einsam und völlig verschuldet«.

Eines Morgens rief mich eine völlig verstörte Frau an, sie könne mir einen Job als Empfangsdame in ihrem Hotel anbieten. »Sehr nett, aber wieso denn das?«, fragte ich verdutzt. Darauf kam es fast wie ein Schrei: »Ja, haben Sie denn nicht die Zeitung gelesen? Da steht es doch, dass Sie total verarmt und vereinsamt sind!«

Ich natürlich gleich ins Örtchen gefahren, auch dort am Zeitungsstand helle Aufregung: »Ja Frau Rütting, das haben wir ja gar nicht gewusst, das ist ja entsetzlich«, usw. usw. usw.

Die Schlagzeile auf der ersten Seite dieser Zeitung lautete tatsächlich: *»Barbara Rütting total verarmt – 150 000 DM Schulden – war's der Bio-Wahn?«* Daneben ein uraltes Foto, auf dem ich während einer Tierschutz-Debatte ziemlich verbittert dreinschaute.

Weiter ging's im Text:

»Sie war der erste Film- und Fernsehstar, der sich in Deutschland der grünen Ökobewegung anschloss. Und sie ist die erste, die daran pleiteging (...) Barbara Rütting ist heute 64, total verarmt, total einsam. Lebensgefährte L. H. (49) verließ sie nach 20 Jahren für eine Jüngere. Ein Star, einst begehrt, dann voller grüner Ideale, heute arm an Leib und Seele.«

Ich hatte Mühe, die Leute zu beruhigen – und merkte, dass sie mir nicht glaubten. Wenn es doch in der Zeitung steht!

Später erfuhr ich, dass die Inhaberin eines Installationsgeschäftes einen Angestellten, der Pferdetränken für ein paar Hundert Schillinge zu liefern hatte, fragte: »Sind die etwa für die Rütting? Nur gegen Barzahlung! Die ist doch pleite!«

Ich wusste nicht, sollte ich lachen – oder mich ärgern, entschloss mich für Lachen. Das Spießrutenlaufen beim Einkaufen ertrug ich mit Gelassenheit.

Mein langjähriger Freund Jochen Steinmayr, früher Chefredakteur des *ZEITmagazins*, riet mir dennoch, zu klagen. Telefonate mit einem guten Anwalt in Hamburg – die Klage ging raus. Der Anwalt kämpfte um einen Gegenbericht, und der wurde schließlich auch zugesagt. Wir setzten durch, dass die Zeitung schreiben musste: »… wie irrtümlich berichtet …« Es erschien dann nicht etwa ein Widerruf des ersten Artikels – nein, ein neuer Bericht, als ob es den ersten überhaupt nicht gegeben hätte. Das von mir eingesandte, diesmal schöne Foto war nur in Briefmarkengröße, die Überschrift, allerdings kleiner, lautete nun: *Barbara Rütting: Mein Öko-Tagebuch* und *Barbara Rütting: Rekorde mit Buch und Brot*.

Sind eigentlich die LeserInnen mit so kurzem Gedächtnis begnadet, dass sie diese Widersprüche gar nicht merken, dass sie tags darauf schon nicht mehr wissen, was sie tags zuvor gelesen haben?

Es scheint so. Nicht zu fassen, wie viele Menschen dieser Zeitung glaubten!

Am nächsten Tag hat ein Klatschspalten-Journalist namens »Adabei« in dem österreichischen Blättchen *Kronen Zeitung* nicht nur den ganzen Quatsch abgeschrieben, sondern noch eins draufgesetzt. So begann er seine Glosse:

»Das trockene Brot, das ihren Namen trägt, kann sich jetzt Barbara Rütting, Ex-Filmstar auf dem Öko-Trip, nicht mehr leisten. Barbara, heute 64, ist mit ihren Plänen, ein Öko-Dorf für alte Menschen und Tiere zu bauen, gescheitert. Nicht nur das – total abgebrannt.«

Ein Wiener Anwalt übernahm die Klage gegen die *Krone*.

Ich erhielt rührende Briefe; da schrieb ein Ehepaar, sie hätten zwar nur eine Zweizimmerwohnung, würden mir aber ein Notbett aufstellen, damit ich zumindest ein Dach über dem Kopf hätte; andere boten mir Villen an der Côte d'Azur und auf Mallorca an, wo ich so lange umsonst wohnen könnte, bis ich mir wieder eine neue Existenz aufgebaut hätte; und aus einer geschlossenen Anstalt schrieb ein Mann, Gott züchtige mich, wie *Er* ihn gezüchtigt habe – beigelegt 10 DM ...

Eine Bäuerin sprach mich voller Mitgefühl auf das Scheitern des Öko-Projekts an und meinte: »Da bewahrheitet sich wieder einmal der alte Spruch: ›Tu niemandem nix Gutes, dann erntest du nix Schlechtes‹.« Aber – tröstlicher Nachtrag: »Der Dank holt dich nie ein, er schleicht dir hinterher.«

Eine Frau Ellen H. hingegen warf mir vor, ich hätte die Alten mit ihren Tieren alleingelassen. Unter anderem schrieb sie: »*Bisher war ich nicht imstande, meine tiefe Enttäuschung über die Art und Weise, wie Sie Ihr Projekt ›Senioren mit ihren Tieren‹ beiseitegeschoben haben, zum Ausdruck zu bringen, ohne bitter zu reagieren. Wissen Sie eigentlich, was Sie bei einigen älteren Menschen angerichtet haben? Mit so etwas experimentiert man doch nicht! So schnell aufzugeben! Interessiert Sie das Thema ›alte Menschen und ihre Haustiere‹ überhaupt noch? Sie haben sie ja eigentlich verraten!*« usw. usw. Diese Frau hatte sich in den ganzen vier Jahren nicht einmal blicken lassen oder sonstwie zum Gelingen des Projekts beigetragen.

Beim Aufräumen fand ich ein Foto von der Eröffnung des Seminarzentrums. Es war der Tag, den ich in einem Fernsehinterview den glücklichsten Tag meines Lebens nannte. Das Foto zeigt Margarete Mackwitz und mich, beide im Profil, zwei ziemlich gescheit aussehende Frauen. Wir lächeln uns zu wie Schwestern, sehr unterschiedliche Schwestern, sie etwa zehn Jahre jünger als ich, Schwestern, die einander viel bedeuten. Wehmut bleibt, dass wir beide, aus welchen Gründen auch immer, eine einmalige Chance nicht genutzt, sondern vertan haben.

Ein einziges Mal noch fuhr ich am Gutshaus vorüber, ein einziges Mal. Alles war verwaist, das Restaurant geschlossen.

Ich stellte mir die erleuchteten gemütlichen Wohnungen vor, Kinder toben durch das Haus, dazwischen tollen Hunde, die alten Menschen haben gütige Gesichter, aus der Bäckerei duftet es nach frischem Honigbackwerk – warum nur, warum nur durfte diese wunderbare Idee nicht Wirklichkeit werden?

Die Scheune, die wir umbauen wollten, hat ihren eigenen Schlussakkord unter die ganze Tragikomödie gesetzt: Ihr Dach ist eingestürzt.

Aber die Maulwürfin buddelt weiter

Anscheinend bin ich als eine Art Maulwurf gedacht. Im Dunkeln in harter Erde, aus menschlicher Sicht auch noch blind, buddelt und buddelt er unermüdlich, kaum anerkannt, geschweige denn geschätzt. Aber eines Tages hat er wunderbare Hügel aus lockerer Erde in die Landschaft gezaubert, auf denen man säen und ernten kann.
Als so eine Art Maulwurf bin ich offensichtlich gedacht – gendergerecht wohl eher als Maulwürfin ...
Also weiterbuddeln!

Oktober 1991 – Erster Besuch in Bulgarien

Mit einigen der ehemaligen Darlehensgeber für mein Öko-Projekt bin ich heute noch in Kontakt. Sie haben mir die Treue gehalten – über Jahrzehnte. »Es wäre sooo schön gewesen, wenn ...«, sagen sie ...
Ich hatte nun Zeit, mein Versprechen einzulösen und Bulgarien zu besuchen. Ein »übrig gebliebenes« tierliebes Ehepaar war bereit, Haus und Tiere zu hüten – mit Frida als nach wie vor gutem Geist im Rücken.
Mein Freund Dr. Emil Iliev ist nicht nur ein großartiger Arzt, sondern ein ebensolcher Organisator. In dem nahe Sofia gelegenen Ort Bansko veranstaltete er gerade Gesundheitswochen und möbelte zuerst einmal meine körperliche Hülle mit Akupunktur und anderen naturheilkundlichen Methoden wieder auf. Damit erholte sich auch meine ramponierte Seele.
Ein Besuch beim Bürgermeister von Bansko. Da mir die vielen elenden Straßenhunde aufgefallen waren, wagte ich die Bemerkung, man müsste in Bansko dringend ein Tierheim bauen – worauf der Bürgermeister meinte: »Bei uns werden im bevorstehenden Winter

123 Roma und Sinti verhungern, wenn keine Hilfe kommt – da kann ich nicht an ein Tierheim denken!«

Wieder zu Hause klopfte ich bei den Salzburger Biobauern an. Mit 15 000 Kilo Bio-Lebensmitteln – allem, womit ich im Winter wunderbar über die Runden komme – und zwei Getreidemühlen fuhr ich wieder nach Bansko.

Worauf ich gar nicht gefasst war: Vielen Bulgaren ging es nach der Befreiung vom Kommunismus schlechter als vorher. Für viele Belange hatte bisher der Staat Sorge getragen. Kindergarten, Schule, ärztliche und zahnärztliche Behandlungen waren kostenlos gewesen bzw. man bezahlte symbolisch dafür. Jeder, der es nötig hatte, erhielt umsonst eine Kur verordnet. Jetzt mussten viele dieser Leistungen von jedem Einzelnen selbst bezahlt werden. Krankenkassen westlichen Zuschnitts gab es (noch) nicht. In vielen Gesichtern zeichnete sich Hoffnungslosigkeit ab.

Die Rente von Dr. Ilievs Mutter betrug nach fast 50-jähriger Dienstzeit als Ärztin und Wissenschaftlerin an der Universität knappe 900 Lewa. Etwa 90 Mark. Aber auf den Straßen sah man Mercedes-Wagen zum Kaufpreis von 200 000 DM, BMWs zum Kaufpreis von 500 000 DM. Der verbitterte Bürger fragte sich, wer diese Luxuslimousinen wohl fuhr, und gab sich gleich selbst die Antwort: Seit ihrem Antritt hatte die sogenannte demokratische Regierung 60 Millionen Dollar für Dienstfahrzeuge ihrer Mitglieder ausgegeben. »Die gleichen Wendehälse sitzen heute wieder in der Regierung, die früher in der kommunistischen Ära das Sagen hatten«, meinte der Kellner eines kleinen Restaurants, in dem wir zu Abend aßen, und bedauerte, dass er sie gewählt hatte. Heute wäre er für eine Monarchie – und zeigte dabei auf ein Kalenderblatt an der Wand mit dem Konterfei des bulgarischen Thronfolgers und seiner spanischen Frau, beide im spanischen Exil.

Bulgarien ist ein ehemals reiches Agrarland. Es wollte mir nicht in den Kopf, dass Menschen in diesem Land Hunger leiden, gar verhungern müssten. So interessierte mich vor allem der Gemüsemarkt. Und siehe da – die Verkaufsstände quollen über, Berge roter Paprikaschoten, Kohl in Hülle und Fülle, Kartoffeln, Champignons, Spinat und Melonen. Es gab Mandeln, frische Hasel- und Walnüsse, Erdnüsse,

Sonnenblumen- und Kürbiskerne, Sesamsamen. Ich hätte mich hier genauso wie zu Hause für den Winter eindecken können: Sauerkraut und milchsaures Gemüse einlegen, Kartoffeln, Sellerie, Lauch, Möhren und rote Rüben einkellern.

Vollkornbrot war unbekannt, das käufliche Brot »schön« weiß. Nach Getreide mussten wir auf dem Markt lange suchen, entdeckten schließlich kleine Mengen Weizen und Hafer. Davon gäbe es genug, meinte der junge Bauer, der die Körner zum Verkauf anbot, aber die Leute kämen nicht auf die Idee, dass sie daraus Speisen zubereiten könnten. Wie es mit Hirse, Buchweizen aussähe? Achselzucken.

Wir rechneten die Preise durch und kamen zu dem Ergebnis, dass selbst ein Sozialhilfeempfänger – jedem hilfsbedürftigen Bürger stand damals eine monatliche Mindestsumme von 400 bis 500 Lewa zu – sich schmackhaft und gesund vegetarisch vollwertig ernähren könnte. Denn teuer waren eigentlich nur die tierischen Produkte.

Wer irgendetwas verkaufen wollte, breitete die Dinge auf einem Tischchen am Straßenrand aus und setzte oder stellte sich daneben. Eine Frau hatte ihre Kartoffeln einfach auf die Haube ihres Autos getürmt. Zaghaft machte sich die freie Marktwirtschaft bemerkbar.

Hilfe zur Selbsthilfe

Unsere Hilfe für ärmere Länder muss immer Hilfe zur Selbsthilfe sein, so auch die Hilfe für Bulgarien. Darin waren wir uns alle einig.

Dr. Iliev ließ von einer bulgarischen Kurzfassung meines Buches *Grüne Rezepte für einen blauen Planeten* 15 000 Exemplare drucken und kostenlos an Ärzte und Haushalte verteilen, um gerade den Ärzten, die genau wie ihre Kollegen in anderen Ländern kaum etwas über gesunde Ernährung gelernt hatten, die vegetarische Vollwertkost schmackhaft zu machen.

Bei meinem nächsten Besuch veranstalteten wir beide in Sofia und am Schwarzen Meer Vollwertkochkurse, zu denen Ärzte und Köche aus ganz Bulgarien anreisten. Der Erfolg war riesig, besonders meine mitgebrachte Haushaltsgetreidemühle war ein Knüller. Sie arbeitete ununterbrochen, um den Appetit der Teilnehmer auf die köstlichen Vollkornbackwaren zu stillen.

Dr. Iliev hatte einen guten Draht zu Politikern und Presse. Die Medien berichteten in großer Aufmachung, und wir wurden von Bojko Borisov empfangen, damals Bürgermeister von Sofia, später Ministerpräsident. Der zeigte sich sehr aufgeschlossen, auch dem von mir vorgetragenen Problem der Straßenhunde gegenüber. Statt Tierheimen gab es in Bulgarien nur Tötungslager, in denen aufgegriffene Straßenhunde, vor denen in der Bevölkerung panische Angst herrschte, nach vierzehn Tagen getötet wurden. Heimlich gedrehte Video-Aufnahmen zeigten, wie Menschen zusammengeschlagen wurden, wenn sie Straßenhunde vor den legal angestellten Hundefängern schützen wollten. Eine Frau war so misshandelt worden, dass sie deutlich sichtbare, bleibende Lähmungen davongetragen hatte.

Bojko Borisov vermittelte den Eindruck, er selbst sei zwar guten Willens, würde aber von seinen Mitarbeitern, die er von seinem Vorgänger übernehmen musste, noch erheblich blockiert. Er versprach jedoch, alles in seiner Macht Stehende zu tun, um nicht nur die Tötungslager in Tierheime umwandeln zu lassen, sondern auch, um das Verfahren zu fördern, das einzig und allein eine Reduzierung der Streunerhunde auf Dauer ermöglicht, nämlich die Methode CCR: Catch – Castrate – Release (einfangen, kastrieren, freilassen). Nur flächendeckende Kastration kann das Elend der streunenden Hunde beenden. Das Töten hingegen hat die Population nirgendwo dezimiert, im Gegenteil. Man stelle sich vor: Für das Töten eines Hundes bekam der Hundefänger doppelt so viel, wie eine Kastration gekostet hätte – jemand, der ganz legal Hunde umbrachte, könnte es also auf umgerechnet ca. 500 Euro im Monat bringen, dazu kam noch der Gewinn durch die exportierten Hundefelle.

Ich gestehe, dass ich auch ein bisschen mit dem von Bulgarien heiß ersehnten Beitritt zur EU winkte beziehungsweise drohte – Bulgarien habe doch Nachholbedarf nicht nur in Bezug auf die Bekämpfung der dort herrschenden Korruption, sondern auch was die absolut katastrophale Einstellung zum Tierschutz betraf. Ließ auch immer wieder durchklingen, dass gerade deutsche Touristen sehr tierlieb seien und

Gegenden, in denen Tötungslager für Hunde existierten, meiden würden – und seien sie noch so attraktiv.

Zurück zu Bansko. Eine Veterinärstation war in Bansko vorhanden, aber primitiv und heruntergekommen. Es ergab sich die Zusammenarbeit mit einem kleinen gemeinnützigen deutschen Verein namens »Anderland – Tiere helfen Menschen helfen«. Der Vorsitzende Frank Seidel, großer Bulgarienfreund, trieb Baumaterial auf. Ich spendierte das nötige Geld, und wir renovierten die Veterinärstation. Es entstanden ein Operationszimmer, ein post-OP-Zimmer, die sanitären Einrichtungen wurden renoviert und Hundeboxen installiert für die Zeit nach der OP. Der Plan, eine mobile Klinik zu schaffen, damit auch in der umliegenden Provinz Hunde kastriert werden können, die ständig in die großen Städte strömen, konnte leider bisher noch nicht verwirklicht werden.

Die Gemeinde stellte zwar »Tierfänger« zur Verfügung, die gingen aber so brutal vor, dass Frank Seidel und ich die Hunde zusammen mit den beiden ortsansässigen Tierärzten einfangen mussten. Da sich bei diesen jedoch, zumindest was die Anästhesie betraf, dringender Schulungsbedarf zeigte, stellten wir die Kastrationen zuerst einmal zurück und schickten die zwei nach Sofia in einschlägige Tierkliniken zur Weiterbildung.

Vermutlich war ich die Einzige in dem kleinen Verein, die Beitrag zahlte – er wurde inzwischen aufgelöst beziehungsweise »er ruht«. Es waren wohl allein meine monatlichen Geldüberweisungen über Jahrzehnte, die dazu führten, dass es in Bansko heute kaum noch Streunerhunde gibt. Die Veterinärstation funktioniert inzwischen wunderbar, alle eingefangenen Hunde – insgesamt ca. 1200 – wurden kastriert, geimpft, gechipt und wieder freigelassen. Dadurch haben sich auch Ängste und Aggressionen in der Bevölkerung gegen die Streuner erheblich vermindert.

Und 2008 erhielt Bulgarien ein Tierschutzgesetz! Ich darf wohl behaupten, dass ich dazu auch einen kleinen Beitrag geleistet habe.

Deutsche Touristen, die heutzutage durch Bansko spazieren, trauen oft ihren Augen nicht, wenn sie ein Straßenschild sehen, auf dem nicht nur in kyrillischen Buchstaben, sondern auch in lateinischen geschrie-

Barbara-Rütting-Straße in Bansko (rechts: Dr. Emil Iliev)

ben steht: »Barbara-Rütting-Straße«. Die Stadt Bansko hat als Dank für meinen Einsatz eine kleine Straße nach mir benannt. Natürlich freue ich mich darüber. Ich will mich damit nicht selbst loben, sondern betone das, um die Menschen, die immer nur jammern, dass man als Einzelner ja doch nichts erreichen könne, anzuregen, aktiv zu werden – etwas zu tun!
Und wir können dem bulgarischen Volk helfen, indem wir dieses schöne Land besuchen, dort Urlaub machen – im Sommer Wandern, im Winter Skifahren –, die Bäder nutzen, die Heilquellen, die bei jeder Art von Stoffwechselbeschwerden, speziell auch bei Herzkrankheiten, Genesung bringen.

Neben Pannen auch Erfolge

Getreidemühlen für den Haushalt direkt in Bulgarien zu produzieren, erschwinglich für jede Familie, ist bisher nicht gelungen. Sämtliche Versuche schlugen fehl, obwohl ich Bürgermeister samt Personal, Bäcker etc. zu einem Besuch bei Getreidemühlenherstellern sowie Biobauern nach Österreich einlud. Es mangelte immer wieder an Genauigkeit bei der Produktion, aber auch an Flexibilität, an Initiative. Die jahrzehntelange Unterdrückung jeder Spontaneität und Kreativität hat viele Menschen abgestumpft. Es braucht Geduld und noch mal Geduld.

Insgesamt aber überwogen neben den Pannen doch die Erfolge: Zwei Banskoer Ärzte schafften es, den Fleischkonsum der Banskoer Bevölkerung um 20 Prozent zu senken. Dr. Iliev gab in einer wöchentlichen Kolumne in der bulgarischen Tageszeitung *24 Stunden* Ratschläge zur gesunden Ernährung (weniger Fleisch, weniger Zucker und weniger Salz) und forderte im Fernsehen bessere Ernährung in den Krankenhäusern; die bulgarische Zeitschrift *Fleisch- und Fleischprodukte* berichtete, dass seit 1989 der Verzehr dieser Produkte in Bulgarien um das Achtfache zurückgegangen ist. Immerhin!

Vor meinem Rückflug in Sofia Pressekonferenz in der Bulgarischen Nachrichtenagentur. Fragen über Fragen, ungläubiges Staunen, als ich von Tierschutz als Unterrichtsfach an Schulen berichtete. Oder, dass viele Orte »Hundetoiletten« aufstellen, an denen man – gratis! – eine Tüte ziehen kann, um den Hundekot zu entsorgen. Wie wir in Deutschland mit unseren Streunerhunden verfahren, wollte jemand wissen. Es herrschte Fassungslosigkeit, als ich antwortete: »Dieses Problem gibt es nicht – wir haben keine ›Streunerhunde‹. Hunde sind entweder in Privatbesitz oder in Tierheimen, wo sie selbstverständlich kastriert und, wenn möglich, an Privatpersonen vermittelt werden.« Wie lange, wollte die Fragerin dann wissen, wird es dauern, bis das alles in Bulgarien auch erreicht sein wird. Nun, in Bansko ist das bereits erreicht worden, nach verhältnismäßig kurzer Zeit.

Oktober 1992 – Petra Kelly und Gert Bastian tot

Petra und Gert sind in ihrem Bonner Haus tot aufgefunden worden, die Leichen bereits bis zur Unkenntlichkeit verwest. Mit beiden war ich lange Jahre befreundet. Immer wieder kamen wir zusammen, in Mutlangen, in Wackersdorf. Ich habe Petra bei ihren Wahlreisen unterstützt, das letzte Mal in Kempten. Auch als Die Grünen in den Bundestag einzogen, war ich dabei – dieses überschäumende Glücksgefühl, diese Hoffnungen für die Zukunft!

Ein Jahr später kam ich wieder nach Bonn und fand das Leuchten in den Augen nicht wieder. Welche *déformation professionnelle* nach nur einem Jahr politischer Arbeit!

In den Nachrichten Spekulationen, ob sie umgebracht wurden, ob Gert Petra erschossen hat – aus Eifersucht – oder ob möglicherweise gar die Grünen schuld sind an ihrem Tod, die Politiker generell. Denn es ist wie überall: Die guten Leute werden weggeekelt, bei den Grünen heißt das »weg-rotiert«. Diese lächerliche Angst der Durchschnittstypen vor Menschen mit Charisma!

Ich glaube, dass beide enttäuscht waren und ausgebrannt. Bei unserem letzten Beisammensein während des World Uranium Hearings in Salzburg vor ein paar Wochen haben wir uns gegenseitig unsere Hoffnungslosigkeit angesichts der Weltlage eingestanden. Nur nach außen hin tat jeder so, als gäbe es noch Rettung. Eigentlich waren alle Blütenträume dahin. Bei mir endeten sie mit dem Golfkrieg.

Ich wollte eigentlich zu der Gedenkfeier am 03. November nach Bonn fahren, hatte bereits den Flug gebucht – aber als ich mir dann vorstellte, wie da salbadert würde von gerade denjenigen, die Petra und Gert das Leben schwer gemacht hatten, dachte ich: Nein, das will ich mir nicht anhören, und damit helfe ich den beiden auch nicht mehr. Und Petra wollte ich so in Erinnerung behalten, wie ich sie erlebt habe – strahlend wie auf dem berühmten Foto mit dem blumengeschmückten Soldatenstahlhelm auf dem eigensinnigen Köpfchen.

21. November 1992

Ich war immer stolz darauf, dass ich mich, anders als viele Schauspielerinnen, nie jünger gemacht, sondern, im Gegenteil, mein Alter und meinen Geburtstag, nämlich den 21. November 1927, nie verheimlicht habe. Somit wurde ich an diesem 21. November 65 Jahre alt. Und da schrieb mir doch eine Frau Maria Reckel auf einer Postkarte mit dem Absender: z.Zt. Bad Wörishofen (offenbar zur Kur):

> *Hallo Barbara Rütting! Lustig, Sie werden immer (jahrgangsmäßig) jünger! Sie sind mein Jahrgang (1921!) und damit nicht 65, sondern 71!* (unterstrichen), *und Ihrem verfaltigten Gesicht nach bereits noch älter! Ihre Lebensweise wirkt nicht äußerlich (tiefe Runzeln). Bleiben Sie doch so alt, wie Sie sind!*

Dieser Maria Reckel konnte ich nun leider nicht antworten, da sie keine Adresse angegeben hatte. Schade, ich hätte sie sonst zu meinem FÜNF-UND-SECH-ZIG-STEN Geburtstag eingeladen!

Schmerzensgeld vom Boulevardblatt ist eingetroffen!

10 000 DM! Schmerzensgeld ist sogar steuerfrei!

Piefke soll abhauen!

Die Postkarte kam anonym, abgestempelt in Wien. Absender: Aktion Österreich für uns Österreicher, wir Österreicher für unser Österreich.

> *Wir Altösterreicher hassen euch Deutsche mehr wie die Pest. Ihr Deutsche habt uns Österreichern immer nur geschadet. Ihr Deutsche seid schuld am 1. Weltkrieg, am 2. Weltkrieg und am kommenden 3. Weltkrieg. Wir Altösterreicher sind für euch Deutsche noch immer die dämlichen Ostmärker, die in die Luft geschisse-*

nen Fragezeichen. Österreich ist für uns Österreicher und nicht für euch Ausländer, wir Österreicher brauchen euch Deutsche in keiner Hinsicht. Verschwindet schleunigst aus Österreich.

Ich habe in mehreren europäischen Ländern gelebt und nirgends so starke Aggressionen gegen Ausländer erlebt wie in Österreich. Ein Einheimischer, der es wissen muss, bringt es auf den Punkt: Als Touristen können sie kommen, die Ausländer – und ihren Scheck abliefern, aber dann: »Schleich di!«
Manche behaupten ja auch, Beethoven sei Österreicher gewesen und Hitler Deutscher ...

Hilfe – VerehrerInnen!

Der Weihnachtsmüll überstieg wieder einmal sämtliche Vorstellungen, die Tonnenzahl habe ich mir lieber nicht gemerkt.
Was allein sie mir ins Haus schicken, meine Verehrer und Verehrerinnen: mein Porträt gemalt und in Kreuzstichen gestickt, selbst verfasste Gedichte und Theaterstücke und Friedenshymnen – für die ich natürlich einen Verleger finden soll, sonst sind sie beleidigt –, in »Schnadahüpferln« (für Nicht-Bayern: improvisierte, meist vierzeilige Spott- und Scherzverse) und anderen phantastischen Reimen besingen sie mich – wehe aber, ich antworte nicht umgehend! Dann wird mit Liebesentzug gedroht. »Nun verehre ich Sie schon so viele Jahre und warte schon vier Wochen auf eine Antwort – das tut weh ...«
Sie wollen wissen, was sie gegen ihren Fußpilz, ihre Neurodermitis machen sollen, ob sie ihre Schlupflider operieren lassen oder sich scheiden lassen sollen (Foto beiliegend), ob ich grundsätzlich gegen Schönheitsoperationen bin, wenn ja, warum; ob der von mir so gepriesene Beinwell tatsächlich so giftig ist, wie wiederum der Apotheker behauptet; ob vielleicht das eine im Salat genossene Blättchen bereits die Familie umbringen könne oder ob der Fall erst bei zwei oder drei Blättchen zu befürchten sei; warum der Brotteig nicht aufging oder bröckelte, die Suppe zu flüssig war; welchen Kochtopf ich bevorzuge;

warum eines meiner Pferde 36 Jahre alt geworden ist, ob ich meine Hunde vegetarisch ernähre, meine Katzen Mäuse fressen, der Salatkopf auch leidet, wenn man ihn aus dem Boden reißt; ob man von gekochtem Essen tatsächlich stirbt und bis mittags nur Obst essen sollte; ob Rohköstler Schnapsnasen kriegen. Eine Gruppe Rollstuhlfahrer möchte sich meinen Hof ansehen und mit mir plaudern, andere Initiativen drohen mit Besuchen; ich soll einen Hund vermitteln oder am besten gleich bei mir aufnehmen, ein Haus auf Sardinien empfehlen, weil ich wüsste doch bestimmt eine nette Pension für den Familienurlaub, wo tiereiweißfrei gekocht wird …
Habe ich einmal geantwortet, bin ich verloren, dann hagelt es weiterhin Antwortbriefe bis an mein Lebensende, unerbittlich.
In meiner Verzweiflung angesichts der Briefberge, die nicht zu beantworten ich wieder nicht das Herz habe, entwarf ich einen Formbrief, dem ich jeweils die ganz individuelle Antwort zufüge: Bei Fußpilz am besten jeden Abend einen Einlauf usw. usw. usw.
Um keine Missverständnisse aufkommen zu lassen: Ich mag meine VerehrerInnen, habe auch Verständnis für all ihre Nöte – nur bisweilen fühlt sich selbst ein Mensch mit einem ausgeprägten Helfersyndrom ein klein wenig bedrängt.

1994 – Besuch in Moskau bei Michail Gorbatschow

Empfang bei Michail Gorbatschow in der Gorbatschow-Stiftung in Moskau. Die Stiftung betreute damals u.a. in Moskau in drei Spezialkliniken 160 strahlengeschädigte und leukämiekranke Kinder.
Über die Zusammenhänge zwischen Ernährung, Gesundheit, Krankheit sei sehr wenig bekannt, ließ mich Gorbatschow über den Übersetzer wissen. Er werde sich mit mir auch nicht über Ernährung unterhalten. Davon verstünde er nichts, er nähme acht Stück Zucker in seinen Kaffee. Aber die Professoren seines Krankenhauses seien interessiert. Diese nun zeigten sich äußerst aufgeschlossen, zumal zwei deutsche Ayurveda-Ärzte mit von der Partie waren, die außer herkömmlichen Medikamenten auch ayurvedische Pflanzenpräparate überbrachten.

Diese in Indien ausschließlich auf Kräuterbasis hergestellten Präparate lindern die Nebenwirkungen der bei leukämiekranken Kindern notwendigen Chemotherapie und führen zu einer besseren Heilquote. Meine mitgebrachten Getreidemühlen kamen in der Klinik leider nicht zum Einsatz, es gab zu viele bürokratische Hindernisse. Wie viele gute Ideen blieb auch diese auf der Strecke.

Treffen mit Michail Gorbatschow

Lust und Frust einer Gesundheitsberaterin auf dem Traumschiff

Eine Seefahrt, die ist lustig, eine Seefahrt, die ist schön ...
In meiner Schauspielzeit habe ich einige Kreuzfahrten auf dem »Traumschiff« als Aktrice mitgemacht, später dann in den Neunzigerjahren ein halbes Dutzend Mal als Gesundheitsberaterin mit der Aufgabe, die Passagiere in puncto gesunder Ernährung zu beraten. Vom Klimaschutz war da noch nicht die Rede ....
Diesmal startete die MS Berlin in Bridgetown auf der Insel Barbados.

Und diesmal waren drei Gruppen an Bord – die »normalen« Reisenden, die für die *Traumschiff*-Folge engagierten Schauspieler (nebst Team) und das kleine Trüppchen der Gesundheitsfreaks.

An der Gangway wurden wir Ankommenden wie üblich von der Mannschaft mit einem Glas Sekt begrüßt.

Ich genoss es, nun nicht mehr als Schauspielerin, sondern als Gesundheitsberaterin diese herrliche Reise machen zu können. Und wünschte mir nur, dass dieses Traumschiff – und natürlich alle anderen Schiffe auch – eines Tages mit Wind-, Wasser- und Sonnenenergie angetrieben würden …

Die tropische Wärme, das türkisblaue Meer, das luxuriöse Schiff, gut aufgelegte erwartungsvolle Menschen, bereit, aus diesen vierzehn Tagen alles, was nur möglich war, an Glück herauszupressen, – dazu James Lasts »Traumschiff«-Schnulze beim Auslaufen des Schiffes: Sämtliche Alltagsprobleme schienen erst einmal wie weggefegt.

Wer vierzig Jahre als »Person des öffentlichen Lebens« überlebt hat, bekommt Übung darin, in den Gesichtern, ja sogar an den Lippen abzulesen, was die Leute reden, bei meinem Namen mit den vielen Vokalen ein Leichtes. Ich habe hier nur einiges von dem aufgeschrieben, was während der Kreuzfahrt »getalkt« wurde.

Bei dieser Reise wies die Palette der Kreuzfahrenden besonders viele Farben auf. Da waren, wie immer, die Neureichen – »Wir können uns das ja leisten« – mit ihren gegen das Konsumverhalten der Eltern opponierenden Kindern, Typ magersüchtige Tochter; dann die »eingefleischten« Vegetarier – mit »nun erst recht« trotzig Fleisch essendem, Pfeife rauchendem Sohn; weiter die »alternativen« Familien, wegen der angebotenen Vollwertkost auf dieser Reise; und nicht zuletzt die vielen Ehepaare in der Midlife-Crisis, er sitzt an der Bar und lässt sich volllaufen (»Ich weiß gar nicht, was sie will, sie hat doch alles …«). Eines dieser Ehepaare ging tatsächlich im dritten Hafen von Bord, um sich scheiden zu lassen!

Beim Kapitänsempfang trafen alle Passagiere zum ersten Mal zusammen, die »normalen« Reisenden, die »Filmfritzen« und die »Körndlfreaks«. Alle hatten sich zu diesem Anlass fein gemacht, waren animiert, voller Vorfreude. Was ich so hörte:

Frau Neureich: *Ist das nicht die Barbara Rütting da drüben?*
Herr Neureich: *Wer? Wo?*
Frau Neureich: *Na, die Schauspielerin!*
Herr Neureich: *Kenn ick nich.*
Frau Neureich gibt ihrem neureichen Ehemann einen Schubs: *Na klar kennste die! Die die Geierwally gespielt hat und diese Wallace-Krimis!*
Herr Neureich: *Wat? Die lebt noch? Ick hab jedacht, die is längst dot!*
Ein Vollwertköstler: *Ich kenne sie nur als Kochbuch-Autorin. Hier an Bord ist sie als Gesundheitsberaterin. Deswegen machen wir überhaupt die Reise, weil wir unterwegs anständige Vollwertkost wollen!*
Herr Neureich: *Wat is dat denn?*
Vollwertköstler: *Die Nahrung sollte so natürlich wie möglich sein, vollwertig eben. Dann bleibt man gesund, wenn man sich so ernährt. Hier sehen Sie ein echtes Vollwert-Kind, nie krank!* (zeigt seine kleine Tochter vor) *Was sagst du immer, wenn dir jemand einen Bonbon geben will?*
Die Kleine (lispelnd): *Zucker macht zahnlos!*
Allgemeines Gelächter.
Vollwertköstler-Frau (ganz stolz): *Und dann lehnt sie den Bonbon ab! Die Leute sind immer ganz sprachlos!*
Frau Neureich: *Und dann bettelt sie wahrscheinlich um Süßigkeiten bei der Nachbarin. Das kennt man doch!*

Nun meldet sich ein Rohköstler zu Wort: *Der Begriff »Vollwertkost« wird völlig falsch verwendet. Vollwertig ist nur die Muttermilch – und die Rohkost. Kennen Sie das Buch »Willst du gesund sein, vergiss den Kochtopf«? Nicht? Das müssen Sie lesen! Das hat uns die Augen geöffnet!*
Rohköstler-Frau: *Seither essen wir nichts Gekochtes mehr, nur Rohkost!*
Frau Neureich: *Was, nur Rohkost? Ja, wovon leben Sie denn dann, um Himmels willen? Wie decken Sie denn Ihren Eiweißbedarf?*
Rohköstler-Mann: *Wir essen ja sowieso alle viel zu viel tierisches Eiweiß. Und dann noch zu Tode gekocht! Lauter Leichen! Deshalb ist die Menschheit ja auch so krank! Die Rütting hat auch zu viele Eier in ihren Rezepten. Außerdem trinkt sie Wein.*
Rohköstler-Frau: *Das lehnen wir ab!*

Frau Neureich: *Die muss doch schon uralt sein, die Rütting! Na ja, bestimmt geliftet! Das sind die doch alle!*
Herr Neureich: *Nun mussten wir schon unterschreiben, dass wir nichts gegen die Dreharbeiten von diesen Filmfritzen haben für diese »Traumschiff«-Serie – nun auch noch die Körndlfresser dazu, na danke! Ich lasse mir meinen Schweinebraten jedenfalls nicht miesmachen.*
Frau Neureich: *Und als Statisten lassen wir uns auch nicht benutzen!* (Später sind die beiden die Ersten, die sich darum reißen, Statisterie zu machen und immer wieder als »Ankommende in Reisekleidung« die Gangway rauf und runter zu tippeln.) *Also ich höre mir diesen Gesundheitsschmarrn bestimmt nicht an! Jeden Tag liest man von einer anderen Wunder-Diät. Was ich schon alles ausprobiert habe! Einen Haufen Geld zum Fenster rausgeschmissen, und hinterher war der ganze Speck wieder drauf! Alles Humbug!*
Vollwertköstler-Frau: *Das kann Ihnen bei der Vollwertkost eben nicht passieren! Da halten Sie Ihr Gewicht konstant, ohne zu hungern, ohne Kalorienzählen. Da kommt eine Art Essbremse zur Wirkung!*
Frau Neureich: *Bei mir garantiert nicht. Bei mir versagt jede Bremse.*
Rohköstler-Mann: *Ich sage doch, der Begriff ist schon falsch! Vollwertig ist nur die Muttermilch! Und die Rohkost!*

Von allen Tischen waren Satzfetzen zu hören:

Glauben Sie mir, ohne isometrische Übungen ...
Die Fünf Tibeter haben mich leider nicht um 25 Jahre verjüngt, aber ich mache sie auch noch nicht lange ...
Wenn Uranus im fünften Haus steht und Wassermann im MC, dann ist äußerste Vorsicht geboten ...
Hoffentlich gibt es auch mal Hummer und Kaviar ...
Bin gespannt auf die Band ...
Mal sehen, ob ich den Sport mitmache, ein paar Kilo könnten schon runter ...
Glauben Sie mir, nur die rechtsdrehende Milchsäure kann vom Körper verwertet werden, die linksdrehende können Sie vergessen ...

Haben Sie schon mal von Kombucha gehört? Das ist ein Pilz, den man in Tee ansetzt, und dann …
Hoffentlich werd ich nicht seekrank, ich bin so sensibel …
Ich hab's an der Galle, ich muss aufpassen …
Ich hab mir die Gallenblase rausnehmen lassen …

Das Frühstücksbüfett war für mich eine ziemliche Tortur, weil mir alle zuschauten – entweder auf die Finger, um sich auf den Teller zu tun, was ich mir auf den Teller tat, oder ins Gesicht, um meine Falten zu zählen. Da ging es dann weiter:

Was ist das denn, Hafer? Was, Dinkel? Nie gehört, was ist denn Dinkel?
Darf ich Joghurt zum Frischkornbrei nehmen, oder ist Milch besser? Was, Sahne? Aber Sahne macht doch dick! Ich habe einen zu hohen Cholesterinspiegel …
Ich habe zu niedrigen Blutdruck, deshalb hat mir der Arzt Kaffee verordnet! Was, der ist auch ungesund?
Ich esse nie Butter, nur Margarine …
Die ist doch noch schlechter …
Ich nehme immer Süßstoff in den Kaffee, nie Zucker …
Sie sollten überhaupt keinen Kaffee trinken, Kaffee ist Nervengift …
Na, dann bleibt ja überhaupt nichts mehr übrig an Genüssen, da kann ich ja gleich über Bord springen …
Sie glauben nicht, wie sich Ihre Geschmacksnerven wieder schärfen, wenn Sie erst …
Also ich habe gehört, Getreide und gekochtes Obst zusammen, das bläht …
Nein, das verwechseln Sie, Knoblauch und Zwiebeln zusammen gegessen, das bläht!
Haben Sie schon von der heiligen Hildegard gehört? Die hat den Lauch verboten und die Zwetschgen!
Ach, die Äbtissin? Die war ja selber magenkrank!
Ich halte mehr von Bachblüten …
Was sind denn das für Blüten? Wachsen die am Bach?
Nein, ihr Entdecker hieß Bach, Dr. Bach!

Im Ayurveda wird überhaupt kein Knoblauch verwendet ...
Was ist denn das nun wieder? Nie gehört! Aju-was?
Ich bin ganz süchtig nach Knoblauch, wir essen ihn knollenweise. Ich würze alles mit Knoblauch, nur keinen Pudding, hahaha!
Aha, Sie sind wohl Pudding-Vegetarierin?
Was ist denn das für eine Richtung, essen die nur Pudding? Das kann doch nicht gesund sein ...
Die beste Ernährung hilft nichts, wenn Sie falsch denken ...
Ich meditiere ...
Ach, meinen Sie Yoga? Ohne Yoga wäre ich schon tot ...
Aber Yoga gehört doch in den Osten, wir leben im Westen!
Wir sollten überhaupt nur essen, was hier bei uns zur Jahreszeit wächst!
Da bleiben Ihnen als Rohköstler im Winter nur ein paar verschrumpelte Äpfel, hahaha!
Aber es gibt doch das herrlichste Obst das ganze Jahr über, dank der Technik!
Da betreiben Sie ja wieder Umweltverschmutzung, wenn Sie Obst einfliegen lassen! Ist doch völlig unökologisch!
Und mit diesem Luxuskahn hier, betreiben wir da keine Umweltverschmutzung?

Bisher war es überwiegend ein Talk unter Frauen, die Männer hatten mehr oder weniger fassungslos zugehört. Aber jetzt kamen– ganz kurz – auch ein paar von ihnen zu Wort:
Die MS Berlin hat die tollsten Entsorgungssysteme!
Haben Sie schon mal den Maschinenraum gesehen?
So was von modern ...
Mich hat der Käpt'n mal auf die Brücke gelassen. Ich kann Ihnen sagen ...
Ganz wichtig ist es, beim Essen nicht zu reden ...
So 'n Blödsinn! Schon Goethe führte Tischgespräche!
Der hatte ja auch was zu sagen, was man von Ihnen nicht behaupten kann!
Und wieder übernahmen die Frauen:
Sesam soll besonders viel Calcium enthalten, 100-mal so viel wie Kuhmilch!

Das ist interessant, ich hab nämlich Osteoporose! Ich muss Calcium einnehmen!
Wenn Sie nicht genügend Vitamin D zu sich nehmen, hilft das ganze Calcium nichts!
Was halten Sie vom Liften?
Also ich hab mir das Fett vom Bauch absaugen lassen und das Doppelkinn wegoperieren ...
Igittigitt, tut das nicht weh?
Haben Sie sich die Augen machen lassen?
Wieso, sieht man das?
Ich hab mir die Gallenblase rausnehmen lassen, seitdem ist Ruhe. Mein Arzt sagt, die braucht man heute nicht mehr, die Gallenblase, die war für die Zeiten vorgesehen, als es nicht so viel zu essen gab, als man sich einen Vorrat anfuttern musste – heute braucht man das ja nicht mehr ...
Das scheint sich hier an Bord aber noch nicht rumgesprochen zu haben!

Eine Frau stellte sich dicht hinter mich und sah nach, ob ich geliftet wäre. Immer wieder erstaunt mich bass, wie hemmungslos die Leute ihre Kommentare abgeben. Tuschelei mit der Freundin: »*Keine Narbe hinter dem Ohr, und die Gelifteten kriegen doch immer so 'n Froschmaul!*« (Dazu zog sie mit den Händen die Haut an den Augen und die Mundwinkel zur Seite, um den Effekt zu demonstrieren.) Ich stellte meinen Teller weg, fabrizierte die gleiche Grimasse, schräge Augen und Froschmaul, und grinste die beiden, die nun total entgeistert waren, vergnügt an. Nee, nix geliftet!
Jetzt nahte ein grantelnder Wiener: *Die Leute streun sich ja kiloweis Zimt aufs Müsli, haben Sie dös angeordnet? Und stimmt es, dass die Kaffeesahne sauer sein muss? Die Stewards behaupten, das gehört sich so, das ist vollwertig!*
Die Lehmanns stellen sich jede Nacht den Wecker, um das Mitternachtsbüfett nicht zu verpassen!, teilte der Rohköstler-Mann einer Nachbarin mit.
Nachbarin: *Woher wissen Sie denn das?*
Rohköstler: *Ich hab sie gesehen!*
Nachbarin: *Was? Beim Mitternachtsbüffet?*

Rohköstler (ertappt): *Ich bin an Deck spazieren gegangen, weil ich nicht schlafen konnte!*

Nachbarin: *Da haben wir's! Weil Sie nur rohe Körner essen, können Sie nicht schlafen! Wer nach 14 Uhr noch Rohkost isst, bekommt eine Schnapsnase! Nachts arbeitet der Darm nämlich nicht, also bleibt das ganze Grünzeug liegen, gärt vor sich hin und wird zu Fusel. Wussten Sie das nicht?*

Rohköstler: *Also ich finde, die Rötung meiner Nase entspricht durchaus der mitteleuropäischen Norm!*

Nachbarin: *Also geben Sie schon zu, Sie waren auch am Mitternachtsbüffet, stimmt's? Und was haben Sie gegessen, wenn ich fragen darf? Wie ich gehört habe, gab's Prager Schinken in Brotteig! Haben Sie den gegessen oder nicht?*

Rohköstler (stotternd): *Nicht den Schinken ... aber ... ein bisschen vom Brotteig ...*

Nachbarin: *Aber da ist ja der Saft von dem Schinken drin, in dem Brotteig! So eine Heuchelei!*

Je länger die Reise dauert, desto mehr essen die Leute!, seufzte der Bordsteward. Einmal hörte ich ihn ins Bordtelefon zur Küche rufen: *Bringt bloß mehr Kuchen, sonst werd ich gelyncht!*

Frau Neureich (aufgeregt zu ihrer Freundin): *Gestern Abend hat der Steward Kaviar und Schampus über das A-Deck getragen!*

Die Freundin: *Bestimmt zu dem alten Wiener und seiner jungen Geliebten! Kein Wunder, dass die dauernd verstopft ist, die liegt doch nur rum!*

Jemand fragt: *Stopft denn Kaviar? Ich hab noch nie welchen gegessen, nur falschen. Von was für einem Fisch ist der eigentlich?*

Frau Neureich (mit dem Unterton »wir können uns das leisten«): *Wir lieben Kaviar – ein Kaviar-Frühstück mit Schampus, das ist schon was Leckeres!*

Schüchterner Mann: *Der Kaviar, das sind die Eier vom Stör!*

Rohköstler: *Der ist heutzutage doch auch schon verseucht! Ich sage Ihnen, das einzig Wahre ist die Rohkost! Und die Muttermilch!*

Herr Neureich: *Jaja, ick weeß, schmeiß de Bratpfanne in de Ecke – denn wirste hundert!*

Eine Seefahrt, die ist lustig, eine Seefahrt, die ist schön, ja, da kann man was erleben, ja, da kann man auch was sehn ...
Zufällig kam ich mit einer Frau ins Gespräch, die in einer anthroposophischen Bank eine wohl nicht unwichtige Rolle spielte. »Mit Margarete Mackwitz wollten Sie dieses Projekt durchführen?«, fragte sie. »Um Himmels willen, von dieser Frau hätten Sie die Finger lassen müssen, mit der kann man nicht zusammenarbeiten!«
Wäre ich doch ihr begegnet statt der Astrologin!
2012 hat Margarete Mackwitz ihren Gutshof übrigens einer gemeinnützigen Initiative zur Verfügung gestellt, die nach anthroposophischen Grundsätzen arbeitet – also mit biologisch-dynamischer Landwirtschaft und – natürlich – Nutztieren, die geschlachtet werden.
Bleibt der Maulwürfin in Anlehnung an die schöne Zen-Geschichte nur zu sagen: »So?«

Diese sinnlosen Konferenzen ...

Die Internationale Konferenz mit dem Titel »Neue Partner für Gesundheit – Gesundheit auf dem Weg ins 21. Jahrhundert« in Magdeburg im Jahr 1995 war bereits eine Folgekonferenz der Jakarta-Konferenz, die eine Folgekonferenz der von Ottawa war ... die eine Folge der Konferenz in Soundso war ... wieder einmal nur blablablabla ...
Bei jeder dieser Konferenzen wurde gefordert, was eigentlich eine Selbstverständlichkeit sein sollte: Gesundheit für alle, genügend Nahrung, sauberes Wasser, soziale Sicherheit, ein Dach über dem Kopf etc. – nichts hat sich bis dato geändert, auch heute ist alles beim Alten.
Obwohl ich eingeladen war, um den 120 hauptsächlich aus den östlichen Ländern angereisten Teilnehmern mein Projekt »Hilfe zur Selbsthilfe für Bansko/Bulgarien« vorzustellen und, wie im Fall Bulgarien, bei der Umsetzung mitzuhelfen – natürlich ebenfalls unentgeltlich –, war das Interesse gleich null.
Die Einsicht, dass der Schritt in Richtung vegetarischer vollwertiger Ernährung zumindest *ein* Ansatzpunkt zur Lösung der weltweiten Probleme wäre, ist offensichtlich zu unbequem und wird, bis heute,

einfach verdrängt. Obwohl jeden Tag 100 000 Menschen verhungern, 100 Tier- und Pflanzenarten aussterben, 86 Millionen Tonnen Erdreich abgeschwemmt werden, 55 000 Hektar Tropenwald abgeholzt werden, sich die Wüsten um 20 000 Hektar ausdehnen, 100 Millionen Tonnen Treibhausgase in die Luft geblasen werden und mehr Ackerboden verloren geht, als in 1000 Tagen neu entstehen kann.

Öko-Dörfer-Woche in Findhorn

Mein alter Traum, in einer internationalen Gemeinschaft von Menschen zu leben, die liebevoll miteinander und mit der Natur umgehen, hier fand diese Sehnsucht neue Nahrung. Ich bin gestärkt zurückgekommen, habe gesehen: Es geht!

»The healing of the earth and the healing of the human spirit has become one and the same thing.« Dieser Satz des britischen Umweltaktivisten Jonathon Porritt aus seinem Buch *Save the Earth* stand als Leitmotiv über der Woche, in der Modelle für das (Über-)Leben im 21. Jahrhundert vorgestellt und geprobt wurden.

Inzwischen ist es ja allgemein bekannt: Die Gesellschaft verändert sich nur, wenn ich mich verändere. Habe ich das einmal begriffen, erkenne ich meine enorme Verantwortung. Eine Lösung der Umweltkrise ist nur möglich bei gleichzeitiger Lösung der sozialen und kulturellen Krise. Dieser Gedanke zog sich wie ein roter Faden durch sämtliche Referate.

Meditation hat tatsächlich nur einen Sinn, wenn sie den Alltag beseelt. Sonst nützt alles Auf-dem-Kissen-Sitzen nichts.

Dass mensch trotz aller Spiritualität nicht abhob, sondern immer schön auf dem Boden der Tatsachen blieb, dafür sorgten in Findhorn, das im Nordosten Schottlands liegt, schon die ständig die Ruhe störenden, über das Camp hinwegdonnernden Maschinen des nahen Flugzeugstützpunktes.

»Visionen menschlicher Zukunft« – alles Verblödung oder was?

Die Erfahrung zeigt immer wieder, dass nur wenige Menschen bereit sind, sich für die Lebensqualität anderer einzusetzen, der Mehrzahl geht es vornehmlich um die Sicherung der eigenen. Ein Tierexperimentator hat einmal gesagt, der Mensch würde Tausende von Affenleben opfern, wenn man ihm in Aussicht stellte, dass er dadurch sein eigenes um nur wenige Tage verlängern könnte. Deshalb hatte ich für meinen Vortrag beim Kongress in Bremen den Titel gewählt: »Wir müssen anders leben, damit andere leben können« – überleben können nämlich.
Die Publizistin Jutta Ditfurth versuchte, den Kongress mit in der ganzen Stadt verteilten Pamphleten eine Woche vor Beginn zu sprengen. Sie wolle »mit dieser esoterischen Bande nichts zu tun haben«. In Flugblättern und örtlichen Gazetten rief sie die erstaunten Bremer BürgerInnen zu einer Gegenveranstaltung auf, um »*diese Massenversammlung von Esoterikern, Irrationalen, Guru-Führern, Antihumanisten, Antisemiten, Therapie-Junkies*« zu verhindern. Überschrieben war das Ganze mit »Wer lässt sich esoterisch verblöden?«
Die vielen aus aller Welt angereisten hochkarätigen Referenten – alle gekommen, um »faschistoide, irrationale und menschenverachtende Tendenzen« zu verbreiten, wie es an anderer Stelle hieß?
Ich hatte die Ehre, unter dieser »esoterischen Bande« namentlich genannt zu werden, neben Fritjof Capra und – dem Dalai Lama. Eigentlich nicht übel!
Anfangs zeigte die Kampagne Wirkung, einige der deutschen Referenten sagten ab. Dann aber platzte die ganze, groß angekündigte Gegenveranstaltung der »ökologischen Linken« wie eine Seifenblase. Die BürgerInnen erwiesen sich als mündig, sie machten sich selbst ein Bild. Auch die beiden Bürgermeister Bremens, Dr. Henning Scherf und Hartmut Perschau, stellten sich hinter den Kongress und lobten in ihren Reden die Vielfalt der auf Kongress und Messe vorgetragenen Meinungen und ausgestellten Angebote.
Wenn solche Kongresse einen Sinn haben, dann doch wohl auch den, dass wir mit alten Vorurteilen aufräumen, sie zumindest infrage stel-

len. Damit ist natürlich nicht gemeint, dass wir alles Neue ohne Beurteilung übernehmen sollen, im Gegenteil, kritisches Hinterfragen ist durchaus angesagt.

Mit meinen damals beinahe siebzig Jahren Mitglied einer esoterischen Bande zu sein – das soll mir mal Eine nachmachen! Tatsächlich übte ich schon jahrelang die Transzendentale Meditation aus, war Sannyasin geworden aus Dankbarkeit für die enorme therapeutische Arbeit von Bhagwan/Osho, besuchte Gruppen wie das Zegg und das Heilungsbiotop in Portugal, weil mich neue Lebensmodelle interessierten. War überdies mit den unterschiedlichsten Menschen befreundet, mit Mormonen und Hare-Krishna-Anhängern, mit Hindus und Jainas und Bahais. Und ich wollte und will das auch sein dürfen, ohne einen Vermerk in meinen Personalakten zu erhalten.

Der vor Jahrzehnten berühmte deutsche Kabarettist Werner Finck hat einmal gesagt – entweder noch während der Nazizeit oder kurz danach: »Ich stehe hinter jeder Regierung, bei der ich nicht sitzen muss, wenn ich nicht hinter ihr stehe.«

15 000 Menschen besuchten die Messe, 2500 den Kongress. Unter dem, was die 200 Aussteller auf der Gesundheitsmesse zeigten, konnte ich beim besten Willen nichts Menschenverachtendes entdecken, ging es doch hauptsächlich um Gesundes in Haus und Küche. Und wenn ein Aussteller nun wirklich ein Gerät vorführte, mit dessen Hilfe irgendjemand glaubt, Engelsstimmen gehört zu haben – du meine Güte, erstens musste ich das Ding nicht kaufen, zweitens hätte es ja sein können, dass der Engelsstimmenhörer über eine feinere Wahrnehmung verfügte als ich, die ich bis heute (leider) noch keine Engelsstimmen höre und vermutlich in diesem Leben auch nicht hören werde.

Am Beginn des Kongresses fragte mich ein Radio-Journalist: »Frau Rütting, sind Sie eine Esoterikerin?« Ich fragte zurück: »Wenn Sie mir sagen, was eine Esoterikerin ist, sage ich Ihnen, ob ich eine bin.«

Das Lachen verlernt

Am 21. Januar 1990 hatte ich in mein Tagebuch geschrieben: »Bhagwan ist tot. An Herzversagen gestorben ... Das Leben in seinem physischen Körper sei die Hölle gewesen, soll er gesagt haben. Er, der so viele Menschen gelehrt hat, Freude an ihren Körpern zu empfinden!«
Er hat meinem Leben wichtige Impulse gegeben, obwohl ich es bis dahin nie geschafft hatte, nach Puna zu fahren. Aber auf seltsame Weise war er in meinem Leben immer präsent geblieben. Nach wie vor empfand ich eine tiefe merkwürdige Trauer um ihn. Warum bin ich damals nicht nach Puna gefahren, obwohl ich ihm doch schon so nahe war? Reue, Trauer.
Ich kramte seine Bücher wieder hervor, hörte Georg Deuters Musik. Ich war damals nicht nach Puna gefahren, um die Beziehung zu meinem damaligen Lebensgefährten Lutz nicht aufs Spiel zu setzen. Hinzu kam, dass ich ja zu denen gehörte, die ununterbrochen versuchten, die Gesellschaft zu verändern, unermüdlich am Demonstrieren: gegen die Aufrüstung, gegen Atomkraft, gegen die Pershings, gegen Tierversuche, gegen Wackersdorf. Hatte nicht nur das Lachen verlernt, sondern jegliche Freude am Leben verloren. Und da kam plötzlich einer und behauptete, das sei alles Unfug, das ganze Demonstrieren; meditieren solle man und sich selbst verändern, dann verändere sich auch die Gesellschaft. Das war mir alles zu unpolitisch. Ich war doch ein politischer Mensch, radikale Feministin zudem.
Aber immer wieder begegnete ich Sannyasins, die Oshos Vision von Wahrheit und Liebe nicht nur verbalisierten, sondern auch lebten, liebevolle, humorvolle und schöne Menschen, mit denen ich mich wohlfühlte.
Inzwischen hatte ich die Transzendentale Meditation erlernt, und mein TM-Lehrer, gleichzeitig Musikpädagoge, hatte vor, im Spätherbst einen Workshop mit dem Musikwissenschaftler Joachim-Ernst Berendt auf La Gomera zu besuchen. Ich beschloss mitzufahren. Mein Lehrer sagte ab, ich aber fuhr – und war so ungeheuer glücklich in der Sannyasin-Gemeinschaft. Schrieb sofort nach Puna, dass ich Sannyasin werden wollte.

Sei – erkenne dich selbst – halte Maß

Januar 1997: Herz und Bauch wollten nach Puna, mein Verstand hingegen murrte. Dieses ganze Theater um diesen Osho! Du bist doch sonst so allergisch gegen jede Art von Gefolgschaft! Denk doch an dein Image! Ich sehe schon die Schlagzeilen: Mit siebzig in Sexkommune gelandet ... und und und ... blablabla.

Aber ich hatte bereits den Flug gebucht, das Hotelzimmer angezahlt und einfach Sehnsucht nach diesem unglaublichen Buddhafield!

Und schon war ich angekommen, hatte meinen Aidstest in der Tasche, die Wasserflasche umgehängt und schlenderte, noch Jetlag-benommen, durch das Menschengewühl. Es war der 19. Januar, der Tag, an dem Osho seinen Körper verließ, und der wird alljährlich gefeiert.

Zuerst die fast unerträgliche Trauer. Oshos Sessel wurde abends zur »White Robe Brotherhood« in Buddha Hall getragen, von fast 10 000 weiß gekleideten Menschen begrüßt – aber Osho würde nie mehr darin Platz nehmen.

Ströme von Tränen jeden Abend.

Dann eines Abends die Erkenntnis und die Erleichterung, dass alles gut ist, wie es ist. Vielleicht wäre ich vor zwanzig Jahren Hals über Kopf wieder abgefahren, wäre z.B. in ein Encounter geraten, vielleicht hätte ich mir so den Zugang zu Osho und seinen Lehren für immer versperrt.

Paradoxerweise scheinen diese transparenter, seit Osho nicht mehr physisch anwesend ist, was er übrigens vorausgesagt hat. Als habe er sich ständig selbst zwischen sich und seine Lehre gestellt, durch seine widersprüchlichen Aussagen, seine Lust am Provozieren, seine juwelenstrotzenden Armbanduhren, die Rolls-Royce-Flotte, seine Kostümierung – denn das war er sicher auch, ein Narr im Shakespeare'schen Sinn, ein Narr, der der Gesellschaft den Spiegel vorhält und ihre hässliche Fratze entlarvt.

Auf die Frage, warum er so viele wichtige Funktionen Frauen anvertraue, hat Osho geantwortet: »Ich liebe Frauen!« Und weiter: »Es ist eine kleine Wiedergutmachung für alles, was ihnen Jahrhundertelang angetan wurde.«

Über seinen Ashram in Puna – heute umbenannt in Pune – hat er gesagt: »Unsere Kommune ist keine Religion. Unsere Kommune ist eine sehr flüssige Religiosität, sie ist keine Organisation. Sie ist nur ein Treffpunkt für Menschen, die all ihre Konditionierungen, alle Religionen, alle Ideologien aufgegeben haben und die bereit sind, selbst Suchende zu werden.«

Genau das bedeutet Sannyasin-Sein für mich: Größtmögliche Befreiung – bei gleichzeitig äußerster Verantwortung mir selbst und allem Lebendigen gegenüber, weil ich weiß, das Universum und ich sind eins.

Im Ashram

Wer möchte, kann einen neuen Namen erhalten. Ich wollte das – mein neuer Name ist: Ma Anand Taruna. Ma: Mutter, Anand: Glückseligkeit, Taruna: immer jung.

Dass Oshos Vision des neuen Menschen Wirklichkeit wird, daran möchte ich mitarbeiten. Er *hat* die Welt verändert, und zwar einschneidend, auch wenn diese Welt das heute noch nicht wahrhaben will.

Freundlichkeit, Mitgefühl, Fröhlichkeit und Dankbarkeit – das sind die Qualitäten, an denen wir hauptsächlich arbeiten sollen (auch ein Osho-Zitat).

Ohne groß zu überlegen, meldete ich mich für die Gruppe »Mystic Rose« an und anschließend auch gleich für das Training zur Meditationsleiterin.

Die Mystic Rose

Am 21. Januar morgens um neun Uhr: Treffen vor dem Lao-Tzu-Haus. Das übliche, mehr oder weniger vorsichtige Sich-gegenseitig-Beäugen. Viele vertraute Gesichter, dankbar spüre ich ein warmes Gefühl von Zuhause-Sein.

Zuerst die praktischen Hinweise: Wir sollen viel Wasser trinken, alle möglichen Gifte werden sich während des Prozesses lösen und müssen weggespült werden. Jeder erhält eine Matte und ein Kopfkissen, und schon geht die Lacherei los, ganz von selbst, unterstützt von Leela, Samvado und Varidhi, den drei Meditationsleitern, und fröhlicher Musik.

Bei meiner ersten Mystic Rose konnte ich anfangs überhaupt nicht lachen, war am zweiten Tag sogar so wütend, dass ich fast aufgegeben hätte. Jetzt kann ich einfach da weitermachen, wo ich damals aufhörte – mein Lachen kommt aus den Tiefen meines Bauches. Macht das einen Spaß! Zwischendurch Wasser trinken, aufs Klo, einen Blick in Oshos Garten werfen – da unten sitzen sie im Sonnenschein, Männlein wie Weiblein in bodenlange rote Roben gekleidet, lesend, schauend, meditierend, Tee trinkend ... zurück auf meine Matte. »Ya-hoo« – der Sufi-schrei hilft, ein Lach-Tief zu überwinden.

Ratschläge von Osho für die Lachphase vom Tonband: »Sei verrückt, so verrückt wie möglich! Lache ohne Grund, experimentiere mit dem Lachen, brabbele wirres Zeug, finde dein inneres Kind, kreiere Lachenergie! Gehe tiefer und tiefer! Lache über das Absurde! Vergleiche dich nicht mit anderen, jeder ist einzig, so ist auch jede Art von Gelächter einzigartig und okay. Und habe Geduld mit dir selbst. Versuche es – aber erzwinge das Lachen nicht.«

Am dritten Tag komme ich bis in die tiefste Tiefe meines Lachens. Das hätte ich nicht für möglich gehalten: Ich sitze auf meiner Matte, johle, kreische, wie ich als Kind nie gekreischt habe – ich war immer ein artiges, vorbildliches Kind –, brülle vor Lachen, muss nach Luft schnappen, die Tränen laufen mir übers Gesicht, ich muss mir auf die Schenkel schlagen vor Lachen, den Bauch halten, mindestens zehn Minuten geht das so, immer neue Wellen von geradezu irrsinnigem (normalerweise würde man sagen: hysterischem) Gelächter schwappen über mich hinweg. Ich bin nur noch Lachen.
Als ich wieder zu mir komme, hat sich eine ganze Gruppe um mich herum versammelt, die mitlacht.
Am nächsten Tag fühle ich mich leer gelacht, *rien ne va plus*. Ich mache es mir im Schneidersitz gemütlich, das Gelächter ringsum summt in den Ohren, als sei es ganz weit weg. Plötzlich sehe ich mich aus der Vogelperspektive: auf meiner Matte, losgelöst vom Körper – der ist nur noch ein Skelett, mit einem schönen blanken Schädel, kein Fleisch dran, nichts Vergängliches mehr, wunderschön blank, rein, edel.
Große Sehnsucht, den Körper zu verlassen: »Oh schmölze doch dies allzu feste Fleisch« (Hamlet) …
Leider stupst mich just in diesem Moment Samvado mit der Behauptung an, ich hätte geschlafen – so meine vermutlich kurz bevorstehende Erleuchtung verhindernd.
Jetzt will ich nur noch weinen. Aber: »*No crying* in dieser Woche«, sagt Leela unerbittlich, »spart die Tränen auf, spart sie auf für morgen …«
Die Woche der Tränen. Beim Eintritt in unseren bereits vertrauten Raum sieht sich jeder mit einem Spiegel konfrontiert, der schwarz wirkt, weil er die schwarze Wand reflektiert. Die Fenster sind dunkel verhängt. Trauermusik. Das Adagio von Albinoni, das Ave Maria von Bach – kaum sitze ich auf meiner Matte, stürzen mir schon die Tränen aus den Augen, sind um mich herum die ersten Schluchzer zu hören. Neben jeder Matte eine Schachtel mit Kleenex zum Tränentrocknen und eine Plastiktüte, um die nass geweinten Taschentücher hineinzustopfen. Mit der Musik schwillt unser Geheul zum infernalischen Crescendo an – im Fegefeuer kann es kaum wüster zugehen. Besonders eine süße, engelhafte Frauenstimme scheint die Verzweiflung anzusta-

Ich kann wieder lachen!

cheln, Situationen heraufbeschwörend, in denen man sich geliebt und verstanden fühlte.

Einmal wöchentlich Arbeitsmeditation statt des nachmittäglichen Trainings. Wir putzen die riesigen Gemüseberge, bügeln Wäsche, sitzen am Computer, reinigen die Toiletten, arbeiten im Garten. Denn auch das ist Bestandteil von Oshos Vision: Innerlich zur Ruhe kommen und schweigen lernen – aber dann zurück auf den Marktplatz, hinein in die Welt. Den Buddha leben – aber auch den Zorba.

Manchmal liegen wir nur noch da wie Kinder, die sich in den Schlaf geweint haben – 49 Menschlein aus 19 Nationen, Russen, Koreaner, Japaner, Chinesen, Europäer, eine Wahnsinnsmischung.

Einmal sagt Leela in eine solche Pause hinein: »Lasst uns einen Versuch machen. Ihr steht auf, schließt die Augen und stellt euch vor, ihr seid ganz klein – ihr streckt die Arme aus, nach jemandem, der euch lieb hat – aber niemand ist da, ihr seid allein« ... und schon brandet er wieder auf, dieser irrsinnige Schmerz, der offensichtlich in jedem von uns hockt.

Oshos Worte vom Band: »Dein Problem ist, du willst dem Schmerz ausweichen. Aber du musst ihn annehmen und allen Schmerz in Tränen transformieren. Mach schluchzende Töne, knuddle dein Kissen. Wenn du Hilfe brauchst, komm zu den Meditationsleitern. Wenn du das Bedürfnis hast, zu jemandem aus der Gruppe zu gehen, tu das – aber nur, wenn dein Herz dich dazu treibt, und nur, um mit dem anderen zu weinen, nicht, um euch gegenseitig zu beruhigen. Du wirst durch eine Menge Schmerz, Angst und Scham gehen, Schuldgefühle werden hochkommen, Einsamkeitsgefühle, sogar Wut. Nimm all diese Emotionen wahr – und transformiere sie in Tränen. Und denke daran: Du bist in einer liebevollen Gruppe, die sich gegenseitig hilft.«

Drei Stunden sind fast zu wenig. Ich weine und weine, um meinen Vater, der irgendwo in einem Massengrab verscharrt liegt, um meine Mutter, der ich bei ihrem Sterben an Krebs nicht beigestanden habe, um die Kinder, die ich nicht bekommen konnte, um den kleinen Bruder, den ich, vier Wochen alt, in seinem winzigen Sarg liegen sehe – ich brülle über all die Verletzungen, die ich meinen Geliebten zugefügt habe und sie mir, ich schluchze, weil ich nie einen tantrischen Liebhaber hatte, haue auf mein Kissen, weil ich es plötzlich doch traurig finde, alt zu werden ...

Am vierten Tag bin ich leer geweint. Denke ich! Minutenlang stehe ich, still mein Kissen in den Armen wiegend, tränenlos – als mich eine zierliche Koreanerin, die ich besonders ins Herz geschlossen habe, umarmt. Nun heulen wir beide los, aneinandergeklammert, ihre Tränen laufen mir den Hals herunter, meine Tränen über ihr Gesicht. Nachdem meine privaten Kümmernisse offenbar abgehakt sind, bricht in mir der große kollektive Schmerz aus – ich weine um Osho, um das, was ihm in Amerika angetan wurde, um die Boat-People, um die Kinder, die durch Minen ihre Gliedmaßen verloren haben, um die Soldaten, die immer wieder in Kriege hineingepeitscht werden – *go on digging, go on digging, go on digging* – »Geh hinein in den Schmerz, mach ihn bewusst und transformiere ihn in Tränen ...«

Bei einem Sharing schimpft ein intellektuell aussehender, immer leicht ironisch dreinblickender Südländer los: »*Rubbish* alles! Reine Theorie!

Ich kann nicht lachen, ich kann nicht weinen, mein Rücken tut mir jeden Tag mehr weh, mir geht es jeden Tag schlechter!«
Leela: »Mach die Dynamische Meditation morgens!«
Er, wütend: »Das geht überhaupt nicht wegen meines Rückens!«
Leela, unerbittlich: »*Go on digging, go on digging!*«
Am vorletzten Tag der Tränen-Woche sehe ich ihn, das Laken über den Kopf gezogen, auf der Matte liegen, sein Körper zuckt, die Hand greift nach der Kleenex-Schachtel, um die Tränen zu trocknen – und im nächsten Sharing verkündet er strahlend: »Meine Rückenschmerzen sind wie weggeblasen, *un miracolo!*«
Ein anderer, der ebenfalls weder lachen noch weinen konnte, steht, total in seine roten Schals eingemummelt, sodass niemand sein Gesicht erkennen kann, an die Wand gelehnt, und auch ihn schüttelt es …
Dritte Woche: »Beobachter auf dem Hügel« – einfach dasitzen und den »inneren Film« anschauen. Osho sagt, dass es drei Schlüssel zur Meditation gibt: Entspannung, Achtsamkeit oder Beobachter sein – und eine Haltung, die nicht urteilt: Akzeptanz.
Gedanken, Gefühle, Körperbewegungen, Geräusche von draußen – alles nehme ich wahr und beobachte, ohne Identifikation, absolut distanziert – Loslassen ist das Thema. Ich sehe einen Fluss vor mir, alles Mögliche schwimmt vorbei, eine Blume, ein Stück Holz, ein totes Tier – ich nehme wahr, beobachte – und lasse los. Nichts tun. Nur sitzen.
Wir dürfen in Oshos Samadhi, in dem seine Urne steht, sitzen! Die Stille ist unbeschreiblich. Die Inschrift auf seinem Stein: »*Osho – Never Born, Never Died – Only Visited This Planet Earth* …«
Muss ich wirklich wieder hinaus auf den Marktplatz mit seinem Lärm und Gewühl? In dieser Ruhe bleiben dürfen, in diesem Frieden, für immer und ewig …
Ach ja, apropos Marktplatz: Einen ganz kleinen trivialen Sieg habe ich errungen. Immer ein höflicher Mensch, ertrage ich Geplapper normalerweise zähneknirschend, aber ohne kundzutun, dass und wie es mich stört. Ich habe es geschafft, meiner Nachbarin zu signalisieren: Ich will das jetzt von dir nicht hören, ich brauche Ruhe! Und – ich wurde akzeptiert! Kleines großes Glücksgefühl. Ich werde jeden Tag mutiger, kühner und verletzlicher. Und ich werde jeden Tag fröhlicher.

Der Name »Mystic Rose« geht auf eine Geschichte um Buddha zurück. Buddha soll eines Tages dagesessen habe, eine rote Rose in der Hand, schweigend, endlos. Seine Jünger werden schon nervös. Was ist los, warum sagt der Meister nichts? Einer sitzt wie gewöhnlich abseits unter einem Baum, er redet nie. Plötzlich aber fängt dieser an zu lachen. Alle sind entsetzt. Buddha aber überreicht dem Lachenden die Rose mit der Aufforderung: Geh hinaus in die Welt und verbreite meine Lehre!
Am Ende der Tränen-Woche überreichen unsere drei Meditationsleiter jedem von uns eine rote Rose. Ausgelassene Abschlussfeier mit Tee, Kuchen, einer kleinen Band. Singen und Tanzen im Osho Basho Café. In einem seiner wundervollen Diskurse erwähnte Osho das Orakel von Delphi. Dort steht geschrieben: Sei – erkenne dich selbst – halte Maß. Man bekommt immer die Botschaft von Osho, die man gerade braucht. Maßhalten ist bis zum heutigen Tag eine spezielle Aufgabe für mich. Weil ich wohl immer noch, wie Fritz Kortner konstatierte, durchs Leben tobe ...

21. November 1997 – Mein 70. Geburtstag in Assisi

In Assisi war endlich das längst fällige Tierheim entstanden, nach all den jahrelangen fruchtlosen Bemühungen und allein durch die Spenden der Mitglieder von »Pro Animale«. Dass »Pro Animale« dieses wunderschöne Tal mit der alten Mühle direkt unterhalb von Assisi erwerben konnte und dass bei dem schlimmen Erdbeben vor ein paar Wochen gerade dort kaum Schaden entstanden war – da musste doch Francesco selbst seine Hand im Spiel gehabt haben!
»Paradiso di San Francesco« – so der Name der neuen Tierherberge, »Paradies des heiligen Franziskus«. Hier könnte er selbst gewandert sein, sogar die alte Mühle könnte er besucht haben. Die *Mulino* ist als Treffpunkt für Menschen aus der ganzen Welt gedacht, die es gut mit Tieren meinen, die die Würde des Tieres achten.
Zwischen den Olivenbäumen weideten bereits drei Pferde, zwei braune und ein Schimmelchen, tummelten sich Dutzende von Schafen und

Ziegen – alle vom Tod durch Schlachten freigekauft, auch einige Kätzchen streunten herum, auf dem Dach gurrten Tauben. Das Tal ist so groß, dass man eine ganze Stunde hindurchwandern kann, an einem Flüsschen vorbei, an Eichen, Ahorn und wilden Kirschbäumen.

Statt einer Feier Aufräumarbeiten nach dem großen Erdbeben. Das Haus unserer Tierheim-Helfer war arg ramponiert, die *Mulino* aber so gut wie verschont geblieben – kein einziges Tier verletzt.

Ausgerechnet die Basilica San Francesco hingegen stark beschädigt. Ich konnte nicht umhin zu denken: Das hat er gemacht, der so oft verlachte kleine *Poverello*. Er will, dass die ganze Verlogenheit der protzigen Kirche zusammenkracht, dass die Menschen endlich zur Besinnung kommen – sich auch ihrer Mitgeschöpfe, der Tiere, annehmen, die er immer als kleine Brüder und Schwestern angesprochen und geliebt hat.

Ein extra aus Deutschland angereistes Fernsehteam filmte, wie wir Steine schleppten, das Dach notdürftig reparierten, auf Trümmern hockend Brot und Käse aßen und mit kaputten Gläsern anstießen. Auf ein Neues!

Einen rührenden »Nachruf« auf Doppendorf habe ich erhalten: »... Sie haben viele Dinge angestoßen, viele Initiativen auf den Weg gebracht und für viele Menschen beglückende Veranstaltungen gemacht ... viel Erfolg, liebe Barbara Rütting, bei Ihrem segensreichen Engagement für eine ökologische Lebensweise ...«

Wie heißt es so schön: Der Dank holt einen nicht ein, aber er läuft einem nach (oder so ähnlich).

»Vegetarism is the way«

Vegetarismus ist der Weg – so das Motto des 33. Welt-Vegetarier-Kongresses, der im Januar 1999 in Chiang Mai (Thailand) stattfand. Mir scheint, nicht der Biss in den Apfel hat den Sündenfall eingeleitet, sondern der Biss ins Fleisch. Vor einiger Zeit sah ich zufällig im Fernsehen einen Film über die brutale Abschlachtung von Affen für den Fleischverzehr in Afrika. In diesem Film wurde behauptet – und diese Theorie habe ich bereits vor Jahrzehnten gehört, als zum ersten Mal von Aids die Rede war –, dass Affen seit Jahrtausenden den sogenannten Aidserreger in sich trügen, er ihnen aber nichts anhabe und dieser erst durch Jäger und den ständig zunehmenden Verzehr von Affenfleisch zu der Menschen dahinraffenden Seuche geführt habe.

Ich werde nie die Bilder der so menschenähnlichen Affengliedmaßen und Köpfe vergessen, die da als Leckerbissen im Feuer geröstet wurden, nie die Augen des Gorillababys, das verstört neben seiner zerstückelten Mutter hockte.

Gorillas sind uns Menschen sehr ähnlich. Wir sind also vom Kannibalismus gar nicht so weit entfernt. Wir leben immer noch im Zustand der Barbarei. Aber die Natur beginnt offensichtlich, sich zu wehren. All die Lebensmittelskandale der letzten Zeit, Salmonellen, Schweinepest, BSE, der Dioxinskandal – ein amerikanischer Arzt spricht in diesem Zusammenhang von der »Rache der verspeisten Tiere«.

Bei dem Kongress fiel mir auf, wie viele Vegetarier sich Gerichte einverleibten, die Fleisch imitierten, ohne sich dabei klarzumachen, wie viel Chemie sie damit zu sich nahmen. Von gesunder Ernährung konnte da natürlich keine Rede sein.

Es ist dieser »Pudding«-Vegetarismus, der bis heute dazu führt, dass oft die gesamte vegetarische Lebensweise in Verruf gerät. Fleisch weglassen allein, das bedeutet durchaus noch keine gesunde Ernährung – die Ernährung muss vollwertig sein. Darüber dürfte wohl bei allen Ernährungswissenschaftlern Einigkeit herrschen.

Wie viel Rohkost nun verzehrt werden sollte, ob nur Rohkost oder nur Früchte oder ob man die Bratpfanne doch nicht unbedingt in die Ecke werfen sollte oder ob es auch mal ein Ei sein darf – natürlich von einem frei laufenden Huhn – oder ein Stückchen Käse, darüber sollten wir uns nicht in die Haare geraten, denke ich.

Ein thailändischer Fabrikant bot mir die Vertretung seiner Produkte für Deutschland an. Schinken, Hühnerbrust und -schenkel, Cordon bleu, Wiener Schnitzel, sogar das berühmte jüdische Gericht »Gefilte Fisch« – alles wie echt aussehend, aber: die reinste Chemie. Ich lehnte dankend ab.

Dennoch: *Vegetarism is the way!* Keine Illusion, sondern durchaus realisierbar gerade durch die im Einstein'schen Sinn kleinen Schritte, auch wenn das manchem nicht radikal genug erscheinen mag. Meine Hoffnung sind die Kinder. Wie dieser kleine Junge, Sohn eines Fotografen, dessen gesamte Familie seit der Lektüre meiner Kochbücher vegetarisch lebt. Der Vierjährige fragte eines Tages seinen Vater: »Papa, gibt es wirklich Menschen, die Fleisch essen?«

Vegetarier, die sind tough

Vegetarier, die sind lustig, Vegetarier, die sind froh – und tough sind sie auch! Dies zeigte sich auch im Juli desselben Jahres beim Europäischen Vegetarier-Kongress im Schweizer Widnau. Dort trug sich eine im Nachhinein amüsante Episode zu, die wohl keiner der Teilnehmer vergessen wird.
Am vorletzten Tag servierte der Koch des Tagungsortes – selbst kein Vegetarier und auch nicht in vegetarischer Kochkunst ausgebildet – zum Büfett unter anderem mexikanische Bohnen. Diese hatte er zwar eingeweicht und gehackt, aber weder gekocht noch gekeimt. Das Ergebnis: Einige Stunden nach dem Mittagessen wanden sich immer mehr von den dreihundert TeilnehmerInnen mit Magenkrämpfen, Brechdurchfall und Kreislaufstörungen buchstäblich am Boden, dreißig davon so schlimm, dass sie mit Rettungswagen und zwei Hubschraubern in die umliegenden Krankenhäuser eingeliefert werden mussten.
Dutzende von Sanitätern gaben den sich auf dem Boden wälzenden Grüngesichtigen Infusionen, begleitet vom ohrenbetäubenden Tatütata der Einsatzfahrzeuge, dem Dröhnen der Hubschrauber, dem Gurgeln der sich Übergebenden, die sich mit letzter Kraft zu den Toiletten schleppten. Das Sportzentrum, in dem der Kongress stattfand, glich einem Lazarett nach einem Giftgasangriff.
Sofort war die Polizei zur Stelle, sperrte alles ab und ermittelte. Gerüchte kursierten: War es gar die Fleischmafia, die den Vegetariern eins auswischen wollte? Ein Haufen Schaulustiger hatte sich draußen angesammelt.

Die haben sicher ganz schön gefeixt. Wir saßen fest wie Gefangene. Zusammen mit der russischen Delegation versuchte ich, durch die im Keller liegenden Garagen ins Freie zu gelangen, vergeblich. Ein Teilnehmer schaffte es, durch eine unbewachte Hintertür zu entkommen. Eine Stunde später kehrte er auf demselben Weg zurück – mit einer Flasche Obstler, die wir paar Leute, die es noch nicht erwischt hatte, dann leerten.

Der Abend nahte. Es war Zeit zum Abendessen. Daran dachte natürlich kein Mensch, außer Dagmar, meinem Running Gag – aus irgendeinem Grund kommt sie in fast allen meinen Büchern vor. Die hatte nichts von den vertrackten Bohnen gegessen und verspürte Hunger. Sie stieg seelenruhig über die sich immer noch auf dem Fußboden krümmenden Elendsgestalten hinweg in Richtung Büfett, wo eine dampfende Linsensuppe – gekocht! – verheißungsvollen Duft verströmte. Doch auch hier: Abgesperrt von der Polizei! Nix Linsensuppe! Um elf Uhr abends gab es schließlich Entwarnung, die Übriggebliebenen durften das Sportzentrum verlassen, um ihre Hotels aufzusuchen. Ich hatte dann zwar einen gehörigen Durchfall – aber weiter nichts. Am nächsten Tag: Pressekonferenz, von der Polizei einberufen. Der leitende Arzt meinte erstaunt, er habe noch nie erlebt, dass nach einer derartigen Lebensmittelvergiftung die Leute so schnell wieder auf den Beinen waren – bis auf zwei, die erst gegen Mittag aus den Hospitälern eintrudelten, waren alle morgens wieder pünktlich beim Kongress!

Und das Untersuchungsergebnis – wir von der Gesellschaft für Gesundheitsberatung (GGB) triumphierten natürlich, hatten wir diese Diagnose doch sofort gestellt: Das Phasin in den rohen Bohnen war schuld! Was zunächst wie eine Katastrophe für die gesamte Vegetarier-Innung aussah, mauserte sich dann fast zu einem Triumph. Nach Muschel- oder Fischvergiftungen hätte sich niemand so schnell wieder aufgerappelt. Einer der massenhaft erschienenen Presseleute fragte dann auch, ob wir das Ganze als Werbegag inszeniert hätten!

Ja zum Leben – Ja zum Tod

Nicht erst durch das Sterben meiner Mutter habe ich mich mit dem Thema beschäftigt, der Tod ist mir seit meiner Kindheit vertraut. »Lehrers« wohnten natürlich im Schulhaus gleich neben dem Friedhof. So erlebte ich bereits als Kind sämtliche Beerdigungen mit. Von meinem Lieblingsplatz im Apfelbaum vor der Friedhofsmauer aus sah ich eines Tages, wie nur ein paar Meter weiter hinter der Mauer ein neues Grab ausgehoben wurde. Genau an der Stelle war viele Jahre zuvor eine Schwester meiner Großmutter beerdigt worden. Sie starb als kleines Mädchen. Man hatte ihr ihre Lieblingspuppe mit ins Grab gegeben. Die körperliche Hülle des Kindes war vergangen, die Puppe hatte unversehrt überlebt. Ich dachte mir schon damals: Irgendetwas von uns bleibt übrig, ist unvergänglich – wie die Liebe dieses kleinen Mädchens zu seiner Puppe. Vermutlich ist der Vorgang des Sterbens so ähnlich wie die Verwandlung einer Raupe in einen Schmetterling. Die Raupe hat Angst vor dem Übergang in eine neue Daseinsform – der Schmetterling aber flattert selig hinauf in den blauen Himmel.

Das Thema Sterben und Tod wird in unseren Breitengraden so stark verdrängt wie kaum ein anderes. Der Sterbende lügt, um seine Lieben zu schonen, obwohl er weiß, dass er gehen muss; die Angehörigen lügen, um den Sterbenden zu schonen. So war es auch beim Tod meiner Mutter. Sie hat zu lange gelitten, sie durfte nicht in Würde sterben. Ich will nicht so sterben müssen. Ich finde die Vorstellung überaus tröstlich, dass mir, wenn ich es möchte, geholfen wird, mein Leben selbst zu beenden, auch wenn das aus spiritueller Sicht falsch ist, sogar als Sünde gilt. Der Freitod ist doch die einzige Freiheit, die der Mensch überhaupt hat. Wenn es stimmt, dass ein Gott uns diesen freien Willen gegeben hat, wird er sein Kind sicher nicht in der Hölle schmoren lassen, nur weil es das Klassenziel nicht erreicht und kapituliert hat.

Am liebsten wäre mir natürlich, ich würde es schaffen, einfach mit dem Atmen aufzuhören. Sollte mir das nicht gelingen, weiß ich jemanden, der mir dabei hilft: Dr. Uwe-Christian Arnold, Arzt und Sterbehelfer. (Siehe sein Buch *Letzte Hilfe – Ein Plädoyer für das selbstbestimmte Sterben.*)

Wenn es um Sterbehilfe geht, ist selten die Rede vom Sterbefasten. Es ist in Vergessenheit geraten, aber in fast allen Kulturen war es früher üblich, Menschen gehen zu lassen, statt sie am Sterben zu hindern. Zuerst fastet man, dann verzichtet man auch auf das Trinken, und nach etwa drei Wochen stellt sich der Tod ein.
Yogis schaffen das, Osho hat es geschafft: sanft hinüberzugehen. Und Scott Nearing. Das berühmte »Aussteigerpaar« Scott und Helen Nearing hat länger als fünfzig Jahre zusammengelebt. Beide haben eine Reihe Bücher über ihr Leben als Selbstversorger geschrieben. In ihrem Buch *Ein gutes Leben – ein würdiger Abschied. Mein Leben mit Scott* beschreibt Helen Nearing, wie ihr Mann kurz vor seinem hundertsten Geburtstag beschloss, sich auf den Tod vorzubereiten, und wie sie ihm dabei half. Er entschied sich zu fasten und nahm danach nie wieder einen Bissen fester Nahrung zu sich, schließlich auch keine Flüssigkeit mehr. Sechs Wochen später verabschiedete er sich von Helen – »es war ein leichtes und schönes Gehen, das Leben einfach ausgeatmet«, schreibt Helen. Und weiter: »Ich freute mich auf meinen eigenen Tod – ich war sozusagen entzückt davon, den Tod des Körpers als eine Erlösung vom körperlichen Leben zu sehen …«

Mein Vater – meine Mutter

Nach einem Vortrag über gesunde Ernährung sprach mich eine Frau an, aufgeregt, rotbackig: »Erkennst du mich? Ich bin Elfriede! Wir waren zusammen in Wietstock bei deinem Vater in der Schule!«
Ich dachte: Sehe ich auch so alt und verbraucht aus wie Elfriede?
Elfriede zeigte Fotos von Mann und Kindern. »Weißt du noch? Unsere Jungmädelzeit? Wie du uns Vorträge über die Kolonien gehalten hast, die wir zurückerobern sollten? Und wie dir dein Vater die Ohrfeige gab? Traurig, die Geschichte mit deinem Vater. Er war so ein guter Lehrer. Und wie Ingrid bei dem Luftangriff zerquetscht wurde, mein Gott, vorher hatten wir noch Völkerball gespielt!«
Ingrid, zerquetscht im zerbombten Nachbarhaus. Alle die toten, kaputt gefahrenen Körper am Straßenrand, flach geplättet wie Flundern,

unkenntlich, Russen wie Deutsche, fast wieder zu Erde geworden. Der Leichengeruch aus den Ruinen. Ich hatte nur eine Brandbombe in meinem Bett, die ich mit dem Kopfkissen ersticken konnte. Der angebrannte Zuckerrübensirup, gekocht und angebrannt im Waschkessel – andere Leute hatten nicht einmal angebrannten Zuckerrübensirup. Der erste Russe, den ich durch das Fenster des Kellers, in den wir uns alle geflüchtet hatten, erspähte – in all dem Tohuwabohu sprang der schöne große russische Soldat über das Beet, wollte die Tulpen nicht zertreten. Vorträge, dass wir unsere Kolonien in Afrika zurückerobern müssten, konnte ich vorläufig wohl nicht mehr halten. Aus mit »Im Frühtau zu Berge wir ziehn, fallera«.
Trübsinnig trank ich mein Bier. Warum muss ich immer Vorträge halten! Ich hasse es, Vorträge zu halten. Ich habe überhaupt keine Lust, irgendjemandem zu sagen, wie er/sie leben soll. Weiß es selbst nicht!
Die Begegnung mit Elfriede löste eine Erinnerung nach der anderen aus. Deutsch ist die Saar. Pulswärmer stricken für unsere Soldaten an der Ostfront. Unsere Skier abliefern für unsere Soldaten an der Ostfront. Obwohl unsere Kinderskier viel zu klein waren für unsere Soldaten. »Osteinsatz« im Raum Meseritz. Wir schaufelten Schützengräben, lächerliche Gräben, sie sollten die russischen Panzer aufhalten; schälten in einer zugigen Scheune Kartoffeln, während sich der Geschützdonner näherte. Wir werden weiter »marschie-ie-ren – denn heute gehört uns Deutschland und mor-gen die gan-ze Welt ...«.
Meine Jungmädelgruppe hatte den Auftrag, Birkenblätter zu sammeln. Tee sollte daraus gemacht werden, ich weiß nicht mehr für wen. Ohne Stiele sollten die Blätter abgeliefert werden. Meine »Truppe« aber riss die Blätter einfach von den Bäumen mitsamt den Stielen. Was tat die kleine pflichtbewusste Waltraut? Kippte zu Hause im Keller sämtliche Säcke Birkenblätter auf den Boden und schnitt die Stiele mit der Nagelschere ab, eine ganze Nacht lang. Das fand sogar Vater übertrieben. Und der war doch nun wirklich parteitreu.
Vater gab uns sechs Kindern nordische Namen: Waltraut, Hartmut, Reinhard, Volkmar, Reimute, Siegmar. Meinen Argwohn, dass ich wohl gar nicht zur nordischen Rasse gehöre mit meinem slawischen Gesicht und den schwarzen Haaren, wusste er zu zerstreuen: Die Kon-

sistenz meiner Haare sei nordisch. Seine Briefe an mich ins Kinderlandverschickungslager unterzeichnete er mit: »Bleib gesund, mein liebes Kind. Heil Hitler. Dein Vater.«
Warum hat Mutter ihm nie widersprochen? Warum hat sie ihn nicht davon abgebracht? Sie wusste es doch besser! Man geht eben immer den Weg des geringsten Widerstands, sagte sie später zu mir.
Ich war außer mir. Nie, nie, nie würde ich den Weg des geringsten Widerstands gehen, nie, nie, nie!
Vater liegt in einem Massengrab, totgetreten oder an der Ruhr gestorben, das haben wir erst vor Kurzem erfahren. Genaues weiß man nicht. Über dem Massengrab wurde angeblich eine Siedlung errichtet. Mutter starb, wovon ich mittlerweile überzeugt bin, an den Folgen der ihr gegen das Rheuma verordneten Medikamente. Sie wurde nur achtundsechzig Jahre alt.
Vater blieb bis Kriegsende in der Partei, versteckte aber bis zum Einmarsch der Russen unter Lebensgefahr seinen aus dem Gefängnis Plötzensee entlassenen früheren Freund und Anti-Nazi Hans Rütting samt dessen Eltern und riskierte damit seinen Kopf.
Die endlosen Unterredungen im Keller zwischen Bergen von Zuckerrüben und Kartoffeln, fast jede Nacht Fliegeralarm. Ich verstand damals nicht viel von den Gesprächen, denke aber, Vater hat langsam begriffen, dass er einer verbrecherischen Clique gefolgt war. Er muss angesichts dieser Erkenntnis ungeheuer gelitten haben. Denn dass er es eingesehen hat, daran zweifle ich nicht. Er ist daran gestorben. Ich stand in einer Ecke des Kellers, stumm und verbissen, während dieser entlassene »Zuchthäusler Rütting« bleich vor Hass und mit verkniffenem Mund sich anschickte, meine heile Welt zu zerstören.
Mutter. Selbst gläubige Protestantin, ertrug sie geduldig, dass ihr Mann Nazi war und »gottgläubig«, einer Art Pantheismus vergleichbar. Fröhlich war sie und großzügig. Andere Kinder kamen gern zu uns, weil es bei uns gemütlicher war als bei ihnen zu Hause. Wir liebten unsere Mutter sehr. Und doch habe ich gedacht: »Dafür müsste ich dich anzeigen«, als sie während eines Fliegerangriffs verzweifelt sagte: »Wenn bloß der Krieg zu Ende wäre, ganz egal wie!« Habe ich es gedacht – oder gesagt?

Erst heute kann ich nachfühlen und schätzen, was sie auszuhalten hatte.

Mitten im Krieg bekam sie noch Zwillinge. Das Mädchen, Reimute, war gesund, das Brüderchen wurde nur vier Wochen alt, erst viel später erfuhr ich, dass es am Downsyndrom litt. So etwas wurde damals verheimlicht. Den Anblick vergesse ich nie: Wie Siegmar in seinem kleinen weißen Sarg lag, aus der Klinik zu uns nach Hause gebracht, an seinem Mund ein Rinnsal von eingetrocknetem Blut – Kinder mit Downsyndrom galten als unwertes Leben ...

Weihnachten 44 feierten wir wie immer im Wald, lebende Tannenbäume mit Kerzen geschmückt, sangen »Stille Nacht, heilige Nacht« und fühlten alle: Dies ist unsere letzte gemeinsame Weihnacht.

Lange habe ich mit beiden gehadert.

Liebe Mutter, lieber Vater, verzeiht mir!

Dezember 1999: Piefke geht – Abschied von Sommerholz

Nach dreißig Jahren brach ich die Zelte in Österreich ab – wäre dort bis in alle Ewigkeit eine Piefke geblieben – und zog nach Bernau am Chiemsee in eine gemietete Wohnung. Nie wieder wollte ich ein Haus besitzen. Seit der junge Baron das Sagen hatte, war in den Wäldern rund um Sommerholz das Reiten verboten. Beide Pferde erkrankten an Hufrehe und mussten eingeschläfert werden. Noch ein geliebter junger Hund war gestorben. Die alten Obstbäume hatte der Sturm umgebrochen, der Wetterhahn fiel vom Dach ... etwas anderes, Neues schien angesagt.

Lutz hatte »für alle Fälle« schon mal einen Makler beauftragt, das Haus zu verkaufen, unser Traumhaus. Der Makler bekniete mich regelrecht, den Kaufvertrag zu unterzeichnen, wohl aus Angst, das Geschäft könnte ihm durch die Lappen gehen – und das ausgerechnet zu dem Zeitpunkt, als der Tierarzt meinen Pferden die tödlichen Spritzen verabreicht hatte und ich, vor Schmerz wie erstarrt, neben ihnen im Gras saß, auf die Männer von der Tierverwertungsstelle wartend, die sie zur Verbrennung abholen würden. Ich war völlig außerstande, in dieser

Verfassung einen Vertrag zu unterzeichnen. Die Antwort war ein Brief des Maklers mit der Aufforderung, das Haus bis zu einem bestimmten Termin zu räumen, für jeden weiteren Tag hätte ich 1000 DM zu zahlen. Unterschrieben hatte neben dem Makler der Mann, der zwanzig Jahre mein Lebensgefährte gewesen war.

Die Wunden heilen – aber es bleiben Narben. Irgendwann ist man narbenübersät. Total im Hier und Jetzt leben, jede Sekunde, die Freude leben wie den Schmerz – ich habe es getan, geweint und gebrüllt und schluchzend Bäume umarmt.
»Berührst du den untersten Felsengrund der Trauer, wirst du plötzlich lächeln ...« (Osho)
Mein liebes Haus, wir müssen Abschied voneinander nehmen. Ich danke dir für die Geborgenheit, die du mir immer wieder geschenkt hast; danke euch Pflanzen, Bäumen, Tieren, die ihr mich so oft getröstet und glücklich gemacht habt.
Ich bestellte einen kleinen Möbelwagen für den 10. Dezember, ließ alle großen schweren Möbel im Bauernhaus zurück und startete kurz vor Weihnachten mit den letzten Hunden und Katzen in meinen neuen Lebensabschnitt. Ohne einen Blick zurück, ohne mich von irgendjemandem zu verabschieden, ohne eine Träne, leer geweint.
Ganz so, wie Osho uns rät, dieses Leben zu verlassen: »... und dann gehen, ohne sich noch einmal umzusehen«.

Als Abgeordnete im Bayerischen Landtag

Ein neues Jahr ist angebrochen
Ein neues Jahrhundert
Ein neues Jahrtausend
Und für mich wieder ein neuer Lebensabschnitt

Kein Witz, auch kein (Alb-)Traum

Ich bin Abgeordnete im Bayerischen Landtag.
Wie es dazu kam: 1985 habe ich die Partei »Bündnis 90/Die Grünen«, in die ich 1982 eingetreten war, aus Protest verlassen, bin aber nach meinem Umzug von Österreich nach Bayern doch wieder eingetreten – Renate Künasts wegen, die Verbesserungen der katastrophalen Zustände in der Tierhaltung versprach, und weil ich mir von den »neuen« Grünen eine Rückkehr zum Pazifismus erhoffte.
Denn dass dem, was einige Verbrecher der Welt immer wieder antun, mit Pazifismus nicht beizukommen ist, sondern nur mit Gewalt, will ich nach wie vor nicht glauben. Der jahrhundertealte Glaubenssatz »Wenn du den Frieden willst, bereite den Krieg vor« hat sich doch als falsch erwiesen. Das funktioniert nicht und hat nie funktioniert. Wer den Krieg vorbereitet, erntet den Krieg.
Und prompt fragten mich ein paar Grüne, ob ich 2003 nicht für den Bayerischen Landtag kandidieren würde!! Man habe niemanden.
Hilfsbereit, wie ich bin, habe ich erst mal Ja gesagt. Ist ja eh illusorisch, die Querdenkerin Rütting im Bayerischen Landtag. Aber während des Wahlkampfs könnte ich mich stärker für meine Themen Frieden und Schutz von Mensch, Tier und Umwelt einsetzen – und das wäre es dann ... dachte ich. Es kam anders.

Mit 75 Abgeordnete der Grünen

Die grüne Fraktion wollte mich gar nicht, das wurde mir erst langsam klar. Die alte Schachtel soll doch die Klappe halten, die wählt doch sowieso keiner, bekam ich schon bald zu hören. Oder: Na ja, vielleicht bringt sie der Partei ein paar neue Stimmen, also lassen wir sie doch machen, das war so die allgemeine Ansicht. Doch am 22. September 2003 wurde ich tatsächlich gewählt! Das war überwiegend den Tierfreunden zu verdanken, die von Haus zu Haus getingelt waren, um meine Wahlprospekte zu verteilen.

Am Abend vor der Wahl hatte es noch ganz anders ausgesehen. Ich lag bei den Umfragen weit hinten, dachte: Nun kann ich mich gemütlich zurücklehnen, es wird nichts mit dem Landtag. Dabei fühlte ich mich fast erleichtert und ging seelenruhig schlafen.

Währenddessen waren, wie ich später hörte, in der Münchner Grünen-Fraktion bei der Wahlparty, zu der ich nicht einmal eingeladen war, bei den Berichten über die Auszählung der Stimmen Entsetzensschreie zu vernehmen, und den meisten standen wohl die Haare zu Berge, als ich deutlich aufholte. Es soll Kommentare gegeben haben wie: Das darf doch nicht wahr sein! Eine Katastrophe – Die nimmt doch hoffentlich die Wahl nicht an – Wer stoppt Babara Rütting? – In anderthalb Jahren haben wir die fertiggemacht – Kann man ihr nicht nahelegen, das Mandat abzulehnen? ... etc. etc. etc. Ein Journalist berichtete, ich hätte über der ganzen Wahlparty geschwebt wie eine schwarze Nemesis.

Am nächsten Morgen ein Anruf von Bernhard Fricke von »David gegen Goliath«: »Ich gratuliere!« – Ich: »Wozu?« – Er: »Du bist drin!« – Ich: »Wo drin?« – Er: »Im Landtag!«

Ich nahm mir vor, weder verbittert noch ein Ellenbogenmensch zu werden, sondern auch im Landtag mit meinen Mitmenschen so sanft und liebevoll umzugehen wie nur möglich; mich nicht in die angeblich unumgänglichen Machtkämpfe verstricken zu lassen, sondern unbeirrbar parteiübergreifend zu arbeiten, gegebenenfalls auch mal gegen die Meinung der grünen Fraktion einem guten Antrag der CSU zuzustimmen. Ich behaupte, dass die Grünen ihren neuen zusätzlichen Platz im Landtag immerhin auch mir und meinen jahrzehntelangen Bemühungen zu verdanken haben. Schließlich vertrete ich durchaus wertkonservative Inhalte im Sinne von »Hütet und bewahret die Schöpfung« und konnte so WählerInnen erreichen, die ihre Stimme normalerweise der CSU gegeben hätten. Fünf Jahre lang würde ich also tatsächlich Abgeordnete der Grünen im Bayerischen Landtag sein. Ich, die nie »in die Politik« wollte!

Freche Alterspräsidentin ☺

Als älteste Abgeordnete war ich automatisch Alterspräsidentin und hatte als solche die 15. Legislaturperiode zu eröffnen. »Klar, kein Problem, mach ich doch!«, antwortete ich dem Pressemann der grünen Fraktion, der mir diese frohe Botschaft fast atemlos vor Ehrfurcht überbrachte und offensichtlich dachte, ich würde ebenso ehrfürchtig angesichts dieser Aufgabe die Krise kriegen.
Obrigkeiten jedweder Art konnte ich noch nie ernst nehmen. Darob verblüfft zu sein schien auch der Journalist von der *Süddeutschen Zeitung*, der das folgende Interview mit mir führte.

Frau Rütting, ganz Deutschland wird auf Sie schauen, wenn Sie die Konstituierende Sitzung des Landtags leiten. Haben Sie schon Lampenfieber?
Überhaupt nicht. Es ist nicht ungewöhnlich, dass ganz Deutschland auf mich blickt. Spätestens seit unseren Blockaden der Pershings in Mutlangen.
Es ist aber eine große Ehre für Sie als neue Abgeordnete.
Das schon, aber ich finde, ich habe mir das auch verdient. Ich habe keine Parteikarriere gemacht und nach wie vor keine Absicht, eine zu machen, mich aber dreißig Jahre lang für Umwelt, Tierschutz und Ernährung eingesetzt. Meine Arbeitswoche hat sechzig Stunden. Das ist jetzt eine Belohnung für die Schufterei.
Eine späte Belohnung.
Ja. Diese Arbeit war immer von vielen Angriffen, Hohn und Spott begleitet, wie: »Die Rütting, die spinnt doch.« Deshalb hat mich mein Wahlergebnis jetzt besonders gefreut.

Warum sind Sie dann aber nicht früher in die Politik gegangen?
Ich hatte gar nicht die Absicht, in die Politik zu gehen, weil die Politiker keinen besonders guten Ruf haben. Es heißt ja, Politik verdirbt den Charakter. Ich finde, dieser Spruch trifft zu. Aber ich war immer und bleibe auch ein politischer Mensch.
Sie haben die Klausur der Grünen-Landtagsfraktion miterlebt. Sind Ihre Vorurteile gegen die Politik bestätigt worden?
Also, die Politik ist ein Haifischbecken. Die Klausur war in etwa so, wie ich das früher unter Petra Kelly erlebt habe. Vielleicht etwas weniger liebevoll. Nun, das ist ja auch okay. Allerdings vor der Wahl habe ich schon von einigen Grünen zu hören bekommen: »Die alte Schachtel soll doch ihre Klappe halten, die wählt doch sowieso keiner« oder »Die Geierwally will in den Landtag« – das schrieb zum Beispiel die *Süddeutsche Zeitung*. Von der Fraktion werde ich inzwischen wohl akzeptiert.
Welche Aufgaben haben Sie übertragen bekommen?
Erstens bin ich natürlich Tierschutzbeauftragte, dann stellvertretendes Mitglied im Ausschuss für Ernährung und Landwirtschaft, im Ausschuss für Gesundheit und Soziales und Mitglied im Landesgesundheitsrat. Ob ein Verbraucherausschuss kommt, weiß ich noch nicht.
Was können Sie im Landtag erreichen, was Sie so nicht erreichen konnten?
Ich habe ein größeres Forum. Bisher war ich immer Einzelkämpferin. Jetzt habe ich eine persönliche Referentin und ein Regionalbüro und vermutlich größere Medienwirksamkeit.
Sie kennen die Mehrheitsverhältnisse. Die CSU wird jede Abstimmung gewinnen.
Wir werden immer wieder bohren. Es gibt ja auch bei der CSU enttäuschte Tierschützer, die zu mir gesagt haben: »Wenn du das machst, dann gehe ich wieder wählen.« Jetzt sind die Hoffnungen natürlich so groß, dass ich sie gar nicht erfüllen kann. Gestern kam ein Brief, darin stand: Millionen Tiere atmen auf, weil ich jetzt im Landtag bin.
Sie vertreten sehr moralische Positionen ...
... wertkonservative Positionen ...
... aber praktische Politik ist die Kunst des Kompromisses. Schaffen Sie den Spagat?

Ich denke schon. Ich will liebevoll und sanft mit den Menschen umgehen. Ich werde absolut meine Menschlichkeit bewahren und ich kann sehr gut versöhnen. Da sehe ich eine große Herausforderung.

06. Oktober 2003 – Die Alterspräsidentin eröffnet die 15. Legislaturperiode

Ich bin ins Münchner Maximilianeum, den Sitz des Bayerischen Landtags, spaziert, als wäre es ein Filmstudio, ohne eine Spur von Aufregung. Meine Rede hatte ich schließlich selbst geschrieben. Rolle: Alterspräsidentin. Ließ mir seelenruhig unter dem Blitzlichtgewitter der Fotografen und Fernsehkameras auf meinem »Thron« hoch oben über dem Plenum erklären, auf welche Knöpfe ich wann zu drücken hätte, wo die zu begrüßenden Honoratioren säßen, wo die Medien, wann ich eventuell mit der Glocke bimmeln müsste, falls es Tumulte gäbe, nickte vergnügt dem unten eintreffenden Ministerpräsidenten Edmund Stoiber zu und nahm amüsiert die über dem Raum liegende knisternde Spannung wahr. Fast die Hälfte der zu ehrenden mir Genannten hatte ich in der Liste bereits gestrichen, sonst hätte die Begrüßung wie üblich endlos gedauert. Nachfolgend nur ein paar Ausschnitte aus dieser Rede.
Also: Kamera läuft, Ton läuft, Klappe: Alterspräsidentin Rütting, die Erste.

»Meine Damen und Herren, der Bayerische Landtag ist mit 48 Frauen wieder ein Stück weiblicher geworden. Ich glaube, das kann einem Parlament nur guttun … Die Älteste eine Grüne und die beiden Jüngsten CSU-Abgeordnete – mir kommt das recht konstruktiv und vielversprechend vor.«
(Heiterkeit und Beifall bei der CSU)
»Wir sollten zeigen, dass alle davon profitieren, wenn junge und alte Menschen miteinander arbeiten, sich zuhören und voneinander lernen. So heftig wir in den nächsten Jahren vielleicht diskutieren werden und müssen, eines sollten wir nie vergessen: Wir sind den Bürge-

rinnen und Bürgern, die uns gewählt haben, verantwortlich. Wir sind aber auch denen verantwortlich, die uns nicht gewählt haben. Wir tragen die Verantwortung auch für die beachtliche Zahl all derer, die gar nicht wählen wollten, weil sie den Parteien nicht oder nicht mehr vertrauen. Daran dürfen unterschiedliche politische Ziele und Prioritäten nichts ändern. Es muss möglich sein, dass wir bei unserer Arbeit für die Bürgerinnen und Bürger Bayerns hin und wieder über unseren parteipolitischen Schatten springen, ganz egal, wie schwarz, wie rot oder wie grün er ist.

Erstmals nach dem Zweiten Weltkrieg verfügt in Deutschland eine Fraktion über zwei Drittel der Sitze im Landesparlament. Mir fallen dabei David und Goliath ein. Das Bild stimmt jedoch nicht ganz, denn unsere Schleuder soll zwar treffen, aber nicht verletzen. Bekanntlich beruht das Mehrheitsprinzip in der repräsentativen Demokratie darauf, dass Minderheiten zu respektieren und notfalls zu schützen sind, gleichgültig, wie sehr sie einem vielleicht auf die Nerven gehen.

Dass ich heute zu Ihnen sprechen darf, verdanke ich all denen, die mich gewählt haben, und meinem Alter. Keine besondere Leistung, könnte man meinen; alt werden allein ist tatsächlich noch kein Verdienst. Es kommt darauf an, wie man alt wird, ob resigniert oder mit dem Mut, immer wieder Neues zu wagen. Und zu Letzterem möchte ich meine Altersgenossen und Altersgenossinnen ermuntern. Sie gehören nicht zum alten Eisen!« *(Allgemeiner Beifall)*

»Ich bin jetzt 75 – und hoffe auf weitere schöne Jahre mit Ihnen gemeinsam.«

(Allgemeiner Beifall – Heiterkeit beim Bündnis 90/Die Grünen)

»Ich meine, gemessen an den schmerzlichen historischen Erfahrungen, die meine Altersgenossen und ich machen mussten, gemessen am Grauen eines totalitären Regimes, gemessen am Schrecken des Zweiten Weltkriegs und an den Geburtswehen der Bundesrepublik Deutschland, ist es recht respektabel, was wir Älteren zu einer friedlicheren Welt beigetragen haben. Deutschland ist Teil eines neuen, alten, friedlicheren Europa geworden.

Quereinsteiger wie ich sehen vielleicht manchmal parlamentarische Verstrickungen besser als die Insider. Helmut Schmidt hat einmal auf

Auf den richtigen Knopf gedrückt?

die Frage nach der Gefährdung unserer politischen Kultur gesagt, dass die Vita der Politiker, die noch den Terror der Nazis erlitten haben, die noch den Schrecken eines von Deutschland entfesselten Krieges erlebt haben, die gehungert haben, sich ganz erheblich von der Vita derjenigen unterscheidet, denen es im Wirtschaftswunder und danach immer besser und besser gegangen ist. Angst, Hunger und Mangel nicht am eigenen Leib gespürt zu haben, so Helmut Schmidt, könne leicht zur Blindheit gegenüber Wesentlichem führen, zu falschen Prioritäten. Gerade heute in all den Diskussionen um das Machbare habe ich mit vielen anderen die berechtigte Sorge, dass Notwendiges durch bloße Rentabilitätsabwägungen vom Tisch gefegt wird. Das reicht von der Kinderbetreuung über die Fragen der Kranken- und Pflegeversicherung bis zur Altenversorgung, vom Schutz der Umwelt bis zum Tierschutz. Besonders der Schutz der Tiere wurde bisher sträflich vernachlässigt. ›Wem es nur um Rentabilität geht, der muss schleunigst die Münchner Frauenkirche abreißen und an ihrer Stelle einen Supermarkt errichten‹ (Helmut Schmidt). Rentabilitätsdenken wird vollends unerträglich, wenn es allein danach fragt, ob ein Gesetz, eine Maßnahme oder eine politische Absicht Stimmen bringt oder nicht.

Vor vielen Jahren habe ich ausgerechnet als Berlinerin die ›Geierwally‹ gespielt. Als ich vorgestern bei mir in Bernau meinen Müll zum Wertstoffhof brachte, gratulierten mir auch der Sepp und der Schorsch zu meinem Wahlerfolg. Der Schorsch ist zuständig dafür, dass der Müll anständig getrennt wird, und die *Geierwally* ist nach wie vor sein Lieblingsfilm. Und die sitzt jetzt im Landtag. Ich bin also wieder in Bayern gelandet. Hier gibt es zwar keine Geier mehr, und hoffentlich auch keine Pleitegeier, aber es gibt Adler. Neunzig Adler kreisen in Bayerns schönem blauem Himmel über einem hoffentlich auch in Zukunft grünen Land.
Ich danke Ihnen für Ihre Aufmerksamkeit.«
(Lebhafter allgemeiner Beifall)

Kamera aus, Ton aus, Szene im Kasten, gestorben! (So heißt das im Filmjargon, wenn die Szene nicht wiederholt werden muss.)
Ich stieg von meinem »Hochsitz« herunter, schüttelte dem in der ersten Reihe sitzenden Ministerpräsidenten Stoiber die Hand, nahm erfreut die Glückwünsche von SPD-Chef Maget und Minister Schnappauf entgegen und setzte mich auf meinen Abgeordnetenplatz, den ich nun fünf Jahre lang einnehmen würde.

Versöhnliche Hexe im Maximilianeum

Natürlich erregte meine Wahl in den Medien einiges Aufsehen. Die *taz* titelte sogar »Versöhnliche Hexe im Maximilianeum«. Hier stellvertretend ein weiterer Medienkommentar, der mit der Überschrift »Barbara Rüttings neue Rolle« erschien:

»Alterspräsidentin Barbara Rütting legte einen souveränen Auftritt hin. Und im Gegensatz zu vielen anderen Abgeordneten kann die gelernte Schauspielerin auch noch klar und deutlich formulieren. Aber auch inhaltlich stieß ihre Rede auf Zustimmung.
Aus dem Stand heraus könnte sie Landtagspräsidentin werden: Barbara Rütting, Ex-Schauspielerin, Ernährungsberaterin, Psychotrainerin und

frisch gebackene Grünen-Abgeordnete leitete die Konstituierende Sitzung des Landtags am Montagabend souverän, als hätte sie die letzten Jahre nichts anderes getan. So mag es mancher bedauert haben, als ›die Rütting‹ nach der Wahl des bisherigen CSU-Fraktionsvorsitzenden zum neuen Landtagspräsidenten ihren Stuhl ganz oben im Plenarsaal auch schon wieder räumen musste. Noch nie hatte der Landtag einen so außergewöhnlichen Alterspräsidenten gehabt. Die oberbayerischen Wähler hatten die 75-jährige, in Bernau am Chiemsee lebende Berlinerin aus dem Stand heraus für die Grünen in den Landtag gewählt. Als Alterspräsidentin predigte Barbara Rütting den 180 Abgeordneten indes Sanftheit: ›Sanftheit verbunden mit Durchhaltevermögen täte hie und da auch einem Parlament ganz gut.‹ Auch den 124 Abgeordneten der CSU mit ihrer Zweidrittelmehrheit gefiel die ungewöhnliche Ansprache der ungewöhnlichen Alterspräsidentin offenbar gut. Doch kaum waren die warmherzigen Worte verklungen, hatte die Parteipolitik den Landtag wieder fest im Griff: Die Grünen scheiterten mit ihrem Antrag, den dritten Vizepräsidentenposten zu bekommen, an der CSU. Aber vielleicht gelingt es ihr dank ihrer Prominenz und Medienwirksamkeit des öfteren, der CSU die Show zu stehlen. So wie heute.«

Januar 2004 – Die ersten 100 Tage in der Fraktion

Es wurde immer klarer: Die Grünen hatten mich nur als Zugpferd für die Wahl gewollt – die Konflikte waren also von Anfang an vorprogrammiert.
Mit stoischer Gelassenheit hörte ich mir immer wieder Bemerkungen an wie: »Mir geht's um die Menschen, nicht um die Tiere.« – »Du mit deinem Scheißtierschutz.« – »Der ganze Tierschutz ist doch eine Lachnummer.« – »Deine blöden Hühner sind mir egal.« usw., usw. Ich habe das alles hingenommen, da mich weder Lob noch Tadel wirklich berühren. Aber dass ich mich in der Fraktion wohlfühlte, kann ich nicht gerade behaupten. Der Umgangston war überwiegend aggressiv und bissig. Meine Vorschläge und Pressemitteilungen wurden fast immer abgelehnt. Als ich einen Finanzantrag über den Druck meines Hüh-

ner-Flyers stellte – für gerade mal 1000 Euro (!) – ging es wieder los: »Du wirst die 10 000 Stück nicht loswerden.« – »Man sollte die Eiergeschichte mit einer größeren Aktion koppeln – und eventuell mit der noch zu engagierenden PR-Frau (!), damit es professioneller wird.« – »Der Flyer muss dem Bundesrechnungshof Genüge tun.« etc., etc.
Da packte mich dann doch ein berechtigter Zorn. Der Flyer wurde schließlich genehmigt und musste sogar, da er sehr gut bei der Bevölkerung ankam, mehrmals nachgedruckt werden!
In mein Tagebuch schrieb ich: »Es ist nun einmal so: Ich bin gewählt worden. Vor allem, damit endlich im Tierschutz etwas vorangeht, und dafür werde ich mich mit allen Kräften einsetzen … Ich möchte wenig quasseln, aber viel tun. Gequasselt wird sowieso zu viel.«

»Zeitzeugin« in Sachen Mutlangen

Am 25. Juli 2004 wurde ich als »Zeitzeugin« zu einer Diskussion zum Thema »Blockade in Mutlangen« nach Stuttgart eingeladen. Daran nahmen unter anderen teil: die Lehrerin Lotte Rodi, einer der Richter, die uns damals verurteilten, und der Einsatzleiter der Polizei, der uns festnehmen ließ.
Trotz brütender Hitze war der Saal – am Sonntagnachmittag! – brechend voll.
Der Richter zeigte sich nachdenklich, eher einsichtig, was unsere Beweggründe für die Blockade betraf, ganz im Gegensatz zum Einsatzleiter der Polizei. Dieser beharrte darauf, dass Recht Recht sei und respektiert werden müsse. Wo käme man hin, wenn jede/r für sich definierte, wann und wo Recht zu Unrecht wird und Widerstand Pflicht.
Erinnerungen drängten sich auf an andere berühmte Rechtsbrüche, und ich erwähnte sie auch in meiner Verteidigungsrede: den Prinzen von Homburg, der sich weigerte, blind einer von oben verordneten Disziplin Gehorsam zu leisten; Antigone, die trotz Verbots ihren Bruder beerdigte; die ersten Christen! Auch Jesus hätte damals bestimmt nicht auf dem Richterstuhl gesessen, sondern unter uns Demonstranten oder im Gefängnis.

Einige Richter hatten sich dem Gedankengang von Professor Küchenhoff angeschlossen, wonach unser Protest gegen Massenvernichtungswaffen aktiven Verfassungsschutz bedeutete. Das erklärte, warum ein und derselbe Tatbestand tatsächlich mal als Nötigung und mal als bloßer Verstoß gegen das Versammlungsgesetz geahndet wurde.

Die Diskussionsleiterin: »Ich frage jetzt nicht die Privatperson Barbara Rütting, sondern die Abgeordnete im Bayerischen Landtag: Sind Sie nach wie vor der Meinung, wo Unrecht Recht ist, wird Widerstand zur Pflicht? Würden Sie wieder so handeln, wie Sie gehandelt haben?«

Meine Antwort lautete: »Selbstverständlich würde ich wieder so handeln – als Mensch und als Abgeordnete.«

Das sehr engagierte Publikum, von Jung bis Alt, war überwiegend auf unserer Seite.

Vor Jahren sagte mir übrigens ein ehemaliger DDR-Minister, unsere Demos und Blockaden gegen die Pershings hätten sehr wohl dazu beigetragen, Friedensbewegte auch in der DDR zu mobilisieren, hätten die Montagsdemonstrationen vorbereitet. Das hat mich sehr gefreut. Ja, wir haben unsere waffenlosen Hände hingestreckt, Menschenketten gebildet, haben den Menschen in der DDR die Angst vor uns »Kapitalistenschweinen« genommen, haben ihnen, die bisher sprachlos waren, Mut gemacht, ebenfalls den Mund aufzumachen, ihrerseits Friedensgruppen zu bilden, Friedenslieder zu singen – »Wir sind das Volk, und das Volk will den Frieden.« Selbstverständlich hat die so oft verhöhnte Friedensbewegung einen erheblichen Anteil am Fall der Mauer.

Oktober 2004 – Ein Jahr nach der Wahl

Das erste halbe Jahr war mörderisch. Kaum Zeit zu schlafen, kaum Zeit zu essen. Um eine bessere Lebensqualität für andere zu erreichen, war ich angetreten, und die eigene blieb – schon wieder mal – auf der Strecke. Nicht gut.

Man hatte mir prophezeit: Entweder du wirst verbittert in diesem Betrieb, weil du ständig scheiterst, oder du wirst ein Ellenbogenmensch wie alle anderen. Beides konnte ich vermeiden. Oder: Du musst als Grüne einen guten Antrag 15-mal stellen. 15-mal wird er von der übermächtigen CSU abgelehnt, schließlich aber als eigener Antrag eingebracht und verabschiedet.

Stimmt. Mein Antrag für eine vollwertige Ernährung der Schulkinder wurde abgelehnt – eine CSU-Abgeordnete sagte mir wörtlich: »Ich bin ja durchaus Ihrer Meinung, aber ich kann doch nicht dem Antrag einer Grünen zustimmen!« Kurz darauf wurde mein Antrag als Antrag der CSU vorgestellt.

Der Parteikonformismus war das eigentlich Frustrierende an diesem Job. Ich versuchte, mich gegebenenfalls darüber hinwegzusetzen, von Anfang an bemüht, parteiübergreifend zu arbeiten. Macht oder Ohnmacht einer grünen Abgeordneten im Bayerischen Landtag – eigentlich blieb mir nur übrig, Sand ins Getriebe zu streuen. Von Macht konnte keine Rede sein.

Zahllose Veranstaltungen zu den Themen Ernährung, Tier- und Umweltschutz, und da speziell zur Gentechnik, führte ich durch, brachte Anträge und Anfragen ins Parlament ein. Doch ganz gleich, ob es dabei um den Ausstieg aus der Atomwirtschaft, der Agro-Gentechnik, der Käfighaltung der Hühner und den Tierversuchen ging oder um das Verbot von Subventionen für Lebendtransporte von Tieren – von den christlichen Werten im Sinne von »Hütet und bewahret die Schöpfung« war nichts zu spüren.

Mit den wahrlich kleinen Erfolgen machte ich mir immer wieder Mut. Das tägliche vegetarische Gericht auf der Speisekarte von Landtagsgaststätte und Kantine gewann zusehends an Beliebtheit. Die dreitägige Ausstellung im Landtag mit Bio-Produkten fand großen Anklang. Ich musste nicht wiedergewählt werden, das war mein Trumpf. Ich drohte: »Wenn ihr nicht lieb zu mir seid, kandidiere ich 2008 noch einmal!« Gelegentlich wurde mir vorgeworfen, ich weiche die Grenzen zwischen den Parteien auf. Na wunderbar!

Es gab aber auch noch anderes als immer nur Politik: So wurde mein Buch *Lachen wir uns gesund* ins Arabische übersetzt. (Leider bis heute noch nicht ins Hebräische.) In einem Kapitel hatte ich geschrieben:

»… muss insbesondere das völkerverständigende und friedensstiftende Element des Lachens hervorgehoben werden. Ein lachender Mensch schießt nicht auf einen anderen lachenden Menschen. Das wäre ja geradezu paradiesisch: Gelächter in der Knesset und bei der Hamas, gemeinsames Lachen verbindet Bosnier, Serben und Kroaten, Menschen in Russland mit Menschen in Tschetschenien, die Fehde zwischen Katholiken und Protestanten wird einfach weggelacht … Juden, Palästinenser, Moslems, Christen, Agnostiker und Atheisten – alle vereint in einem gigantischen Gelächter … eine unrealisierbare Utopie? Durchaus nicht! Wie hat es Ben Gurion ausgedrückt: ›Wer nicht an Wunder glaubt, ist kein Realist!‹«

Mai 2005 – Die Kirchen und der Tierschutz

Einer der berühmten Tierschützer, der evangelische Theologe Carl Anders Skriver (1903–1983), war es, der ein bis heute unübertroffenes Manifest schrieb: *Der Verrat der Kirchen an den Tieren* – gegen den »furchtbaren Kriegszustand zwischen Mensch und Tier, wie er sich austobt in Tieropfern, Jagd, Schlachtung, Vivisektion, Ausbeutung und Ausrottung der Arten und die dazu von den Amtskirchen geleistete Beihilfe.«

In der Haltung der Amtskirchen gegenüber den Tieren hat sich bis heute kaum etwas geändert. Sie segnen weiterhin Hubertusjagden zum Töten von Tieren ebenso wie Militäreinsätze zum Töten von Menschen. In einem Brief, den ich ganz am Anfang meines Mandats an Papst Benedikt XVI. schrieb, hoffte ich noch, mehr Verständnis für den Schutz der Tiere zu erreichen:

> *Lieber Heiliger Vater,*
>
> *hier schreibt Ihnen die Alterspräsidentin des Bayerischen Landtags. Und natürlich komme ich mit der Bitte, dass Sie mir eine Audienz gewähren. Ich bin in meiner Fraktion Sprecherin für Ernährung, Verbraucher- und Tierschutz. Der bisher auch von*

den Kirchen vernachlässigte Schutz der Tiere und eine Sensibilisierung gerade der Kinder für dieses Thema liegen mir besonders am Herzen. Ich habe mich sehr über Ihre Aussage gefreut: »sicherlich stellt die Art und Weise, wie wir Kreaturen industriell züchten und mästen (...) eine Degradierung von Lebewesen zu reinen Gebrauchsartikeln dar, was für mich der gegenseitigen Beziehung von Mensch und Tier, wie sie in der Bibel angesprochen wird, widerspricht.«

Das ermutigt mich, Ihnen ein Kinderbuch zu schicken, das ich vor über 25 Jahren geschrieben habe und das nach wie vor aktuell ist. Es geht darin auch um Jesus und die Tiere. Aus meiner Widmung für Sie ersehen Sie, wie sehnsüchtig TierschützerInnen in aller Welt sich von Ihnen Hilfe für die Tiere erhoffen.

Viel Kraft für Ihr Amt wünscht Ihnen
Barbara Rütting

Es war vergeblich. Ich erhielt nicht einmal eine Antwort.

27. August 2005 – Hühner kratzen an Merkels Image

Ausnahmsweise brachte die Fraktion mal eine positive Presse-Meldung über mich:

»Die Abgeordnete der Grünen im Bayerischen Landtag, Barbara Rütting, kippte der Kanzlerkandidatin einen Container in Legebatterien gestorbener Hennen vor die Tür der CDU-Bundesgeschäftsstelle in Berlin. Merkel will die vom Verfassungsgericht als Tierquälerei und schwerer Verstoß gegen das Tierschutzgesetz bewertete und daraufhin verbotene Käfighaltung nach einem Wahlsieg wieder ›beseitigen‹, obwohl die Mehrheit der Deutschen die tierquälerische Käfighaltung inzwischen ablehnt und bereit ist, für ein Ei eines in einer Voliere artgerecht gehaltenen Huhns mehr zu zahlen.«

»Frau Dr. Merkel, und was haben Sie damals versprochen?«

Für diese von der Albert Schweitzer Stiftung initiierte und lange vorbereitete Aktion war ich extra nach Berlin geflogen – wie immer bei den Tierschutzaktionen natürlich auf eigene Kosten. Tierschützer aus ganz Deutschland hatten einige Dutzend in Legebatterien verendete Hühner besorgt. Jedes Mal, wenn eine/r der MinisterInnen das Gebäude verließ, hielt ich ihr/ihm ein Huhn vor die Nase und versuchte, sie oder ihn daran zu erinnern, dass die Legebatterien verboten sind. Nur einige wenige ließen sich auf ein Gespräch ein, die meisten zogen es vor, kommentarlos das Weite zu suchen.
So auch die Kanzlerkandidatin Frau Dr. Angela Merkel. Ein totes Huhn in der Hand lief ich hinter ihr her und rief: »Frau Dr. Merkel, erinnern Sie sich an Ihre Versprechen aus der Zeit als Umweltministerin! Und lassen Sie nicht zu, dass ein Verbot der Käfighaltung wieder gekippt wird!« Sie stieg wortlos in ihre Limousine – und weg war sie.
Eine einzige Zeitung berichtete über diese Aktion, und zwar eine aus der ehemaligen DDR. Im Fernsehen wurde das Ganze einfach totgeschwiegen.

Auch der Brief, den ich anschließend an Frau Dr. Merkel schrieb und in dem ich versuchte, ihr den Sachverhalt mit freundlichen, aber bestimmten Worten zu erklären, blieb ohne Antwort.

Eine Abgeordnete steht Rede und Antwort

Auf dem »Politik-Forum« vor der Bundestagswahl stellte ich mich den Fragen von Journalisten und interessierten Bürgern. Dabei ging es natürlich neben meiner politischen Arbeit im Landtag und meinen Ansichten zur damaligen politischen Weltlage auch um die »private« Barbara Rütting. Hier ein paar »Kostproben«:

Auf die Frage nach meinen Aktivitäten:
Ich bin ständig mit Dutzenden von Themen konfrontiert: Beschwerden über Streichungen von Geldern für Kindergärten, Schulen und Altenheime; Klagen von Patienten über mangelnde Vertretung im Landesgesundheitsrat; Hilferufen verzweifelter Tierschützer zu Tierschutzproblemen; Veranstaltungen für eine gentechnikfreie Landwirtschaft; Petitionen von unzufriedenen BürgerInnen zu Handymasten, von Müttern gegen den Impfzwang an ihren Kindern, von Bauern gegen den Impfzwang an ihren Kühen gegen die Blauzungenkrankheit; Ersuchen von Häftlingen der JVA an mich als Gefängnisbeirätin, wenn es um Strafterleichterungen geht, usw.

Wo ich mich am wohlsten fühle:
Richtig gut geht es mir nie irgendwo. Ich war und bleibe überall eine Außenseiterin. Am liebsten wäre es mir, Parteien wie Religionen würden überflüssig, weil wir uns einfach alle anständig benehmen.

Wie ich Rückschläge verkrafte:
Schwer. Immer wieder gibt es Anfälle von Verzweiflung und Mutlosigkeit. Warum tue ich mir das alles an, statt endlich ein gemütliches Leben zu genießen? Die Antwort ist einfach: Weil es getan werden muss!

Was ich mir vorgenommen habe:
Genauso weiterzumachen wie bisher und mich nicht verbiegen zu lassen. Die Grünen haben sich immerhin gemeinsam mit der SPD dem

Irakkrieg verweigert. Friedenssicherung ist für mich, die den Zweiten Weltkrieg miterlebt hat und aktiv in der Friedensbewegung ist, absolut vorrangig. Es gilt, immer wieder den Mund aufzumachen, aufmüpfig zu bleiben. Steter Tropfen höhlt den Stein.

Ob ich noch Träume habe:

Aber ja! Ich möchte in einer Gemeinschaft von Jung und Alt mit Tieren leben. In ökologisch intakter Umwelt, in der ich – meine letzte Katze, meinen letzten Hund im Arm – im Kreise liebevoller Wahlverwandter zufrieden diese schrecklich-schöne Welt hinter mir lassen kann. In dem Wissen, dass meine geliebten Tiere nicht ins Tierheim kommen, sondern im Kreise vertrauter Menschen bis an ihr selig Ende leben können.

Was ist ein Frauenthema, was weibliche Politik? Was ist weiblich, was männlich?

Als Schauspieler oder Schauspielerin ist mann/frau wohl eher androgyn oder entwickelt sich jedenfalls in diese Richtung. Wir können sowohl die sogenannten weiblichen als auch die männlichen Eigenschaften in uns entfalten und leben. Rivalität und Machtkämpfe gibt es bei Männern wie Frauen. Ich bin eher ein Team-Mensch als ein Führungstyp, also das, was als weiblich gilt. Und das gedenke ich auch zu bleiben, obwohl diese Eigenschaft gerade in der Politik oft als Schwäche ausgelegt wird.

Mein Lebensmotto:

Vermutlich so etwas wie Kants »Kategorischer Imperativ«. Oder: Auch wenn morgen die Welt unterginge, würde ich heute noch das berühmte Apfelbäumchen pflanzen. Ich fühle mich als zwar kleines, aber wichtiges Glied eines großen Ganzen. Und zu dessen Glück möchte ich beitragen.

Das Geheimnis meiner jugendlichen Ausstrahlung:

Falls ich eine habe – es gibt kein Geheimnis! Ich bin gar nicht besonders gesund und erst recht nicht robust, viel zu empfindlich. In meinem Buch *Bleiben wir schön gesund* habe ich die Tipps gesammelt, mit denen ich mir bisher immer wieder auf die Beine geholfen habe. Im Alter von dreißig Jahren hatte ich Rheuma, Herz- und Gelenkprobleme, musste also seither täglich etwas für meine Gesundheit tun. Ich

habe auch das Lachen wieder lernen müssen, nachdem es mir zwischenzeitlich vergangen war – nachzulesen und nachzulachen in meinem Buch *Lachen wir uns gesund* (mit Lach-CD).
Was mich glücklich macht:
Die Zuneigung so vieler, auch unbekannter, Menschen – und die unerschütterliche Liebe meiner Hunde.
Wen ich bewundere:
Buddha und Gandhi.
Woran ich glaube:
Ich glaube an gar nichts, halte aber nichts für unmöglich.

Gedanken zum Phänomen »Angst«

Zur Eröffnung der 74. Tagung für Naturheilkunde in München (2005) zum Phänomen »Angst« wurde ich gebeten, ein Grußwort zu sprechen. Daraus ein paar Sätze:
»*Angst essen Seele auf* ist der Titel eines berühmten Films von Rainer Werner Fassbinder. Angst ist jedem von uns vertraut, häufig erweist sie sich im Nachhinein als eher unbegründet.
Bisher ist es mir gelungen, ziemlich angstfrei durchs Leben zu kommen. Eine Angst allerdings ist mir geblieben – die Angst, den Zielen nicht gerecht zu werden, die ich mir selbst gesteckt habe und immer wieder stecke.
Angst zu versagen, nicht zu genügen: immer wieder, trotz aller Erfolge in immerhin mehreren Karrieren.
Obwohl ich 1982 meine Theaterlaufbahn bewusst beendet habe, plagt mich noch heute, Jahrzehnte später, immer wieder der alte Albtraum: Ich kann die Bühne nicht finden, kenne das Stück nicht, in dem ich die Hauptrolle spiele, weiß nicht einmal, wie es heißt, kann den Text nicht, habe kein Kostüm an. Im letzten Moment wirft mir jemand ein paar stinkende Lumpen über, dann reißt mir auch noch der Riemen eines Schuhs. Ich denke: ›Das muss ich irgendwie in die Rolle einbauen.‹ Aber in welche Rolle? Ich höre das Murmeln des Publikums und aus der Gasse den Ruf: ›Vorhang auf!‹ In manchen Traumvaria-

tionen improvisiere ich noch irgendeinen Unsinn, bis das Publikum schließlich kopfschüttelnd und lachend das Theater verlässt.

Wir haben sogar Angst vor dem Glück. Geht es uns eine Weile gut, kriecht in uns gleich die Angst hoch: ›Das kann ja nicht andauern, dieses Glück‹ – und prompt klemmt man sich den Finger ein oder baut einen Autounfall. ›Das musste ja kommen, ich wusste es doch, ich habe eben kein Glück!‹

In seinem Buch *Die Angst vor dem Glück – warum wir uns selbst im Weg stehen* beschreibt der Autor Dr. Rainer Tschechne, dass wir alle ein unbemerktes Programm in uns tragen, das immer wieder die gleichen Misserfolge und Stress-Situationen hervorruft. Wir verhindern unbewusst ungewohnte Erfolge und Glückssituationen, obwohl wir alle Glück und Erfolg herbeisehnen – lieber das alte Unglück als neue Unsicherheiten! Angst macht in gewisser Weise sicher – wie die Unzufriedenheit. Dabei sind beide Gefühle nötig, damit ich etwas in meinem Leben verändere. Ich muss mir bewusst machen, warum ich Angst habe oder unzufrieden bin. Ich muss die Glückskiller aufspüren, die Angst vor dem Glück durchbrechen. Nach meiner Erfahrung gelingt das am ehesten, indem ich mich im Loslassen übe. Vor allem muss ich die Vorstellung von mir als perfekter Person loslassen und mich in meiner Unvollkommenheit annehmen. Ein spannender Prozess, der nie abgeschlossen ist.«

Ich muss oft an den Fernsehauftritt einer über 80-jährigen Frau denken. Sie hatte ihr Leben lang eine derartige Angst vor Einbrechern, dass sie jeden Abend unter ihr Bett schaute, ob sich da einer versteckt hatte. Eines Abends lag tatsächlich einer drunter! Sie habe, berichtete sie, zu dem Einbrecher gesagt: »Da sind Sie ja endlich« – und ihn zu einem Whisky (oder war es ein Kognak?) eingeladen!

Das waren noch Zeiten, als die Einbrecher sich unter dem Bett versteckten – oder die Liebhaber im Schrank …

01. April 2006 – Halbzeit für mich als Abgeordnete

Eine »Spielzeit« riskiere ich, mehr nicht – das war von Anfang an klar. Fest steht: Die außerparlamentarische Arbeit liegt mir mehr als die parlamentarische. Ich kette mich lieber gegen Tierversuche am Tor eines Pharmakonzerns an und beteilige mich an der gesetzwidrigen Freilassung von 7000 Hühnern, als stundenlang fruchtlose Debatten in Ausschüssen und Plenum über mich ergehen zu lassen.
Meine Bilanz: Mehr Frust als Lust!

28. Juni 2006 – Bär Bruno ist tot

Das Bärenkind, das keinem Menschen etwas zuleide getan hat, wurde heimtückisch ermordet. Wir sind – wieder einmal – nach Strich und Faden belogen worden. Der Abschuss war längst geplant. »Wenn (…) der Bär einem Jäger vor die Flinte läuft, soll der abdrücken.« Mit diesen Worten brachte (wohl eher aus Versehen?) ein Vertreter des Umweltministeriums den Tiermord auf den Punkt: Er war geplant.
Entsetzen und Empörung weltweit – allerdings auch bei Leuten, die überhaupt keine Skrupel haben, die Körper sogenannter Nutztiere zu verzehren, an deren qualvollem Leben und Sterben sie indirekt beteiligt sind. Verglichen damit konnte man das, was der Kindbär getan hatte, nur als Peanuts bezeichnen: Er hatte ein paar Schafe gerissen und sich an Bienenstöcken gütlich getan (wofür die Besitzer übrigens entschädigt wurden). Verlogenheit überall.
Eine Freundin sprach mir aus der Seele, als sie sagte: »Die Verzweiflung über all das Unrecht, das den Tieren ständig angetan wird, müsste man Tag und Nacht in die Welt hinausschreien.«
Die Menschheit gehört wohl weg von diesem Planeten, damit der sich wieder von uns erholen kann. Wir haben unsere Chance gehabt – und vertan.
Mein Leserbrief in der *Münchner Abendzeitung* war natürlich ironisch gemeint, wurde aber nicht immer verstanden und brachte mir einige Beschimpfungen ein:

Alle Kühe erschießen!

Ein wanderndes Rentnerehepaar wurde im Land Salzburg schwer verletzt, steht in der Zeitung – nicht durch einen Bären, sondern durch Kühe.
Bei aller Tierliebe: Der Mensch geht vor! Ich fordere, dass diese Kühe sofort erschossen werden. Und da so etwas immer wieder passiert, sollte man vorsorglich alle Kühe erschießen. Natürlich auch die Stiere.

Mein schönstes Erfolgserlebnis

Als Gefängnisbeirätin versuchte ich seit Beginn meiner Abgeordnetentätigkeit, Häftlingen bei der Vorbereitung auf das Leben nach dem Knast zu helfen. Bei einem schien das absolut aussichtslos. Ihm wurde wiederholter Betrug zur Last gelegt. Keine Chance, lautete das allgemeine Urteil. Sein Wunsch war es, in eine andere Vollzugsanstalt verlegt zu werden, da er dort in der Umgebung nach seiner Entlassung einen Arbeitsplatz erhalten würde. Der könnte es schaffen, dachte ich, setzte Himmel und Hölle in Bewegung, redete mit anderen Gefängnisbeiräten aller Parteien, mit den Leitern diverser Vollzugsanstalten, deren Ärzten. Es hieß, eine Verlegung des Inhaftierten sei nicht möglich, er sei insulinpflichtig, in der von ihm gewünschten Anstalt sei nicht die entsprechende Betreuung gewährleistet etc.
Ich ließ nicht locker, und das Wunder geschah: Er wurde verlegt. Auf dem Weg in die neue Vollzugsanstalt rief er mich im Landtagsbüro an, aus dem Zug. Er werde jetzt als Freigänger den neuen Arbeitsplatz antreten, ohne meine Hilfe hätte er das nicht geschafft. Ich sagte: »Herr XY, wenn Sie mich enttäuschen – ich bringe Sie um!«
Er lachte: »Ich verspreche es – ich halte durch!«
Später erhielt ich einen Brief von ihm – mit einem Hochzeitsfoto! Der Knast ist vergessen, er ist erfolgreich in seinem Beruf und hat eine liebe Frau gefunden. Ich habe vor Freude geheult!

03. November 2006 – Demo gegen Seehofer in Berlin

Als einzige deutsche Abgeordnete nahm ich an der Demo gegen Bundeslandwirtschaftsminister Horst Seehofer teil. Er hielt, kaum zu fassen, in Berlin die Festrede zur Feier des 125-jährigen Bestehens des Deutschen Tierschutzbundes! Seehofer, unter Tierschützern »Genhofer« genannt, durfte offiziell als Tierquäler der Nation bezeichnet werden, weil er das Verbot der Legehennen-Käfighaltung wieder gekippt hatte. Statt als Abgeordnete drinnen unter den Ehrengästen zu sitzen, stand ich also wieder mal draußen in der Kälte bei den wütenden Demonstranten.

»Ich wollt', ich wär' kein Huhn ...«

In einer meiner ersten Reden im Plenum zu diesem Thema hatte ich ein DIN-A4-Blatt in die Luft gehalten und gerufen: »Herr Ministerpräsident Stoiber, können Sie Ihr Frühstücksei genießen, wenn Sie wissen, dass es von einer Henne gelegt wurde, die auf der Größe einer solchen DIN-A4-Seite dahinvegetieren muss?«
Derartige »Demonstrationen« sind im Plenum nicht erlaubt, prompt bimmelte auch der Landtagspräsident mit seiner Glocke Sturm. Aber meine Botschaft war ich wenigstens losgeworden.

Die CSU will das Rauchverbot kippen!

Am 01. August 2010 trat in Bayern das strikte Rauchverbot für alle Gaststätten in Kraft. In öffentlichen Gebäuden, an Schulen, in Zügen etc. war das Rauchen bereits ab 2006 Schritt für Schritt untersagt worden. Da ich selbst schon vor Jahrzehnten, nicht nur aus Sorge um meine Gesundheit, dem blauen Dunst abgeschworen hatte, war mir dieses Thema natürlich eine Herzensangelegenheit.
Was sich allerdings im Vorfeld über die Jahre abspielte, kann man nur als Farce bezeichnen. Sogar die CSU war anfangs für ein Rauchverbot an öffentlichen Plätzen – machte dann aber einen Rückzieher. Doch keine Rote Karte für den blauen Dunst? Aus meiner Rede am 23. Oktober 2007 im Plenum:

»Meine Damen und Herren, Sie haben gelesen, dass die Lungenkrebserkrankungen zunehmen. Bald stehen die Lungenkrankheiten an erster Stelle vor den Herz-Kreislauf-Erkrankungen. Obwohl die CSU-Fraktion ursprünglich dem Rauchverbot zugestimmt hat, machten Sie einen Rückzieher und haben das Gesetz bisher nicht umgesetzt, sondern um fast ein Jahr verschleppt. Das ist unverantwortlich. Jeden Tag sterben Menschen am Rauchen.
Der Antrag von uns Grünen ist der radikalste, weil wir auch ein Rauchverbot auf dem Gelände um die Krankenhäuser und um die Kindergärten herum verlangen. Wenn die Kindergärtnerin vor dem Kindergarten steht und raucht, ist sie ein schlechtes Vorbild für die Kinder. Wenn die Krankenschwester vor dem Krankenhaus steht und raucht, ist sie ein schlechtes Vorbild für die Kranken. Wir wollen doch gesünder werden. Der Gesundheitsschutz, den Sie beabsichtigen, kommt mir aber allmählich lächerlich vor. Sie sollten das ›C‹ und das ›S‹ aus Ihrem Logo streichen – denn das, was Sie vorhaben, ist weder sozial noch christlich.
Wir hatten zu diesem Thema ein Fachgespräch. Es kam eine Münchner Wirtin, die mit ihrer Kraft am Ende war. Sie musste in ihrer Gaststätte jeden Abend den Rauch von 200 Zigaretten einatmen. Sie hatte Krebs, Hautprobleme und Atembeschwerden. Sie sagte: ›Ent-

weder gehe ich drauf oder ich funktioniere mein Lokal um.‹ Sie hat ihr Lokal umgestellt. Die ersten vier Wochen blieben die Gäste weg. Dann kamen neue Gäste. Es kamen Familien mit Kindern, schwangere Frauen und sogar Raucher, die sagten, sie möchten endlich einmal ihr Essen ohne Qualm genießen. Wir sollten ein Land von Nichtrauchern werden. Nichtrauchen sollte normal sein und nicht diese Qualmerei. Ich frage mich wirklich, ob wir von Nikotinsüchtigen regiert werden.
Geben Sie diesen Plan auf, das Rauchverbot rückgängig zu machen, und denken Sie auch mal an die Bediensteten, die in den Gaststätten arbeiten müssen. Wenn die sich wehren, verlieren sie ihren Arbeitsplatz. Denken Sie nicht immer an die, die davon profitieren. Stimmen Sie bitte ausnahmsweise unserem Gesetzentwurf zu. Ich hoffe, dass wir damit einmal Erfolg haben.«

Der Erfolg ließ auf sich warten – aber er kam: am 04. Juli 2010 aufgrund des zuvor erfolgreichen Volksbegehrens »Für echten Nichtraucherschutz!«
Das Volk ist eben nicht so dumm, wie die Politiker meinen!

März 2007 – Die Zeit der Hexenverfolgung sollte vorbei sein …

… das hatte ich zumindest gedacht, wurde aber bald eines Besseren belehrt. In der Klausur der grünen Fraktion kam es zum Eklat: Ich hatte bei einer Demonstration gegen den Abschuss des Bären Bruno, die von den Gegnern der Jagd und Vertretern der Glaubensgemeinschaft »Universelles Leben« organisiert worden war, eine Rede gehalten und damit den Unwillen der Fraktion, insbesondere den der grünen »Sektenbeauftragten«, erregt. Um des lieben Friedens willen erklärte ich mich bereit, in Zukunft nicht mehr an Demos teilzunehmen, die vom »Universellen Leben« mitorganisiert wurden, was ich sofort bereute – denn prompt erschien eine Pressemeldung: »Rütting rudert zurück und distanziert sich vom ›Universellen Leben‹«.

Das Unbehagen, ein solches, meiner unwürdiges, Zugeständnis gemacht zu haben, wurde aber so stark, dass ich »widerrief« – ungeachtet der Folgen, die wiederum dieser Schritt haben würde. Die Beziehung zur grünen Fraktion bekam damit einen weiteren Riss. Den versuchte ich zu kitten, indem ich den Antrag auf ein tierschutzpolitisches Fachgespräch stellte: »Die Tiere – verraten von Religion und Politik«. Einer der Diskussionspunkte sollte das völlig überalterte Jagdgesetz sein. Die Reform dieses Gesetzes war dringend erforderlich, denn nach wie vor durften 98 % Deutschlands laut Gesetz von Jägern bejagt werden. Grundeigentümer konnten sich nicht dagegen wehren, dass auf ihrem Grund und Boden Tiere abgeschossen werden, oft sogar ihre Hunde und Katzen. Mir wurde auf meiner eigenen Wiese mein zahmes Reh am helllichten Tag abgeknallt.

Der Fraktion gefiel der Titel nicht – ich versuchte es mit einem Alternativvorschlag: »Tierschutz jetzt – Tierschutz grenzenlos – Nur gemeinsam sind wir stark!«. Begründung: Der ständig schwelende Streit unter den TierschützerInnen, ganz besonders in Bayern, nahm an Schärfe zu. In einem tierschutzpolitischen Gespräch wollte ich versuchen, die Kontrahenten an einen Tisch zu holen und zur Klärung der Fragen beizutragen.

Hauptstreitpunkt: An welchen Demos (und wenn ja, wo) darf mensch teilnehmen? Zum Kirchentag werde ich von beiden Amtskirchen zu einem Tierschutz-Vortrag eingeladen und darf reden. Darf ich dies bei Veranstaltungen anderer Religionsgemeinschaften nicht und warum nicht? Was ist mit einer Tierschutzdemo, zu der z. B. Atheisten einladen? Und muss eine gequälte Legebatteriehenne, deren Rettung naht, sich erst über die Religions- oder Parteizugehörigkeit ihrer Befreier informieren?

Wie können sich die TierschützerInnen von rechtsextremen Gruppierungen abgrenzen, die sich gern das Thema unter den Nagel reißen? Und wie steht es mit den Linken? Vertreter der Linkspartei hatten gemeinsam mit mir an verschiedenen Demos teilgenommen und keine Probleme damit bekommen. Ist der Tierschutz bei der Tierschutzpartei und der ÖDP gut aufgehoben? Und ist jeder Gegner, jede Gegnerin des Schächtens AntisemitIn oder RassistIn?

Die Vertreter der Amtskirchen konnten sich nicht entschließen, an einem eventuellen tierschutz-politischen Fachgespräch teilzunehmen. Kein Wunder: Sie hätten dann nämlich zugeben müssen, dass sie überhaupt nicht im Sinne von Franz von Assisi handelten, sondern im Gegenteil Hubertusjagden und Waffen segneten. (Woran sich im Übrigen bis zum heutigen Tag nichts geändert hat.) Dieses Fachgespräch sollte also Vorurteile Andersdenkenden gegenüber aufdecken und klären, die zerstrittenen TierschützerInnen so gut wie es geht vereinen – getreu dem Satz, den ich in meiner Rede zur Eröffnung des Landtags gesagt hatte: »*Minderheiten müssen geschützt werden, egal wie sie einem auf die Nerven gehen*«. Bekanntlich haben wir in Deutschland Religionsfreiheit, niemand darf wegen seiner Religion verfolgt oder stigmatisiert werden. Ich selbst gehöre gar keiner Religionsgemeinschaft an, werde mich aber jederzeit dafür einsetzen, dass Minderheiten und ihre Meinungen nicht nur geduldet, sondern respektiert werden. Übrigens bin ich von den Urchristen nicht ein einziges Mal missioniert noch sonst in irgendeiner Form beeinflusst worden.

Mein Antrag wurde auch in der geänderten Form von der Fraktion abgelehnt – ohne Begründung. Auf Umwegen erfuhr ich, man habe wieder einmal geäußert, der Tierschutz sei doch »eh nur eine Lachnummer«.

Der Erfolg all der Bemühungen um ein verbessertes Jagdgesetz ließ zwar auch auf sich warten, aber er kam. Am 26.06.2012 entschied der Europäische Gerichtshof für Menschenrechte, dass die Zwangsmitgliedschaft in einer Jagdgemeinschaft (sprich Zwangsbejagung auf einem privaten Grundstück) gegen die Menschenrechte verstößt, sofern der Grundstückseigentümer die Jagd aus ethischen Gründen ablehnt. Immer mehr Grundstückseigentümer konnten seither ihre Grundstücke zu jagdfreien Gebieten erklären. In der Praxis bedeutet das: eine vegan lebende Familie zum Beispiel muss nicht länger hinnehmen, dass auf ihrem Grundstück Tiere gejagt und getötet werden. Ein gewaltiger Erfolg, dessen Auswirkungen noch gar nicht abzumessen sind!

Immer öfter fragte ich mich allerdings, was ich in der Partei der Grünen überhaupt zu suchen hatte, einer Partei, deren Vorsitzender etwa in einer Sitzung äußerte: »Überlegt doch mal, wie wir der CSU am besten schaden können.« Ich traute meinen Ohren nicht. Sind wir im Parlament, um uns gegenseitig zu schaden oder um das Beste für die Menschen, die Umwelt und die Tiere zu erreichen?

»Die Rütting will den Landesgesundheitsrat sprengen!«

Diese Nachricht geisterte fast ein halbes Jahr lang durch die Flure und die Gaststätte des Landtags. »Ist das wahr?«, fragte mich ein CSU-Abgeordneter, nicht ohne leise Bewunderung.
Es stimmte. Die Vorgeschichte: Vom Landtag in den Landesgesundheitsrat gewählt, hatte ich über vier Jahre immer wieder Anträge des Inhalts gestellt, dass in diesem Landesgesundheitsrat selbstverständlich auch Naturheilkundler, Physiotherapeuten und vor allem Patienten vertreten sein müssten. Der 1953 gegründete Landesgesundheitsrat war total veraltet und verknöchert. Er agierte gleichsam nach dem Motto, die Erde sei eine Scheibe, und wer behaupte, sie sei eine Kugel, spinne. Offenbar war dieser Rat nicht reformierbar. Vage Zusagen, dass sich etwas ändern würde, brachten kein Ergebnis, sodass auf mein Drängen hin in einer Fraktionssitzung im Herbst 2006 schließlich seine Auflösung beantragt wurde.
Und siehe da: Diese Drohung fruchtete. Selbst die CSU signalisierte Zustimmung! Ich wurde sogar um Vorschläge für eine Erneuerung gebeten – alle wurden akzeptiert! Der Landesgesundheitsrat wurde aufgelöst und neu zusammengesetzt.
Nun machte ich mich auch noch öffentlich für ein bislang weitgehend tabuisiertes Heilverfahren stark, die Verwendung von Hanf bzw. Cannabis als Schmerzmittel.

Hanf ist äußerst gesund – und bei den von Biobauern erzeugten Hanfprodukten, die streng kontrolliert werden, liegt der THC-Wert (der Wirkstoff, der, in größeren Mengen konsumiert, zu Rauschzuständen führen kann) unter der gesetzlich vorgegebenen Höchstgrenze.

Hanf, die älteste Kulturpflanze der Welt, ist ganz zu Unrecht in Verruf geraten, verdrängt durch die Plastikindustrie, erlebt aber jetzt seine Wiedergeburt. Die bis zu vier Meter hohe Pflanze ist eine Art Tausendsassa unter den nachwachsenden Rohstoffen: Das hochwertige Öl lässt sich wunderbar in der Küche verwenden, in Kosmetikprodukten sowie in der Medizin. Hanf wächst auch auf kargen Böden – und kommt ohne Pestizide aus! Mit anderen Worten: Dem Hanf gehört die Zukunft.

Mein Antrag auf Lockerung des bestehenden Verbots der Verwendung von THC-reichem Hanf für medizinische Zwecke bei schwerstkranken Patienten wurde von den Grünen (ausnahmsweise!) genehmigt, ich konnte ihn also im Mai 2007 im Plenum vorstellen. Daraus Kernaussagen:

»… Cannabis-Medikamente sind wirkungsvolle Schmerzmittel bei sehr vielen Krankheiten. Immer mehr Ärzte wollen sie auch anwenden.

Die derzeitige Rechtslage ist aber verwirrend. Grundsätzlich darf jeder niedergelassene Arzt Cannabis-Medikamente verordnen; dabei handelt es sich aber um synthetische oder halbsynthetische Medikamente, die teuer sind und nur von einigen Krankenkassen bezahlt werden. Das natürliche, pflanzliche Cannabis, das jahrtausendelang ein sehr bewährtes Schmerzmittel war, wurde im Zuge der pharmazeutischen Herstellung und aus drogenpolitischen Gründen verboten, die Ärzte dürfen es nicht verordnen. Allerdings machen immer mehr Regierungen dieses Verbot rückgängig. Ich hoffe, dass die Mehrheit dieses Hauses ebenfalls zu dieser Auffassung kommen wird.

Es dürfen nicht immer die Armen die Dummen sein; deshalb muss Cannabis unter ärztlicher Aufsicht verordnet werden können – und zwar das pflanzliche Cannabis.

Ich möchte ein paar Schmerzzustände benennen, bei denen Cannabis fabelhaft hilft: bei Multipler Sklerose, Nervenschädigungen, neuropathischen Schmerzen, Kopfschmerzen, Migräne, Erkrankungen des Bewegungsapparats, Arthritis, Hepatitis C, bei Ekel vor Nahrung, bei Morbus Alzheimer, Glaukom und gegen Appetitlosigkeit, bei Aids und Krebs – all das, ohne dass im Vergleich zu anderen Mitteln schlimme Nebenwirkungen auftreten. Diese wunderbare alte Heilpflanze sollte also wieder zugelassen und unter ärztlicher Aufsicht genutzt werden dürfen. Die Behauptung, dass dann jeder Cannabis konsumieren könnte, stimmt nicht.«

Der Antrag wurde, wie zu erwarten, von der CSU wie auch vom neu gegründeten Landesgesundheitsrat abgelehnt.
Heute, Jahre später, wird der Antrag im Bundestag diskutiert und vielleicht irgendwann in absehbarer Zeit sogar angenommen!

»Immer volles Korn – Barbara Rütting wird 80«

Wie ich meinen achtzigsten Geburtstag am 27. November 2007 gefeiert habe? Halt auf meine ganz spezielle Weise, wie auch Katja Auer in der *Süddeutschen Zeitung* berichtete:

»Sie ist die einzige Abgeordnete, die von Besuchern um ein Autogramm gebeten wird: Barbara Rütting, die ehemalige Schauspielerin, feiert ihren 80. Geburtstag und kündigt an, wieder für den Landtag zu kandidieren.
Ihren Geburtstag wird Barbara Rütting im Gefängnis verbringen. Mittwochnachmittag – andere Damen würden an ihrem 80. Geburtstag zum Kaffeekränzchen laden – besucht die Grünen-Abgeordnete in ihrer Funktion als Gefängnisbeirätin eine junge Frau im Knast.
›Ich bin eben anders‹, sagt sie lapidar.«

Ich war an diesem Tag zwar auch, aber nicht nur im Knast zu Besuch – die Fraktion schenkte mir ein wunderschönes Geburtstagsfest. Eine flippige Gästeschar tummelte sich im »Hohen Haus«, junge und alte Weggefährten aus vier Jahrzehnten, Tierschützer, Vegetarier jeder Couleur, FriedensaktivistInnen.
Ich hatte mir ein Gongkonzert von Johannes Heimrath gewünscht. Und das wurde dann auch zum ergreifenden Höhepunkt des langen

Abends: mit gigantischem vegetarischem Büffet, viel Biowein, einer liebevollen Rede eines Vorstandsmitglieds und Fotorückschau auf mein ganzes langes Leben, einem den Comedian Harmonists nachempfundenen Song, »Die kleine grüne Rütting geht gern ans Mikrofon, holleri hollera« – oder so ähnlich, gedichtet und vorgetragen von zwei ganz Lieben aus der Fraktion (die gab es natürlich auch) und dem Starjournalisten des Bayerischen Rundfunks.

Zu meiner Freude war sogar Renate Künast zum Gratulieren angereist. Mein israelischer Freund Uri Avnery, der mit mir in Mutlangen festgenommen worden war, hatte einen Gruß geschickt. Er wäre gern gekommen, wurde aber verhindert durch wichtige Friedensgespräche mit Palästinensern. Die Mutlanger Freunde hatten einen Reisigbesen mitgebracht, damit ich im Hohen Haus mal richtig ausfegen konnte! Ein wunderschöner Abend. Ich fühlte mich geschätzt und geliebt von so vielen Menschen.

Eine beglückende Botschaft kam aus Bulgarien: Das Töten der Straßenhunde sollte nun endlich verboten werden (ausgenommen bei extremen Fällen von Krankheit), stattdessen würde in Zukunft das Kastrationsprogramm gefördert werden. Ein Ende des Elends ist nur so zu erreichen. Unser jahrzehntelanger Einsatz wird endlich Früchte tragen. Wird doch noch alles gut?

28. August 2008 – Grüne Watschn für die CSU

Unter diesem Titel berichteten die *Rosenheimer Nachrichten* über eine Schifffahrt auf dem Chiemsee, zu der ich Sympathisanten quer durch die Bevölkerung eingeladen hatte.

Dafür gab es gleich zwei Anlässe: 60 Jahre Grundgesetz und – natürlich den Wahlkampf.

Meine Teilnahme am offiziellen Festakt »60 Jahre Verfassungskonvent« mit Bundesinnenminister Wolfgang Schäuble und Ministerpräsident Günther Beckstein Mitte Juli auf der Insel Herrenchiemsee hatte ich abgesagt, um damit gegen das neue Versammlungsgesetz der CSU zu protestieren. Stattdessen lud ich zu einer eigenen 60-Jahre-Feier ein

und besuchte mit meinen Gästen – unter ihnen auch Renate Künast – die Ausstellung »Verfassungskonvent« im Museum im Alten Schloss auf Herrenchiemsee.
Es wurde ein wunderschöner Nachmittag mit einem tollen vegetarischen Büfett und jeder Menge Biowein an Bord.
Diesen Event musste ich allerdings aus eigener Tasche bezahlen. Hätte ich ein Bierzelt gemietet, hätte es sicher etwas aus dem Etat gegeben – aber nicht für eine Schifffahrt. So gingen sechs Monate Diäten drauf.
Nobel geht die Welt zugrunde, sagt ein Sprichwort ...

Schmetterlinge im Bauch

Auf der Fahrt zu einem Kongress hatte ich doch tatsächlich wieder mal die berühmten »Schmetterlinge im Bauch«, als sich im Speisewagen des IC ein toller Mann an meinen Tisch setzte.
Es war genau 12 Uhr. Ich hatte bereits gegessen und wollte zahlen, denn ab 12:30 Uhr war der Tisch reserviert – so stand es auf einem Stück Pappe.
»Ab 12:30 Uhr ist dieser Tisch reserviert, hier ist die Speisekarte!«, verkündete ich diensteifrig, als sei ich die Serviererin, und wurde prompt schamrot.
»Ich weiß schon, was ich nehme!«, antwortete er mit leicht englischem Akzent.
Er mochte Mitte vierzig sein, intellektueller Typ, der Typ, auf den ich fliege. Vor Verlegenheit hörte ich nicht, was er bestellte: Einen Tee? Ein Schinkenbrot?
Aus seinem blauen Cashmere-Pullover lugte ein rosa Hemdkragen. In seinem schmalen Gesicht blitzten unter der Hornbrille irritierend hellblaue Augen, amüsiert, spöttisch, streng, forschend – ich versank in diesen Augen für eine Ewigkeit. Eine ganz verrückte Neugierde auf diesen Menschen war das, fast so etwas wie ein Erinnern ... eine Wiederbegegnung ...
Karma, durchfuhr es mich, während ich immer noch in diesen spöttischen hellblauen Augen verhakt war. Er starrte, ich starrte, und das

wäre wohl endlos so weitergegangen, bis einer von uns in Gelächter oder in Tränen ausgebrochen oder wir einander um den Hals gefallen wären – schließlich wandte er den Blick ab.

Wir sahen einander dann überhaupt nicht mehr an. Entweder starrte er aus dem Fenster und ich ins Abteil hinein, oder unsere Blicke kreuzten sich in Windeseile, dann starrte ich aus dem Fenster und er ins Abteil.

Mein Herz klopfte wie rasend. Mein Kopf glühte. Ich konnte nicht mehr durchatmen, rief alle guten Geister des autogenen Trainings und mein Mantra zu Hilfe, drückte unter dem Tisch alle möglichen Akupunkturpunkte. Wurzelchakra total blockiert, dachte ich wütend. Und ich hatte geglaubt, mich und meine Chakren einigermaßen unter Kontrolle zu haben!

Atem zum Steißbein schicken ...

»Bitte zahlen«, sagte ich zu der vorbeieilenden Servierin, meine Stimme klang tatsächlich ziemlich gelassen.

Aber nun fiel meine Handtasche auf den Boden, eine dieser riesigen schwarzen, italienischen Stofftaschen mit vielen Fächern, die ich, weil ich meine, dafür keine Zeit zu haben, nie schließe, immer sind die Reißverschlüsse offen, eine Tasche, wie sie Reporter und Journalistinnen gern tragen, eine Tasche, die man sich einfach über die Schulter wirft, in der ich gelegentlich sogar ein Paar Schuhe verstauen kann, wenn ich mit flachen Schuhen irgendwohin hetze, um dann bei der Veranstaltung mit den hochhackigen etwas langbeiniger zu wirken.

Also diese Tasche fiel nun auf den Boden. Glücklicherweise entleerte sich aber nicht der gesamte Inhalt, doch auf diese Weise kam wenigstens das Portemonnaie zum Vorschein, das ich andernfalls wahrscheinlich lange in den vielen überladenen Fächern der Tasche hätte suchen müssen – unter seinen strengen spöttischen Augen, nicht auszudenken.

Immer noch mit dem Versuch beschäftigt, durchzuatmen und mich mit dem Mantra zu beruhigen, kramte ich nun das Geld aus dem Portemonnaie und bezahlte, von Neuem verstört – diesmal durch den Anblick des Mittelfingers meiner rechten Hand, den ich mir vor Monaten fürchterlich in der Pferdebox eingeklemmt hatte. Der tiefblaue Nagel war zwar fast herausgewachsen, sah aber nun aus wie angeknabbert und zeigte tiefe Querrillen, diese Querrillen hatte ich mit silbernem Nagellack zu übertünchen versucht, ein total untauglicher Versuch, wie jedes Frauenmagazin bestätigen würde. Und meine viel zu groben abgearbeiteten Hände sind sowieso seit jeher mein Hauptproblem.

Durchatmen zum Steißbein, *Om Namah Shivaya* ...

Offenbar hatte er die ganze Zahlzeremonie, meine Hände, den garstigen ramponierten und dennoch silbern lackierten Nagel gar nicht zur Kenntnis genommen. Aus den Augenwinkeln beobachtete ich, dass er auf eine sehr ungewöhnliche Art gähnte, den Kopf weit nach hinten geworfen, den Mund unverschämt weit geöffnet. So kann nur jemand gähnen, der total unbekümmert ist. Vielleicht ein Italiener oder ein Slawe – bei Vertretern dieser Sorte Männer packt mich geradezu der Neid, weil sie sich offensichtlich überhaupt keine Gedanken machen über die Wirkung ihrer Körpersprache, in Hotelfahrstühlen zum Beispiel, wo andere, wie die Deutschen etwa und also auch ich, vor Verlegenheit nicht wissen, wo hinsehen – angestrengt die vorbeiflitzenden Zahlen fixieren, die die Stockwerke anzeigen, ja förmlich den Atem anhalten, um ja nicht den Geruch der Mitmenschen in die Nase zu kriegen.

Bestimmt ein ganz rücksichtsloser Typ, dachte ich, nun fast erleichtert, und erlag der Versuchung, einen kurzen Blick auf seine Hände zu werfen. Sie waren lang und schmal, wie zu erwarten. Kopfarbeiter, sicher ein Wissenschaftler, vielleicht macht der Kerl sogar Tierversuche, alles möglich bei dieser Art bodenlosen Gähnens, das sich sogar noch zweimal wiederholte.

In Gedanken probte ich einen einigermaßen eleganten Abgang. Gezahlt hatte ich. Nun saß ich da, meine monströse Tasche umklammernd wie eine Bäuerin, die zum ersten Mal in die Stadt gekommen ist. *Om Namah Shivaya*, Griff um die Tasche gelockert ... Das Kostüm, das mir eine Verkäuferin eingeredet hatte, trug ich an diesem Tag zum ersten Mal. Ich kann Kariertes nicht ausstehen, ich kann taillierte Jäckchen nicht ausstehen und ich kann Bermudas nicht ausstehen. All diese Merkmale zeichneten dieses Kostüm aus, das noch dazu verrückt teuer gewesen war, aber ohne Brille hatte ich in der Kabine das Preisschild nicht lesen können; beim Zahlen dann wäre ich zwar fast in Ohnmacht gefallen, war aber zu feige, der Verkäuferin zu sagen: Das nehme ich nicht, das ist mir zu teuer und das gefällt mir sowieso nicht, denn erstens mag ich nichts Kariertes, zweitens keine taillierten Jäckchen, sondern lange Blazer, und drittens keine Bermudas. Keiner Frau stehen Bermudas, nicht einmal jungen Mädchen, sie machen einen Elefantenpopo, werden aber aus unerfindlichen Gründen von den Frauen geliebt.

Jetzt ging es darum, einen einigermaßen akzeptablen Abgang zustande zu bringen. Doch um in mein Abteil zu gelangen, müsste ich ihm beim Gehen den Rücken zudrehen. Auch das noch. Meine Haare waren überdies im Nacken zu lang und rollten sich zu einer Art Entensterz auf. Warum habe ich es auch wieder nicht geschafft, zum Friseur zu gehen!

Als sich zum dritten? vierten? Mal dieser Mund mir gegenüber zu diesem absolut unanständigen Gähnen öffnete, ohne dass dieser Mensch auch nur den geringsten Ansatz machte, dieses Gähnen zu registrieren, geschweige denn diese Höhle wenigstens mit der Hand abzudecken – da endlich bekam ich die Kurve. Packte fest meine kolossale Handtasche, quetschte mich samt ihr unter dem Tischchen hervor, gönnte meinem Gegenüber nur einen kurzen Streifblick, sah noch einmal in die hellblauen spöttischen Augen hinter der Hornbrille, brachte ein verhältnismäßig lässiges »Auf Wiedersehen« hervor, das er murmelnd beantwortete, machte auf dem Absatz kehrt und stürmte aus dem Speisewagen.

Und ging sofort auf die Toilette, um, auf Zehenspitzen balancierend und hüpfend, meinen Abgang im Spiegel nachzuvollziehen. Man kann mit diesen Spiegeln in etwa auch seine Rückseite erforschen. Es war nicht so schlimm, wie ich befürchtet hatte. Die Bermudashorts unter dem taillierten grün-blau karierten Jäckchen, ebenso wie dieses zwar zerknittert, da aus edlem Leinen, machten keinen Elefantenpopo, die Beine in den dunkelblauen Strumpfhosen mit den flachen blauen Wildlederschuhen sahen eigentlich ganz rassig aus, die junge Kellnerin, die in Bonn Agrarwissenschaft studierte und die Serviere-

rei nur als Job zum Geldverdienen ausübte, hatte sogar die Meinung geäußert, ich hätte eine tolle Figur.
Aber meine Augen! Ich erschrak. Untertassengroß, von einem geradezu irrwitzigen Grün, wie ein abgrundtiefer Gebirgssee ...

Eine zweite Amtszeit – will ich das?

Hätte ich nicht so viele positive Rückmeldungen aus der Bevölkerung erhalten, ich hätte längst aufgegeben und mich auf keinen Fall der Strapaze einer neuen Kandidatur unterzogen. Aber dann hätten die Tiere in diesem Parlament überhaupt keine Stimme mehr gehabt, die sich für ihre Rechte einsetzte. Ich musste durchhalten.
Nun posaune ich zwar gern in die Welt hinaus, dass ich mir wünsche, einmal mitten in voller Aktion einfach tot umzufallen – aber leider ist diese Todesart eher selten. Üblicherweise wird man für mehr oder weniger lange Zeit krank, und das ist höchst unspektakulär.
Immer öfter machte mein Herz Probleme. Alles Verdrängen nützte nichts. Bereits im Sommer 2007 häuften sich die Signale, ich hörte nicht darauf. Eines Morgens wollte ich mir vor der Bahnfahrt in den Landtag von der Hausärztin nur mal schnell eine kleine Herzstärkung verpassen lassen. Sie diagnostizierte entsetzt: Vorhofflimmern und befahl: »Sofort ins Krankenhaus!« Und da ging es dann los: Marcumar und Betablocker, selbstverständlich bis ans Lebensende, meinte der junge Assistenzarzt vergnügt. Und fügte gleich hinzu: »Was glauben Sie, wie viele Abgeordnete im Landtag nicht nur Marcumar und Betablocker schlucken müssen, um über die Runden zu kommen, sondern noch ganz andere Mittelchen!«
Ob außer mir noch andere Abgeordnete manchmal heulend in ihren Büros sitzen? Was läuft nur schief mit dieser Menschheit? Eine andere Welt muss doch möglich sein!
Während des diesmaligen Wahlkampfes, in dem ich, wie zuvor 2003, ja auch nicht »kämpfte«, aber mit gewaltigem Einsatz in zahllosen Veranstaltungen Überzeugungsarbeit leistete, häuften sich die Zusammenbrüche. Ebenso die Besuche beim Heilpraktiker, der mir mit

(alternativen) Spritzen und Infusionen immer wieder auf die Beine half. Eines Morgens aber:

Zusammenbruch

Zusammenbruch – noch dazu im Zug, 8:30 Uhr ab Bernau am Chiemsee zum Münchner Ostbahnhof. Im Landtag erwartete mich eine Besuchergruppe zu den üblichen Ritualen – Film über den Landtag, Schnuppern in Ausschüssen oder Plenum, Gespräch und gemeinsames vegetarisches Mittagessen in der Landtagsgaststätte mit ihrer Abgeordneten, nämlich mir, von der natürlich erwartet wurde, dass sie wieder mal das (selbst geschaffene?) Klischee der strahleäugigen, immer gut gelaunten, nie alternden Mutmacherin bedienen würde; was mir zunehmend schwerer fiel.

Im Zug musste ich alle paar Minuten auf die Toilette, um mich zu übergeben – was eine Frau dazu ermunterte, mir hinterherzurufen: »Sie müssen aber oft!«

Wieder auf meinem Platz, wurde mir so schwindlig, dass ich dummerweise aufstand, um eine Ärztin, die ich im Nebenabteil wusste, um Hilfe zu bitten – hörte noch den Knall, wie ich im Gang auf irgendein Eisenteil aufschlug, dann gnädige Ohnmacht.

Ich kam wieder zu mir, man hatte mich auf eine Sitzbank gelegt, einen Notarztwagen zum Ostbahnhof bestellt. Als wir dort ankamen, wurden die Mitreisenden aufgefordert, den Zug zu verlassen, in die S-Bahn umzusteigen.

Der Krankenwagen brachte mich ins nächste Krankenhaus. Rippenprellung, eine Rippe angebrochen, vermutlich Gehirnerschütterung, am rechten Ellenbogen war meine Kostümjacke von Blut durchtränkt.

Ich bat darum, die Fraktion anzurufen, damit jemand die Betreuung meiner Besuchergruppe übernehmen konnte.

Später kam meine Mitarbeiterin, um mich nach Hause zu fahren.

Am Tag darauf saß ich wieder an meinem Platz im Plenum.

September 2008 – Melancholische Gedanken nach der Wiederwahl

Wegen des Satzes bei meiner Wahlkampfrede: »Wählt uns, wir sind immer noch das kleinste Übel!« gab es natürlich auch wieder Krach mit der Basis. Angeblich forderte jemand sogar, mich deswegen aus der Partei auszuschließen.
Dennoch – ich wurde wiedergewählt mit einem phantastischen Ergebnis, konnte mich aber nicht richtig darüber freuen. Die Landtagsarbeit hatte mir auch Mobbingerfahrung beschert.

Einsame Alterspräsidentin

Die subtil und vielleicht sogar oft unbewusst Mobbenden wären angesichts der Behauptung, sie mobbten, womöglich erstaunt oder würden antworten: »Na und? Macht doch jeder!« Oder: »Ist eben Politik!« So begann ein durchaus netter Kollege regelmäßig zu gackern oder zu krähen, wenn ich in der Fraktionssitzung einen Antrag stellte, der sich auf gefiederte Tiere bezog – sei es nun das Verbot des Schnabelkürzens bei Küken oder verbesserte Haltungsbedingungen von Masthühnern und Puten. Alle fingen an zu lachen – damit wurde von der Wichtigkeit des Antrags abgelenkt, er wurde ins Lächerliche gezogen. Anfangs versuchte ich mitzulachen, man hat ja Humor. Schließlich wurde es

mir zu bunt, und ich verbat mir derlei Späße, wurde aber zunehmend dünnhäutiger. Nicht nur Angst essen Seele auf, wie es in dem berühmten Fassbinder-Film heißt – auch Frust tut das.
Eine von mir ursprünglich wegen ihrer Fachkenntnisse gerade in Tierschutz-Angelegenheiten sehr geschätzte Mitarbeiterin begann bald, mir regelmäßig Informationen vorzuenthalten und überall, besonders gern in Gegenwart von Besuchern meiner Fachgespräche, meine Erfolge niederzumachen – begleitet von ironischem Mundwinkelspiel, Achselzucken und Augenrollen –, vermutlich um mich damit als unwissende und inkompetente Abgeordnete erscheinen zu lassen. Freute ich mich über einen guten Zeitungsbericht als Reaktion auf meine Arbeit, kam von ihr prompt die spitze Bemerkung: »Na ja, für den, der zwischen den Zeilen lesen kann« ... Was heißen sollte: Dazu bist du natürlich zu blöd und merkst wieder mal nicht, was der Journalist wirklich meint. Je mehr Erfolg ich hatte, umso schlimmer wurde es. Dabei bestand für sie überhaupt keine Möglichkeit, meine Stelle als Abgeordnete einzunehmen, also war ihr Verhalten umso rätselhafter. Obwohl ich dachte, das halte ich aus – allmählich ging mir die Freude an der Arbeit verloren, die Freude, morgens in mein schönes Büro zu gehen. Es blieb mir nichts anderes übrig, als mich von ihr zu trennen.
Dazu fällt mir wieder der Satz aus Shakespeares *Richard III.* ein: »Erfolg ist nicht genug, der beste Freund muss scheitern!« Schrecklich. Ist die Welt tatsächlich so gedacht?
Offensichtlich war (und ist) es bei den Grünen auch cool, nie jemanden zu loben, was ich dagegen ungeheuer gern tue. Ich freue mich über die Erfolge anderer. Es machte mich regelrecht glücklich, wenn ich zum Beispiel sagen konnte: »Deine Rede heute war super« oder »Dein Zwischenruf war klasse«. Ich entdecke, dass mir eine Regung vollkommen fremd ist, nämlich Neid. Untugenden wie Ungeduld und auch Eifersucht (in Liebesbeziehungen) sind mir mehr als vertraut, aber nie in meinem Leben war ich auf irgendjemanden oder irgendetwas neidisch. Immerhin *eine* gute Eigenschaft.

Schnabelkürzen bei Küken – und der Riss in meinem Herzen

Das Schnabelkürzen ist eine äußerst grausame Methode, um neu geschlüpfte Küken an die schlechten Haltungsbedingungen anzupassen, wie sie in der Massentierhaltung gang und gäbe sind, damit die Tiere sich später in der Enge des Stalls nicht aus Stress gegenseitig an- und totpicken. Ohne Betäubung wird dem Küken mit einem 800 Grad heißen Messer oder mit Laserstrahl die sensible Schnabelspitze amputiert, in der viele Nervenenden zusammenlaufen. Es ist heute wohl unumstritten, dass die Sinnesorgane von Tieren im Allgemeinen sogar feiner ausgebildet sind als die von uns Menschen. Der Schmerz durch diese Tortur dürfte in diesem Fall also wohl dem entsprechen, den ein Menschenkind empfinden würde, wenn man ihm kurz nach der Geburt einen Teil von Ober- und Unterlippe abschneidet. Die Phantomschmerzen bleiben das ganze Leben.

Tierschützer fordern schon lange ein Verbot dieser Quälerei – vergeblich. Man müsste die Haltungsbedingungen verbessern, den Tieren mehr Platz geben – damit würden die Eier teurer. An diesem Beispiel wird wieder einmal deutlich: Es liegt an uns VerbraucherInnen, durch unser Kaufverhalten Einfluss auf den Markt zu nehmen, an jeder/jedem von uns. Eine bessere Welt ist möglich – für uns und für die Tiere.

Die grüne Fraktion hatte meinem Antrag auf ein Verbot des Schnabelkürzens zugestimmt, also konnte ich ihn im Umweltausschuss vortragen, in der Hoffnung, diesmal nun wirklich die Zustimmung der anderen Fraktionen zu erhalten. Der CSU-Vorsitzende schien immerhin beeindruckt und fragte seinen CSU-Kollegen – einen Tierarzt –, ob das den Tieren nicht wehtue. Der zuckte nur mit den Achseln. Ein Tierarzt, wohlgemerkt! Der Antrag wurde abgelehnt.

Ich ging in mein schönes Büro und heulte mich wieder einmal aus. Da passierte es – in der Herzgegend ein scharfer Schmerz wie ein Riss. Eine Herzklappe hatte einen irreparablen Knacks bekommen, geht seitdem nicht mehr zu. Damit muss ich nun leben.

20. Oktober 2008 – »Mut zum Miteinander«

Am 20. Oktober 2008 war es erneut so weit: Nach wie vor die älteste unter den Abgeordneten des neu gewählten Landtags (angeblich sogar die älteste Abgeordnete in der Bundesrepublik) und somit wieder Alterspräsidentin, hatte ich als solche zum zweiten Mal die Rede zur Konstituierenden Sitzung des nun 16. Bayerischen Landtags zu halten.

Ich tat diesmal schon das, was Politiker so tun, auch wenn sie selbst eigentlich nicht mehr daran glauben – würzte meine Rede mit wohlklingenden Floskeln wie:

»Der Landtag hat sich verändert – ist bunter, vielfältiger, hoffentlich demokratischer geworden. Lassen Sie es uns doch als Chance begreifen, wenn wir künftig nicht nur wegen der Platzverhältnisse alle enger zusammenrücken müssen. (…) Ich sehe in der neuen Konstellation eine Einladung an alle, mehr Mut zum Miteinander an den Tag zu legen (…) Ein kluger Mensch hat gesagt: ›Demokratie ist, wenn man den anderen ausreden lässt – Toleranz ist, wenn man dabei auch noch zuhört.‹ Wäre doch ein guter Tipp für die Sitzungen …«

Schließlich wünschte ich gerade den neuen Abgeordneten, die zum ersten Mal im Plenum saßen, »dass sie sich nicht nur das Feuer für die eigenen Überzeugungen bewahren, sondern auch Respekt gegenüber den guten Ideen der anderen (…)«, betonte, »dass wir in den kommenden Jahren für viele Probleme eine Lösung finden müssten« – und zitierte zu guter Letzt die *Süddeutsche Zeitung*: »Zur Rettung unserer Konten würden wir zig Milliarden an Steuern bezahlen. ›Warum aber‹, so fragt der Autor, ›retten wir nicht unsere Erde?‹«

Dann entzauberte ich auch noch meine Rolle als Alterspräsidentin. Der Begriff allein löst bei vielen Menschen – total unbegründet – so etwas wie Ehrfurcht aus, vielleicht Assoziationen von Dienstwagen, Kutsche oder anderen angenehmen Privilegien. Ich verglich deshalb diese Funktion mit dem Schicksal einer Eintagsfliege. Denn in der Tat hat der Alterspräsident – in diesem Fall die Alterspräsidentin – nur eine Aufgabe: die Eröffnung der Legislaturperiode. Damit hat es sich auch schon, keine Kutsche, kein Dienstwagen – würde sich ja auch nicht lohnen für diesen einen Tag. Denn in den folgenden fünf Jahren hat sie nichts mehr zu sagen. Es sei denn, Landtagspräsident und sämtliche Vizes würden gleichzeitig von irgendeiner Seuche dahingerafft – z. B. der Vogelgrippe –, dann, ja dann darf die Alterspräsidentin dem Landtag vorstehen. Die Chancen stehen also gleich null.

Meine launigen Worte wurden überwiegend mit Heiterkeit aufgenommen – nur wenige fanden sie respektlos –, täuschten mich selbst jedoch nicht darüber hinweg, dass meine Blütenträume längst dahin waren. Ich glaubte im Grunde selbst nicht mehr, dass es das »parteiübergreifende Miteinander«, das ich wieder einmal beschwor, auch wirklich geben würde.

Meine Bemerkung, der Landtag sei durch die neu hinzugekommenen Parteien bunter und demokratischer geworden, sorgte in der CSU für einen Eklat. Das sei unerhört, wetterte einer der Spitzenpolitiker – ausgerechnet jener, der später seinen Hut nehmen musste, weil er seine Ehefrau über Jahrzehnte zu – milde gesagt – nicht ganz gesetzeskonformen Bedingungen angestellt hatte, und damit unter den Abgeordneten eine Welle von Selbstanzeigen auslöste.

Was ist aus meinen Zielen geworden?

Es war der Landtagsfrust, der mich zermürbte, die Ohnmacht, ständig gegen Windmühlen ankämpfen zu müssen, ohne die geringste Aussicht, dass die ganzen Anstrengungen Früchte trugen.

In der letzten Legislaturperiode lehnte die CSU alle, aber auch alle Anträge, die ich stellte, ab. Die Hoffnung, dass eine neue Parteienkonstellation zu Verbesserungen führen würde, erfüllte sich nicht, im Gegenteil, wie man auch an der Entscheidung zur katastrophalen »Containerhaltung« von Migranten sah und, noch skandalöser, an der Ablehnung der CSU, Guantanamo-Häftlinge aufzunehmen. Auch in der Zukunft war erst recht für einen verbesserten Tierschutz weder von FDP noch von den Freien Wählern Unterstützung zu erwarten.

Verglichen mit der Wirkung meiner außerparlamentarischen Arbeit in der Bevölkerung sind meine Erfolge im Landtag gleich null – auch auf dem Gebiet Gesundheit und Ernährung.

Der Landesgesundheitsrat wurde zwar auf meinen Druck hin aufgelöst und neu zusammengesetzt, es war aber bald klar, dass alle meine Vorschläge – sowohl was Themen wie Referenten betrifft – auch von der (neuen) Mehrheit abgelehnt würden.

Nicht einmal in der Landtagsgaststätte und der Kantine gab es wirkliche Erfolge. Ich hatte der Gastronomie zur Biozertifizierung verholfen, es wurde ein Bio-Ochse gekauft, aber damit hatte sich Bio auch schon, eine reine Alibihandlung. In plenumsfreien Wochen, wenn weniger Abgeordnete im Haus sind, war das Essen so schlecht und so wenig Bio wie früher, oft ungenießbare Fertigkost aus der Tiefkühltruhe, sodass die MitarbeiterInnen unserer Fraktion wieder dazu übergingen, selbst zu kochen. Ich hatte keine Lust, wieder auf der Stufe von vor fünf Jahren anzufangen und aufs Neue die (ungeliebte) Gesundheitsapostelin zu spielen – die es ja nicht einmal geschafft hatte, dass der Vorstand der Grünen die Weißwurst-Einladungen für die Presse infrage stellte.

Mit meinen und den Anliegen meiner WählerInnen fühlte ich mich also letzten Endes auch von Fraktion und Vorstand kaum unterstützt und alleingelassen.

»Wenn du ein glückliches Leben willst, verbinde es mit einem Ziel.« Hat Albert Einstein gesagt. Was war aus meinen Zielen geworden?

Dazu kam, dass mir meine Gesundheit mit schweren Herzrhythmusstörungen und Vorhofflimmern mehr als nur einen Streich spielte. Diese Politik musste einen ja krank machen! Ich war gezwungen, vorläufig alle geplanten Veranstaltungen abzusagen.

Februar 2009 – Burnout

Es ist das, was man einen Burnout nennt, ich muss es mir endlich eingestehen. Den Zusammenbruch im Zug habe ich verdrängt – auf fehlende Netzfreischalter, geopathische Zonen am Bett, Strahlung durch den Computer geschoben. Das alles waren nur zusätzliche Krankmacher. Die wirkliche Ursache: Meine Arbeit im Landtag, die Arbeit im Landtag insgesamt erschien mir schon damals zunehmend sinnlos. Dieses Eingeständnis habe ich versucht, durch noch mehr Action nicht ins Bewusstsein gelangen zu lassen.

Die Signale werden stärker. Ich muss aufhören. Ich gehe nicht kaputt – ich bin schon kaputtgegangen.

Eigentlich schade.

Wie viele Signale braucht der Mensch, bis er endlich begreift?

Aber muss ich nicht weitermachen, auf Biegen und Brechen? Wenn ich jetzt nach dem enorm strapaziösen Einsatz im Wahlkampf nach nur wenigen Monaten kapituliere, enttäusche ich meine Wähler und Wählerinnen, werden die Tiere im Landtag überhaupt keine Stimme mehr haben. Wie stolz war ich über die Meldung im *Bernauer*: »Der hohe Anteil der Grünen mit fast 18% ist wohl auf die Popularität der Bernauer Abgeordneten Barbara Rütting zurückzuführen!« Eine andere Zeitung hatte nach meinem Wahlerfolg sogar von einem »grünen Band rund um den Chiemsee« berichtet ...

Ohne Mandat werde ich nicht mehr über dieses Forum verfügen, kein Büro, keine Mitarbeiter, kein Budget haben, werde wieder die Einzelkämpferin sein, die ich vorher war. Ich habe niemanden, den ich um Rat fragen könnte.

Das Herzflimmern ist fürchterlich. Natürlich bin ich wieder, wie schon einmal vor zwei Jahren, zu Marcumar und Betablocker verdonnert, wovon mir übel wird.

Versuche, wie bisher meine Newsletter und Meldungen auf der Homepage zu bringen – spüre aber immer stärker, dass ich wohl aufgeben muss.

Das elende Gefühl, versagt zu haben, gescheitert zu sein.

Ich habe mir die Entscheidung wahrlich nicht leicht gemacht. Aber es gibt keine Alternative. Ich höre auf, weil ich weder vor meinen WählerInnen noch vor mir selbst verantworten kann, weiter diesem »Hohen Haus« anzugehören, wenn ich darin so wenig bewirken kann.

Am 24. Februar teile ich dem Vorstand mit, dass ich mein Mandat zurückgeben muss.

Der Vorstand schlägt vor, ich solle Urlaub nehmen, mich richtig auskurieren, Urlaub bis Ostern, wenn es sein muss, oder noch länger, andere Abgeordnete machten das ja auch, dann aber weitermachen, mit weniger Einsatz.

Es stimmt. Ich habe mir mehr aufgebürdet, als ich hätte müssen, hatte den Ehrgeiz, nicht einen Tag im Landtag zu fehlen – Euch werde ich es zeigen! –, und das hat sie auch geschafft, die alte Schachtel, in all den Jahren nicht einen Tag gefehlt.

Ich bitte um Bedenkzeit – und zwei Tage später den Anwalt, beim Landtag meinen Antrag auf vorzeitige Beendigung meines Mandats einzureichen.

Nicht ich habe entschieden – *Es* hat entschieden. Ich bin erleichtert. Es ist gut und richtig so!

Auf eine Ehrung in Fraktion und Plenum habe ich verzichtet, mich von niemandem verabschiedet, den Landtag nie wieder betreten – bin wieder einmal gegangen, ohne mich noch einmal umzusehen.

Ich bin angekommen!

Juli 2009 – Neuanfang im Spessart

»Was, Sie ziehen vom schönen Chiemsee weg in den Spessart? Na ja, der hat ja auch was, zwar nicht die guten Fische, dafür aber leckere Wildschweine!«, meinte ein Bekannter.
Tatsächlich bin ich, die am liebsten ans Meer wollte, nun im rauen Spessart gelandet. Es ist, als sei der Entschluss zu diesem Ortswechsel gar nicht mein Entschluss gewesen, als wäre für mich gehandelt worden, als würde ich geführt, hätte ich einem Auftrag zu folgen.
Ich, die nie wieder ein Haus haben wollte, habe nach dem Burnout und der Niederlegung meines Mandats ein kleines Haus gekauft, in der Nähe der Klinik, in die ich bereits seit Jahren zum Fasten und Auftanken ging. Mit meinen Hunden war ich oft an diesem Haus am Waldrand vorbeispaziert und hatte im Scherz geäußert, es wäre schön, dort mal zu wohnen. Kurz und gut, es stand eines Tages zum Verkauf, eine ziemliche Bruchbude, von der jeder vernünftige Mensch abriet, selbst der Makler. Da ich auf vernünftige Menschen nie höre, beschloss ich, die Entscheidung dem Schicksal zu überlassen: Okay, wenn ich den nötigen Kredit von einer Bank bekomme, kaufe ich das Haus.
Die Aussicht, einen Kredit zu bekommen, war gleich null – für eine Frau von 82 Jahren, mit nur ganz wenig Eigenkapital und nur einer Lebensversicherung als Garantie, gesundheitlich auf dem Tiefpunkt – denn ich dachte selbst nicht, dass ich das Jahresende überstehen würde. Hatte mir aber fest vorgenommen, auf keinen Fall Buddhina, meine letzte alte Hündin, und das ebenfalls alte Katerchen Sweetie allein zurückzulassen. Das wollte ich wenigstens schaffen, die beiden zu überleben!
Den Prozess gegen das Boulevardblatt hatte ich zwar gewonnen, in einem anderen Rechtsstreit war ich aber nur auf dem Papier erfolgreich und verlor damit meinen Anteil aus dem Hausverkauf.

Dummerweise war ich einem – wie sich später herausstellte – sehr zwielichtigen Menschen auf den Leim gegangen, einem »renommierten« Literaturagenten. Wir hielten uns für »seit Jahrzehnten befreundet« – das behauptete er jedenfalls unablässig. Und ich glaubte ihm. Es ginge bergab mit dem ganzen Geldsystem, der große Crash sei unvermeidlich – so besorgt war er um mich und meine finanzielle Sicherheit, nachdem das Bauernhaus ja nun verkauft war, dass er mich täglich mit Mails bombardierte, die diese katastrophale Weltfinanzlage und meinen damit verbundenen Ruin widerspiegelten – *Du weißt doch, du kannst mir vertrauen – ich habe dich in den vielen Jahren unserer Freundschaft immer gut beraten: In der Bank ist dein Geld bald nichts mehr wert! Investiere es doch in meine Agentur, da ist es sicher, die Agentur will expandieren* etc. etc. etc. Da ich ihm vertraute, überwies ich ihm schließlich die 300 000 DM. In Wirklichkeit war er bereits insolvent. Das Geld war also futsch, will heißen, er hatte es Frau und Kindern überschrieben. Ich gewann zwar den Zivilprozess, meine Strafanzeige führte aber nicht zum Erfolg – obwohl, was ich nicht gewusst hatte, der »renommierte« Literaturagent bereits wegen anderer Betrügereien zu Gefängnis auf Bewährung verurteilt worden war. »Sie hätten sich halt vorher erkundigen müssen«, meinte die Staatsanwaltschaft lakonisch. Selber schuld.
Aufgrund weiterer Betrügereien wurde er ein zweites Mal zu einer Gefängnisstrafe verurteilt – wieder auf Bewährung. Wie viele Bewährungen erhalten solche Ganoven eigentlich? Offensichtlich ist Betrug heutzutage nur noch ein Kavaliersdelikt. Fast täglich in den Gazetten zu lesen. Man habe halt »einen Fehler gemacht«, heißt es dann einfach, als habe man nicht bewusst betrogen, sondern gerade mal falsch geparkt.
Der »renommierte« Literaturagent darf weiterhin sein Unwesen auf Buchmessen treiben und gutgläubige Autoren betrügen, nachzulesen im Internet, in dem einige der Geschädigten sich äußern. Auf der Frankfurter Buchmesse bin ich ihm selbst begegnet – auf der Rolltreppe, er fuhr hinunter, ich hinauf. Ich sagte nur: »Du bist ein Lump.« Das war's dann.

Das Wunder geschah – der Kredit wurde gewährt. Vielleicht war die Bank von meinem (damals noch) Status als Abgeordnete beeindruckt. Ich hatte nun ein sehr reparaturbedürftiges Haus – das ich bis 2046 abbezahlen muss –, aber außer einer Rente, für die ich glücklicherweise viele Jahre eingezahlt habe, überhaupt kein Geld mehr. Für ähnliche finanzielle Engpässe empfehle ich mein bewährtes Rezept: Kohlsuppe – und Pellkartoffeln.

Im Juni 2009 zog ich mit Buddhina und Sweetie in unser neues Haus ein. Legte zunächst einmal eine niedrigere Gangart ein, schaltete runter von Galopp auf Schritt. Sagte alle Termine ab, um in meinem Leben Ordnung zu machen, uralte Post zu beantworten oder im Kamin zu verbrennen, die vielen Kisten mit Fotos und Filmen zu sichten, mit dem Bestatter, einem ehemaligen Pfarrer, über mein Testament und (meine) Verbrennung zu sprechen, immer wieder das Loslassen zu üben und mich auf einen guten Abflug vorzubereiten.

Erstaunt stelle ich fest, dass ich, ohne es eigentlich zu bemerken, gefunden habe, wonach ich die ganze Zeit suchte: Es gibt sie bereits, die Gemeinschaft von Menschen aller Kulturen, die an Aufbau und Verwirklichung eines Friedenslandes arbeiten, in der Mensch und Tier in intakter Umwelt friedlich miteinander leben, nach der Empfehlung der Bergpredigt »Was du willst, das man dir tu, das tu du anderen zuerst.« Dagegen lässt sich doch nun wirklich nichts einwenden! Ableger dieser Friedensoase entstehen bereits in der ganzen Welt!

Ich habe das große Los gezogen! Da bin ich sicher.

Direkt vor der Haustür Wiesen und Wald. Die Nachbarin zur Linken ist meine Hausärztin, zur Rechten wohnt ein Ehepaar – sie Fachärztin für Psychiatrie und Psychotherapie, er Tierarzt. Ein paar Hundert Meter weiter befinden sich Zahnarztpraxis, Friseursalon, Hospiz und natürlich die Klinik. Drumherum leben Ärzte, Krankenschwestern, Kindergärtnerinnen, Therapeuten, Gärtner, Ökobauern und Ökotrophologen, Journalistinnen, Lehrerinnen, Filmemacher, Verkäuferinnen vom Bio-Supermarkt, Handwerker, Musiker, die Friseurmeisterin, der Bestatter – ein kunterbuntes internationales Gemisch. Die meisten in Wohngemeinschaften, Frauen mit Frauen, Männer mit Männern oder Männer mit Frauen, aber auch in Familien mit Kindern.

Urchristen oder, wie ich, wohlwollende, aber durchaus kritische Sympathisanten, und konsequenterweise (wohl alle) VegetarierInnen! Nirgendwo sonst habe ich so viele fröhliche Menschen angetroffen – und darunter so viele selbstbewusste Frauen.
Sogar einen Friedhof gibt es – aber auf den dürfen wir Ketzer nicht, nur die Toten der Amtskirchen.

Mein Misstrauen den Religionen gegenüber wird täglich bestärkt. Im Namen Gottes schlagen sich die jeweiligen Anhänger die Köpfe ein, nach wie vor. Jetzt hat sich sogar der Dalai Lama geäußert: Ethik ist wichtiger als Religion!

Also doch ein roter Faden?

Was für ein Leben! »Pleiten, Pech und Pannen« – eine nach der anderen. Hätte ich anders handeln können, oder musste alles so kommen, wie es kam? Habe ich etwas aus dem Ganzen gelernt? Wenn ja – wofür? Wenn nicht – wozu die ganze Strapaze?
Mir fällt das Hermann Hesse zugeschriebene Gedicht wieder ein, »Das Leben, das ich selbst gewählt«.
In diesem Gedicht wird der Seele, die sich wieder inkarnieren möchte, sozusagen im Zeitraffer vorgeführt, was sie in der von ihr selbst ausgesuchten (!) Inkarnation erwarten wird, und sie wird gefragt, ob sie sich diese Aufgabe zutraut. Bei Hermann Hesse sagt die Seele Ja – ich glaube, ich hätte Nein gesagt und frohgemut auf die Inkarnation in einer solchen Form verzichtet.

Das Leben, das ich selbst gewählt

Ehe ich in dieses Erdenleben kam,
ward mir gezeigt, wie ich es leben würde.
Da war die Kümmernis, da war der Gram,
da war das Elend und die Leidensbürde.
Da war das Laster, das mich packen sollte,

da war der Irrtum, der gefangen nahm.
Da war der schnelle Zorn, in dem ich grollte,
da waren Hass und Hochmut, Stolz und Scham.

Doch da waren auch die Freuden jener Tage,
die voller Licht und schöner Träume sind.
Wo Klage nicht mehr ist und Plage
und überall der Quell der Gaben rinnt.
Wo Liebe dem, der noch im Erdenkleid gebunden,
die Seligkeit des Losgelösten schenkt,
wo sich der Mensch, der Menschenpein entwunden,
als Auserwählter hoher Geister denkt.

Mir ward gezeigt das Schlechte und das Gute,
mir ward gezeigt die Fülle meiner Mängel.
Mir ward gezeigt die Wunde, draus ich blute,
mir ward gezeigt die Helfertat der Engel.
Und als ich so mein künftig Leben schaute,
da hört ein Wesen ich die Frage tun,
ob ich dies zu leben mich getraute,
denn der Entscheidung Stunde schlüge nun.

Und ich ermaß noch einmal alles Schlimme.
»Dies ist das Leben, das ich leben will!«
Gab ich zur Antwort mit entschlossner Stimme.
So war's, als ich ins neue Leben trat
und nahm auf mich mein neues Schicksal still.
So ward geboren ich in diese Welt.
Ich klage nicht, wenn's oft mir nicht gefällt,
denn ungeboren hab ich es bejaht.

Meine Freundin Regine Dapra, die wunderbare Salzburger Malerin, und ich gründeten 1981 in Salzburg den »Verein gegen Tierversuche«. Über die Grenzen des Erträglichen hinaus quälten wir uns mit diesen Gräueln ab, auf internationalen Demos, mit Mahnwachen, Petitionen,

Besuchen bei Politikern. Sie war zierlich und alles andere als robust, schließlich schwer herzkrank. Wir haben oft über den Tod gesprochen und darüber, dass wir uns beide manchmal sogar nach ihm sehnten, weil wir das Leben als zu schwer empfanden.

Sie war so heiter, als sie mich zum letzten Mal anrief, so heiter, so tapfer. Lachend berichtete sie – lachend!: »Ich werde übermorgen wieder mal operiert. Mein Arzt sagte mir, entweder ich sterbe an meinem kaputten Herzen – oder an der Operation. Nach langem Nachdenken habe ich mich doch für die Operation entschlossen – das wollte ich dir vor der OP noch schnell sagen.«

»Der Tod ist mein liebster Bruder, der mich begleitet, um mir jetzt die Tür in ein neues Leben zu öffnen«, hat sie geschrieben. Sie ist aus der Operation nicht mehr aufgewacht. Ihr Mann berichtete, sie habe offenbar doch nicht damit gerechnet, dass sie wirklich während der Operation sterben würde, und auch lange danach nicht begriffen, dass sie nicht mehr unter uns Lebenden war. Alle möglichen Vorfälle im Haushalt sprächen dafür, Dinge, die herunterfielen, eine Uhr, die stehen blieb, ein im Auto abgebrochener Zündschlüssel.

Ich habe nie wieder einen so warmherzigen, lebensklugen und humorvollen Menschen getroffen wie Regine und mir oft gewünscht zu erfahren, wie es ihrer Seele jetzt geht, ob wir uns vielleicht auf ein Jenseits sogar freuen dürfen – auf das Paradies ...

Wir hatten vereinbart, wer von uns beiden zuerst stirbt, gibt der anderen ein Zeichen, falls es »oben« weitergeht. Jahrelang geschah nichts. Doch dann: Es war Sommer, ich saß beim Mittagessen im Garten unter dem Kirschbaum und dachte sehr intensiv an Regine. Plötzlich plumpste eine Kirsche direkt in mein Weinglas, mit solcher Wucht, dass der Wein hoch aufspritzte und ich laut auflachen musste – und meinte, Regines glockenhelles Lachen zu hören! Am nächsten Tag, wieder beim Mittagessen, fiel erneut eine Kirsche vom Baum, diesmal neben den Teller. Während beider Mahlzeiten fielen nur diese beiden Kirschen vom ohnehin so gut wie abgeernteten Kirschbaum.

Typisch Regine, die Geschichte mit der Kirsche, meinte ihr Mann – natürlich war sie es!

Ich möchte ihr so gern sagen: Unser Einsatz für die Tiere wird nicht vergeblich gewesen sein – und, du Liebe, wenn du jetzt wirklich im Paradies bist und es dir dort gut geht, dann gib doch ein Zeichen und lass wieder mal eine Kirsche in mein Weinglas plumpsen ...
Egal ob Wirklichkeit, Wunschtraum oder einfach schön ersonnen: Es wird berichtet, Prof. Dr. Bernhard Grzimek sei, im Jenseits angekommen, fast erdrückt worden von all den Tieren, die ihm ihre Rettung verdankten. Peter Ustinov hingegen habe sich am meisten davor gefürchtet, nach seinem Tod all den Rindern, Schweinen, Hühnern, Fischen, Hummern in die Augen sehen zu müssen, die er hier auf Erden verspeist hat ...

09. August 2009 – Auf nach Büchel!

Der »Ruhestand« hielt nicht lange an, gerade mal zwei Monate.
In dem kleinen Ort Büchel in der Eifel lagern immer noch etwa zwanzig Atombomben – und die sollen nun doch nicht, wie von der Kanzlerin versprochen, abgezogen, sondern modernisiert werden! Ihre Wirkung entspricht mehreren Hundert Hiroshima-Bomben. Deutsche Soldaten üben den Atomwaffeneinsatz mit Tornado-Flugzeugen im Rahmen der sogenannten Teilhabe in der NATO.
Die Initiative »unsere Zukunft – atomwaffenfrei«, der 47 Organisationen angehören, will ein atomwaffenfreies Deutschland als wegweisenden Beitrag für eine atomwaffenfreie Welt. Im August 2009 lud sie zu einer Kundgebung am Fliegerhorst im rheinland-pfälzischen Büchel ein. Ich wurde gebeten, ein paar Worte des Mutmachens in Erinnerung an meine Zeit in Mutlangen zu sprechen.

> *Liebe Friedensfreundinnen und -freunde!*
> *Ich dürfte wohl eine der ältesten noch lebenden Friedensaktivisten sein, bin schon 1958 in München mitmarschiert gegen die Wiederbewaffnung Deutschlands, in Mutlangen bei den Pershing-Blockaden festgenommen worden, habe in Wackersdorf protestiert und und und.*

Wehrt euch! Leistet Widerstand!

Deshalb freue ich mich sehr, dass ich heute bei euch sein kann, um die Forderung »Unsere Zukunft atomwaffenfrei« zu unterstützen. Es darf ja wohl nicht wahr sein, dass mitten in der Eifel, auf dem Fliegerhorst des Jagdbombergeschwaders bei Büchel, immer noch zwanzig amerikanische Atombomben lagern und deutsche Tornado-Piloten den Abwurf dieser Bomben üben dürfen – deklariert als »nukleare Teilhabe« in der NATO!
Wir fordern den Abzug aller Atomwaffen aus Deutschland!
Ich hatte mich schon darauf gefreut, mit euch über Zäune zu klettern wie damals in Mutlangen beim Protest der Ärzte gegen Atomtod – aber wie ich höre, ist das heute nicht geplant, wir werden eine symbolische Sitzblockade veranstalten, auch gut. Ich habe dazu mein aufblasbares Sitzkissen aus der Mutlangen-Zeit mitgebracht und das Pappschild, auf das ich geschrieben hatte: »Bruder Polizist, Bruder Bundeskanzler – ich sitze hier auch für Sie und Ihre Kinder«.
Unser Mut wird langen!

Was kann ich denn schon für den Frieden tun? ...

... Ich bin doch machtlos! Hat denn meine einzelne Stimme überhaupt Gewicht?, denken viele Menschen resigniert.
In einer Fabel wird erzählt:
»Sag mir, was wiegt eine Schneeflocke?«, fragte die Tannenmeise die Wildtaube.
»Nicht mehr als ein Nichts«, gab sie zur Antwort. »Dann muss ich dir eine wunderbare Geschichte erzählen«, sagte die Meise.
»Ich saß auf dem Ast einer Fichte, dicht am Stamm, als es zu schneien anfing; nicht etwa heftig im Sturmgebraus, nein, wie im Traum, lautlos und ohne Schwere. Da nichts Besseres zu tun war, zählte ich die Schneeflocken, die auf die Zweige und auf die Nadeln des Astes fielen und darauf hängen blieben. Genau dreimillionensiebenhunderteinundvierzigtausendneunhundert-zweiundfünfzig waren es. Und als die dreimillionensiebenhunderteinundvierzigtausendneunhundert-dreiundfünfzigste Flocke niederfiel, nicht mehr als ein Nichts, brach der Ast ab.«
Damit flog die Meise davon.
Die Taube, seit Noahs Zeiten eine Spezialistin in dieser Frage, sagte zu sich nach kurzem Nachdenken: »Vielleicht fehlt nur eines einzelnen Menschen Stimme zum Frieden der Welt.«

Absturz in das bisschen Haushalt

Der Absturz in »das bisschen Haushalt« nervt mich mehr als erwartet. Putzen, einkaufen, kochen, abwaschen, wieder putZEN – das ZEN im zweiten Teil des Wortes, nämlich die Aufforderung, auch das Putzen als ZENmeditation zu gestalten, will noch gar nicht gelingen. Das waren schon andere Rauschzustände, als ich in schicken Hosenanzügen mit meinen Aktenordnern wichtig durch die schönen Flure des Maximilianeums eilte.
Ihr lieben Nur-Hausfrauen, es wird nach wie vor viel zu wenig geschätzt, was ihr tagaus, tagein leistet. Das Schlimme ist ja, wenn alles

in Ordnung ist, merkt es niemand. »Das bisschen Haushalt macht sich von allein, sagt mein Mann …«
Es gibt tatsächlich Frauen – ich habe kürzlich eine kennengelernt –, die durch ein neues Schrubbermodell – »Da musst du dich nicht mehr bücken!« –, ein neues Putzmittel – »Ist alles bio!« – und glänzende Kacheln in Ekstase geraten. Zu denen gehöre ich leider nicht.
Der Tag ist nun nicht mehr wie in den letzten Jahren strukturiert – 6 Uhr aufstehen, um 8.30 Uhr geht der Zug, um 10 Uhr ist die erste Sitzung –, ich muss ihn selbst strukturieren. Es ist so verlockend: endlich mal ausschlafen können, ach was, heute mal die Gymnastik weglassen oder den Salat. Wenn derlei Schlamperei droht, sollten die Alarmglocken schrillen!

Es ist Mitternacht, Michelrieth schläft. Ich sortiere die Aktenordner vom Landtag zum Schreddern aus. Einer ist voll mit Petitionen, die ich vergeblich durchzubringen versuchte. Da fordern Opfer der Zwangsjodierung jodfreie Lebensmittel, andere leiden an Gesundheitsschäden durch Zusatzstoffe in Lebensmitteln, durch Handymast-Strahlungen oder Chemtrail; Schmerzpatienten flehen um die Zulassung von Hanf als Schmerzmittel, Mütter protestieren gegen den Impfzwang bei ihren Kindern, Bauern gegen den Impfzwang bei ihren Kühen wegen der Blauzungenkrankheit; Milchbauern verlangen eine höhere Quote oder mehr Geld für ihre Milch; BürgerInnen beschweren sich über ungerechte Behandlung durch öffentliche Ämter etc. etc. etc. Alles immer wieder in den Ausschüssen abgelehnt: Das Thema sei schon behandelt worden, die beanstandeten Werte lägen im Grenzbereich, es läge kein Bedarf vor oder sonst eine Ausrede.
Ich blättere in einer Abhandlung über die Zistrose. Als die Vogelgrippe zu einer Pandemie hochstilisiert wurde, die es gar nicht gab, rief ich in dem berühmten Institut XY an. Ich hätte wiederholt gehört, dass es eine Pflanze gegen alle möglichen Viren wie auch gegen die der Vogelgrippe gäbe, nämlich die in den Mittelmeergebieten beheimatete Zistrose.
Ja, das stimme, wurde mir geantwortet – aber man habe die Zistrose noch nicht im Tierversuch getestet. Und ob ich das denn wolle?

Ohne Tierversuche werde die Verwendung der Zistrose aber nicht genehmigt.
Wer es fassen kann, fasse es!

Ein ganzer Karton ist voll mit den über zwanzig Büchern, die ich geschrieben habe, ein anderer mit Dankesbriefen von Menschen, die durch diese Bücher und auch durch das Barbara-Rütting-Brot Gesundheit und Vitalität erlangt haben.
Bei Sängern gehen, wenn sie gestorben sind, ihre Alben besonders gut – aber wird nach meinem Ableben noch jemand das berühmte Brot essen wollen (»Ätsch, hat ihr auch nichts geholfen!!!«) oder gar die Bücher mit den hochtrabenden Titeln kaufen? *Was mir immer wieder auf die Beine hilft* sollte man dann wohl besser nicht neu auflegen, *Ich bin alt und das ist gut so* hingegen könnte man vielleicht umtiteln in *Ich bin tot und das ist gut so* – *Barbara Rütting plaudert aus dem Jenseits, exklusiv für BILD* ... das würde sicher posthum ein Renner. Werde ich dem Verlag mal vorschlagen.

Du nimmst den lilanen!

Ich, die ich nie Vorträge halten wollte, war damit inzwischen so erfolgreich, dass ich mich vor Anfragen kaum retten konnte – vor allem von Volkshochschulen, Tierschutzorganisationen, zu Demos, Kongressen. Es gelang mir immer besser, den Zusammenhang zwischen Menschen-, Tier- und Umweltschutz zu vermitteln. Daneben schrieb ich ein Buch nach dem anderen, die meisten wurden Bestseller.
Wie eng Lachen und Weinen beieinanderliegen und wie es gelingen kann, sich selbst aus einer depressiven Verstimmung durch Lachen zu befreien, erfahre ich immer wieder.
Ich war zu einem Kongress eingeladen, um mein neues Buch *Was mir immer wieder auf die Beine hilft* vorzustellen. Tausend Besucher hatten sich angemeldet, darunter viele GesundheitsberaterInnen.
Wie immer nervös vor einer solchen Veranstaltung, die diesmal noch dazu als DVD aufgezeichnet wurde, hatte ich mich intensiv vorbe-

reitet, gekürzt, wo der oft gehaltene Vortrag zu lang war, wochenlang über mein »Outfit« nachgedacht. Ein dunkelblauer Hosenanzug schien mir angemessen, denn immerhin begann ich mit der Schilderung meines Burnouts als Folge der frustrierenden Arbeit als Abgeordnete im Bayerischen Landtag. Andererseits sollte mein Vortrag Mut machen, nach dem Motto »Nie anfangen aufzuhören und nie aufhören anzufangen«. War Blau für das Thema vielleicht zu kühl? Wäre Rot besser? Diese Frage fiel mir am Vortag des Kongresses ein!
In der Nähe der Autobahn gab es einen Outlet-Laden. Also schnell hin. Eine Verkäuferin riet mir zu Rot. Obwohl ich mich darin unbehaglich fühlte, ließ ich mir einen engen (»Das trägt man jetzt so. Und wer, wenn nicht Sie, kann sich das leisten?«) knallroten, noch dazu glänzenden Blazer einreden.
Zu Hause angelangt kam mir der enge, rote und glänzende Blazer regelrecht ordinär vor. Doch lieber den alten schwarzen anziehen, eine rote Rose am Revers? Hatte ich schon so oft! Und der graue? Zu indifferent. Also doch den blauen nehmen? Irgendwie kein Pfiff, zu kühl, passt nicht zu mir, fand meine Mitarbeiterin Manuela, riet zu dem roten. Stimmt, Rot wirkt positiv. Mein Vortrag soll ja Mut machen!
Und das alles am Abend vorher!
Ich gerate in Panik. Maile einen Hilferuf an eine befreundete Moderatorin, deren Kleiderschrank von Hosenanzügen überquillt. Silke mailt prompt zurück: »Mach Dir keinen Stress, ich hänge Dir morgen früh um acht auf dem Weg ins Studio einen Schwung Klamotten an die Tür, vielleicht ist etwas dabei.«
Der Wecker braucht gar nicht zu klingeln, denn natürlich kann ich kaum schlafen. Für 12:30 Uhr ist das Taxi bestellt. Aus dem Spiegel schaut mich ein unausgeschlafenes, verzweifeltes Gesicht an, mit einem Pony, der über die Augen hängt. Nun tue ich, wovon ich jeder Frau ständig abrate – fange an, am Pony herumzuschnippeln. Schließlich ist er schief. Um acht Uhr klingelt der Wecker, gleichzeitig klingelt es an der Tür: im strömenden Regen steht Silke mit einem Haufen Blazern über dem Arm – vielleicht ist was dabei. »Mensch, Barbara, mach' dich doch nicht verrückt – das schaffst du doch mit links!«

Ich probiere Silkes Blazer. Der schwarze wirkt zu trist, der blaue zu kühl, die gemusterten machen mein Gesicht zu unruhig. Wieder Panik! Ich werde anrufen und einfach absagen ... aber mit welcher Begründung? Ich hab' nichts anzuziehen? Mein Pony ist schief?
Im Schrank entdecke ich einen wenig getragenen lila Blazer. Wie wäre es mit dem? Das Telefon klingelt. Vielleicht ist der Kongress geplatzt??? Mitnichten. Es ist die befreundete Friseurmeisterin unseres Dörfchens, sie habe das Gefühl, mir gehe es nicht gut, ich brauche Hilfe. Wie recht sie hat!
Jeans und Pulli über den Schlafanzug gezogen, hechte ich mit dem lila und dem roten Blazer zum Friseurstübchen. »Unmöglich der rote, viel zu knallig«, befindet Lioba. »Du nimmst den lilanen!« Und bietet mir noch eine Kopfmassage an zur Beruhigung. Dafür ist aber keine Zeit. Also der lilane. Lieber underdressed für diesen Anlass als overdressed, hatte schon die zuständige Frau vom Verlag empfohlen.
Ich schaffe es, den wegen seines verspäteten Frühstücks erbosten, heftig miauenden Kater Sweetie zu füttern und einen abgekürzten Gassigang mit Hündin Nela zu machen, und sinke mit schiefem Pony – erschöpft, aber pünktlich – ins Taxi.
Schnitt.
Im Kongresshaus unglaubliche Hochstimmung. Der Referent vor mir hat über die katastrophale Zunahme von Suchtkrankheiten berichtet, von Alkohol-, Nikotin-, Zucker-, Mager-, Medikamenten-, Sex- und sonstigen Süchtigen, gar nicht zu reden von den vielen Workaholics. Anschließend, hat der Veranstalter vorher angekündigt, wird uns die Barbara Rütting mit ihren Mutmacher-Tipps dann wieder auf die Beine bringen.
Der Vortrag über die süchtige Welt hat offensichtlich nicht nur mich, sondern das gesamte Publikum in eine Schockstarre versetzt. Die vorher so gute Stimmung im Saal ist auf dem Nullpunkt angelangt.
Die geballten Schreckensmeldungen über den Zustand der Menschheit haben mich dermaßen deprimiert, dass ich förmlich in mich zusammengesackt bin, mich fühle wie ausgeblutet, total energielos. Alles erscheint so hoffnungs- und aussichtslos. Wie soll ich mit meinen Hausfrauen-Weisheiten gegen diese Tristesse ankommen?

Sagen, ich kann nicht?

Ich bitte den Veranstaltungsleiter um eine Pause – zehn Minuten mindestens, bitte!!! Jemand führt mich hinter die Bühne, gibt mir Wasser zu trinken, ich mache meine Atemübungen und – bete. Bete um Hilfe! Zu wem?

Allmählich beruhigt sich meine aufgewühlte Seele, wie in Trance gehe ich auf die Bühne und höre mich statt der Eröffnungsworte, die ich mir vorgenommen habe, ohne zu überlegen sagen: »Liebe Freundinnen und Freunde, der Vortrag eben hat mich so mitgenommen, dass ich am liebsten mit euch allen nichts als weinen möchte. Ich werde es stattdessen mit Lachen versuchen. So, wie ich mich auch zu Hause oft aus einer Depression herauskatapultiere. Vielleicht gelingt es.«

Ich fange an, ein bisschen zu glucksen, stelle mir vor, wie Katerchen Sweetie sich darüber freut und mich mit markerschütterndem Schnurren anfeuert – und schaffe es tatsächlich, nicht nur mich, sondern das gesamte Publikum aus der gedrückten Stimmung zu befreien.

Gelächter auch im Publikum und donnernder Applaus. Dann läuft der Vortrag zwar völlig anders als geplant, aber so, dass ich mit Glückwünschen geradezu überschüttet werde: So etwas Authentisches, Herzerfrischendes hätte man noch nie erlebt – und ich sei ja *die* Mutmacherin in Person, man wäre ganz beschwingt nach Hause gegangen.

Kann man sich ein schöneres Kompliment vorstellen?

Wer schon einmal Tränen gelacht hat, weiß, wie eng Lachen und Weinen beieinanderliegen, wie Lachen in Weinen übergehen kann und Weinen in Lachen, und wie sehr beides die bedrückte Seele befreien kann.

Lache, Bajazzo – und weine, Bajazzo!

Und die Männer?

»In den Liebesbeziehungen habe ich mich nie völlig gehen lassen. Sie machten mir Spaß, aber ich vergaß mich dabei nicht. Das bisschen Verstand und Urteilsvermögen, das mir von der Natur mitgegeben wurde, wusste ich zum Vorteil der Frauen und zu meinem eigenen voll und ganz zu bewahren: Etwas Erregung, ja – aber bitte keine Raserei! Und: Die Liebe ist eine fröhliche und springlebendige Gefühlsregung; sie hat mich nie in Verwirrung oder tiefes Leid gestürzt, sondern immer nur erhitzt und durstig gemacht – und genau da muss man einhalten.« (Michel de Montaigne, 1533-1592)
Der Glückliche! Meine Liebesbeziehungen waren stets begleitet von Eifersucht und Dramen. Geradezu absurd das ewige In-die-Liebe-und-wieder-aus-der-Liebe-Fallen, ermüdend die ewige Wiederholung alter Verhaltensmuster. Und eigentlich rätselhaft, warum eine immerhin doch ziemlich erfolgreiche und allgemein als selbstbewusst empfundene Frau wie ich immer wieder in die gleiche Beziehungs-Sucht-Falle getappt ist – wie so viele meiner Geschlechtsgenossinnen.
Immer schnell und rasend verliebt, war ich ebenso schnell und rasend entliebt, im herkömmlichen Sinn selbst nicht treu, aber extrem eifersüchtig – eine unpraktische Kombination, besonders für eine dauerhafte Beziehung.
Kopfschüttelnd blättere ich in meinen Tagebüchern: Verliebt in X, Y, Z – und frage mich, ob SchauspielerInnen vielleicht gar nicht lieben können, ob die Entscheidung für diesen Beruf vielleicht bereits Zeichen eines Liebesdefizits ist, ob da ein Liebesfähigkeits-Gen fehlt. Mir scheint, SchauspielerInnen lieben nicht und werden nicht geliebt. Geliebt wird immer die Rolle.
Über einen Drehtag zum Film *Das zweite Leben* (1954), eine französisch-deutsche Koproduktion, habe ich notiert:
»Michel Auclair spielt einen französischen Soldaten, der als Folge einer Kopfverletzung das Gedächtnis verloren hat, ich eine deutsche, ihn betreuende Lazarettschwester.
Szene: Es ist Krieg, der gedächtnislose Michel Auclair ist aus dem Lazarett entwichen und auf ein Minenfeld geraten. Ich als seine Pfle-

gerin erkenne in diesem Moment furchtbarer Gefahr, dass ich diesen Mann liebe. Rase zu dem Minenfeld hin, schreie ihm zu, stehen zu bleiben, sich nicht von der Stelle zu rühren, er versteht offenbar, bleibt unbeweglich stehen. Ich gehe zu ihm, um ihn zurückzuholen, durch das Minenfeld, langsam, Schritt vor Schritt, die Augen abwechselnd auf den Mann und den verminten Boden gerichtet, jeden Augenblick kann einer von uns, können wir beide in die Luft fliegen, jeder Schritt kann den Tod bedeuten. Als ich endlich bei ihm angelangt bin, Schnitt, Kamera aus.«

Mit Michel Auclair

Nicht im Drehbuch stand, dass wir uns dann in die Arme fielen und ich laut schluchzte, stundenlang nicht aufhören konnte. Weil ich wieder einmal meine Rolle nicht spielte, sondern er-lebte, er-litt.
Ich heulte den ganzen Abend durch, wie verhext, von Sehnsucht verzehrt – Sehnsucht wonach? Sehnsucht der Lazarettschwester nach ihrem Patienten mit der Kopfverletzung, der Schauspielerin nach dem Schauspieler? Oder Barbaras Sehnsucht nach Michel, mit dem ich privat nur wenige Worte gewechselt hatte?
Ich lese weiter: Verliebt in X – weil wir gemeinsam Vivaldi hörten? Verliebt in Y – weil wir zusammen Gedichte lasen? In Z – weil er das »R« so entzückend rollte?

1953 drehten wir in Jugoslawien den Film *Die letzte Brücke*. Der schwermütige Bernhard Wicki spielte einen Partisanen, in den ich mich – wie kann es anders sein – verliebte. In wen: Den Partisanen? Den Schauspieler? Oder den Menschen?

In den sechziger Jahren tourte der russische Dichter Jewgeni Jewtuschenko – berühmt vor allem durch sein Gedicht »Babi Jar« – durch Deutschland, ließ sich feiern und verdrehte Kritikern wie Frauen die Köpfe, auch mir. Unser Kuss beim Münchner Filmball wurde zum Gesprächsthema Nummer eins. Die anderen Paare hatten die Tanzfläche längst verlassen, nur wir beide standen noch da, in diesen Kuss versunken, minutenlang. Das war's dann auch schon. Ich kaufte mir zwar sofort Kassetten, um Russisch zu lernen – man wollte sich zu Silvester in Moskau treffen –, stattdessen spielte ich am Düsseldorfer Schauspielhaus die untreue Marie im *Wozzeck* und verliebte mich in den Regisseur. Alter schützt vor Torheit nicht. Ich war schon fünfundsiebzig Jahre alt – diesmal war es sein wiegender Gang … er war zwanzig Jahre jünger als ich, aber depressiv und uralt, wie er selbst bemerkte – und was stimmte. Beim Waldspaziergang mit den Hunden sprach er mich an. Als Neurologen interessiere ihn, ob die von mir im Fernsehen vorgestellte Lachtherapie tatsächlich das Gehirn zur Ausschüttung von Glückshormonen anrege.

Zwei Neurotiker hatten sich getroffen. Er hatte offensichtlich seine Approbation verloren, das Geheimnis, warum, blieb ein Geheimnis. Wir waren sofort in ein Gespräch über Kierkegaard, Krishnamurti und Osho vertieft – er kannte Osho! Ich war selig. Der »Gleichgesinnte«, auf den ich immer gewartet hatte! Suizidgefährdet und deprimiert über den Zustand der Welt war er auch. Doch ich hatte unser beider hysterische Anteile unterschätzt. Diese vereitelten sogar die harmlose Idee, gemeinsam einen Kaffee zu trinken – entweder bekam er Durchfall oder ich einen Anfall nervöser Angina Pectoris. Damit war zum Glück die Romanze beendet, bevor sie beginnen konnte.

Und die Moral von der Geschicht?

ZEN-geübt zuschauen und alles an sich vorüberziehen lassen wie einen Fluss, im Bewusstsein, dass wir die wahren Ursachen der Zufriedenheit und der Erfüllung in uns selbst suchen müssen.

Sagt der Dalai Lama. Und der muss es doch wissen.

In Gesprächen mit anderen Frauen stelle ich immer wieder fest, wie vielen es ähnlich geht, wie viele an Beziehungssucht leiden, unabhängig von sozialem oder gesellschaftlichem Status, von Erfolg und Karriere.

Zur Beziehungssucht gesellt sich bei mir das Helfersyndrom. Macht soll »geil« machen? Mich nicht. Im Gegenteil. Das Helfersyndromgebeutelte Waltrautchen findet unter hundert Erfolgreichen blind den traurigen, selbstmordgefährdeten, zu Recht oder Unrecht verkannten Dichter heraus und startet, in Liebe gefallen, die Aktion zu seiner Rettung. Das sieht so aus: Ihm die Minderwertigkeitskomplexe nehmen, ihn aufbauen, ihn groß und sich selbst immer kleiner machen, nach altbekanntem Muster. Ergebnis: Verachtung des »Geretteten« für seine »Retterin«. Ende der Beziehung. Bis zum Beginn der nächsten – nach dem gleichen Muster.

Ich rette – also bin ich?

Auch der Versuch, aus dem üblichen Karussell von Treuebrüchen, Verschweigen, Lügen, Eifersucht und Verlassensängsten auszubrechen, war nicht von Erfolg gekrönt. Eine Dreierbeziehung, die sich sogar zu einer Viererbeziehung entwickelte, endete ebenso im Chaos. Eine/r war doch immer wieder eifersüchtig.

In meinen Bücherregalen stapeln sich die Partnerschaftsratgeber: *Die Zweierbeziehung; Wenn Frauen zu sehr lieben; Männer lassen lieben; Männer sind anders. Frauen auch.* – alles hat nichts genützt. Auch nicht der Workshop »Wer bin ich?«. Drei Tage lang fragt jede Teilnehmerin, jeder Teilnehmer sich selbst ununterbrochen: »Wer bin ich?«.

Ich habe drei Tage lang gefragt.

Wer bin ich also? Keine Ahnung. Ich frage stattdessen: Bin ich die, für die ich mich halte?

Unter www.new-scientist.com lese ich:

»Glaubt man den Hirnforschern, so ist der Zustand des Verliebtseins (…) nichts weiter als eine Mischung aus Hunger- und Zwangssymptomen. Siebzehn bis über beide Ohren verliebte Männer und Frauen ließen sich von den Forschern per Brainscan ins Gehirn schauen. Wurde ihnen ein Bild ihrer Flamme gezeigt, so feuerten die Hirnbereiche,

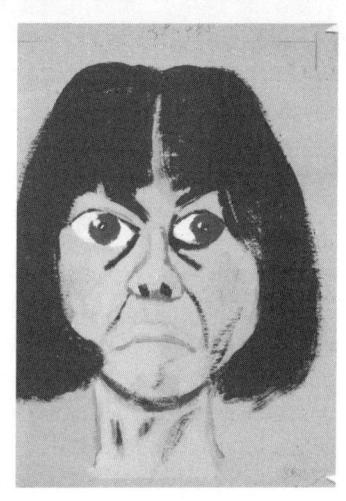

Ein frühes Selbstporträt

die für Motivation und Belohnung stehen, wild los, und der Neurotransmitter Dopamin strömte aus. In den für tief gefühlte Emotionen zuständigen Bereichen blieb es dagegen mucksmäuschenstill. Diese werden erst in reiferen Phasen einer Beziehung aktiv. Die Gehirne der Versuchspersonen waren dagegen sehr stark auf Bedürfnis und Befriedigung fixiert. Dieselben Hirnteile wie z.B. beim Essen von Schokolade waren aktiv. Die Hirnaktivitäten sind dabei denen von obsessiv-kompulsiven Patienten sehr ähnlich.«
Ich hab's doch geahnt!
Als junges Mädchen wünschte ich mir ein Kloster für Atheisten. Was wäre mir in einem solchen Kloster erspart geblieben (oder auch nicht)!
Im Autoradio das Ende eines Gedichts gehört:

>*Drum schminke dich*
>*Betrinke dich*
>*Doch tu es für dich*
>*Tu's nicht für einen*
>*Tu es für keinen*
>*Tu's nicht für deinen*
>*Mann Mann Mann*

September 2009 – Renate Künast erschlägt einen Fisch

Renate Künast, Spitzenkandidatin der Grünen bei der Bundestagswahl 2009, hat vor laufender ARD-Kamera – und in Anwesenheit eines kleinen Jungen – an einer Tischkante einen eben selbst geangelten Fisch totgeschlagen. Und dann noch gesagt: »Ganz ehrlich, wenn der Fisch nachher gut schmeckt ...« Das 9,5-minütige Video war auf YouTube zu sehen.

Die Zeitungen berichteten brühwarm – unter anderem Johannes Schneider am 23. September 2009 im *stern* unter der Überschrift »Fisch-Affäre: Renate Künast rutscht auf einem Saibling aus«:

»Grünen-Spitzenkandidatin Renate Künast versuchte in einer ARD-Sendung, einen Fisch zu töten. Ist das der Rede wert? Ja! Denn Künasts Tötungsversuch war alles andere als sachgerecht. Das demoliert das Image der Grünen als Tierschutzpartei – ausgerechnet kurz vor der Wahl. ›Da ich Fisch esse oder auch Fleisch, ist für mich eines wichtig: dass man das, was man tut, wenn man sie tötet, sehr ordentlich, professionell und schnell macht‹, sagt Künast hinterher.
Den Satz hat Renate Künast tatsächlich gesagt, nur die artgerechte Tötungspraxis misslang ihr zuvor gründlich: In der ARD-Sendung ›Abgeordnet‹ war sie Anfang September an der Seite eines oberbayrischen Landwirts dabei zu sehen, wie sie zunächst dessen siebenjährigem Sohn bei der erfolglosen Tötung eines hin- und herglitschenden Saiblings assistierte. ›Oh Mann!‹, entfuhr es Künast da, und sie erledigte das nächste Tier lieber selbst mit drei mehr oder minder gezielten Schlägen. Ausgenommen und damit endgültig getötet wurde der Saibling jedoch nicht, lediglich benommen zur Seite geschoben.«

Die Grünen von heute sind angepasst, buhlen in allen Richtungen um Stimmen, bei den Bauern, den Jägern, den Fischern, den Migranten, man ist ja so tolerant. Zuerst die Zustimmung der Grünen zum Afghanistankrieg, jetzt die Fisch-Affäre – mir war klar, ich musste diese Partei verlassen, zum zweiten Mal.

Für den 22. September war ich als Grünen-Politikerin in die Sendung »Bei Maischberger« eingeladen, zusammen mit je einem Vertreter von CDU, SPD und FDP. Ich rief in der Redaktion an, schilderte die Situation – und wir einigten uns, dass ich den Entschluss, aus der Partei auszutreten, während dieser Sendung verkünden würde.

23. September 2009 – Parteiaustritt

Selten war ich so nervös wie vor dieser Talkshow. Wie würden meine WählerInnen und die Medien reagieren? Die Reaktionen bei Medien und Publikum fielen erstaunlich positiv aus.
Zum Beispiel Thorsten Pifan am 23. September 2009 in der *Welt*:

»Sandra Maischberger (…) widmete sich dem Kreuz mit dem Kreuz und förderte kuriose Sympathien zutage. Eine Grüne erklärte vor laufender Kamera gar ihren Parteiaustritt.
Die 81-jährige Barbara Rütting trägt Schwarz an diesem Abend. Auf den ersten Blick fällt die Kleidung der Grünen-Politikerin gar nicht auf. Doch dann erklärt sie vor laufender Kamera fast atemlos ihren Parteiaustritt – bereits zum zweiten Mal. Das löst Betroffenheit im Studio aus. Zum Beispiel Schauspieler-Kollege Sky du Mont ist entsetzt. Für den Anhänger der FDP ist Rütting eine sehr glaubwürdige Vertreterin grüner Politik.
Und damit geht in der Sendung ›Der gequälte Wähler – Wohin mit dem Kreuz?‹ die Rechnung des Redaktionsteams schon nicht mehr auf. Für alle im Bundestag vertretenen Parteien sind Vertreter – oder Sympathisanten eingeladen. Nach nicht einmal zehn Minuten haben die Grünen ihre Stimme verloren.«

Ich hatte damit gerechnet, als gefühlsduselige Spinnerin verspottet zu werden. Erstaunlicherweise gab es auch in der Bevölkerung, bei Bekannten und Weggefährten nur positive Reaktionen. Zwei davon:
»*Barbara Rüttings Parteiaustritt ist das richtige Signal zur richtigen Zeit: Eine Partei, deren Spitzenrepräsentantin sich mit Tiermord anbiedert, ist*

für Tierfreunde nicht wählbar. Die Grünen sind seit Langem eine ausgewiesene Anti-Tierrechts-Partei. Künast hat dies jetzt lediglich für jedermann sichtbar gemacht ... HFK« (Helmut F. Kaplan, Philosoph und Tierrechtler)

Ein anderer zu Künasts Fischtötung: »*Das war ja das reinste Anti-Mitgefühlstraining, was sie da gemacht hat.*«

Besonders erschüttert hat mich ihr Ausspruch: »*Ganz ehrlich, wenn der Fisch nachher gut schmeckt ...*« Damit kann man alles entschuldigen – beziehungsweise eben nicht.

Weil du arm bist, musst du früher sterben!

Wie wahr, auch heute noch.

Es stellt sich heraus, dass weder meine gesetzliche Krankenkasse noch meine private Zusatzversicherung auch nur ein Minimum von dem erstatten werden, was ich zum Wieder-gesund-Werden gebraucht habe und immer noch brauche. Marcumar hingegen, Betablocker, Schrittmacher hätten die Kassen vermutlich problemlos erstattet, ebenso neue Herzklappen, womöglich ein neues Herz.

Mein Vorhofflimmern hat sich gebessert, aber nicht durch Marcumar und Betablocker, sondern durch Infusionen von Sauerstoff, Vitaminen, Mikronährstoffen und Arzneien wie Weißdorn, durch Nervenpunktmassagen, Craniosacral-Behandlungen und ähnliche von der sogenannten Wissenschaft als Humbug angesehene Methoden.

Obwohl finanziell nach wie vor angespannt durch den Hauskauf, leiste ich mir solche Behandlungen, was der Normalbürger oder gar Hartz-IV-Empfänger eben nicht kann. Der muss schlucken, was die Pharmaindustrie ihm vorschreibt – und die will beileibe nicht, dass er gesund wird. Im Gegenteil: Nur Kranke bringen Kohle. Deshalb werden immer wieder einfache, kostengünstige gesund machende Arzneien unterdrückt – ich denke nur an den schmerzlindernden Hanf oder – gerade bekannt geworden – eine jahrzehntelang von der Pharmaindustrie unterdrückte Neurodermitis lindernde Salbe.

Ergo – es gilt noch immer: »Weil du arm bist, musst du früher sterben!« oder anders ausgedrückt: »Weil du arm bist, wirst du so lange wie möglich krank, aber gerade noch am Leben gehalten.«
Während der fünf Jahre in Dänemark habe ich mich ausführlich mit Nikolai Frederik Severin Grundtvig beschäftigt. Er lebte von 1783 bis 1872, war Schriftsteller, Dichter, Philosoph, Historiker, Pfarrer, Pädagoge und Politiker und gilt als Vater des Begriffs »Lebenslanges Lernen«. Einige seiner Gedichte kann ich noch heute auswendig – vor allem hat mich aber der Satz fasziniert, mit dem er »die ideale Gesellschaft« charakterisierte: »*hvor faa har for meget, og faerre for lidt*« – *eine Gesellschaft, in der (nur) wenige zu viel und noch weniger zu wenig haben.*«
Das wär's doch! Und immer für etwas begeistert sein – ein Leben lang!

Gesundheitlich geht es täglich bergauf – dank der Naturklinik, ihren großartigen Therapeuten und Ärzten. Und weil es mir einfach unendlich guttut, inmitten so vieler friedvoller Menschen und Tiere zu leben.

Auf der Wiese eine ganze Reihe prachtvoller, frisch aufgeworfener Maulwurfshügel. Die tierlichen KollegInnen waren fleißig!
Mit meinem Versuch, in Österreich eine Öko-Siedlung auf die Beine zu stellen, war ich, wie so oft in meinem Leben, wohl »zu früh« dran – obwohl: Einer muss ja »zu früh« dran sein, damit sich etwas verändert. Zwei aus diesem Debakel gewonnene Erkenntnisse: Geeignet für eine Gemeinschaft sind nur Menschen, die nicht aus Bedürftigkeit kommen, sondern solche, die sehr wohl allein leben können, aber gern mit anderen teilen und am Aufbau einer Friedensoase mitarbeiten wollen, die erst einmal geben statt nehmen wollen. Und ganz wichtig: Jede/r muss wissen, wie viel Nähe er/sie wünscht und wie viel Distanz.
Alle in derselben Badewanne, hat schon manche Kommune scheitern lassen.
In allen möglichen Öko-Blättchen, die mir die Post ins Haus bringt, werden Projekte vorgestellt, ähnlich dem meinen, werden »Gleichgesinnte« gesucht, bieten sich »Gleichgesinnte« an. »Eine Idee nimmt Gestalt an«, heißt es da auch hoffnungsvoll, da sind die Fragebögen,

ähnlich denen, die wir damals für Doppendorf verfasst haben: »Angaben zu deiner Person – Welche Lebensform stellst du dir vor? – Wie viel Wohnraum? – Welche Freizeiteinrichtungen wünschst du dir? – Wie sieht dein idealer Arbeitsplatz aus? – Wie könnte unser Öko-Projekt finanziert werden? etc ...«
Mir krampft sich das Herz zusammen, wenn ich mir vorstelle, wie viele Enttäuschungen die alle noch vor sich haben ...

Warum nun auch noch vegan?

Nach über vierzig Jahren vegetarischer Lebensweise verkündete ein Grummeln im Bauch: Ein weiterer Schritt ist angesagt. Ich aß zwar nichts mehr vom toten Tier, wohl aber noch vom lebenden – nämlich Milchprodukte wie Butter, Sahne, Käse und Eier, fand das auch ganz in Ordnung. In meinem ersten Kochbuch gab es noch eine tolle Nusstorte – vegetarisch, aber mit sechs Eiern!
Es wurde immer klarer, dass ich auch alle Produkte vom lebenden Tier streichen musste – dem Tier- und Klimaschutz, aber auch meiner Gesundheit zuliebe.
Denn auch den Bio-Kuhmüttern werden die Kälbchen entrissen, auch männliche Bio-Küken werden vergast oder geschreddert – und an der katastrophalen Klimaveränderung hat, wie immer mehr erkannt wird, die Massentierhaltung einen Hauptanteil.
Ich ließ von einem Tag auf den anderen alles vom Tier weg – und wunderte mich über meine zunehmend schlechte Laune, hatte regelrechte Entzugserscheinungen. Des Rätsels Lösung: Butter, Sahne und Käse enthalten Tryptophan, die Vorstufe des Glückshormons Serotonin, und das fehlte mir plötzlich. Alle, die sich auf eine vegane Kost umstellen wollen, sollten also besser in kleinen Schritten vorgehen, sonst sind die Rückfälle vorprogrammiert – und sich vor allem an pflanzlichen Lebensmitteln delektieren, die das begehrte Tryptophan enthalten, als da sind Vollkornprodukte, Hülsenfrüchte, Nüsse, alle möglichen Samen, Sprossen oder Keimlinge, alles Grünzeug (besonders in roher Form), Bananen.

Tierliches wegzulassen allein genügt nämlich nicht! Vegane Kost ist nicht automatisch auch vollwertig. Sie muss abwechslungsreich und sorgfältig zusammengestellt werden.

Immer mehr Menschen entscheiden sich täglich für eine vegane Lebensweise. Hoffentlich hält der vegane Trend an … Namhafte Klimaforscher behaupten: Die Zukunft wird vegan sein – oder sie wird nicht sein!

In meinem Buch *Vegan & vollwertig – meine Lieblingsmenüs für Frühling, Sommer, Herbst und Winter* berichte ich über meine Erfahrungen und stelle köstliche Mahlzeiten vor, die sowohl vegane wie vollwertige Kriterien erfüllen.

Der »Verzicht« auf alte gewohnte Genüsse wird mehr als aufgewogen durch das Glücksgefühl, nicht länger am Leiden und Sterben von Tiergeschwistern mitschuldig zu sein.

Und keine Angst – die oft mumienhaft wirkenden Veganer von anno dunnemals sind Schnee von gestern. Heute findet man unter ihnen die schönsten Models, Sängerinnen und Schauspielerinnen der Welt, Bodybuilder, muskelstrotzende Athleten und Marathonläufer! Also nur Mut!

Gesundheitstipp: Cognak, Sekt und Weißwein!

Da bleibt einer Gesundheitsapostelin doch die Spucke weg! Nach einer – allerdings unverbürgten – Meldung antwortete eine 103-jährige Frau auf die Frage, wie sie es geschafft habe, in ihrem Alter so gut in Form zu sein: Sie trinke jeden Morgen nach dem Frühstück einen Kognak, im Kühlschrank stehe immer eine Flasche Sekt für sie bereit, nach dem Mittagessen genehmige sie sich wieder einen Cognak und am Abend einen leichten Weißwein!

Na dann prost!

Dabei fällt mir auf, dass auch wir in meiner Zeit als Schauspielerin ganz schön gebechert haben!

Plötzlich eine Erfolgsmeldung nach der anderen – da lacht das Herz

Wenn ich heute Bilanz ziehe aus meinen sechs Jahren im Landtag, stelle ich fest, dass mittlerweile viele meiner Vorschläge, für die ich mich eingesetzt habe und die immer wieder abgeschmettert wurden, in der Politik ernsthaft diskutiert oder sogar schon umgesetzt wurden bzw. werden:

- ❀ *Gesetz über Patientenverfügung tritt in Kraft!*
  Wieder einmal haben wir Bürger und Bürgerinnen uns mit unseren Forderungen durchgesetzt.
- ❀ *Die belgische Stadt Gent führt als erste einen fleischlosen Wochentag ein!*
  Die Stadt Gent wirbt: »Durch die Teilnahme am fleischfreien Donnerstag wählen wir Gesundheit – unsere eigene und die unseres Planeten!« Insgesamt sind seitdem circa vierzig Städte diesem Beispiel gefolgt, darunter Bonn, Bremen, Köln, Magdeburg, Schweinfurt, Stuttgart etc., und es werden zunehmend mehr!
- ❀ *Tiere sind jetzt fühlende Wesen.*
  Dass die Politik der gesellschaftlichen Entwicklung in der Regel hinterherhinkt, ist nichts Neues. Umso mehr darf man sich freuen, wenn grundlegende Erkenntnisse endlich bei Politikern ankommen und ihren Weg in offizielle Dokumente finden. So ist jetzt der neue EU-Reformvertrag in Kraft getreten, der Tiere offiziell als »fühlende Wesen« anerkennt.
- ❀ *Die bayerischen Bürger und Bürgerinnen haben im Volksentscheid für einen entschiedenen Nichtraucherschutz gestimmt.*
- ❀ *Endlich soll das Schreddern von männlichen Küken verboten werden.*
- ❀ *Luxemburg verbietet die Fuchsjagd.*
- ❀ *Immer mehr Länder verbieten die Haltung von Wildtieren in Zirkussen.*
- ❀ *Bald flächendeckende Kastrationspflicht für Katzen?*
- ❀ *Nordrhein-Westfalen verbietet den Abschuss von Hauskatzen.*
- ❀ *Katalonisches Parlament stimmte für Abschaffung des Stierkampfes!*
  Das katalonische Parlament hat in erster Lesung dem Gesetzesvorschlag, den Stierkampf in Katalonien zu verbieten, zugestimmt.

- *Für Schmerzpatienten soll es eine Gesetzesänderung geben und Cannabis zugelassen werden.*
- *Das Gesetz zur aktiven Sterbehilfe soll novelliert werden.*
- *Immer mehr Grundstückseigentümer verbieten mit Erfolg die Jagd auf ihrem Grundstück.*
- *In Deutschland gibt es heute (Stand 2015) neun Millionen Vegetarier, Tendenz steigend. Vor einigen Jahren waren es nur vier Millionen.*

Erfolgsmeldungen auch im Kleinen

Als ich, zurück aus Pune als frischgebackene Trainerin für Lachen und Weinen, im Fernsehen begeistert über die Heilkraft des Lachens und Weinens berichtete, erntete ich nur Kopfschütteln. Nun ist sie total durchgeknallt, die Rütting. Inzwischen hat die Lachtherapie Einzug in Krankenhäuser und sonstige Heilstätten gehalten und bewährt sich besonders bei Depressionen. Danke, Osho!

Sehr glücklich machen mich die vielen, vielen dankbaren Rückmeldungen, die ich von meinen Lesern und Leserinnen erhalte – wie:

»… im Dezember stellte man bei mir hohen Blutdruck (Höchstwerte 192/137) und Verkalkung des linken Herzkranzgefäßes fest. Am 10.01.2013 soll ich einen Stent bekommen.

Wie als wäre es Bestimmung sah ich Sie im Fernsehen und schaute mir im Internet Ihre Bücher an und bestellte mir sofort das Buch ›Was mir immer wieder auf die Beine hilft‹. Natürlich las ich es nicht sofort, da waren die Weihnachtsvorbereitungen usw.

Vor 2 Wochen las ich endlich das Buch, mache seitdem die Knoblauch-Zitronenkur und siehe da – mein Blutdruck ist wieder normal 110/78 (Höchstwert jetzt 128/82). Ich fühle mich bestens. Am Montag gehe ich zum Hausarzt und bespreche mit ihm die Absage des Termins in der Herzklinik.

Ich wollte mich bei Ihnen dafür ganz herzlich bedanken und Ihnen sagen: ›Schön, dass es Sie gibt.‹ Danke!«

Der Bayerische Ministerpräsident

Horst Seehofer

München, den 19. November 2012

Sehr geehrte, liebe Frau Rütting,

meine herzliche Gratulation zu Ihrem Geburtstag!

Wie ich zu meiner Freude höre, beginnen Sie das neue Lebensjahr bei sehr zufriedenstellender Gesundheit. Dass sie Ihnen geschenkt bleibe, wünsche ich Ihnen ebenso wie die erfolgreiche Fortsetzung Ihrer Lesereise: Mit dem aktuellen Buch „Was mir immer wieder auf die Beine hilft" erreichen Sie, wie ich höre, ein großes Publikum!

Ihrem unermüdlichen Engagement gilt meine Wertschätzung. In manchen Sachfragen vertreten wir unterschiedliche Auffassungen, aber Ihren guten Willen, Ihre Einsatzbereitschaft und Ihre Geradlinigkeit möchte ich ausdrücklich anerkennen. Dabei denke ich auch an Ihre Zeit als Abgeordnete des Bayerischen Landtags von 2003 bis 2009. In dieser Zeit haben Sie sich über Parteigrenzen hinweg Respekt erworben.

Mit freundlichen Grüßen,
in die ich Nela und den schwarzen Sweetie gern einbeziehe,

Telefon: 089 2165-0　　E-Mail: staatskanzlei@stk.bayern.de　　Franz-Josef-Strauß-Ring 1
Telefax: 089 294044　　Internet: www.bayern.de　　80539 München

Oder ein anderes Beispiel:
»… Es war Anfang der 80er, als Ihr erstes Kochbuch herauskam. Ich lebte damals in einem alten Bauernhaus und suchte die heile Welt. Einiges ging schief in meinem Leben, es war der verkehrte Mann, der falsche Beruf und und und …
Natürlich habe ich die Rezepte gekocht und war begeistert. Aber da war noch etwas anderes in Ihrem Buch. Es stand oft zwischen den Zeilen. Und ich wärmte mich daran, wie an einem Öfchen. Ich hatte viel Sehnsucht und Ihr Buch zeigte mir, dass es warmherzige Menschen gibt ›da draußen‹ … manchmal denke ich noch daran, dass Ihre menschliche Wärme (in einem Kochbuch …!) mir damals Kraft zum Leben und zum Weitersuchen gegeben hat, und wie richtungweisend Sie für mich waren. Ich wollte Ihnen schon immer dafür danken und und tue es hiermit von ganzem Herzen.«
Was ist dagegen schon der Applaus im Theater!
Auch über den Geburtstagsbrief von Ministerpräsident Seehofer habe ich mich gefreut, das muss ich gestehen.
Als wir uns zum ersten Mal begegneten, hatte er mich als »Schwester im Geiste« begrüßt – ich in meiner Enttäuschung über seine Haltung zu Gentechnik und Tierschutz habe aber später geäußert: »Herr Seehofer, es hat sich ausgeschwestert« …

Ordentlich etwas zu feiern gab es auch!

Im Herbst 2014 war ich wieder mal im bulgarischen Bansko.
Nachdem die Stadt das Hunde-Problem mittlerweile im Griff hat, muss das nächste angegangen werden: Die Überpopulation der Katzen. Auch dies ist nur durch eine flächendeckende Kastration der frei laufenden Katzen zu lösen. Katzen vermehren sich bekanntlich explosionsartig. Eine unkastrierte Katze kann im Normalfall zweimal im Jahr vier bis sechs Nachkommen zeugen. Diese sind wiederum ab dem fünften Lebensmonat geschlechtsreif. So können eine einzige Katze und ihre Nachkommen rein rechnerisch in nur sieben Jahren 370 000 weitere Katzen in die Welt setzen. In Österreich ist die Kastrations-

pflicht für Katzen bereits im Tierschutzgesetz verankert. Ein ähnliches Gesetz sollte in allen Ländern Ziel sein.

Für meine monatliche 100-Euro-Spende können in Bansko drei weibliche Katzen kastriert werden, pro Jahr also 36 – das bedeutet, wie mir gesagt wird, dass allein durch die Kastration einer Katze 360 Katzenbabys nicht geboren werden, um dann elend dahinvegetieren zu müssen. Die Gemeinde Bansko hat ein Konto eingerichtet, auf das meine monatlichen Spenden seither gehen – und sogar in Aussicht gestellt, ein Tierheim zu bauen. Falls jemand mithelfen möchte, hier die Spendenkonto-Nummer Bansko:
UniCredit Bulbank
IBAN: BG82 UNCR 7527 3452 2626 20
BIC: UNCRBGSF

Ich habe in Bansko auch »meine« Straße besucht und es genossen, gefeiert zu werden. Es gab sogar eine Ehrenurkunde – für meinen jahrzehntelangen Einsatz.

Auf der Suche nach der Freundschaft

Eine Schweizer Zeitschrift fragte an, ob ich etwas zum Thema »Freundschaft« schreiben würde. Klar, mache ich, sagte und dachte ich – schüttle ich doch aus dem Ärmel. Dachte ich!

Aber dann ging's los. Habe ich eigentlich Freunde? Wahre Freunde? Hatte ich überhaupt jemals Freunde? Wenn ja, welche? Und wenn nein, warum nicht? War/bin ich eine gute Freundin? Was ist eigentlich Freundschaft überhaupt?

Meine regelmäßigen Newsletter beginne ich jedes Mal mit »Liebe Freundinnen und Freunde« – das ist aus den achtziger Jahren geblieben, da waren wir alle Freunde. Die meisten Adressaten meiner Newsletter kenne ich gar nicht. Sind das nun Freunde?

Was macht der moderne Mensch, wenn er ratlos ist? Er googelt. »Was ist Freundschaft überhaupt?«, gebe ich ein. Es kommen die üblichen Antworten: »Auf einen Freund muss man sich verlassen können.« –

»Wahre Freunde erkennt man in der Not.« Auch Cicero wird bemüht: »Einen sicheren Freund erkennt man in einer unsicheren Lage.« Einer schreibt ziemlich unromantisch: »Ein Freund ist einer, den man gern hat, aber nicht zu sehr – man freut sich, wenn er da ist, aber nicht zu sehr – man vermisst ihn, wenn er nicht da ist, aber nicht zu sehr ...« Vielleicht gar nicht so schlecht, diese nüchterne Betrachtungsweise. Zu große Erwartungen werden gar nicht erst geschürt und vermutlich wird damit sogar Enttäuschungen vorgebeugt. Mein Lebensphasen-Partner Lutz kokettierte gern mit dem angeblich Brecht'schen Satz: »In mir habt ihr einen, auf den ihr euch nicht verlassen könnt.« Wohl keine gute Basis für eine Freundschaft. Vielleicht hatte ich gehofft, mich doch irgendwann einmal auf ihn verlassen zu können. Denn rätselhafterweise haben wir es zwanzig Jahre miteinander ausgehalten. Freunde sind wir nicht geworden.

Ein Mann hat einen anderen Mann, mit dem er inzwischen seit sechzig Jahren befreundet ist, auf die Hochzeitsreise mitgenommen. Eine tolle Ehefrau, die derlei erträgt! Ein chinesischer Spruch wird zitiert: »Freundschaft ist wie eine Tasse Tee. Sie muss klar und durchsichtig sein, und man muss auf den Grund schauen können.« Sehr poetisch, hilft aber nicht wirklich weiter. »Ein Freund ist ein Mensch, vor dem man laut denken oder mit dem man schweigen kann«, finden andere. George Washington soll gesagt haben: »Wahre Freundschaft ist eine sehr langsam wachsende Pflanze.«

Genau! Das erklärt gleich mein Dilemma: Mein Leben war zu unstet. Es gab zarte Freundschaftssprösslinge – aber sie hatten keine Zeit, zur Pflanze zu werden.

Das Kriegskind hatte mit einer Schulkameradin eben noch Ball gespielt. Kurze Zeit später lag sie tot unter den Trümmern ihres zerbombten Hauses. Wären wir Freundinnen geworden?

Einige Kinder aus meiner Schule wurden evakuiert, »kinderlandverschickt«, so hieß das damals. Ich war auch darunter. Als ich ein paar Monate später zurückkam, lag meine Schule in Schutt und Asche. Wo waren die Klassenkameraden geblieben? Ich war nun kein Kind mehr. Und hatte immer noch keine Freundin. Normalerweise geht man in diesem Alter mit der besten Freundin Eis essen, shoppen, tröstet sich gegenseitig über den ersten Liebeskummer. Gab es alles nicht, wir hatten kaum etwas zu essen und die Russen würden bald da sein, wie der sich täglich nähernde Kriegslärm ankündigte.

Edwin, in der Schule eine Klasse über mir, der mir den ersten Kuss gab, nach dem Schulunterricht, am Waldrand auf einer Jägerkanzel. Er war siebzehn, ich sechzehn Jahre, wir waren sehr verliebt. Ein paar Tage später wurde er eingezogen zur Flak, um feindliche Flugzeuge abzuschießen, dazu hatte er sich freiwillig gemeldet. Er schickte mir noch ein Foto – es zeigt einen strengen Jungen in Matrosenuniform mit blondem, kurz geschnittenem gescheiteltem Haar. Dann war Funkstille. Für immer.

Für die folgenden dreißig Jahre meiner Karriere als Schauspielerin scheint zu gelten: »Aus den Augen, aus dem Sinn!« Schauspieler treffen sich, man mag sich – mehr oder weniger –, oft verliebt man sich ineinander – aber wirkliche Freundschaften haben sich bei mir aus diesen kurzen Beziehungen nie entwickelt.

Es gab – bisher! – keine Freunde in meinem Leben, nur WeggefährtInnen. Die Wege gabelten sich – man entwickelte sich unterschiedlich, und bei der nächsten Gabelung waren die Weggefährten oft schon keine Weggefährten mehr.

Gehören Sie auch zu den HSP's?

Das Leiden von Menschen, Tieren, ja sogar von Pflanzen trifft mich bis ins Mark, nach wie vor, als sei es mein eigenes. Wenn ich über den Tod meines Hundes, meiner Katze oder meines Lieblingshühnchens trauerte, bekam ich immer wieder zu hören: »Nun weine doch nicht so, es ist doch nur ein Hund, nur eine Katze, nur ein Huhn!«

Ich wäre wohl mit Ritalin vollgepumpt worden, hätte es das damals schon gegeben.

Gut zu wissen, dass immerhin einige Menschen ähnlich zart besaitet sind. So schrieb der französische Dichter Jean Anouilh: »Irgendwo wird es immer einen kleinen verlorenen Hund geben, der mich davon abhält, glücklich zu sein.«

Erst vor Kurzem wurden wir »neurotischen Spinner« sozusagen rehabilitiert. Wir gehören zu den HSP's – den »Highly Sensitive Persons« –, der Spezies hochgradig sensitiver Personen! (HSP ist übrigens nicht zu verwechseln mit der Kinderkrankheit gleicher Abkürzung.)

Auch andere Menschen leiden so wie ich. Das tröstet. Es gibt bereits zahlreiche Literatur zum Thema – sehr empfehlenswert das Buch *Zart besaitet* von Georg Parlow.

Die HSP's haben es nicht leicht mit dauerhaften Beziehungen, das scheint für die Freundschaft wie für die Liebe zu gelten. Vielleicht sollten wir es aufgeben, danach zu suchen!

Dauerhaftes Glück habe ich nur mit Tieren erlebt. Ich bin überzeugt, sie sind Engel, geschickt, um unser Hiersein erträglicher zu machen. Ohne meine Tiere, die fast zwanzig Hunde und zahllosen Katzen, die mein langes Leben begleitet haben, hätte ich es nicht ertragen. Und wenn ein Katerchen sich nachts samtpfotig heranpirscht, mit seinen Barthaaren engelzart über mein Gesicht streicht, bevor es seine Schnurrmaschine anwirft – das ist Glückseligkeit pur. Nur: Ihr Leben ist so kurz! Wenn es nötig ist, helfe ich ihnen dabei, in eine andere

Dimension hinüberzugehen. Diese freundschaftliche Sterbehilfe wünsche ich mir ja auch für uns Menschen.

Zu meiner großen Freude hat mich die Initiative »Respekt – kein Platz für Rassismus« zur Botschafterin gewählt. Hier ein Interview, das die Initiative mit mir zum Thema »Achtsam sein gegenüber allen Lebewesen« geführt hat:

Was bedeutet Respekt für dich?
Respekt heißt für mich größtmögliche Achtsamkeit mir selbst und allen anderen Lebewesen gegenüber. Und mehr noch: Achtung und Akzeptanz ihrer Unterschiedlichkeit und ihres Rechts auf Leben und Glück.

Kundgebung auf dem Frankfurter Römer. Links neben mir Martin Schulz, damals noch Präsident des Europäischen Parlaments, rechts: Lothar Rudolf, Gründer der Initiative »Respekt«

Erlebst du Rassismus/Diskriminierung in deinem beruflichen wie privaten Leben?
Natürlich, immer wieder. Als Demonstranten gegen die amerikanischen Massenvernichtungswaffen wurden wir als »Kommunistenschweine« beschimpft. Als Tierrechtlerin und Vegetarierin muss ich mich dagegen wehren, dem rechten Lager zugeordnet zu werden. Bin ich gegen das Schächten von Tieren, kriege ich zu hören, ich sei antisemitisch, und so weiter und so weiter …

Den beiden Begriffen »Rassismus« und »Sexismus«, die sich bekanntlich nicht mit einem respektvollen Verhalten vertragen, möchte ich einen dritten Ismus hinzufügen: den »Speziesismus«, der – als Analogie zum Rassismus – auf die Selbstsucht unserer eigenen Spezies und auf die Ausbeutung anderer als minderwertig angesehener Spezies verweist. Der britische Philosoph und Pionier der Tierrechtsbewegung Dr. Richard Ryder hat 1970 zum ersten Mal in einem Flugblatt dieses Wort verwendet. Er stellte seine Experimente mit Tieren ein, nachdem er zur Überzeugung gekommen war, sie seien unmoralisch – und jedes Lebewesen, das Schmerzen empfinde, verdiene Rechte.

Wie hat sich dein eigenes Leben durch deine eigene veränderte Einstellung geändert?

Ich bin zunächst einmal Vegetarierin geworden. Tiere sind meine Freunde, und meine Freunde kann ich doch nicht essen! Erst vierzig Jahre später habe ich mich entschlossen, in Zukunft möglichst vegan zu leben, also ganz ohne Produkte von Tieren. Selbst durch den Verzehr von Milchprodukten werden wir mitschuldig am entsetzlichen Leiden der Tiere, an der eskalierenden Klimakatastrophe und dem Hunger in der sogenannten Dritten Welt.

Denn immer noch gilt der Satz: Das Vieh der Reichen frisst das Brot der Armen. Etwa sieben bis zehn Kilo pflanzliches Eiweiß sind als Futter nötig, damit ein Kilo tierisches Eiweiß entstehen kann – eine ungeheure Verschwendung. Mit veganer Kost hingegen könnte die gesamte Erdbevölkerung ernährt werden. Jede/r von uns trägt also mit Messer und Gabel dazu bei, ob diese Welt noch zu retten ist oder zugrunde geht. Wie Gandhi gesagt hat: Die Erde hat genug für jedermanns Bedürfnisse, aber nicht für jedermanns Gier. Vegetarisch ist gut – vegan ist noch besser! Für Mensch, Tier und Umwelt.

Wie entsteht deiner Meinung nach vorurteilsbehaftetes Denken?

Vorurteile entstehen durch Minderwertigkeitsgefühle, durch Angst vor dem Unbekannten, dem Fremden.

Siehst du dich selbst als Vorbild für Frauen?

Ja. Ich höre immer wieder, dass ich Frauen durch meine Rollen auf der Bühne oder im Film beeinflusst habe, aber vor allem wohl durch meine Mutmacher-Bücher und meine Auftritte in Talkshows. Also:

Gehen wir respektvoll um mit allem, was Haut, Haar, Fell, Federn, Borsten oder Schuppen trägt, leben und glücklich sein will!

Es heißt ja, der Mensch ist ab vierzig für sein Aussehen verantwortlich. Wie möchte ich aussehen, wenn ich mal alt bin? Ein gewisser Faltenwurf an Gesicht und Hals wird, da nicht geliftet, unvermeidlich sein. Macht nix. Aber was ich unbedingt möchte: geschmeidig bleiben – kolossal heiter und zärtlich.

Bockige Alte will in Gewahrsam genommen werden

Der Name Büchel bedeutet genau wie Mutlangen für mich ein Wechselbad der Gefühle. Wut gegen »die da oben«, die uns diese Mordwaffen nach wie vor zumuten, ohnmächtige Verzweiflung, dass sich trotz jahrzehntelangen Widerstands nichts zu ändern scheint. Und dann doch immer wieder die Hoffnung, dass eines Tages die von den Friedensbewegten gelegten Samen aufgehen werden. Wie bei dem Samen eines Ginkgobaumes, der Hiroshima überlebte und nun als kleiner Setzling auf unserem Weg nach Büchel von der Mutlanger Pressehüttengruppe dem Bürgermeister von Mainz, Mitglied von »Mayors for Peace«, überreicht wurde.
Also, Büchel, am 29. Mai 2015:
In Büchel lagern vermutlich (da die offizielle Bestätigung nach wie vor fehlt) bis zu zwanzig US-Bomben des Typs B61. Jede dieser Bomben hat eine maximale Sprengkraft von etwa 340 Kilotonnen TNT, das entspricht etwa der 26-fachen Sprengkraft der Hiroshima-Bombe. Es handelt sich in Büchel um amerikanische Abwurfbomben, die erst vom Präsidenten der USA freigegeben werden, aber nur von deutschen Piloten in deutschen Jagdbombern eingesetzt werden. Das heißt also: Wenn der Friedensnobelpreisträger Obama es für angemessen hält und auf den richtigen Knopf drückt, müssen deutsche Piloten in ihre Tornados steigen, die Bomben an Bord nehmen und starten, um Millionen von unschuldigen Menschen auszulöschen. Mehr Informationen dazu auf der Seite www.atomwaffen-z.info.

büchel65 packt die Zahnbürste ein!

„Hast Du Deine Zahnbürste dabei? Du wirst sie noch gebrauchen.
Man sperrt heut viele Menschen ein, die gegen Unrecht sind."
(aus: „Kennst Du die Story vom kleinen Johnny?"
Lied aus der amerikanischen Bürgerrechtsbewegung)

**Wir suchen 50 Aktivist_innen, die bereit sind,
am 29. Mai in Gewahrsam zu gehen.**

Am Tag der Abschlussblockade der Kampagne büchel65 blockieren wir frühmorgens immer wieder und beharrlich die Zufahrten zum Fliegerhorst. Wenn die Polizei uns Platzverweise erteilt, ignorieren wir diese und setzen uns wieder hin und widersetzen uns und setzen uns wieder und setzen uns ... bis wir in Gewahrsam genommen werden.

Unser Gepäck ist eine Zahnbürste. Wie der kleine Johnny zeigen wir, dass wir bereit sind, aus Protest gegen bestehendes Unrecht ins Gefängnis zu gehen. Auch wenn büchel65 vorerst beendet ist, unser Widerstand geht weiter.

entschlossen – konsequent
wenn nötig bis in den Gerichtssaal und noch weiter…

Für den Abzug der letzten Atomwaffen aus Deutschland!

Für die weltweite Ächtung!

Zusagen bitte mit Angabe der Postansschrift an
info.buechel65@buechel-atomwaffenfrei.de
Infotelefon: 05841/961270
http://www.buechel-atomwaffenfrei.de/buechel65/

Nach dem Aufruf zur »Zahnbürstenblockade« hatten sich tatsächlich fünfzig AtomwaffengegnerInnen gemeldet, die bereit waren, sich einsperren zu lassen. Die Pressesprecherin Katja und ihr Team bereiteten uns am Abend vorher sehr gründlich darauf vor, was denen passieren kann, die sich »in Gewahrsam« nehmen lassen – wie stundenlang in einer Einzelzelle ohne Fenster eingesperrt werden, Durchsuchungen mit Eingriffen in die Intimsphäre, die eine große psychische Belastung bedeuten können, Verhör durch einen Richter und natürlich in der Folge entsprechende Strafen.

Wir wurden in drei Gruppen eingeteilt. In einer waren die, die nun zu große Angst bekommen hatten und auf keinen Fall blockieren wollten; zur zweiten Gruppe gehörten jene, die noch nicht sicher waren, ob ja oder nein – mit ihnen wurde darüber diskutiert, wovor sie Angst hatten und was man gegen diese Angst tun könne; und Gruppe Nummer drei bildeten die, die fest entschlossen waren, sich in Gewahrsam nehmen zu lassen, komme, was da wolle.

Wir aus der dritten Gruppe erhielten die berühmte Martin-Luther-King-Zahnbürste. Lotte Rodi, Mitbegründerin des Vereins »Friedens- und Begegnungsstätte Mutlangen«, und ich wurden für das Haupttor eingeteilt.

Am nächsten Morgen um 6:15 Uhr saßen wir dort, anzusehen wie zwei Rentnerinnen, die auf den Bus warteten – Lotte hatte mir ein Klappstühlchen mitgebracht. Die Pressesprecherin Katja war unter uns und ständig über Handy in Kontakt mit den Blockierern an den anderen sechs Toren.

Es war sehr kalt, alles ruhig, das gesamte Tor von Demonstranten besetzt, aber kein Fahrzeug wollte hinein oder hinaus, die Polizisten hatten also keinen Grund, einzuschreiten. Katjas Tochter Clara sang zur Gitarre Liebeslieder, einer machte Qi-Gong-Übungen, jemand brachte Kaffee. Dann die Nachricht: Am Lutzerather Tor ließ die Polizei keine Sitzblockade zu, sondern drängte jeden, der zur Einfahrt wollte, ab und erteilte Platzverweise. Das Tor war also offen, es herrschte reger Verkehr – und es wurde dringend Nachschub an Blockierern gebraucht. Clara mit der Gitarre und ich zogen los. Am Lutzerather Tor war die Atmosphäre nervös und gereizt. Eine junge Frau rannte, wie ein Kaninchen hakenschlagend, zwischen den ins Tor hinein- und aus dem Tor hinausfahrenden Lastwagen und den Polizisten, die sie zu fangen versuchten, hindurch. Clara und ich standen noch im grünen Bereich, als Clara, um von einem plötzlich stark ausscherenden Lastwagen nicht erfasst zu werden, zurücksprang und mich mit solcher Wucht rammte, dass ich hintenüberfiel und eine steile, meterlange steinige Böschung hinunterstürzte. Fallen kann ich gut. Das habe ich in meinem langen Leben gelernt.

Als ich mich aufgerappelt hatte und die Böschung wieder hochgekrochen war, wurde Clara gerade weggetragen. Ohne zu überlegen, rannte ich hinter ihr her, quer durch das mit weißen Linien markierte Sperrgebiet, ohne dass mich in dem Tumult jemand festnahm. Die Aufnahme von Claras Personalien erfolgte wieder außerhalb des Sperrgebiets. Ich stand also damit wieder im erlaubten Bereich.
»Na und Sie?«, fragte mich ein Polizist. Wohl erheblich benommen von dem Sturz, gab ich die total absurde Antwort: »Ich gehöre dazu. Ich möchte auch in Gewahrsam genommen werden.«
»Das geht aber nicht«, meinte er, »wir können Sie nicht festnehmen, weil Sie keine Straftat begangen haben.«
»Noch nicht«, sagte ich artig, »aber ich habe es vor!«
»Das reicht aber nicht aus!«, meinte der Polizist.
Sie diskutierten, was sie mit mir machen sollten. Eine bockige Alte, die unbedingt in Gewahrsam genommen werden wollte, das hatten sie wohl noch nicht gehabt. Vermutlich hielten sie mich für senil. Ein Vorgesetzter wurde gerufen.
Inzwischen hatten mich einige der Polizisten erkannt, es wurde richtig gemütlich. Einer erklärte begeistert, seine Frau habe alle meine Kochbücher, ein anderer, seine Familie sei auch im Tierschutz engagiert, ein dritter schwärmte von den Edgar-Wallace-Krimis und wollte wissen, ob Klaus Kinski wirklich so ein Ekel war wie im Film.
Der Vorgesetzte erschien. »Aber Frau Rütting, warum tun Sie sich denn das noch an! Sie müssen doch fast so alt sein wie meine Mama!«, meinte er. – Weil es getan werden muss. Ich tue es mir an und werde es mir immer wieder antun, weil »wo Unrecht Recht ist, Widerstand Pflicht ist«, egal ob ich jung bin oder alt. In der Hoffnung auf eine Welt ohne Waffen – eines Tages ... unser Mut wird langen ...
Da ich stur blieb, waren wieder einmal alle ratlos. Eine der Demonstrantinnen flüsterte mir zu: »Geh doch einfach die paar Zentimeter zurück über den weißen Strich in das Sperrgebiet!« Das tat ich, packte mein erstaunlicherweise gerettetes Klappstühlchen, schritt über die weiße Linie, stellte das Klappstühlchen auf und ließ mich seelenruhig darauf nieder. Prompt stürzten alle Polizisten auf mich los und konnten mich endlich festnehmen.

Festnahme gelungen

Die Personalienaufnahme ging vor sich wie am Flugplatz – inklusive Schuhe ausziehen und Griff in den BH. Die junge Polizistin kannte mich nicht, meinte aber mit leuchtenden Augen: Das sei doch mal etwas Besonderes, eine Schauspielerin zu durchsuchen.

Da einige den Sturz über die Böschung mit angesehen hatten und der Meinung waren, ich hätte einen Schock, was wohl auch stimmte, fuhren mich zwei Polizisten in einen Nachbarort zum Arzt. Der Fahrer hatte eine CD mit Bob Dylans »Sag mir, wo die Blumen sind« aufgelegt – *das* Friedenslied! Bei einer Blockadeaktion mit einer in Gewahrsam Genommenen, die gerade eine Straftat begangen hatte!

Ich fragte ihn, warum er Polizist geworden war. Weil ich helfen will, war die Antwort. Der Arzt stellte Zerrungen, Prellungen und eine gestauchte Wirbelsäule bei mir fest, vielleicht eine leichte Gehirnerschütterung, ließ mich aber wieder gehen.

Wir fuhren zum Schulzentrum in Alflen. Dort waren die von sämtlichen Toren bisher in Gewahrsam Genommenen in einem langen Gefängniswagen eingesperrt. Ich musste alle Privatsachen, Handy, etc. abgeben und erhielt Zelle Nr. 13. Beim Abschied rief mir einer der

beiden Polizisten nach: »Frau Rütting, bleiben Sie so fit – noch mindestens zwanzig Jahre!«
Vor mir in Zelle 12 saß bereits Inge Höger von der Partei »Die Linke«. Um 10:15 Uhr würde der Richter kommen, hieß es, um uns im Schulzentrum zu verhören …
Es dauerte endlos, bis der erschien, ein netter Mann, niesend mit einer Pollenallergie kämpfend. Er freute sich auf seine kurz bevorstehende Pensionierung. Auch er wollte sich mit mir über die Edgar-Wallace-Filme unterhalten und schwärmte von seinem Heimatort Cochem und dem guten Wein. Ich erklärte mich einverstanden mit allen Folgen, die meine Tat auslösen würde, und wurde in meine Zelle zurückgebracht, schlug ihm noch vor, wegen seiner Allergie die Milchprodukte wegzulassen. Um 13 Uhr würden wir vermutlich alle in die Freiheit entlassen.
Die Zellen sind so groß wie eine Toilette im Flugzeug, mit einem Sehschlitz versehen. Ich war übernächtigt, hungrig, fror, sämtliche Knochen und der Kopf taten weh, ich fühlte mich einsam und ohnmächtig und hatte Lust, ein bisschen zu weinen. Unser Tun erschien mir plötzlich so sinnlos. Nichts wird sich ändern.
Das weiche Wasser bricht den Stein – ja, wann denn endlich …
Um 13 Uhr wurden wir tatsächlich alle aus unseren Zellen entlassen, von den nicht in Gewahrsam Genommenen abgeholt und zum Haupttor gefahren, vor dem diese eine gewaltige vegetarische Festtafel aufgebaut hatten. Die Blockade war zu Ende …
Treffender Kommentar des von mir sehr gemochten Philosophen und Tierrechtlers Helmut F. Kaplan zu dieser Aktion: »Vergeblich – aber notwendig.«

Die Regenbogenbrücke

Es heißt, die Regenbogenbrücke, so genannt nach ihren vielen Farben, verbindet Himmel und Erde. Jeder von uns wird eines Tages über diese Brücke gehen, auch die Tiere. Dort drüben sind alle alterslos, gesund und glücklich – haben keine Schmerzen, immer genug zu essen und zu

trinken, müssen keine Angst mehr haben, ausgebeutet, verfolgt, getötet zu werden. Was ihnen fehlt, ist nur ihr geliebter Mensch.
Aber eines Tages – da hält eins von ihnen plötzlich mitten im Spielen inne, schnuppert, spitzt die Ohren – es hat mich kommen sehen, denn auch ich habe endlich die Regenbogenbrücke überschreiten dürfen. Und nun kommen sie alle herbeigestürmt, die Zauberwesen, die ich auf Erden geliebt habe, die mich geliebt haben.
Wir fliegen aufeinander zu, können unser Glück kaum fassen – das ist ein Bellen, Miauen, Wiehern, Meckern, Gackern und Krähen!
Nie wieder werden wir voneinander getrennt sein, sind endlich zu Hause. Ewiglich.

Ob ich an Gott glaube?

Ich weiß es nicht. Seit dem Golfkrieg kann ich nicht mehr beten. Wer bin ich schon, Gott zu bitten, Kriege zu verhindern?
Ich glaube nichts, halte aber auch nichts für unmöglich. Anders ausgedrückt: Es ist möglich, aber nicht sicher. Diesen Satz habe ich in fünf Sprachen gelernt. Er passt in allen Situationen.
Auf einem Graffiti soll gestanden haben: »Gott ist tot. Nietzsche«. Darunter: »Nietzsche ist tot. Gott!«
Was stimmt nun?
Zum Immer-wieder-darüber-Nachdenken:
Ein Mensch hadert mit Gott. »Ich soll glauben, dass du mich immer begleitest? O. K., mag ja sein, dass die Fußabdrücke im Sand neben meinen von dir sind. Aber sie sind nur da, wenn es mir gut geht. Wo warst du, Gott, wenn es mir schlecht ging?« Gott: »Da habe ich dich getragen.«
In der ehemaligen DDR soll ein Kind seine Mutter gefragt haben: »Weiß der liebe Gott, dass wir wissen, dass es ihn nicht gibt?«
Eines aber weiß ich sicher: »Wir sind glücklich, wenn wir in etwas Größerem aufgehen, als wir selbst sind.« Hat der Jesuit Teilhard de Chardin gesagt.

Gut war's, dieses heftige Leben

»Fröken Waltraut graeder« – Fräulein Waltraut weint.
Fräulein Waltraut hat in ihrem langen Leben zwar viel geweint, aber noch mehr gelacht.
Und Fröken Waltraut kann heute sagen: Gut war's, dieses heftige Leben. Und doch sehr spannend. Wer weiß, was noch alles kommt!
»It is never too late to have a happy childhood – es ist nie zu spät, eine glückliche Kindheit zu haben«, sagen die Engländer.

Glücklich mit Lola

Einer der vielen Astrologen hatte mir den Traummann prophezeit – zu meinem 85. Lebensjahr. Der lässt bis heute auf sich warten. Stattdessen bekam ich etwas viel Besseres geschenkt – eine Freundin! Ganz heimlich, still und leise. 2009, nach meinem Umzug in den Spessart, eröffnete ich in meinem neuen Wohnort ein Bankkonto. Der Filialleiter stellte mir eine seiner Mitarbeiterinnen vor, seine beste, wie er sagte. Manuela Liebler, um die dreißig, Sternzeichen pingelige Jung-

Lola mit Barbara und Manuela

frau mit Aszendent Skorpion, nahm sich später auch privat meiner desolaten Finanzen an. Aus dem 400-Euro-Job wurde das, was man wohl Freundschaft nennen kann: Man versteht einander ohne viel Worte, lässt alles stehen und liegen, wenn die eine die andere braucht.

Lola: »Jetzt reicht's!«

Auch sie ist eine HSP, eine Highly Sensitive Person, ein Übersensibelchen! Wir weinen viel und wir lachen viel. Ich bin die Wärmflasche für ihre Seele, sagt sie. Ich leide, wenn ich fotografiert werden muss – nur bei ihr nicht. Da vergesse ich die Kamera, bin ich ich. Das Coverfoto ist von ihr, ebenso das Porträt auf Seite 2 und die Fotos mit meiner süßen Hündin Lola. Denn ich bin doch wieder auf den Hund gekommen, weil ich weiß, bei Manu ist Lola in guten Händen, sollte ich mich vor ihr »vom Acker machen«.

Aber bis dahin kann es ruhig noch ein Weilchen dauern. Denn noch nie habe ich mich so behütet und geborgen gefühlt, habe so gern gelebt wie heute, so voller Dankbarkeit.

Was bin ich doch für ein Glückspilz!

Register

Anderson, Michael 58
Arnold, Uwe-Christian 295
Ashley, Helmuth 34
Asmodi, Herbert 249
Auclair, Michel 359f.
Avnery, Uri 330

Bach, Vivi 95, 120f.
Bartetzko, Dieter 140
Bastian, Gert 142, 266
Beckstein, Günther 330
Benedikt XVI. 313f.
Bhagwan (*siehe auch* Osho) 207
Blatzheim, Hans Herbert 54
Böll, Heinrich 142
Brandt, Matthias 72
Brandt, Rut 72
Bruker, Max Otto 166
Buchholz, Horst 44, 54

Cameron, Denis 57, 61f., 66ff., 74ff., 80ff., 91ff.
Candida 162
Cap, Franz 34, 40f.
Christina 183f.
Cooper, Gary 35

Dapra, Regine 349f.
Ditfurth, Jutta 280

Don Carlos 95
Douglas, Kirk 45
Duhm, Dieter 191

Edgar-Wallace-Filme 140f.
Edwin, Oloff 16f., 376
Die ehrbare Dirne 47f., 98, 134f.
Einsiedel, Heinrich (Heio) Graf von 30ff., 43f., 51, 54f.
Eppler, Erhard 142

Fassbinder, Rainer Werner 142f.
Flemming, Marilies 222
Fräulein Julie 139
Fricke, Bernhard 302
Fröbe, Gert 46f.

*Die **Geierwally*** 39ff.
Glücksritter 138
Goltz, Hartmut 14, 16, 18, 22, 44, 244, 297
Goltz, Johanna 9ff., 14, 98f., 296ff.
Goltz, Reimute 19, 297, 299
Goltz, Reinhard 14, 29, 297, 244
Goltz, Richard 9ff., 14f., 244, 296ff.
Goltz, Sigmar 19, 297, 299
Goltz, Volkmar 14, 201f., 297

Gorbatschow, Michail 234, 269f.
Grundtvig, Nikolai Frederik Severin 367
Grzimek, Bernhard 108, 351

Hedda Gabler 137
Heimrath, Johannes 329
Henreid, Paul 77
Hesse, Hermann 348
Hochstraate, Lutz 95ff., 102ff., 120f., 127, 153, 156, 162ff., 169f., 299f., 375
Hopper, Hedda 70ff.
Howard, Gordon 34
Hubschmid, Paul 138
Hundertwasser, Friedensreich 177f.

Iliev, Emil 186, 259ff., 265

Jens, Walter 142
Jewtuschenko, Jewgeni 361

Kaplan, Helmut F. 366
Kaufmann, Christine 45f.
Käutner, Helmut 36ff.
Kelly, Petra 142, 266
Kieling, Wolfgang 53f.
Kinski, Klaus 141, 143, 236
Köppen-Weber, Divo 222f.
Kortner, Fritz 50, 52ff., 140
Kramberg, K. H. 131f.
Krassnitzer, Harald 41
Kubitschek, Ruth Maria 52

Küchenhoff, Erich 149
Künast, Renate 301, 330f., 364ff.

Leonhard, Wolfgang 120
Lerm, Klaus 110, 114ff.
Die letzte Brücke 36ff., 141, 361
Liebler, Manuela 387ff.
Lohner, Helmuth 95
Lysistrata (Die Sendung der Lysistrata) 50, 52ff., 140

Macbeth 42f.
Maischberger, Sandra 365
Medea 95
Mein Onkel Theodor 46f.
Merkel, Angela 314ff.
Meyen, Harry 54
Möhner, Carl 39 (od. 40)
Möller, Gunnar 79, 80, 136
Die Möwe 162
Mutter Courage 140, 162f.

Nekrassow 73f.
Neues vom Hexer 141, 236
Niendorf, Horst 32

Operation Crossbow 57f., 60f.
Osho 212, 282ff.

Pasetti, Peter 95
Perschau, Hartmut 280
Piscator, Erwin 73
Play Strindberg 110ff., 136
Postlagernd Turteltaube 32

Rabenalt, Arthur Maria 138
Rau, Brigitte 79, 80, 136
Regnier, Charles 78, 80, 104, 136
Reinhardt, Gottfried 45f.
Reitsch, Hanna 57ff., 62ff.
Rodi, Lotte 146, 310
Rudolf, Lothar 378
Rütting, Hans 20ff., 26ff., 298
Ryder, Richard 379

Scharpf, Manfred 120f.
Schäuble, Wolfgang 330
Schell, Maria 36ff.
Schell, Maximilian 49f.
Scherf, Henning 280
Schily, Otto 160
Schmidt, Helmut 307
Schneider, Magda 54
Schneider, Romy 52ff.
Schönherr, Dietmar 95, 110ff., 136, 143
Schulz, Martin 378
Seehofer, Horst 322, 372f.
Seidel, Frank 263
Sölle, Dorothee 142
Die Spur führt nach Berlin 33f., 141
Stadt ohne Mitleid 45f.

Stankovski, Ernst 73f.
Stoiber, Edmund 304, 322

Thomalla, Georg 29
Die Tochter des Brunnenmachers 42
Das Traumschiff 270ff.
Tressler, Georg 49f.

Udet, Ernst 59
Ustinov, Peter 351

40 Karat 104f., 135

Wallace, Edgar 141f.
Weigel, Hans 139
Wer hat Angst vor Virginia Woolf? 43, 80, 133, 136f.
Wicki, Bernhard 36f., 361
Wolff, Andreas 129, 156
Wothke, Johanna 152ff., 173f., 179
Ein wunderbarer Sommer 49ff.

Zeit zu leben und Zeit zu sterben 44f.
Der Zinker 236
Das zweite Leben 359

Einmal öfter aufstehen, als man hingefallen ist

124 Seiten, €/D 17,–

Die engagierte Gesundheitsberaterin und Bestsellerautorin öffnet ihre ganz persönliche Hausapotheke. Von A wie Akupressur bis Z wie Zungenschaber fasst sie ihre über viele Jahre gesammelten besten Tipps aus verschiedensten Kulturen und Traditionen zusammen, die helfen, gesund alt zu werden. Sie berichtet, was ihr nach ihrem Burn-out geholfen hat, wieder auf die Beine zu kommen, und wie sich die Umstellung auf eine vegane Ernährung im Alltag auswirkt. Die sehr persönlichen Erfahrungen und Anekdoten aus Barbara Rüttings Leben veranschaulichen, dass jeder sich bewusst für eine gesunde Lebensweise entscheiden kann und die Verantwortung für sich selbst – aber auch für alle anderen Lebewesen – übernehmen sollte.

nymphenburger-verlag.de   *nymphenburger*

Unsere Leseempfehlung

208 Seiten

Die engagierte Gesundheitsberaterin und Bestsellerautorin Barbara Rütting erzählt, was ihr im Leben geholfen hat, wieder auf die Beine zu kommen, und öffnet ihre ganz persönliche Hausapotheke: Von A wie Akupressur über Ernährung, Lachen und Yogaübungen bis Z wie Zungenschaber fasst sie ihre über viele Jahre gesammelten besten Tipps aus verschiedensten Kulturen und Traditionen zusammen, die helfen, gesund alt zu werden.

www.goldmann-verlag.de
www.facebook.com/goldmannverlag

GOLDMANN
Lesen erleben

Unsere Leseempfehlung

160 Seiten

Studien zeigen: Eine regional und saisonal ausgerichtete vegane Ernährung ist die beste für Mensch, Tier und Umwelt. Dass diese Ernährungsweise unglaublich köstlich sein kann, beweist die bekannte Gesundheitsberaterin Barbara Rütting: Über 75 ihrer Lieblingsrezepte begleiten durch das Jahr. Zahlreiche Tipps zur dauerhaften Ernährungsumstellung und lustige Anekdoten aus Rüttings veganem Leben machen diesen Rezeptband zu einem wertvollen Begleiter.

www.goldmann-verlag.de
www.facebook.com/goldmannverlag

GOLDMANN
Lesen erleben

Unsere Leseempfehlung

Joachim Fuchsberger
ALTWERDEN IST NICHTS FÜR FEIGLINGE

GOLDMANN

224 Seiten

Er war bekannt und beliebt. Und er verfügte über mehr als achtzig Jahre Lebenserfahrung. Launig und charmant, nachdenklich, aber nie weinerlich, plaudert Joachim Fuchsberger in diesem Buch noch einmal über die Blüte seines Lebens und darüber, wie es sich anfühlt, wenn sie langsam dahinwelkt. Vor allem macht der große alte Mann des deutschen Unterhaltungsfilms seinen Altersgenossen (und auch allen anderen) Mut, locker mit diesem unvermeidlichen Vorgang umzugehen.

www.goldmann-verlag.de
www.facebook.com/goldmannverlag

GOLDMANN
Lesen erleben

Unsere Leseempfehlung

224 Seiten

In seinem letzten Buch stellt sich Joachim Fuchsberger in der ihm eigenen Mischung aus Nachdenklichkeit, Launigkeit und vor allem Menschlichkeit den großen Fragen des Lebens. Es geht – natürlich – um Beziehungen, um den Umgang mit unserer Welt und ihren Ressourcen, um Politik und um die Politiker selbst, bei denen er immer häufiger Ehrlichkeit und Transparenz vermisst. Ein sehr persönliches Buch einer beeindruckenden Persönlichkeit.

www.goldmann-verlag.de
www.facebook.com/goldmannverlag

(G) **GOLDMANN**
Lesen erleben

Um die ganze Welt des
GOLDMANN Verlages
kennenzulernen, besuchen Sie uns doch
im **Internet** unter:

www.goldmann-verlag.de

Dort können Sie
nach weiteren interessanten Büchern *stöbern*,
Näheres über unsere *Autoren* erfahren,
in *Leseproben* blättern, alle *Termine* zu Lesungen und
Events finden und den *Newsletter* mit interessanten
Neuigkeiten, Gewinnspielen etc. abonnieren.

Ein *Gesamtverzeichnis* aller Goldmann Bücher finden
Sie dort ebenfalls.

Sehen Sie sich auch unsere *Videos* auf YouTube an und
werden Sie ein *Facebook*-Fan des Goldmann Verlags!

www.goldmann-verlag.de
www.facebook.com/goldmannverlag

GOLDMANN
Lesen erleben